应用型本科院校"十三五"规划教材/经济管理类

Financial Market

金融市场学

（第2版）

主 编 郭 强 闫晶怡
副主编 程 宇 张福双 王宏宇

哈尔滨工业大学出版社
HITP HARBIN INSTITUTE OF TECHNOLOGY PRESS

内容简介

本书从金融市场的参与主体、交易工具和组织方式入手,全面系统地介绍了货币市场、股票市场、债券市场、基金市场、外汇市场、保险市场、黄金市场、衍生工具市场等金融市场的子市场。本书注重对基本概念、基本原理和基础知识的理解和把握,以及金融市场学在当前最新发展情况的介绍和分析。全书共分为十二章,各章配有资料库、本章小结、思考题和阅读资料等内容;通过资料库和案例分析把金融市场学理论和实践有机地结合起来,用新的视野来研究金融市场问题;引导学生运用金融市场相关的理论知识观察、分析和解决我国在经济体制转轨过程中出现的种种经济现象和问题。

本书除可满足应用型本科院校教学需要外,还可作为经济、金融理论和实际工作者及广大金融爱好者的参考用书。

图书在版编目(CIP)数据

金融市场学/郭强,闫晶怡主编. —2 版. —哈尔滨:哈尔滨工业大学出版社,2018.1

应用型本科院校"十三五"规划教材

ISBN 978-7-5603-6207-6

Ⅰ.①金… Ⅱ.①郭…②闫… Ⅲ.①金融市场-经济理论-高等学校-教材 Ⅳ.①F830.9

中国版本图书馆 CIP 数据核字(2016)第 226135 号

策划编辑	赵文斌 杜 燕	
责任编辑	苗金英	
出版发行	哈尔滨工业大学出版社	
社 址	哈尔滨市南岗区复华四道街 10 号 邮编 150006	
传 真	0451-86414749	
网 址	http://hitpress.hit.edu.cn	
印 刷	哈尔滨久利印刷有限公司	
开 本	787mm×960mm 1/16 印张 18.75 字数 410 千字	
版 次	2012 年 2 月第 1 版 2018 年 1 月第 2 版 2018 年 1 月第 1 次印刷	
书 号	ISBN 978-7-5603-6207-6	
定 价	38.00 元	

(如因印装质量问题影响阅读,我社负责调换)

《应用型本科院校"十三五"规划教材》编委会

主　任　修朋月　竺培国

副主任　王玉文　吕其诚　线恒录　李敬来

委　员　（按姓氏笔画排序）

丁福庆　于长福　马志民　王庄严　王建华
王德章　刘金祺　刘宝华　刘通学　刘福荣
关晓冬　李云波　杨玉顺　吴知丰　张幸刚
陈江波　林　艳　林文华　周方圆　姜思政
庹　莉　韩毓洁　蔡柏岩　臧玉英　霍　琳

序

哈尔滨工业大学出版社策划的《应用型本科院校"十三五"规划教材》即将付梓,诚可贺也。

该系列教材卷帙浩繁,凡百余种,涉及众多学科门类,定位准确,内容新颖,体系完整,实用性强,突出实践能力培养。不仅便于教师教学和学生学习,而且满足就业市场对应用型人才的迫切需求。

应用型本科院校的人才培养目标是面对现代社会生产、建设、管理、服务等一线岗位,培养能直接从事实际工作、解决具体问题、维持工作有效运行的高等应用型人才。应用型本科与研究型本科和高职高专院校在人才培养上有着明显的区别,其培养的人才特征是:①就业导向与社会需求高度吻合;②扎实的理论基础和过硬的实践能力紧密结合;③具备良好的人文素质和科学技术素质;④富于面对职业应用的创新精神。因此,应用型本科院校只有着力培养"进入角色快、业务水平高、动手能力强、综合素质好"的人才,才能在激烈的就业市场竞争中站稳脚跟。

目前国内应用型本科院校所采用的教材往往只是对理论性较强的本科院校教材的简单删减,针对性、应用性不够突出,因材施教的目的难以达到。因此亟须既有一定的理论深度又注重实践能力培养的系列教材,以满足应用型本科院校教学目标、培养方向和办学特色的需要。

哈尔滨工业大学出版社出版的《应用型本科院校"十三五"规划教材》,在选题设计思路上认真贯彻教育部关于培养适应地方、区域经济和社会发展需要的"本科应用型高级专门人才"精神,根据前黑龙江省委书记吉炳轩同志提出的关于加强应用型本科院校建设的意见,在应用型本科试点院校成功经验总结的基础上,特邀请黑龙江省9所知名的应用型本科院校的专家、学者联合编写。

本系列教材突出与办学定位、教学目标的一致性和适应性,既严格遵照学科体系的知识构成和教材编写的一般规律，又针对应用型本科人才培养目标及与之相适应的教学特点，精心设计写作体例，科学安排知识内容，围绕应用讲授理论，做到"基础知识够用、实践技能实用、专业理论管用"。同时注意适当融入新理论、新技术、新工艺、新成果，并且制作了与本书配套的PPT多媒体教学课件，形成立体化教材，供教师参考使用。

《应用型本科院校"十三五"规划教材》的编辑出版，是适应"科教兴国"战略对复合型、应用型人才的需求，是推动相对滞后的应用型本科院校教材建设的一种有益尝试，在应用型创新人才培养方面是一件具有开创意义的工作，为应用型人才的培养提供了及时、可靠、坚实的保证。

希望本系列教材在使用过程中，通过编者、作者和读者的共同努力，厚积薄发、推陈出新、细上加细、精益求精，不断丰富、不断完善、不断创新，力争成为同类教材中的精品。

第2版前言

金融市场学是在市场经济条件下研究各个金融子市场的运行机制及其各主体行为的科学,金融市场在现代市场经济体系中处于核心地位。胡锦涛主席曾经在中共中央政治局第四十三次集体学习时强调要全面推进金融改革发展,着力加强现代金融体系和制度建设,创新金融组织体系和发展模式,创新金融产品和服务,创新金融调控和监管方式。胡主席提到的这些金融体系创新实现的途径就是要加快我国金融市场的建设。与此同时,美债危机、欧债危机引发国际金融市场的动荡日益加剧,不确定性因素增多,给我国的金融市场发展带来巨大的冲击。因此,掌握金融市场的基本知识和原理,进而分析解决相应经济问题有着重要的现实意义。

金融市场学是金融学专业的主干课程之一,授课对象是掌握了西方经济学、财政学、货币银行学等基础课程的应用型本科院校学生。相对于经济学或金融学中其他学科,金融市场学还是一门处于发展中的学科,很多理论还不够成熟。目前市面上大多数金融市场学教材多偏重于理论研究,尤其是联系我国现实情况方面有所欠缺,不适合应用型本科院校的学生使用。鉴于此,我们在借鉴其他学者研究成果的基础上,结合多年来的教学成果,组织多位教师经过数次研究探索、切磋讨论,编写了这本适用于应用型本科院校学生使用的《金融市场学》教材。与以往的相关教材相比,本教材在内容编排上有如下特色:

反映金融市场最新变化,突出前沿性

在教材编写中注重体现我国金融市场领域出现的新变化。比如创业板市场的启动、股指期货的推出、融资融券业务的开展等等,把这些内容融入相关的章节内容当中。与同类教材相比,本书的资料较新。资料库选用的多是近几年的资料,涉及的数据基本上都是2010年以后最新的数据,反映了学科的新动态。

注重理论和实践相结合,突出实用性

本书的编写原则秉承"理论够用、实战能用"的原则。在把金融市场学基本理论阐述清楚的前提下,突出本书的实用性。比如在介绍同业拆借票据市场、债券市场、基金市场等内容的时候,都会加上我国当前的实际情况。另外在每章我们都设有案例导入、资料库,课后有思考题、阅读材料。通过具体案例的分析和讨论,有助于学生灵活地掌握金融市场各项业务的具体操作方法和技巧。

理顺内容体系,突出条理性

本书第一章内容为概述,最后一章是金融市场风险规避及监管问题,其余章节均为金融市场各个子市场的介绍。我们没有把金融工具定价、收益率等问题单独列出章节阐述,而是将其分散到各章阐述,这种编写体例会使本书内容显得更加有条理。

本书由郭强、闫晶怡任主编,由程宇、张福双、王宏宇任副主编。编写分工如下:郭强第二、三、四、五章;闫晶怡第六章;程宇第十章;张福双第一、七、八、九章;王宏宇第十一、十二章,全书由郭强总纂定稿。

在本书编写过程中,我们参考并引用了大量的文献资料,在此向这些文献资料的作者深表谢意。我们还要特别感谢哈尔滨工业大学出版社的编辑及工作人员,感谢他们在组织编写这本教材中所做的大量工作。

限于编写人员的水平,书中难免有错误和疏漏之处,恳请各位专家和读者批评指正,以便我们作进一步的修改和完善。

编 者

2017 年 10 月

目 录

第一章 金融市场概论 ··· 1
第一节 金融市场的含义和功能 ··· 1
第二节 金融市场构成要素 ·· 6
本章小结 ·· 15
思考题 ·· 15

第二章 货币市场（一） ·· 18
第一节 货币市场概述 ·· 18
第二节 同业拆借市场 ·· 21
第三节 回购协议市场 ·· 27
第四节 货币基金市场 ·· 31
本章小结 ·· 35
思考题 ·· 36

第三章 货币市场（二） ·· 38
第一节 商业票据市场 ·· 38
第二节 银行承兑汇票市场 ··· 43
第三节 大额可转让定期存单市场 ··· 47
本章小结 ·· 52
思考题 ·· 53

第四章 债券市场 ·· 56
第一节 债券市场概述 ·· 56
第二节 债券市场的交易 ·· 60
第三节 债券估价和债券收益 ·· 68
本章小结 ·· 76
思考题 ·· 76

第五章 股票市场 ………………………………………………………………… 79
第一节 股票市场概述 ……………………………………………………… 79
第二节 股票市场的运行 …………………………………………………… 85
第三节 股票投资的收益与风险 …………………………………………… 90
第四节 股票的价格与价格指数 …………………………………………… 93
本章小结 …………………………………………………………………… 98
思考题 ……………………………………………………………………… 99

第六章 基金市场 ………………………………………………………………… 106
第一节 投资基金概述 ……………………………………………………… 107
第二节 基金市场的运行 …………………………………………………… 116
第三节 基金的投资、价格与评价 ………………………………………… 125
本章小结 …………………………………………………………………… 132
思考题 ……………………………………………………………………… 133

第七章 外汇市场 ………………………………………………………………… 138
第一节 外汇市场概述 ……………………………………………………… 139
第二节 外汇市场交易方式 ………………………………………………… 144
本章小结 …………………………………………………………………… 156
思考题 ……………………………………………………………………… 156

第八章 黄金市场 ………………………………………………………………… 160
第一节 黄金市场概述 ……………………………………………………… 161
第二节 黄金市场的价格决定 ……………………………………………… 170
第三节 黄金市场的交易 …………………………………………………… 176
本章小结 …………………………………………………………………… 181
思考题 ……………………………………………………………………… 182

第九章 保险市场 ………………………………………………………………… 187
第一节 保险市场概述 ……………………………………………………… 187
第二节 保险市场的运行 …………………………………………………… 197
第三节 我国保险市场 ……………………………………………………… 205
本章小结 …………………………………………………………………… 209

思考题 209

第十章　金融衍生工具市场 213

　　第一节　金融衍生工具市场概述 214
　　第二节　金融远期市场 218
　　第三节　金融期货市场 223
　　第四节　金融期权市场 230
　　第五节　金融互换市场 236
　　本章小结 242
　　思考题 242

第十一章　国际金融市场 247

　　第一节　国际金融市场概述 248
　　第二节　主要的国际金融中心简介 252
　　本章小结 259
　　思考题 259

第十二章　金融风险与金融市场监管 264

　　第一节　金融风险 265
　　第二节　金融市场监管 272
　　本章小结 284
　　思考题 285

参考文献 287

第一章 Chapter 1

金融市场概论

【学习目的与要求】

通过本章的学习,使学生了解金融市场的含义、分类及功能,掌握金融市场的参与者、交易工具以及组织方式。

【案例导入】

中国人民银行发布的《2015年金融市场运行情况》显示,2015年,债券市场发行规模增长显著,全年发行各类债券规模达22.3万亿元,较上年同期增长87.5%,交易活跃度持续提高,参与主体结构进一步丰富,企业融资成本降低,货币市场利率中枢大幅下行,交易量显著增加,人民币利率互换交易量同比增加;股指总体有所上涨,但期间出现大幅振荡,成交量明显放大。

第一节 金融市场的含义和功能

一、金融市场的含义

金融市场通常是指以金融资产为交易对象而形成的供求关系及其机制的总和,是实现货币借贷、资金融通、办理各种票据及有价证券交易活动的场所。和其他市场相比,金融市场具有自己独有的特征:金融市场是以资金为交易对象的市场;金融市场交易之间不是单纯的买卖关系,更主要的是借贷关系,体现了资金所有权和使用权相分离的原则;金融市场可以是有形市场,也可以是无形市场。

在市场经济条件下,各类市场在资源配置中发挥着基础性作用,这些市场共同组合成一个完整、统一且互相联系的有机体系。市场体系分为产品市场(如消费品市场、生产资料市场、旅游服务市场等)和为这些产品提供生产条件的要素市场(如劳动力市场、土地市场、资金市场等)。金融市场是统一市场体系的一个重要组成部分，属于要素市场。它与消费品市场、生产资料市场、劳动力市场、技术市场、信息市场、房地产市场、旅游服务市场等各类市场相互联系，相互依存，共同形成统一市场的有机整体。在整个市场体系中，金融市场是最基本的组成部分之一，是联系其他市场的纽带。因为在现代市场经济中，无论是消费资料、生产资料的买卖，还是技术或劳动力的流动等，各种市场的交易活动都要通过货币的流通和资金的运动来实现，都离不开金融市场的密切配合。从这个意义上说，金融市场的发展对整个市场体系的发展起着举足轻重的制约作用，而市场体系中其他各市场的发展则为金融市场的发展提供了条件和可能。

二、金融市场的分类

金融市场是一个非常庞大的市场体系，按照不同的标准，可以把金融市场分成不同的类型。

1. 按地域范围划分

按地域范围划分，金融市场可以分为国内金融市场和国际金融市场。

国内金融市场是指在一国范围内进行金融交易的场所。在国内金融市场上交易双方都是本国居民，通过金融商品的交易达到资源合理配置的目的。

国际金融市场是指从事各种国际金融业务活动的场所。国际金融市场交易双方包括居民与非居民之间或非居民与非居民之间。

国内金融市场与国际金融市场之间有着一定的联系。历史上，往往是随着商品经济的高度发展，最初形成了各国国内的金融市场。当各国国内金融市场的业务活动逐步延展，相互渗透融合后，就促成了以某些国家国内金融市场为中心的、各国金融市场连接成网的国际金融市场。或者说，国际金融市场的形成是以国内金融市场发展到一定高度为基础的。同时，国际金融市场的形成又进一步推动了国内金融市场的发展。

2. 按金融市场的业务或金融产品的类型划分

按金融市场的业务或金融产品的类型划分，金融市场可以分为货币市场、资本市场、外汇市场、黄金市场、保险市场等。

货币市场，亦称短期资本市场，是进行一年以下的短期资金交易活动的市场。在货币市场上，通常利用发放短期债券、商业票据，通过某些交易方式，例如贴现和拆借业务，实现资金的短期借贷，以满足金融市场上供求双方对短期资金的需求。货币市场又包括票据市场、同业拆借市场等。

资本市场，亦称长期资本市场，是进行一年以上的长期资本交易活动的市场。资本市场的职能是为资金的需求者筹措长期资金。资本市场的交易活动方式通常分成两类，一是资本的需求者通过发放和买卖各种证券，包括债券和股票等；二是资本的需求者直接从银行获得长期贷款。

外汇市场是指经营外币和以外币计价的票据等有价证券买卖的市场,是金融市场的主要组成部分。国际上由于贸易、投资、旅游等经济往来,从而产生货币的收支关系。但各国货币制度不同,要想在国外支付,必须先以本国货币购买外币;与此同时,从国外收到外币支付凭证也必须兑换成本国货币才能在国内流通。这样就发生了本国货币与外国货币的兑换问题。一个国家中央银行为执行外汇政策,调节外汇汇率,会参与外汇的买卖。另外,买卖外汇的商业银行、专营外汇业务的银行、外汇经纪人、进出口商,以及其他外汇供求者都经营各种现汇交易及期汇交易,这一切外汇业务组成了一国的外汇市场。

黄金市场是集中进行黄金买卖的市场。进行黄金交易的有世界各国的公司、银行和私人以及各国官方机构。黄金交易的去向主要是工业用金、私人贮藏、官方储备、投机商牟利等。目前世界上最主要的黄金市场在伦敦、苏黎世、纽约、香港、芝加哥等地。在黄金市场上买卖的黄金形式多种多样,主要有各种成色和重量的金条、金币、金丝和金叶等,其中最重要的是金条。大金条量重价高,是专业金商和中央银行买卖的对象;小金条量轻价低,是私人和企业买卖、收藏的对象。金价按纯金的重量计算,即以金条的重量乘以金条的成色。

保险市场是指保险商品交换关系的总和或是保险商品供给与需求关系的总和。它既可以指固定的交易场所,如保险交易所,也可以是所有实现保险商品让渡的交换关系的总和。保险市场的交易对象是保险人为消费者提供的保险保障,即各类保险商品。

3. 按金融市场的功能划分

按金融市场的功能划分可以分为发行市场和交易市场。发行市场亦称初级市场或一级市场,是指各种新发行的证券第一次售出的活动及场所。证券的发行通过认购和包销方式销售。由于证券的发行者不容易与分散的、众多的货币持有者进行直接的交易,因此,包销是证券发行的主要行销方式。

交易市场亦称流通市场或二级市场,是进行各种证券转手买卖交易的市场。证券的交易可分为场内交易和场外交易两种形式。前者是大型的、活跃的、有组织的、在某一具体场所内进行的交易活动;后者则往往是在电话中成交的零散的小型交易。

4. 按交易方式划分

按交易方式划分可分为证券市场和借贷市场。证券市场是证券发行和流通买卖的市场,它以股票、债券、票据、权证、合约等为交易对象。借贷市场是直接以货币作为交易对象的市场,其交易内容实质上就是货币使用权的转让。

5. 按交易期限划分

按交易期限划分可分为长期资金市场和短期资金市场。长期资金市场也称资本市场,主要供应一年以上的中长期资金,如股票、长期债券的发行与流通。短期资金市场也称货币市场,是一年以下的短期资金的融通市场,如同业拆借、票据贴现的买卖。

6. 按交易是否存在固定场所划分

按交易是否存在固定场所划分可分为有形市场和无形市场。有形市场是指有固定的交易场所、专门的组织机构和人员以及有专门设备的组织化市场。无形市场则是一种观念上的市场,即无固定的交易场所,其交易通过电传、电话、电报等手段联系并完成。

7. 按所交易的金融产品的交割时间划分

按所交易的金融产品的交割时间划分可分为现货市场和期货市场。现货市场是指现金交易市场,即买者付出现款,收进证券或票据;卖者交付证券或票据,收进现款。这种交易一般是当天成交当天交割,最多不能超过三天。期货交易是指交易双方达成协议后,不立即交割,而是在一定时间后进行交割。

三、金融市场的功能

1. 融通资金的功能

资金融通是指在经济运行过程中,资金供求双方运用各种金融工具调节资金盈余的活动。在资金融通过程中,金融市场起着资金"蓄水池"的作用,金融市场为各种期限、内容不同的金融工具互相转换提供了必需的条件。金融市场能够迅速有效地引导资金合理流动,提高资金配置效率。资金需求者可以根据生产经营状况、季节性、临时性的变化和资金需要的数量大小、期限长短,通过贷款和发行证券的方式在金融市场上筹措资金。

2. 分散风险的功能

金融理论中的风险是指投资结果具有不确定性,既有损失的可能,也有盈利的希望。虽然风险和收益是正相关的,即高风险对应着高收益。但在投资、经营过程中,大多数经济主体是风险厌恶者,在投资时有强烈的动机去规避风险,追求平稳的投资收益。金融市场通过特有的风险分担机制大大降低了单个投资者的投资风险。这种风险的分散主要表现在金融市场可以将多个分散的投资者集合起来投资于某一个项目,使得该项目的投资收益和风险由多人共同分担,从而减少了单个投资者的投资风险。此外,金融市场还允许投资者构建不同的资产组合来分散风险,提供期货、期权、互换等交易工具,帮助投资者对冲风险。

3. 调节经济的功能

在商品经济中,资金的运动体现着物资的分配和运动。要合理地配置生产资料和劳动,必须合理配置资金,使资金和资源得到最佳结合,形成一个合理的产业结构、产品结构、技术结构,才能使国民经济稳定协调地发展。这种合理的资金配置,在商品经济制度下,不能完全通过人为的行政分配,而要通过市场机制,通过资本证券化,通过利润和利率的引导来实现。利润率平均化的规律,会自发地使资本由利润率低的地方流向利润率高的地方,这一规律发挥作用的条件就是金融市场的存在。同时,经济的景气,货币的稳定,也可通过对金融市场的调节来实现。国家通过中央银行实施货币政策,进行市场操作,如调节再贴现率,调节法定存款准备金率,买进或卖出有价证券等,从而改变货币供给量,借以影响金融市场的资金供求,进而影响企业资金来源和运用,达到调节国民经济的目的。

4. 反映信息的功能

金融市场利率被人们看做国民经济变动的"晴雨表",是公认的国民经济运行的信号系统。表现在:一是金融市场利率变化反映经济状况。在金融市场上,资金的供求状况决定其利率的水平,金融市场利率水平的升降就成为社会资金供求适应状况的最灵敏的指示器:资金供应不足,需求过大,利率势必上升;相反,资金供应过多,需求不足,利率则相应下降。同时,股票债券在市场上价格的变动与企业的经济活动和利润水平密切相关,持有证券者若预测到企业经营利润下降,证券价格亦将下落,便卖出证券;反之,则购买证券。故通过证券市场上价格升降,可预测企业经济活动和利润水平。那么利率与证券价格的变动,就成为经济发展趋势的最好的金融指标。金融市场发出的这种金融信息,可以作为国家和中央银行进行金融决策的参考。二是金融市场交易直接和间接地反映政府货币供应量的变动。货币的紧缩或扩张都是通过金融市场进行的,货币政策实施时,金融市场会出现波动,表现出紧缩或放松的态势。三是由于计算机的普及及全球通讯网络的构建,整个世界金融市场已经连为一体,投资者可以随时了解世界经济发展变化情况。

【知识库】

金融市场与商品市场的联系与区别

金融市场同商品市场之间的联系具体表现在:一是金融市场为商品市场提供交易的媒介,使商品交换能得以顺利进行;二是金融市场可以有力地推动商品市场的发展,在外延的广度上促进商品市场的发展;三是通过金融市场的带动和调节,使商品市场进行流动和组合,从而引起对资源的重新配置。

金融市场同商品市场的区别表现在:一是交易场所的区别。一般商品交易有其固定的场所,以有形市场为主;而金融市场既有有形市场,在更大的范围内也有通过电话、电报、电传、电脑等通讯工具进行交易的无形市场,这种公开广泛的市场体系,可以将供求双方最大限度地结合起来。二是交易对象的特殊性。一般商品的交易是普通商品或劳务,其本身含有一定的价值和使用价值,一经交易就进入消费。金融市场的交易对象是金融商品,其价值和使用价值有着不同的决定方式:使用价值具有为其所有者带来收益的功能,而价值具有多重的决定方式。三是交易方式的特殊性。一般商品市场的交易,遵循等价交换的原则,通过议价、成交付款、交货而使交易结束,双方不再发生任何关系;金融市场的交易是信用、投资关系的建立和转移过程,交易完成之后,信用双方、投融资双方的关系并未结束,还存在本息的偿付和收益分配等行为。可见,金融市场上的交易,作为金融商品的买卖关系虽然已经结束,但作为信用或者投资关系却没有结束。四是交易动机的不同。一般商品市场交易的卖者为实现价值取得货币,买者则为取得使用价值满足消费的需求;金融市场上交易的目的,卖者为取得筹资运用的权利,买者则取得融资利息、控股等权利,此外,还派生出保值、投机等种种动机。

第二节 金融市场构成要素

一、金融市场主体

金融市场主体又称金融市场的交易主体,即金融市场的交易者。金融市场的主体主要包括金融机构、政府部门、工商企业、居民个人与家庭、中央银行等等。而它们在金融市场上可能以资金的供给者、需求者、管理者的身份或者以多重身份出现。如果从参与交易的动机来看,则可以更进一步细分为投资者、筹资者、套期保值者、套利者、调控和监管者等。

(一)金融机构

金融机构是金融市场的主导力量。它既是资金的供应者,又是资金的需求者。作为资金供应者,它通过发放贷款、拆借、贴现、抵押、买进债券等方式,向市场输出资金;作为资金的需求者,它通过吸收存款、再贴现、拆借等方法,将资金最大限度地集中到自己手里,而金融机构还提供信用工具,如支票、汇票、存单、保单等。除此之外,金融机构还充当资金交易的媒介,办理金融批发业务,如批发信贷资金、承销股票、债券等。

金融机构一般可分为存款性金融机构和非存款性金融机构。

1. 存款性金融机构

存款性金融机构是指通过吸收各种存款而获得可利用资金,并将之贷给需要资金的各经济主体及投资于各种有价证券等以获取收益的金融机构。存款性金融机构是套期保值和套利的重要主体,是金融市场的重要中介,同样也在国民经济中发挥着多层次的调节作用。

(1)商业银行。商业银行是经营货币信用的特殊企业,是数量众多、业务范围广泛、资产规模巨大、业务操作手段现代化、经营管理先进的一种金融机构,在整个金融体系中占有重要地位,是最主要的存款性金融机构。在资金融通的过程中,往往因为以下原因而不能形成直接借贷关系:①资金的需求者和资金的供给者,由于需求时间的不一致性,而使借贷行为不能成立;②资金供给者闲置的资金与资金需求者所需资金在数量上不一致,借贷双方也不能达成协议;③不了解借款人的信用状况和经济状况,信用关系也难以成立。而商业银行在信用关系中充当中介人,会克服上述种种矛盾。因为商业银行以吸收存款的形式动员了不同数量和不同期限的闲置的货币资金,可以满足借款人的不同需要;不同期限的存款,经商业银行的媒介作用,可以满足不同期限的借款需求;若干个短期存款,集中到商业银行以后,由于存取款有时间差和数量差,在商业银行会形成一个稳定的余额,又可以满足长期的借款需求。此外,由于商业银行专门经营货币信用业务,不仅自身信誉比一般企业高,而且可以利用自身的有利条件,确切了解借贷者的经济状况和信用能力。可见,在金融市场业务中,商业银行扮演了中介者的角色,起到媒介作用。

(2)储蓄机构。在西方国家有一种专门以吸收储蓄存款作为资金来源的金融机构,即储蓄机构。储蓄机构的大部分资金运用都是用来发放不动产抵押贷款,投资于国债或其他债券。与商业银行相比,储蓄机构的资产业务期限长,抵押贷款比重高。政府常利用储蓄机构来实现某些经济目标,其中多为房地产政策目标。因此,一些储蓄机构得到了政府的扶持。储蓄机构在各国的名称不一样,如在美国称储蓄贷款协会、互助储蓄银行;在英国称信托储蓄银行、房屋互助协会;在法国、意大利和德国则称储蓄银行等。在金融市场上,它们与商业银行一样,既是资金的供应者,又是资金的需求者。

(3)信用合作社。信用合作社(credit union)是由个人集资联合组成,以互助为主要宗旨的合作金融机构,简称"信用社"。各国信用社的名称有所不同。美国称为"信用社",日本称为"信用协同组织",德国则称为"信用合作银行"。信用社的基本经营目标是:以简便的手续和较低的利率向会员提供信贷服务,帮助经济力量薄弱的个人或中小企业解决资金难题,以免受高利贷的盘剥。

根据信用社会员的构成,各国信用社大致可以分为三种类型:职业信用社、社团信用社和居住区信用社。职业信用社的会员是同一个企业或行业的雇员,如渔业生产信用社、林牧业生产信用社、农业生产信用社等;社团信用社是由宗教和专业团体的成员所组成的,如小工商业者信用社、劳动者信用社等;居住区信用社是由居住在同一地区的居民所组成的,如农村信用社。

在美国,第一家信用合作社出现在20世纪初。随后其数字一直保持上升态势(大萧条时期除外),直到20世纪60年代末已经达到24 000家。从那以后,这个数字又开始下降,到目前,共有1 000多家信用合作社,总资产超过4 800亿美元,成员总数超过7 900万人。信用合作社的监管机构——全国信用合作社管理局(National Credit Union Administration)为所有联邦信用合作社的存款和州信用合作社的大部分存款提供保险。

2. 非存款性金融机构

(1)保险公司。保险是指投保人根据合同约定,向保险人支付保险费,保险人对于合同约定的可能发生的事故因其发生所造成的财产损失承担赔偿保险金责任,或者当被保险人死亡、伤残、患病或达到合同约定的年龄、期限时承担给付保险金责任的商业行为。对应的保险公司是依法设立的专门从事保险业务的公司。它通过向投保人收取保险费,建立保险基金,向社会提供保险保障并以此获得相应的利润。保险公司包括人寿保险公司和财产保险公司。前者主要是为人们因意外事故或死亡而造成经济损失提供保险的金融机构。后者则是为企业和居民提供财产意外损失保险的金融机构。保险公司的资金主要来源于按一定标准收取的保险费。一般来说,人寿保险具有保险金支付的可预测性,并且只有当契约规定的事件发生时或到约定的期限时才支付的特征。因此,保险费实际上是一种稳定的资金来源。财产保险公司承保了被保险人的各种物资财产和有关利益,避免了由于各种自然灾害和意外事故造成的物质财富毁损及利益损失给社会再生产和社会生活带来的巨大影响,使人们所面临的物质财产和经济利益风险得以分散。两类保险公司的资金运用情况不一样。人寿保险公司的资金运用以追求高收益为目标,主要投资于高收益、高风险的金融工具,如股票等,因此,人寿保险公司是金融市场上最大、最活跃的机构投资者之一。财产保险公司在资金运用上则注重资金的流动性,以货币市场上的金融工具为主,还有一部分投资于安全性较高的政府债券等。

(2) 养老基金。养老基金通过发行基金股份或受益凭证,募集社会上的养老保险资金,委托专业基金管理机构用于产业投资、证券投资或其他项目的投资,以实现保值增值的目的。养老金的缴纳一般由政府立法加以规定,因此其资金来源是有保证的。就我国养老保险制度现状来看,它是在劳动者年老体弱丧失劳动能力时,为其提供基本生活保障的一种社会体系。如达到退休年龄办理退休审批手续后,就可以享受养老金待遇了。养老保险基金由国家、企业和劳动者共同负担,由社会保险事业中心筹集并管理。企业上缴本企业工资总额的20%,劳动者按自己上年的工资总额的8%上缴。与人寿保险一样,养老基金也能较精确地估计未来若干年它们应支付的养老金。因此,其资金运用主要投资于长期公司债券、质地较好的股票和发放长期贷款上。养老基金也是金融市场上的主要资金供应者之一。

(3) 投资银行。投资银行是指主营业务为资本市场业务的金融机构。投资银行的名称,通用于欧洲大陆及美国等工业化国家,在英国称商人银行,在中国香港称吸储公司,在日本则称证券公司。并且在实际的商业中,许多此类机构并不在名称中冠以"银行"二字。例如,美国的摩根·斯坦利、所罗门兄弟公司,日本的日兴证券公司、大和证券公司等。称谓的不同在某种意义上反映了投资银行在各国业务范围的不同。狭义的投资银行业务仅指财务顾问(包括兼并收购、重组、股权转让等咨询服务)和承销(包括股票发行、债券发行、特殊金融工具发行等)。广义的投资银行业务还包括二级市场的销售与交易(证券经纪)、资产管理、私人财富管理、私人股权和风险投资等。而投资银行的主营业务主要指证券承销、证券交易、公司并购、项目融资和风险资本投资。当前投资银行已经成为资本市场最重要的金融中介机构,无论是在一级市场还是在二级市场都发挥着重要的作用。

(二) 政府部门

政府除了是金融市场上最大的资金需求者和交易的主体之外,还是重要的监管者和协调者,因而在金融市场上的身份是双重的。

政府对金融市场的监管虽然主要是授权给监管机构,如中央银行、财政部门,但也经常自己出面向金融市场施加压力。另一方面,还通过财政政策施加影响,尤其是国债管理和国债交易,就是在金融市场上同中央银行的货币政策的协调配合发生作用的。

(三) 工商企业

企业是金融市场的主体,企业是一个国家的经济活动的中心,因而也决定了企业是金融市场运行的基础。

从法律形态看,企业主要有三种组织形式:独资企业、合伙企业、公司(有限责任公司、股份有限公司)。独资企业和合伙企业是传统的企业形式,公司是现代企业形式。不论哪一种企业,其生产经营过程都会发生资金余缺的情况,金融市场因此成为满足各类企业资金需求及投资的场所。不仅如此,作为现代企业形式的公司,其组成方式的特点同金融市场有着天然的紧密联系。公司的重要特征是投资主体多元化,归根结底是"资本联合"的一种形式。这个"资本联合"的过程,必须通过金融市场才能实现,如股份公司发行股票、有限责任公司发行债券等。由此可见,企业资本来源的多样性和投资主体的多元化,使企业成为金融市场上证券发行的主体,成为决定初级市场规模的主要因素。

(四)居民个人与家庭

在任何国家和地区,家庭部门都是金融市场上最重要的资金供给者,是金融工具的主要认购者和投资者。一般情况下,家庭部门的收入总是大于支出,原因不外节俭和预防不测。

家庭部门因其收入的多元化和分散性特点而在金融市场上成为一贯的投资者和资金供给者。

家庭部门正是因为投资的分散性和多样化特征,才使金融市场具有广泛的参与性和积聚长期资金的功能。可以这样说,如果没有家庭部门作为主体,金融市场便缺乏迷人的魅力,在国民经济中的重要性也会大打折扣。

(五)中央银行

中央银行在金融市场上处于一种特殊的地位,它既是金融市场的行为主体,又大多是金融市场上的监管者。从中央银行参与金融市场的角度来看,首先,作为银行的银行,它充当最后贷款人的角色,从而成为金融市场资金的提供者。其次,中央银行为了执行货币政策,调节货币供应量,通常采用在金融市场上买卖证券的做法,进行公开市场操作,在紧缩货币政策下,发行央行票据,回收流通中的货币,在扩张货币政策下,回收央行票据,以增强货币的流动性。中央银行的公开市场操作不以盈利为目的,但会影响到金融市场上资金的供求及其他经济主体的行为。此外,一些国家的中央银行还接受政府委托,代理政府债券的还本付息;接受外国中央银行的委托,在金融市场买卖证券,参与金融市场的活动。

二、金融工具

(一)金融工具的含义

金融工具(financial instruments)是指金融市场的交易对象或交易标的物,它泛指在金融市场上进行资金融通的各类凭证或契约。金融工具主要有两个方面的特点:①金融工具是一种标准化的契约凭证,即融通资金的凭证是统一的、规范的、标准化的;②金融工具具有很高的流动性,即融通资金的凭证在金融市场上是被普遍接受的,可以非常方便地交易和流通。金融工具种类很多,主要分为票据、债券、外汇、股票、证券投资基金、期货合约、期权合约等。

1. 票据

票据(negotiable instruments)是指出票人自己承诺或委托人在特定时期无条件支付一定数

量资金并可以流通转让的有价证券。票据按信用关系的不同,一般可以分为汇票、期票(本票)和支票。

2. 债券

债券(bond)是指依照有关法律发行,附有一定票面利息率和本息偿付日期,反映债权与债务关系的凭证。债券是确定债权债务关系的书面凭证,其中债务人是债券的发行人,债权人是债券投资者。债券使借贷关系证券化,从而使借贷条件和标准呈现出同一性、开放性和流动性的特点。债券按发行主体的不同可分为政府债券、公司债券和金融债券;按利息支付方式的不同分为付息债券和零息债券;按期限的不同分为短期债券、中期债券、长期债券、永久债券、可延期债券、自选到期日债券等;按有无担保划分为担保债券和无担保债券;按募集方式划分为可转换债券和附新股认购权债券等。

3. 外汇

外汇(foreign exchange)是指在国际结算时能被各国接受的、在国际金融市场上可以自由买卖的货币。它主要包括美元、日元、欧元、英镑、外币有价证券、外币支付凭证和其他外汇资金等。

4. 股票

股票是有价证券的一种主要形式,是指股份有限公司签发的用以证明股东按其所持股份享有权利和承担义务的凭证。投资者通过持有股票可获得其价格增值收益和分红派息收益。股票的种类繁多,一般可分为普通股和优先股;记名股票和无记名股票;有面额股票和无面额股票;有表决权股票和无表决权股票;上市股票和非上市股票;国家股、法人股、公众股和外资股;绩优股和垃圾股;一线股、二线股和三线股;S股、ST股和*ST股;主板股、二板股和三板股等。

5. 证券投资基金

证券投资基金(funds)是指通过公开发售基金份额募集资金,由基金管理人管理和运用资金,为基金份额持有人的利益,以资产组合方式进行证券投资活动的基金。证券投资基金按组织形式不同可分为契约型基金和公司型基金;按基金规模是否固定可分为封闭式基金和开放式基金;按投资对象不同可分为债券基金、混合基金、股票基金和货币市场基金;按投资目标不同可分为成长型基金、收入型基金和平衡型基金;按投资样本不同可分为ETF基金和LOF基金;按地域不同可分为QFII基金和QDII基金。

6. 期货合约

期货合约(futures contracts)是指买卖双方之间签订的在将来一个确定时间按确定的价格买卖某项资产的协议。一张期货合约通常包括以下基本内容:期货品种;交易单位;质量标准;最小变动价位;每日价格波动限制;合约月份;交易时间;最后交易日;交割条款。期货合约一般分为商品期货合约和金融期货合约。商品期货合约分为农产品期货合约、黄金期货合约和能源期货合约;金融期货合约分为外汇期货合约、利率期货合约和股票指数期货合约。

7. 期权合约

期权合约(options contracts)是指一种权利的有偿使用,当期权购买者支付给期权出售者一定期权费后,购买者就拥有在规定期限内按双方约定的价格购买或出售一定数量某种金融资产的权利的合约。期权合约分为商品期权和金融期权,金融期权又分为外汇期权、利率期权、股票期权和股票指数期权等。

(二)金融工具的特征

1. 流动性

金融工具流动性是指金融资产在转换成货币时,其价值不会蒙受损失的能力。除货币以外,各种金融资产都存在着不同程度的不完全流动性。其他的金融资产在没有到期之前,要想转换成货币,或者打一定的折扣,或者花一定的交易费用。一般来说,金融工具如果具备下述两个特点,就可能具有较高的流动性:第一,发行金融资产的债务人信誉高,在已往的债务偿还中能及时、全部履行其义务。第二,债务的期限短。这样它受市场利率的影响很小,转现时遭受亏损的可能性就很小。

2. 安全性

金融工具安全性是指投资于金融工具的本金是否会遭受损失的风险。风险可分为两类:一是债务人不履行债务的风险。这种风险的大小主要取决于债务人的信誉以及债务人的社会地位。二是市场的风险。这是金融资产的市场价格随市场利率的变动而变动的风险。当利率上升时,金融证券的市场价格往往会下跌;当利率下跌时,金融证券的市场价格往往会上涨。证券的偿还期越长,则其价格受利率变动的影响越大。一般来说,本金安全性与偿还期成反比,即偿还期越长,其风险越大,安全性越小。本金安全性与流动性成正比,与债务人的信誉也成正比。

3. 收益性

金融工具收益性是指金融工具能定期或不定期给持有人带来收益的特性。金融工具收益性的大小,是通过收益率来衡量的,其具体指标有名义收益率、即期收益率、期满收益率等。

名义收益率,即金融工具票面利息与票面面值的比率。

$$名义收益率 = 票面利息/票面面值 \times 100\%$$

名义收益率只有在发行价格和票面面值相等的时候,即平价发行的时候才有意义。如某债券面值100元,偿还期5年,年息5元,则

$$名义收益率 = 5/100 \times 100\% = 5\%$$

即期收益率,即金融工具的收益额与其当期市场价格的比率。

$$即期收益率 = 票面利息/购买行市 \times 100\%$$

如某债券面值100元,发行价为98元,偿还期5年,年息5元,则

$$即期收益率 = 5/98 \times 100\% \approx 5.1\%$$

期满收益率,即当期收益与资金损益一并计算的收益率。

期满收益率＝[票面利息+(票面面值-购买行市)]/到期年限×100%

如某债券面值 100 元，偿还期 5 年，年息 5 元，当投资人在债券发行 1 年以后，以 98 元的价格购入此债券，则

实际收益率＝[5+(100-98)÷4]/98×100%≈5.61%

三、金融市场中介

中介机构是指在金融市场上充当交易媒介、从事资金融通交易或促进交易顺利完成的各类组织和机构。中介机构可以提高金融市场的运作效率并促进金融市场的发展。中介机构主要包括证券公司、期货经纪公司、外汇经纪人、会计师事务所、律师事务所、资产评估事务所、证券交易所、信用评估机构、商业银行、金融公司、财务公司和信托公司等。中介机构是金融市场的主要参加者，但与金融市场主体有着明显的不同。中介机构参与金融市场的主要目的不是进行筹资或投资，而是提供大量的咨询服务、交易设施等，进而赚取咨询服务费、佣金收入和席位费等。中介机构是连接投资者与筹资者的桥梁，是金融市场不可缺少的一个组织系统。金融市场功能的发挥在很大程度上取决于中介机构的素质、服务水平、技术水平和基础条件等因素。通过各类中介机构的经营服务活动，沟通了资金供应者和资金需求者之间的联系，促进了金融市场上的各种交易的进行，维持了金融市场秩序。

1. 证券公司

证券公司是指依照《公司法》和《证券法》的规定设立的并经国务院证券监督管理机构审查批准而成立的专门经营证券业务，具有独立法人地位的有限责任公司或者股份有限公司。

按证券经营公司的功能分，证券公司可分为证券经纪商、证券自营商和证券承销商。

（1）证券经纪商。证券经纪商即证券经纪公司。代理买卖证券的证券机构，接受投资人委托、代为买卖证券，并收取一定手续费，即佣金，如江海证券经纪公司。

（2）证券自营商。证券自营商即综合型证券公司，除了证券经纪公司的权限外，还可以自行买卖证券。它们资金雄厚，可直接进入交易所为自己买卖股票。

（3）证券承销商。证券承销商是以包销或代销形式帮助发行人发售证券的机构。

实际上，许多证券公司是兼营这三种业务的。按照各国现行的做法，证券交易所的会员公司均可在交易市场进行自营买卖，但专门以自营买卖为主的证券公司为数极少。

2. 期货经纪公司

期货经纪公司是指依法设立的、接受客户委托、按照客户的指令、以自己的名义为客户进行期货交易并收取交易手续费的中介组织；是经中国证监会批准，并在国家工商行政管理局登记注册的独立法人。期货经纪公司至少应该成为一家期货交易所的会员。按照中国证监会的规定，期货经纪公司不能从事自营业务，只能为客户进行代理买卖期货合约、办理结算和交割手续；对客户账户进行管理，控制客户交易风险；为客户提供期货市场信息，进行期货交易咨询，充当客户的交易顾问等。作为交易者与期货交易所之间的桥梁，期货经纪公司具有如下职

能：①根据客户指令代理买卖期货合约、办理结算和交割手续。②对客户账户进行管理,控制客户交易风险。③为客户提供期货市场信息,进行期货交易咨询,充当客户的交易顾问。

3. 财务公司

多数财务公司经营耐用品的租购或分期付款销货业务,其规模较大者还经营外汇、联合贷款、包销证券、不动产抵押、财务及投资咨询服务等,几乎与投资银行无异,因此被称为"非银行的银行"或"准银行"。财务公司的资金来源包括吸收定期存款、发行商业票据、向商业银行借款、持股母公司拨款、自有资本等。但美国的财务公司则不能接受存款。财务公司的资金运用则主要放在商业贷款、消费贷款、房地产抵押等方面。

在主要经营贷款的财务公司中,包括消费财务公司、销售财务公司及商业财务公司三种。消费财务公司主要对个人或家庭发放小额贷款,贷款以分期付款方式偿还,期限由几个月到一、两年不等,贷款用途主要用于购买耐用消费品。销售财务公司是以收购零售商的分期付款合约,来间接地对消费者融资的。一些出售耐用消费品的零售商,向消费者提供分期付款的便利,然后将分期付款合约卖给财务公司,所得款项则可继续进货。商业财务公司是对需要流动资本或长期资本及兼而有之的企业提供融资,融资方式包括以实物资产或应收账款作抵押的贷款,收购企业的应收账款、融资租赁、短期信用贷款等。

4. 信托投资公司

信托投资公司也称投资公司、投资托拉斯等。它们的活动方式是:通过发行股票和债券来筹集本公司的资本并用以购入其他公司的股票、债券。这类金融机构的作用在于汇集中小投资者的资金,分散地投资于各种投资对象,主要是各种有价证券,借以降低风险和取得规模效益。投资收益由投资者按出资比例分享。投资公司的经营活动方式及其设立的各类基金(金融工具)具有以下优点:投资额少、费用低廉;投资专家提供专业服务;组合投资、风险分散;买卖方便,流动性强。

5. 信用评级机构

信用评级机构是金融市场上一个重要的服务性中介机构,它是由专门的经济、法律、财务专家组成的、对证券发行人和证券信用进行等级评定的组织。证券信用评级的主要对象为各类公司债券和地方债券,有时也包括国际债券和优先股股票,普通股股票一般不作评级。信用评级机构是信用管理行业中的重要中介机构,它在经营中要遵循真实性、一致性、独立性、稳健性的基本原则,向资本市场上的授信机构和投资者提供各种基本信息和附加信息,履行管理信用的职能。评级机构组织专业力量搜集、整理、分析并提供各种经济实体的财务及资信状况、储备企业或个人资信方面的信息,比如有恶性债务的记录、破产诉讼的记录、不履行义务的记录、不能执行法院判决的记录等等。这种信用评级行为逐渐促成了对经济实体及个人的信用约束与监督机制的形成。

四、金融市场的组织方式

金融市场组织形式是金融市场主体进行金融工具买卖的一个关键环节,是金融市场不可缺少的一个重要系统,它一般有两种形式,即拍卖和柜台交易。

1. 拍卖

拍卖方式是指在金融市场上进行交易的金融工具都以公开竞价的方式成交。公开竞价的方式有两种:一种是由出售者通过各种手势或高声叫价报出金融工具的卖出价,通过买入者的激烈竞争,报出买价,最终将金融工具卖给出价最高的购买者;另一种是通过计算机的自动撮合,按照价格优先和时间优先的原则实现金融工具的自动交易。价格优先原则是指在金融工具的成交过程中,价格较高的买入申报价优先于价格较低的买入价申报;价格较低的卖出申报价优先于价格较高的卖出申报;市价买卖申报优先于限价买卖申报。时间优先原则是指在金融工具的成交过程中,同价位申报,依照申报时间顺序来决定优先顺序,即先提出报价的交易者优先成交。拍卖方式的一个显著特点是:交易双方都是通过在交易所中拥有会员资格的经纪商接受其买卖委托在交易所内完成金融工具的交易。

2. 柜台交易

柜台交易一般也称场外交易,是指通过中介机构在交易所以外来完成各类金融工具的交易。柜台交易中,金融工具的买卖双方分别同中介机构进行交易,即买方从中介机构买回所需的金融工具或卖方将金融工具卖给中介机构。柜台交易方式是一对一的交易方式,不可能产生买方内部或卖方内部的出价,而是要价竞争,故柜台交易一般由中介机构报价,并根据市场交易状况和交易者的接受程度来进行调整。

【知识库】

新兴市场的金融衍生品交易

按照摩根斯坦利资本国际公司(MSCI)的分类,截至2009年6月,新兴市场有巴西、智利、哥伦比亚、墨西哥、秘鲁、捷克、埃及、匈牙利、以色列、摩洛哥、波兰、俄罗斯、南非、土耳其、中国、印度、印尼、韩国、马来西亚、菲律宾、中国台湾和泰国等22个。在这些市场中,除中国、秘鲁、埃及、摩洛哥、菲律宾等5个外,其他17个市场均有场内金融衍生产品交易,占新兴市场的77.27%。

从国际交易所联合会(WFE)对全球18个新兴市场的统计数据看(未包括捷克、摩洛哥、俄罗斯和菲律宾等4个市场),按照上市公司市值,中国是全球最大的新兴市场,除中国之外,前15大新兴市场均有场内金融衍生产品交易。由此可见,场内金融衍生产品已经是大多数新兴市场非常普及的金融工具,其发展并不需要苛刻的市场环境。

传统证券市场主要是以欧美发达市场为主,新兴市场很难对其构成威胁。但在金融衍生产品市场中,新兴市场却能够摆脱上市资源的束缚,凭借灵活的合约设计和交易结算机制,实现高速发展,与发达市场相互促进、分庭抗礼。目前新兴市场衍生产品交易量已占到全球交易总量的38.42%,成为金融衍生产品市场的重要组成部分。美国期货业协会(FIA)的统计数据显示,2009年上半年,韩国交易所重新成为全球最大的衍生产品交易所、巴西交易所、印度国家证券交易所和俄罗斯证券交易所也位列全球前十大衍生产品交易所行列。韩国、印度和俄罗斯已成为金融衍生品市场在短时期内取得成功的典范。

从全球新兴市场场内金融衍生产品交易的品种看,所有类型的衍生产品均有上市交易。其中,有 16 个市场上市交易股指期货,约占所有金融衍生产品市场总数的 94.12%。其次是股指期权,有 12 个市场上市交易,比例为 70.59%。随后依次为利率期货(11 个市场,比例为 64.71%)、股票个股期权(10 个市场,58.82%)、股票个股期货(9 个市场,52.94%)、汇率期货(6 个市场,35.29%)、汇率期权(5 个市场,29.41%)和利率期权(2 个市场,11.76%)。由此可见,股指期货是新兴衍生产品市场中最基本、最常见的品种。

资料来源:上海证券报.2010-07-19

本 章 小 结

1. 金融市场是指以金融资产为交易对象而形成的供求关系及其机制的总和,是实现货币借贷、资金融通、办理各种票据及有价证券交易活动的市场。金融市场的特征表现在:它以资金交易为对象,体现了供需双方的借贷关系。

2. 金融市场按地域范围划分可以分为国内金融市场和国际金融市场;按金融市场的业务或金融产品的类型划分可分为货币市场、资本市场、外汇市场、黄金市场、保险市场等;从金融市场的功能划分可分为发行市场和交易市场;按交易方式划分可分为证券市场和借贷市场;按交易期限划分可分为长期资金市场和短期资金市场;按交易是否存在固定场所划分可分为有形市场和无形市场;按所交易的金融产品的交割时间划分可分为现货市场和期货市场。

3. 金融市场的功能主要有融通资金的功能、分散风险的功能、调节经济的功能、反映信息的功能。

4. 金融市场主体包括金融机构、政府部门、工商企业、居民个人与家庭、中央银行。

5. 金融工具是指金融市场的交易对象或交易标的物,它泛指在金融市场上进行资金融通的各类凭证或契约。金融工具有流动性、收益性、安全性的特点。金融工具种类很多,主要分为票据、债券、外汇、股票、证券投资基金、期货合约、期权合约等。

6. 金融中介机构是指在金融市场上充当交易媒介、从事资金融通交易或促进交易顺利完成的各类组织和机构。主要包括证券公司、期货经纪公司、外汇经纪人、会计师事务所、律师事务所、资产评估事务所、证券交易所、信用评估机构、商业银行、金融公司、财务公司和信托公司等。

7. 金融市场的组织方式包括拍卖和柜台交易。

思 考 题

一、多选题

1. 按照交易工具可以把金融市场分为( )。
   A. 资本市场　　　　B. 货币市场　　　　C. 外汇市场　　　　D. 黄金市场
2. 金融市场功能包括( )。
   A. 融通资金　　　　B. 调控经济　　　　C. 反映经济状况　　D. 加快资本流动

3. 金融中介机构包括( )。
   A. 证券公司　　　B. 中央银行　　　C. 商业银行　　　D. 会计师事务所
4. 名义收益率是在债券按照( )发行时计算的利率。
   A. 溢价　　　　　B. 折价　　　　　C. 平价　　　　　D. 以上答案都不对

二、简答题

1. 金融市场有哪些功能？
2. 金融市场的主体包括哪些？它们分别以什么身份参与金融市场的交易？
3. 金融中介机构包括哪些？
4. 金融市场的特征是什么？

【阅读资料】

央行发布 2015 年金融市场运行情况

一、债券发行规模同比增加，公司信用类债券同比继续增长

2015 年，债券市场全年发行各类债券规模达 22.3 万亿元，较去年同期增长 87.5%，增速较去年同期上升 55.2 个百分点。其中，银行间债券市场发行债券 21 万亿元，同比增长 81.3%。截至 2015 年 12 月末，债券市场托管余额为 47.9 万亿元，其中银行间债券市场托管余额为 43.9 万亿元。2015 年，财政部国债发行 2 万亿元，地方政府债券发行 3.8 万亿元，国家开发银行、中国进出口银行和中国农业发展银行发行债券 2.6 万亿元，政府支持机构发行债券 2 400 亿元，商业银行等金融机构发行金融债券 6 295.6 亿元，证券公司发行短期融资券 3 515.6 亿元，信贷资产支持证券发行 4 056.4 亿元，同业存单发行 5.3 万亿元。公司信用类债券发行 7 万亿元，同比增长 35.8%，增速较上年下降 3.1 个百分点。

二、银行间市场成交量同比大幅增长，债券指数有所上升

2015 年，银行间市场拆借、现券和债券回购累计成交 608.8 万亿元，同比增长 101.3%。其中，银行间市场同业拆借成交 64.2 万亿元，同比增长 70.5%；债券回购成交 457.8 万亿元，同比增长 104%；现券成交 86.8 万亿元，同比增长 114.9%。2015 年，银行间市场债券指数和交易所市场债券指数均有所上升。银行间债券总指数由年初的 158.77 点上升至年末的 171.37 点，上升 12.6 点，升幅 7.94%；交易所市场国债指数由年初的 145.8 点升至年末的 154.54 点，上升 8.75 点，升幅 5.99%。

三、货币市场利率中枢下行明显，债券收益率曲线大幅下移，企业债券融资成本显著降低

2015 年，货币市场利率先升后降，整体下行明显。

2015 年 12 月，质押式回购加权平均利率为 1.95%，较去年同期下降 154 个基点；同业拆借加权平均利率为 1.97%，较去年同期下降 152 个基点。2015 年银行间市场国债收益率曲线整体大幅下移。2015 年 12 月末，国债收益率曲线 1 年、3 年、5 年、7 年、10 年期收益率较去年末分别下降 96 个、82 个、81 个、77 个、80 个基点，10 年期与 1 年期国债期限利差为 52 个基点，较去年末扩大 16 个基点。12 月份固定利率企业债券加权平均发行利率为 4.06%，较去年同期下降146个基点。公司信用类债券收益率曲线大幅下行,年末5年期AAA、AA+企业债收益率较去年末分别下降150个和172个基点。不同等级公司信用类债券信用利差均有所收窄,3年期AAA级、AA级、A级中短期票据与同期限政策性银行债券信用利差较去年末分别收窄37个、34个、7个基点。

四、机构投资者类型更加多元化

2015年,银行间债券市场进一步丰富投资者群体,引入私募投资基金、期货公司及其资产管理产品投资银行间债券市场。2015年末,银行间市场各类参与者共计9 642家,较去年末增加3 180家,同比增加49.2%。其中,境内法人类参与机构为2 094家,境内非法人类机构投资者为7 240家。截至2015年末,已有308家境外央行、主权财富基金等境外机构进入银行间市场投资,较去年末增加128家。与去年末相比,2015年末银行间市场公司信用类债券持有者中,商业银行持有债券占比为34.1%,下降10.3个百分点;非银行金融机构占比为12.1%,下降1.3个百分点,非法人机构投资者和其他类投资者持有占比共为53.8%,上升11.6个百分点。从全部银行间市场债券持有者结构看,12月末,商业银行、非银行金融机构、非法人机构投资者和其他类投资者持债占比分别为59.7%、9.7%、30.6%。

五、利率衍生品交易活跃度明显上升

2015年,人民币利率互换共交易6.6万笔,名义本金总额8.8万亿元,同比增长117.2%。从期限结构来看,1年及1年期以下交易最为活跃,其名义本金总额7.8万亿元,占总量的88.7%。从参考利率来看,2015年人民币利率互换交易的浮动端参考利率包括7天回购定盘利率、Shibor以及人民银行公布的基准利率,与之挂钩的利率互换交易名义本金占比分别为84.5%、15.1%、0.4%。

六、股指大幅震荡,两市成交量均大幅增长

2015年,股票市场主要指数总体有所上涨,但期间出现大幅震荡,成交量明显放大。年末,上证指数收于3 539.18点,较去年末上涨9.41%,年内最高点为5 178.19点,最低点为2 850.71点。沪市全年累计成交133.1万亿元,日均成交5 454.9亿元,同比增长254.3%。深证成指收于12 664.89点,较去年末上涨14.98%,年内最高点为18 211.76点,最低点为9 259.65点。深市全年累计成交122.5万亿元,日均成交为5 020.3亿元,同比增长235.4%。

资料来源:中国经济网　2016年01月26日

第二章
Chapter 2

货币市场（一）

【学习目的与要求】

通过本章的学习，使学生在了解货币市场含义、功能、参与者的基础上，掌握同业拆借市场、回购协议市场、货币基金市场等子市场的运行状况。

【案例导入】

于2013年6月推出的余额宝，是蚂蚁金服旗下的余额增值服务和活期资金管理服务。

余额宝对接的是天弘基金旗下的增利宝货币基金，特点是操作简便、低门槛、零手续费、可随取随用。除理财功能外，余额宝还可直接用于购物、转账、缴费还款等消费支付，是移动互联网时代的现金管理工具。目前，余额宝依然是中国规模最大的货币基金。

第一节 货币市场概述

一、货币市场的概念

货币市场是指融资期限在一年以内的短期金融工具交易的市场，是金融市场的重要组成部分。货币市场所容纳的金融工具，主要是政府、银行及工商企业发行的短期信用工具，具有期限短、流动性强和风险小的特点，在货币供应量层次划分上被置于现金货币和存款货币之后，称之为"准货币"，所以将该市场称为"货币市场"。货币市场就其结构而言可分为同业拆借市场、回购协议市场、商业票据市场、银行承兑汇票市场、大额可转让定期存单市场、短期政府债券市场等若干子市场。

对于货币市场的含义，我们可以这样理解：

（1）货币市场的交易活动主要是为了资金的流动性，以便随时获得现实的货币。它一方面满足资金需求者短期资金融通的需要；另一方面也为资金盈余者提供了获得比银行短期存款利息更多收益的机会。

（2）货币市场的工具主要有同业拆借市场、回购协议市场、商业票据市场、银行承兑汇票市场、大额可转让定期存单市场、短期政府债券市场等子市场。并且货币市场工具的数量很大，具有多样性，可以满足不同交易者的需求，而且货币市场永远处在不断的金融创新之中，每种工具形成一个市场，而各个市场又有着千丝万缕的联系，这些市场的集合就形成了一个整体的货币市场。

（3）货币市场是中央银行货币政策操作的主要场所。货币市场在货币政策的传导机制中起着重要的作用。在中央银行货币政策的实施过程中，无论是信贷传导渠道或者利率传导渠道，都离不开货币市场。

二、货币市场的特征

1. 低风险、低收益

货币市场的交易多是投资于那些既安全又具有很高流动性的金融工具。主要包括短期国库券、政府公债、大额可转让定期存单、商业本票、银行承兑汇票等。由于这些品种期限较短，票据、债券发行主体的信用较高，所以可以较好地保证本金安全，相应的它的收益率也要低于股票、债券等资本市场的交易品种。但是由于货币市场的投资工具获取的利息收入往往要比银行同期利率高，而且时限很短，能够较容易地赎回取现，所以对短期有闲置资金的企业和个人有很强的吸引力。

2. 交易期限短

货币市场交易的工具，一般期限较短，最短的只有一天，最长的也不超过一年，较为普遍的是3～6个月。正因为这些工具期限短，可以随时变现，有较强的货币性，所以，短期金融工具又有"类储蓄"之称。

3. 货币市场是一个广度、深度和弹性相结合的市场

货币市场的广度是指货币市场参与者多样化，深度是指货币市场交易的活跃程度，货币市场的弹性是指货币市场在应付突发事件及大手笔成交之后价格的迅速调整能力。在一个具有广度、深度和弹性的市场上，市场容量大，信息流动迅速，交易成本低廉，交易活跃且持续，能吸引众多的投资者和投机者参与。

三、货币市场的功能

1. 短期资金融通功能

市场经济条件下的各种经济行为主体客观上有资金盈余方和资金不足方之分，从期间上可分为一年期以上的长期性资金余缺和一年期以内的短期性资金余缺两大类，相对于资本市

场为中长期资金的供需提供服务,货币市场则为季节性、临时性资金的融通提供了可行之径。相对于长期投资性资金需求来说,短期性、临时性资金需求是微观经济行为主体最基本的、也是最经常的资金需求,因为短期的临时性、季节性资金不足是由于日常经济行为的频繁性所造成的,是必然的、经常的,这种资金缺口如果不能得到弥补,就连社会的简单再生产都不能维系,或者只能使商品经济处于初级水平,短期资金融通功能是货币市场的一个基本功能。

2. 管理功能

货币市场的管理功能主要是指通过其业务活动的开展,促使微观经济行为主体加强自身管理,提高经营水平和盈利能力。

(1)同业拆借市场、证券回购市场等有利于商业银行业务经营水平的提高和利润最大化目标的实现。同业拆借和证券回购是商业银行在货币市场上融通短期资金的主渠道。充分发达的同业拆借市场和证券回购市场可以适时有度地调节商业银行准备金的盈余和亏缺,使商业银行无需为了应付提取或兑现而保有大量的超额准备金,从而将各种可以用于高收益的资产得以充分运用,可谓"一举两得"。为此,商业银行要运用科学的方法进行资金的流动性管理,这使商业银行资产负债管理跃上一个新的台阶。

(2)票据市场有利于以盈利为目的的企业加强经营管理,提高自身信用水平。票据市场从票据行为上可以分为票据发行市场、票据承兑市场、票据贴现市场,从签发主体上可以分为普通企业票据和银行票据。只有信誉优良、经营业绩良好的主体才有资格签发票据并在发行、承兑、贴现各环节得到社会的认可和接受,不同信用等级的主体所签发和承兑的票据在权利义务关系上有明显的区别,如利率的高低、票据流动能力的强弱、抵押或质押金额的大小等等。所以,试图从票据市场上获得短期资金来源的企业必须是信誉优良的企业,而只有管理科学、效益优良的企业才符合这样的条件。

3. 政策传导功能

货币市场具有传导货币政策的功能。市场经济国家的中央银行实施货币政策主要是通过再贴现政策、法定存款准备金政策、公开市场业务等的运用来影响市场利率和调节货币供应量以实现宏观经济调控目标的,在这个过程中货币市场发挥了基础性作用。货币市场的融资活动直接影响到货币的供给量,银行的现金准备,票据贴现,国库券的发行、交易等金融活动,都会直接影响到流通中的货币量,因此,货币市场可以为政府提供对经济进行宏观调控的有效手段,中央银行正确地调控货币市场上的融资活动,这对于调节货币供给具有重要的意义。

【知识库】

货币市场基准利率地位逐步形成

2007年1月正式发布的上海银行间同业拆借利率(SHIBOR),全面启动了中国货币市场基准利率的培育工作。三年来,SHIBOR 的定价机制不断完善,应用范围逐步扩大,基准性地位进一步夯实。人民银行近日发布的"2009年第四季度货币政策执行报告"认为,SHIBOR在货币市场的基准利率地位已经逐步确立。银行间同业拆放利率是货币市场的核心利率,通常情况下,SHIBOR是信用等级较高的商业银行从市场上获得资金的一般性价格,体现了报价行对资金成本、市场资金供求及货币政策预期等因素的综合考虑,对货币市场具有较强的影响力。

毫无疑问,SHIBOR为金融市场产品定价提供了基准。其首先表现在SHIBOR在债券定价中的指导作用逐步增强。从浮动利率产品来看,自2007年6月第一只SHIBOR浮息债面世至今,共发行以SHIBOR为基准的浮息债23只,总发行量为1 860亿元。发行主体包括政策性银行、商业银行和企业,发行范围涵盖内地和香港。从固定利率产品来看,2007年4月以来,企业债全部参照SHIBOR定价,截至2009年年末累计发行逾8 000亿元;参照SHIBOR定价的短期融资券累计发行逾4 000亿元,约占总发行量的37%。同时,以SHIBOR为基准的衍生品市场不断深化。根据央行的统计,截至2009年年末,以SHIBOR为基准的利率互换累计成交2 501亿元,约占全部交易量的22%。远期利率协议成交184.1亿元,全部以SHIBOR为基准。此外,2008年10月以来,中国人民银行与马来西亚、韩国等国家的中央银行签署了6 500亿元货币互换协议,全部采用SHIBOR为基准利率。尤其值得关注的是,央行的货币政策执行报告强调指出,SHIBOR在商业银行内外部定价中发挥重要作用。SHIBOR为商业银行内部资金转移定价(FTP)提供了定价基准。目前,16家报价行的FTP价格已不同程度地与SHIBOR结合。一方面,商业银行在SHIBOR基础上加点生成回购、拆借及票据等业务的FTP价格;另一方面,报价行还采用市场化产品的FTP价格作为SHIBOR报价的基础,SHIBOR与FTP价格之间实现了较好的互动。

此外,SHIBOR促进贴现利率定价机制不断完善。SHIBOR推出后,报价行每日通过票据网对以SHIBOR为基准的票据转贴现进行双边报价。在此基础上,多家报价行先后建立了贴现利率参照SHIBOR的定价机制。2009年10月,中国人民银行电子商业汇票系统上线,其中票据业务利率采取参照SHIBOR的方式,在完善贴现利率形成机制的同时,也有助于提高3个月以上SHIBOR的基准性。

另外,SHIBOR还推动了同业存款业务的科学定价。同业存款为金融机构间的资金互存,其利率本质上与SHIBOR类似。目前,大部分报价行的同业存款均已不同程度地参照SHIBOR定价。2009年,我国同业定期存款发生额约为4万亿元。同业存款参照SHIBOR定价对于理顺利率传导机制具有重要意义。

资料来源:经济日报.2010-03-02

第二节 同业拆借市场

同业拆借市场,又称"同业拆放市场",是指金融机构之间以货币借贷方式进行短期资金融通活动的市场。金融机构在日常经营中,由于存、放款的变化,汇兑的收支增减等原因,会在营业日终了时,出现资金收支不平衡的情况,一些金融机构收大于支,另一些金融机构支大于收,资金不足者要向资金多余者融入资金以平衡收支。于是,产生了金融机构之间进行短期资金相互拆借的需要。因此,同业拆借的资金主要用于弥补银行短期资金的不足,票据清算的差额以及解决临时性资金短缺需要,是金融机构之间进行短期、临时性头寸调剂的市场。同业拆借市场交易量大,能敏感地反应资金供求关系和货币政策意图,影响货币市场利率。因此,它是货币市场体系的重要组成部分。

一、同业拆借市场的产生和发展

同业拆借市场最早出现于美国,其形成的根本原因在于法定存款准备金制度的实施。为了控制货币流通量和银行的信用扩张,美国于1913年制定了"联邦储备法",规定加入联邦储备银行的会员银行,必须按存款数额的一定比率向联邦储备银行缴纳法定存款准备金。而由于清算业务活动和日常收付数额的变化,总会出现有的银行存款准备金多余,有的银行存款准备金不足的情况。存款准备金多余的银行需要把多余部分利用起来,以获得利息收入,而存款准备金不足的银行又必须设法借入资金以弥补准备金缺口,否则就会因延缴或少缴准备金而受到央行的经济处罚。在这种情况下,存款准备金多余和不足的银行,在客观上需要互相调剂。于是,1921年在美国纽约形成了以调剂联邦储备银行会员银行的准备金头寸为内容的联邦基金市场。以后逐渐发展为较为规范的联邦基金市场,成为美国最主要的同业拆借市场。

在经历了20世纪30年代的第一次资本主义经济危机之后,西方各国普遍强化了中央银行的作用,相继引入法定存款准备金制度作为控制商业银行信用规模的手段,与此相适应,同业拆借市场也得到了较快发展。在经历了长时间的运行与发展过程之后,当今西方国家的同业拆借市场,较之形成之时,无论在交易内容开放程度方面,还是在融资规模等方面,都发生了深刻变化。拆借交易不仅仅发生在银行之间,还扩展到银行与其他金融机构之间。从拆借目的看,已不仅仅限于补足存款准备和轧平票据交换头寸,金融机构如在经营过程中出现暂时的、临时性的资金短缺,也可进行拆借。更重要的是,同业拆借已成为银行实施资产负债管理的有效工具。由于同业拆借的期限较短,风险较小,许多银行都把短期闲置资金投放于该市场,以利于及时调整资产负债结构,保持资产的流动性。特别是那些市场份额有限,承受经营风险能力脆弱的中小银行,更是把同业拆借市场作为短期资金经常性运用的场所,力图通过这种做法提高资产质量,降低经营风险,增加利息收入。

随着同业拆借市场规模不断扩大,其参与者也不再局限于会员商业银行,一些国内的其他银行以及非银行金融机构也加入到这一市场当中。甚至一些外国银行在境内的分支机构、代理机构及外国的中央银行也可以进入同业拆借市场。以美国为例,同业拆借市场最初仅限于美联储的会员银行之间,后来,互助储蓄银行和储蓄贷款协会也参与了这一市场。到了20世纪80年代以后,外国银行在美国分支机构也加入了这一市场。市场参与者不断增多,使得市场融资规模也在迅速扩大。时至今日,同业拆借市场在许多国家已形成全国性的网络,成为交易手段最先进、交易量最大的货币市场。同时拆借市场也日益成为国际化的市场,凭借先进的通讯手段,各国的商业银行及中央银行可以进行跨国、跨地区的交易。

二、同业拆借市场的参与者

既然同业拆借市场是金融机构间进行货币头寸融通的市场,一般来说,金融机构应是同业拆借市场的主要参与者,即资金的主要供给者和需求者。另外的参与者则为同业拆借市场的中介人,即中介机构和经纪人。

一般情况下,大型商业银行在同业拆借市场的角色是不断变化的,它有时可以成为资金的供给者,但在更多数的情况下它是市场上的资金需求者。原因主要有两个方面:一是大商业银行的资产和负债规模较大,所需缴存的准备金存款也就较多,与此同时,所需的流动性资金和支付的准备金也较多,而且时常发生始料未及的临时性资金需求,故而要通过同业拆借市场拆入资金以弥补货币头寸及流动性的不足。二是大商业银行通常资金实力相对较强,信誉也高,由于同业拆借一般不需要抵押或担保,信誉便成为能否借入资金的重要条件或要素。大商业银行显然具有中小商业银行难以比拟的优越性。

与此相对应,在同业拆借市场上扮演资金供给者角色的,主要是地方中小商业银行,以及非银行金融机构,境外代理银行和境外银行在境内的分支机构。此外,外国中央银行也经常成为同业拆借市场的资金供给者。原因主要是:首先,中小商业银行和非银行金融机构的资本金及资产负债规模较小,结构也相对单一,不能最大限度地实现多样化,因而难以产生拆入资金、弥补流动性不足的强烈需求。其次,若在同业拆借市场上拆出资金,不仅可以使有限的资金得到有效运用(实现市场利率),减少资金闲置,提高盈利能力,还可以增加资产的流动性,降低资产风险,使盈利性与流动性实现较有利的组合。

同业拆借市场的中介人既可以是专门从事货币头寸交易的自由经纪人,也可以是一些专门设置的机构或商号。它又可以分为两类:一类是专门从事拆借市场中介业务的专业性中介机构,比如日本的融资公司就属于这种类型;另一类则为非专门从事拆借市场中介业务的兼营机构,大多数由商业银行来承担。这些大型商业银行不仅充当经纪商,其本身也参与该市场的交易。总而言之,不管这些中介是自然人还是法人,都是同业拆借市场的重要参与者。

三、同业拆借市场的拆借期限及利率

同业拆借市场的拆借期限通常以 1~2 天为限,短至隔夜,多则 1~2 周,一般不超过 1 个月,当然也有少数同业拆借交易的期限接近或达到一年。

同业拆借的拆款按日计息,拆息额占拆借本金的比例为拆息率。拆借率每天不同,甚至时时刻刻都有变化,其高低灵敏地反映着货币市场资金的供求情况。同业拆借利率形成机制一般有两种:一种是由拆借双方直接协商。取决于双方对资金供需的强烈程度,利率弹性较大。另一种是通过市场公开竞价决定,利率高低取决于市场上资金的供求情况。

目前国际市场上有代表性的同业拆借利率有伦敦银行同业拆借利率(LIBOR)、美国联邦基金利率、新加坡银行同业拆借利率和中国香港银行同业拆借利率。伦敦银行同业拆借利率是伦敦金融市场上银行间相互拆借英镑、欧洲美元以及其他欧洲货币时的利率,有报价银行在每个营业日的上午 11 点对外报出,分为存款利率和贷款利率两种报价。目前,伦敦银行同业拆借利率已经成为国际金融市场上的一种关键利率,一些浮动利率的融资工具在发行时也以该利率作为依据和参照物。美国联邦基金利率是指美国同业拆借市场的利率,最主要的是隔

夜拆借利率。这种利率的变动能够敏感地反映银行之间资金的余缺,美联储瞄准并调节同业拆借利率就能直接影响商业银行的资金成本,并且将同业拆借市场的资金余缺传递给工商企业,进而影响消费、投资和国民经济。而新加坡银行同业拆借利率和中国香港银行同业拆借利率的报价方法与拆借期限与伦敦同业拆借利率并无明显差别,但其在国际金融市场上的地位和作用,则要差很多。

而我国内地也建立了自己的同业拆借利率,即 SHIBOR,全称是"上海银行间同业拆借利率"(Shanghai Interbank Offered Rate,SHIBOR)。SHIBOR 是我国货币市场的基准利率,是以 16 家报价行的报价为基础,剔除一定比例的最高价和最低价的算术平均值,自 2007 年 1 月 4 日正式运行。SHIBOR 是由信用等级较高的银行组成报价团自主报出的人民币同业拆出利率计算确定的算术平均利率,是单利、无担保、批发性利率。目前,对社会公布的 SHIBOR 品种包括隔夜、1 周、2 周、1 个月、3 个月、6 个月、9 个月及 1 年。SHIBOR 报价银行是公开市场一级交易商或外汇市场做市商,在货币市场上交易相对活跃、信息披露比较充分的银行。每个交易日根据各报价行的报价,剔除最高、最低各 2 家报价,对其余报价进行算术平均计算后,得出每一期限品种的 SHIBOR,并于 11:30 对外发布。

四、同业拆借市场的交易程序

(一) 直接拆借

1. 头寸拆借

头寸拆借是指金融机构为了轧平头寸,补足存款准备金和票据清算资金而在拆借市场上融通短期资金的活动。当头寸拆借用于补足存款准备金时,一般为日拆,即"同业隔夜拆款",今日拆入,明日归还,拆借期限为一天。头寸拆借的主要过程是:首先由拆出银行开出支票交拆入银行存在中央银行,使拆入银行在中央银行的存款准备金增加,补足资金差额。同时,拆入银行开出一张支票,其面额为拆入金额加上利息支付给拆出银行,并写好对付日期(一般为出票日后的一到两天)。到期时,拆出银行可将支票通过票据交换清算收回本息。

2. 同业借贷

同业借贷则以调剂临时性、季节性的资金融通为目的,较之头寸拆借的期限要长。同业借贷的主要过程是:由拆入银行填写一份借据,交拆出银行,拆出银行经审核无误后向拆入银行提供贷款,即将其账户上的资金划转到拆入银行账户。到期再逆向划转,其划转金额为拆入金额加上利息。

(二) 间接拆借

1. 间接同城同业拆借

在同一城市或地区的金融机构通过中介机构进行拆借,多是以支票作为媒体。当拆借双方协商成交后,拆入银行签发自己付款的支票,支票面额为拆入金额加上次营业日为止的利息

（有的国家也常将利息另开成一张支票）。拆入行以此支票与拆出行签发的以中央银行为付款人的支票进行交换。支票交换后，通知同城中央银行分支机构在内部转账，借记卖方账户（即拆出行账户），同时贷记买方账户（即拆入行账户）。这样，拆入行在中央银行存款增加，拆出行在中央银行存款减少。次日，拆出行将拆入行签发的自己付款的支票提交给票据交换所交换以后，再以拆入行在中央银行存款清算，用反方向的借贷冲账。

2. 间接异地同业拆借

所处不同城市或地区的金融机构进行异地同业拆借，其交易程序大体上与同城的同业拆借程序相同。区别主要在于：拆借双方不需交换支票，仅通过中介机构以电话协商成交；成交后拆借双方通过各所在地区的中央银行资金电划系统划拨转账。

间接同业拆借与直接同业拆借最大的不同就是它是通过拆借市场经纪公司（经纪人）或代理银行媒介来进行拆借的。它具体的交易过程大致有以下几步：

（1）拆出行通知中介人，告诉中介人自己可以拆出资金的数量、利率、期限；同时，拆入行通知拆借中介人自己需要的资金数量、期限、利率。

（2）中介人将双方的信息进行整理后将适宜的情况分别通知拆借双方。

（3）拆借双方接到中介人反馈的信息后直接与对方进行协商。

（4）拆借双方协商一致，同意拆借成交后，拆出行用自己在中央银行存款账户上的可用资金划账到拆入行账户上。

（5）当拆借期限到期，拆入行则把自己在中央银行存款账户上的资金划转到拆出行的账户上。

在这个交易过程中，拆借中介人主要通过拆借手续费或拆出、拆入的利差来盈利。

五、我国的同业拆借市场

我国同业拆借市场经历了一个曲折发展的过程。1984年中国人民银行专门行使中央银行职能后，鼓励金融机构利用资金的行际差、地区差和时间差进行同业拆借。1986年1月，国务院颁布《中华人民共和国银行管理暂行条例》，规定专业银行之间的资金可以相互拆借。其后，同业拆借市场开始发展起来，并在广州、武汉、上海等大中城市成立了资金市场、融资公司等同业拆借中介机构。1988年，由于部分地区金融机构违反有关资金拆借的规定，用拆借资金搞固定资产投资，拆借资金到期无法收回，中国人民银行根据国务院的指示，对同业拆借市场的违规行为进行了整顿，撤销了各地的融资公司，对融资中介机构进行了整顿。1990年，中国人民银行下发了《同业拆借管理试行办法》，第一次用专门的法规形式对同业拆借市场管理作了比较系统的规定，拆借市场有了一定的规范和发展。

1992年下半年到1993年上半年，受当时经济金融环境的影响，同业拆借市场又出现了严重的违规拆借现象，大量拆借资金被用于房地产投资、固定资产投资、开发区项目及炒卖炒买股票，一些市场中介机构盲目提高拆借资金利率，一些商业银行绕过中国人民银行对贷款规模的控制,超负荷拆借资金。这种状况造成了银行信贷资金大量外流,干扰了金融宏观调控,使国家重点资金需要无法保证,影响了银行的正常运营,扰乱了金融秩序。为了扭转这一混乱状况,1993年7月中国人民银行根据国务院整顿拆借市场的要求,把规范拆借市场作为整顿金融秩序的一个突破口,出台了一系列措施,再一次对同业拆借市场进行整顿,撤销了各商业银行及其他金融机构办理的同业拆借市场中介机构,规定了同业拆借最高利率,拆借市场秩序开始好转。

为了从根本上消除同业拆借市场的混乱现象,1996年1月中国人民银行建立了全国统一的银行间同业拆借市场,同年6月放开了对同业拆借利率的管制,拆借利率由拆借双方根据市场资金供求状况自行决定,初步形成了中国银行间同业拆借利率(CHIBOR)。全国银行间同业拆借市场,包括金融机构通过全国银行间同业拆借中心提供的交易系统进行的同业拆借(称一级网),以及通过各地融资中心进行的同业拆借(称二级网)。随着全国银行间同业拆借市场的建立和逐步完善,金融机构直接进行拆借交易的渠道已经开通,1997年下半年中国人民银行决定停办各地融资中心业务,清理收回逾期拆出资金,撤销相应的机构。

随着同业拆借市场不断完善,同业拆借市场交易量逐年扩大,2000年成交6 728亿元,比1999年增加了1.04倍。从货币市场交易的期限结构看,1997年7天以内(包括隔夜)的同业拆借的比重为32.5%;而2000年同业拆借的期限结构发生了根本性的改变,7天以内(包括隔夜)的同业拆借比重已上升为71.4%。这一指标的变化表明,同业拆借市场已成为金融机构之间调节短期头寸的重要场所。作为货币政策支持资本市场发展的重要举措,经国务院批准,中国人民银行于1999年8月19日下发了《证券公司进入银行间同业拆借市场管理规定》。到2000年底,已有12家证券公司进入全国银行间同业拆借市场,累计拆入资金2 981亿元,拆出资金6.4亿元。

2000年以后我国同业拆借市场发展速度进一步加快,见表2.1。

表2.1 2001~2010年同业拆借市场1天和7天拆借总金额　　　　　单位:亿元

年份	2001	2002	2003	2004	2005	2006	2007	2008	2009	2010(前11个月)
交易额总量	6 645.74	10 538.99	20 981.99	13 247.45	11 192.96	19 256.45	102 084.8	141 518.3	183 013.83	243 304.11

资料来源:根据中国人民银行网站相关数据整理(www.pbc.gov.cn)

由表2.1我们可以看到,2001年到2010年这10年间,银行同业拆借的交易金额增长了将近6倍,尤其是2007年8月6日颁布了《同业拆借管理办法》,这是1996年全国银行间同业拆借市场建立以来,中国人民银行在总结十年市场发展和管理经验基础上,颁布的全面规范同业拆借市场管理规则的规章,也是近十年最重要的同业拆借管理政策调整。《同业拆借管理办法》从市场准入、交易清算、风险控制、信息披露等方面对同业拆借市场的交易进行规范。体现了中国人民银行坚持市场化改革方向、放松市场管制、尊重市场选择的政策取向,将以更加开放的政策促进同业拆借市场发展。

【知识库】

人民币同业拆借规定

组织原则 中国人民银行为全国银行间同业拆借市场的主管部门,交易中心负责市场运行并提供电子交易系统。

运行方式 实行询价交易方式。凡成员确认的报价,由交易系统自动生成成交通知单,作为交易双方成交确认的有效凭证。

交易品种 交易双方可在一年范围内自行商定拆借期限。交易中心按1天、7天、14天、21天、1个月、2个月、3个月、4个月、6个月、9个月、1年共11个品种计算和公布加权平均利率,即中国银行间同业拆借利率(CHIBOR)。

交易时间 每周一至周五(北京时间)上午9:00~12:00,下午13:30~16:30(中国国内法定假日不开市)。

成员构成 人民币拆借交易的主体是经中国人民银行批准,具有独立法人资格的商业银行及其授权分行、农村信用联社、城市信用社、财务公司和证券公司等有关金融机构以及经中国人民银行认可经营人民币业务的外资金融机构。

清算办法 由成交双方根据成交通知单,按规定的日期全额办理资金清算,自担风险。资金清算速度为T+0或T+1。

资料来源:百度百科 baike.baidu.com

第三节 回购协议市场

一、回购协议的概念

所谓回购协议(Repurchase Agreement, RP)是指资金融入方在出售证券的同时与证券购买者签订的、在一定期限内按原定价格或约定价格购回所卖证券的协议。本质上说回购协议是一种质押贷款协议。理解这个概念应该把握两个要点:一是虽然回购交易是以签订协议的形式进行交易的,但协议的标的物却是有价证券;二是我国回购协议市场上回购协议的标的物是经中国人民银行批准的,可用于在回购协议市场进行交易的政府债券、中央银行债券及金融债券。

相应的,通过回购协议进行短期资金融通的市场就是回购协议市场。回购协议市场也是货币市场的重要组成部分。这是因为与其他资金融通方式相比,它有着自身的优势:首先,回购协议借款是银行推行负债储备管理的有力工具之一,尤其是大银行喜好用回购协议调整储备金头寸。第二,回购协议所获借款无需提交储备金,这就降低了回购协议借款的实际成本。

第三,由于回购协议下有政府债券等金融资产作担保,资金需求银行所付的利息稍低于同业拆借利率。第四,回购协议的期限弹性强。回购协议的期限虽多为一个营业日,但也有长达几个月的,而且双方可签订连续合同。在协议不产生异议的情况下,协议可自动展期。因此,回购协议为商业银行提供了一种比其他可控制负债工具更容易确定期限的工具。

二、回购协议市场的期限及利率

回购协议的期限一般很短,最常见的是隔夜回购(overnight RP),但也有期限长的,如有的回购协议期限在1~3个月,被称为定期回购协议(term RP)。此外,还有一种"连续合同"的形式,这种形式的回购协议没有固定期限,只在双方都没有表示终止的意图时,合同每天自动展期,直至一方提出终止为止。

回购协议利率是衡量回购协议中借款人向贷款人所支付的报酬比率。影响回购利率高低的因素,主要有以下几个方面:

(1)用于回购的证券的信用度。一般而言,证券的信用度越高,流动性越强,回购利率就越低,相反则利率会相对高一些。

(2)回购期限的长短。一般情况下,回购期限越长,不确定的因素越多,因而利率会高一些。

(3)参与者对资金的需求情况。这里的参与者主要指的是商业银行,一般商业银行的资金充裕,市场流动性较好,则回购利率较低,相反如果商业银行资金紧张,借入资金的意愿较强,则回购利率较高。例如2011年1月20日,中央银行将存款准备金调整到19%,创历史新高,商业银行承受很大缴款压力,市场资金呈恐慌性紧张局面,各期限利率大幅飙升。隔夜质押式回购加权平均利率1月20日报收5.540 1%,较前交易日的2.680 4%劲涨286个基点,且高于2010年末加息期间的价格。7天品种报收6.114 6%,较前交易日的4.080 8%飙升203个基点。而14天期、21天期和1个月期品种涨幅分别为126、96和142个基点。

(4)货币市场其他子市场的利率水平。作为货币市场的重要工具之一,回购利率不可能从其他子市场利率中分离出来而单独决定。它一般是参考同业拆借市场利率决定的。在期限相同的情况下,回购协议利率和与其他货币市场利率有如下关系:

国库券利率<回购协议利率<银行承兑汇票利率<大额可转让存单利率<同业拆借市场利率

回购协议利率之所以低于银行承兑汇率等三种货币工具的利率,是因为回购协议相当于有优质担保的贷款,其风险低于它们,同时非金融公司等一般不能进入同业拆借市场的投资者,均可参与回购协议市场的交易,这增加了回购协议交易中资金的供给,使其利率低于同业拆借市场利率水平。它之所以高于国库券利率是因为国库券是政府发行的,没有信用风险。

三、回购协议市场的交易程序

回购协议的期限从1日到数月不等。当回购协议签订后,资金获得者同意向资金供应者出售政府债券和政府代理机构债券以及其他债券以换取即时可用的资金。回购所涉及的有价证券可以是国库券、政府机构债券、公司债券或其他货币市场工具,如可转让存单或银行承兑票据。回购交易的证券抵押性质,使其具有盘活金融资产、获得满意回报等特点。回购协议期满时,再用即时可用资金做相反的交易。从表面上看,资金需求者通过出售债券获得了资金,而实际上,资金需求者是从短期金融市场上借入了一笔资金。对于资金的借出者来说,它获得了一笔短期内有权支配的债券,但这笔债券到期要按约定的数量如数交回。资金需求者允许在约定的日期,以原来卖出的价格再加若干利息,购回该证券。这时不论该证券价格是升还是降,均要按照约定价格赎回。在回购交易中,若贷款或证券赎回的时间为1天,则称为隔夜回购,如果时间长于1天,则称为期限回购。

对应的还有一种逆回购协议,它是从资金供应者的角度出发,相对于回购协议而言的,在逆回购协议中,买入证券的一方同意按约定期限以约定价格卖出所买入的证券。从资金供应者的角度看,逆回购协议是回购协议的逆进行。

回购协议中回购价格的计算公式为:

$$证券回购价格 = 面值 \times (1 + 回购利率 \times 到期日数/360)$$

【例题1】 假设某银行急需1 000万元资金进行短期投资,某公司的银行账户上存有闲置资金1 000万元打算向外贷出30天。于是双方协议,该银行2011年1月21日以国库券为抵押从公司账户获得这笔闲置资金,30天后银行以7.1%的回购利率重新购回这些国库券,计算回购价格。

$$回购价格/万元 = 面值 \times (1 + 回购利率 \times 到期日数/360) = 1\ 000 \times (1 + 7.1\% \times 30/360) \approx 1\ 005.92$$

四、我国的回购协议市场

我国的债券回购业务始于1991年。为了提高债券流动性,由中国证券市场研究中心创立的STAQ系统于1991年7月宣布试办债券回购交易,1991年9月14日完成了第一笔回购交易。随后,以武汉证券交易中心为代表的各证券交易中心也纷纷推出了债券回购业务。1994年是债券市场迅猛发展的一年,回购市场的交易量急剧增大,回购交易总量在3 000亿元以上。在债券回购市场的最初发展中,由城市兴办的证券交易中心,主要发挥的是在本省区范围内调剂资金供求关系的作用;资金流动的基本方向,是将分散在中心城市邻近区域的资金,集中到中心城市来使用。从资金在全国范围的流动来看,基本的格局仍然是从经济发展较为迟缓的地区流向经济较为发达的地区。

然而,作为一种新的金融交易方式,债券回购市场在我国出现后不久就暴露出了诸多的问题。如交易形式和资金用途不规范,加大了金融风险;金融机构的违规经费吸纳和运用情况较为严重;一些金融机构用回购资金绕开当局的信贷规模控制扩张贷款,逃避中央银行的监管;交易双方直接进行的"地下交易"也很活跃。鉴于此,1995年8月,中国开始对债券回购市场进行规范清理,场外交易基本被遏止,回购市场的混乱状况有了明显改善。对中国债券回购市场进行清理之后,债券回购就主要在上海证券交易所进行交易。从此,我国的债券回购实现了集中交易和集中托管,形成了全国统一的债券回购市场,也形成了全国统一债券回购交易价格和债券回购利率,从而对推动中国的利率市场化改革创造了必要的基础性条件。

尽管形成了全国统一的交易所集中交易的债券回购市场,但商业银行也广泛地参与到了交易所的债券回购交易中,一些证券公司和机构投资者便通过债券回购从商业银行获得大量资金后,转而投资于股票市场。这是推动我国 1995 年至 1998 年间股票市场大幅上涨的资金供给方面的原因。于是,我国在 1998 年又对债券市场进行了一项重大的改革,将商业银行的债券交易业务从交易所分离出来,组建专门供商业银行之间进行债券回购交易的银行间市场,形成了两个相互平行的债券回购市场。最初,银行间债券市场与其名称是完全相对应的,即只有商业银行才能参与,包括证券公司在内的非银行金融机构则被排斥到了这个市场之外。自 2000 年起,证券公司、基金管理公司等,只要满足一定的条件也可以进入这一市场参与回购交易。自此,中国的货币市场与资本市场之间就正式建立起了资金流通的正规渠道和机制。

与现券交易相比,以债券为抵押品的债券回购交易有着诸多方面的优势,因此,债券回购刚出现在中国的金融市场,就引起了市场参与者的广泛注意,在很短的时间内,回购交易量便迅速上升并盖过了债券的现券交易。2010 年前 11 个月,回购交易总额突破 770 221 亿,相对于 2000 年 15 782 亿元的交易额而言,增长了 50 多倍。

在市场经济国家中,债券回购市场具有多重功能。对于金融机构来说,通过回购交易,它们得以最大限度地保持资产的流动性、收益性和安全性的统一,实现资产结构多元化和合理化;对于各类非金融机构(主要是企业),它们可以在这个市场上对自己的短期资金作最有效的安排;对于中央银行来说,回购市场则是进行公开市场操作的场所和贯彻货币政策的渠道。虽然中国债券回购市场的最初发展没有进入上述轨道,市场参加者的首要目的和持续的动力之一,都是为了绕过货币当局的控制、从居民手中争取日益增长的储蓄、从金融机构吸引资金以及摆脱信贷规模的约束,但现在,回购市场正逐步恢复到其货币市场功能的本来面目,市场参与者们规避信贷规模控制、筹集长期资金的动机正逐渐弱化,而利用这个市场进行流动性管理、取得收益与风险平衡的意图则日趋明显。中国债券回购市场的迅速发展,为中国金融结构的调整、宏观调控机制的改革和彻底的利率市场化改革提供了良好的市场环境。

【知识库】

债券买断式回购成交合同(参考文本)

成交日期:_____年____月____日

正回购方名称:_____   逆回购方名称:_____

回购债券简称:_____   回购债券代码:_____

回购债券数量:_____万元   回购期限:_____天

首期交易净价：＿＿＿＿元/百元　　　　面值到期交易净价：＿＿＿＿元/百元面值
首期结算日应计利息：＿＿＿＿元/百元面值　　到期结算日应计利息：＿＿＿＿元/百元面值
首期资金支付额：＿＿＿＿元　　　　　　到期资金支付额：＿＿＿＿元
回购利率：＿＿＿＿（%）
首期结算日：＿＿＿年＿＿月＿＿日　　　到期结算日：＿＿＿年＿＿月＿＿日
首期结算方式：＿＿＿＿　　　　　　　　到期结算方式：＿＿＿＿
正回购方债券账户：＿＿＿＿　　　　　　逆回购方债券账户：＿＿＿＿
正回购方资金账户开户行：＿＿＿＿　　　逆回购方资金账户开户行：＿＿＿＿
正回购方资金账户名称：＿＿＿＿　　　　逆回购方资金账户名称：＿＿＿＿
正回购方资金账户账号：＿＿＿＿　　　　逆回购方资金账户账号：＿＿＿＿
保证券：无□ 有□
提供方：□正回购方 □逆回购方　　　　提供方：□正回购方 □逆回购方
债券简称：＿＿＿＿ 债券代码：＿＿＿＿　债券简称：＿＿＿＿ 债券代码：＿＿＿＿
债券总量：＿＿＿＿万元　　　　　　　　债券总量：＿＿＿＿万元
保证金：无□ 有□
提供方：□正回购方 □逆回购方　　　　提供方：□正回购方 □逆回购方
保管方：＿＿＿＿　　　　　　　　　　　保管方：＿＿＿＿
金额：＿＿＿＿万元　　　　　　　　　　金额：＿＿＿＿万元
正回购方经办人：＿＿＿＿　　　　　　　逆回购方经办人：＿＿＿＿
签章：＿＿＿＿　　　　　　　　　　　　签章：＿＿＿＿
联系电话：＿＿＿＿　　　　　　　　　　联系电话：＿＿＿＿
业务公章：＿＿＿＿　　　　　　　　　　业务公章：＿＿＿＿
法定代表人或授权人：＿＿＿＿　　　　　法定代表人或授权人：＿＿＿＿

资料来源：中国人民银行《全国银行间债券市场债券买断式回购主协议》2004.5.18

第四节　货币基金市场

一、货币基金的概念及特点

货币基金是聚集社会闲散资金，由基金管理人运作，基金托管人保管资金的一种开放式基金。货币基金资产主要投资于短期货币工具（一般期限在一年以内，平均期限120天），如央行票据、商业票据、银行定期存单、政府短期债券、企业债券（信用等级较高）、同业存款等短期有价证券。实际上，上述这些货币市场基金投资的范围都是一些高安全系数和稳定收益的品种，所以对于很多希望回避证券市场风险的企业和个人来说，货币市场基金是一个天然的避风港，在通常情况下既能获得高于银行存款利息的收益，又保障了本金的安全。

货币基金有如下特点：

1. 本金安全

由大多数货币市场基金投资品种组成,决定了其在各类基金中风险是最低的,在投资过程中保证了本金的安全。

2. 资金流动性强

流动性可与活期存款相媲美。基金买卖方便,资金到账时间短,流动性强,一般基金赎回两三天资金就可以到账。

3. 收益率较高

货币市场基金除了可以投资一般机构可以投资的交易所回购等投资工具外,还可以进入银行间债券及回购市场、中央银行票据市场进行投资,其年净收益率一般可与一年定存利率相比。收益情况见表2.2,高于同期银行储蓄的收益水平。不仅如此,货币市场基金还可以避免隐性损失。当出现通货膨胀时,实际利率可能很低甚至为负值,货币市场基金可以及时把握利率变化及通胀趋势,获取稳定的较高收益。

表2.2 货币基金7天年化收益率情况(选取日期为2011年2月1日)

基金名称	收益率
长城货币	5.755%
大成货币B	5.296%
大成货币A	5.077%
银河银富货币B	4.621%
诺安货币	4.375%
银河银富货币A	4.366%
天治天利得货币	4.255%
南方现金增利B	4.244%
农银汇理货币B	4.230%
易方达货币B	4.194%

注:同期银行一年期定存利率为2.75%

资料来源:证券之星网站 fund.stockstar.com

4. 投资成本低

买卖货币市场基金一般都免收手续费,认购费、申购费、赎回费都为0,资金进出非常方便,既降低了投资成本,又保证了流动性。首次认/申购1 000元,再次购买以百元为单位递增。

5. 分红免税

多数货币市场基金面值永远保持1元,收益天天计算,每日都有利息收入,投资者享受的是复利,而银行存款只是单利。每月分红结转为基金份额,分红免收所得税。

另外,一般货币市场基金还可以与该基金管理公司旗下的其他开放式基金进行转换,高效灵活、成本低。股市好的时候可以转成股票型基金,债市好的时候可以转成债券型基金,当股市、债市都没有很好机会的时候,货币市场基金则是资金良好的避风港,投资者可以及时把握股市、债市和货币市场的各种机会。

二、货币基金市场的运作

(一)货币基金的发行

货币基金一般属于开放型基金,即其份额可以随时购买和赎回。当符合条件的基金经理人设立基金的申请经有关部门许可后,就可以着手进行基金份额的募集。投资者认购基金份额与否一般根据基金的招募说明书来加以研判。基金的发行方式一般采用发行人直接向社会公众募集,由商业银行、证券公司等金融机构进行分销的办法。

货币基金初次认购按面额进行,一般不收取认购费。基金公司会要求最低认购额(一般为1 000元,也有的基金公司要求5 000元以上)。货币基金与其他开放型基金不同,其购买或赎回价格所依据的净资产值是不变的,一般是每个基金单位1元。货币基金认购的份额包括认购金额和认购金额在基金合同生效前产生的利息,其中利息以注册登记人的记录为准。认购份额计算时采用四舍五入的方法保留至0.01份。计算公式如下:

$$本金认购份额 = 认购金额 / 基金份额面值$$

$$利息认购份额 = 利息 / 基金份额面值$$

$$认购份额 = 本金认购份额 + 利息认购份额$$

【例题2】 某投资者投资10万元认购一货币基金,若该笔认购款在基金合同生效前产生利息50元,则其可得到的认购份额为:

$$本金认购份额 = 100\ 000.00 / 1.00 = 100\ 000.00\ 份$$

$$利息认购份额 = 50.00 / 1.00 = 50.00\ 份$$

$$认购份额 = 100\ 000.00 + 50.00 = 100\ 050.00\ 份$$

(二)货币基金的申购和赎回

1. 申购的开户申请

(1)个人投资者办理开户申请时,应提供下列资料并依下列程序办理手续:

①个人有效身份证件及其复印件,身份证件只允许使用居民身份证、军官证、士兵证、护照、户口本以及其他相关法律法规许可的身份证明。

②若委托他人办理时,还须提交代理委托书及代办人有效身份证件及其复印件。

③加盖银行受理章的汇款凭证回单原件或传真、复印件。

④指定银行账户的证明原件及复印件。

⑤填妥的开户申请表和认购申请表。
(2)机构投资者办理开户申请时,应提供下列资料并依下列程序办理手续:
①加盖单位公章的企业法人营业执照复印件及副本原件,事业法人、社会团体或其他组织提供给民政部门或主管部门颁发的注册登记证书原件及加盖单位公章的复印件。
②机构预留印鉴。
③法定代表人证明书。
④法定代表人授权委托书(非法定代表人亲自申请时提交)。
⑤经办人有效身份证件及其复印件。
⑥指定银行出具的开户证明。
⑦填妥的账户业务申请表并加盖预留印鉴。

2. 货币基金赎回

当投资者需要现金的时候,就可以申请赎回,从而把基金份额变成银行卡里的资金。赎回的份额通常是 100 或 500 的整数倍。如果剩余的基金份数少于一定量(通常是 500),必须一次性全部赎回。可以通过银行柜台、电话、网站等方式进行。赎回时限一般是 T+1 或者 T+2,也就是一般要在 1~2 日之后才能拿到钱。在我国现在也有一些货币基金实现了 T+0,即赎回款可以当日到账。

三、我国的货币基金市场

我国对发展货币市场基金的理论探讨始于 1999 年,而在实际操作中的萌芽则始于 2003 年两只准货币基金的成立。2003 年 5 月,南京商行与江苏省内其他 10 家商业银行共同发起成立了银行间债券市场资金联合投资项目,运作资金总额 3.8 亿元,年收益率达 3.5%,7 月南京市商业银行、杭州市商业银行、大连市商业银行、贵阳市商业银行、武汉市商业银行和深圳市商业银行等 6 家银行共同发起设立的银行间债券市场资金联合投资项目运作资金 8 亿元,年收益率达到 2.88%。作为我国金融市场的创新工具——货币市场基金的正式成立是以 2003 年 12 月 10 日三只货币市场基金分别获得央行和证监会批文为标志的。2003 年 12 月 10 日华安现金富利基金、招商现金增值基金、博时现金收益基金经历了艰难险阻最终获批,其中华安现金富利基金于 2003 年 12 月 30 日正式成立。

2004 年 9 月《货币市场基金管理暂行规定》出台,为货币市场基金的规范运作提供了可循之规;同时 2004 年股票型基金和债券型基金整体收益表现的弱化,又使得更多的投资者和管理人将关注点转向收益稳定、流动性好的货币基金上来。2005 年初又有多家基金管理公司推出了货币市场基金,其中,2005 年 5 月 12 日中银国际基金管理公司旗下的基金产品——中银国际货币市场基金开始通过中国银行面向全国公开发售,此举意味着国内首只银行系货币市场基金亮相。

经过近十年的发展,货币基金市场在我国已经形成一定的规模,截至 2016 年 6 月,共有

249只货币基金发行,年平均收益率接近3%。货币基金已经成为希望规避风险,同时又保持资本流动性的个人和机构投资者的重要投资工具。

【知识库】

货币基金和人民币理财产品的比较

安全性:货币基金更强。作为基金产品,货币市场基金既受信托法保护,也受基金法保护,基金资产必须托管在具有托管资格的银行,且其账户设立和运作均严格独立于基金管理人和托管人,确保了基金资产的安全性和独立性。同时,证监会专门出台了针对货币市场基金的管理规定,对于货币市场基金的投资范围和期限结构等都有明确的规则和限制,对基金的信息披露也有严格要求。因此,相对于目前银行发行的人民币理财产品而言,货币市场基金的运作相对更加透明,风险监控的机制措施也更加严格和完备。

收益率:货币基金略胜一筹。人民币理财产品的收益率比较固定,如民生保得理财一期的四款产品中,收益最高的是1年期B计划,综合收益率为2.943%,税后实得收益率为2.808%(按规定计收利息税)。而货币市场基金收益率相对浮动,近期市场上现有的货币市场基金收益率平均已超过3%,且基金分红不仅对个人投资者可免利息税,企业也可按规定免所得税。此外,货币市场基金由于投资组合期限比较短,类似于浮动利率的投资品种,一旦利率上调,还能水涨船高地享受到利率上升的好处。而目前的人民币理财产品的收益率是固定的,即使利率上升,也不是按照调整后的利率计算剩余期限获得的收益,而是仍然按照先前既定的利率计算收益。

流动性:货币基金更高。相对于人民币理财产品均有一段时间的锁定要求,货币市场基金的流动性则有十分突出的优势。通常人民币理财按协议规定不能提前兑付,如投资者存在资金应急需求,要通过分行向总行提出质押申请,质押率一般为70%,同时还将承担质押贷款利息。而货币市场基金可随时申购、赎回,且不收取任何手续费,提出赎回申请后一般在2天内款项就可到账。

灵活性:货币基金更大。人民币理财没有其他产品可供相互转换,即使是同产品不同期限也不存在转换空间。货币市场基金则可与同一基金公司旗下其他类型的基金产品相互转换,使投资者在投资货币市场的同时,也可十分及时方便地捕捉资本市场的机会。

起购点:货币基金更低。人民币理财计划购买起点多为5 000元以上,甚至在万元以上,而且有的产品要求搭配定期储蓄,投资起点相对较高。货币市场基金的认购起点多在1 000元左右,且免认购费、申购费、赎回费。

资料来源:证券日报.2005-03-17

本章小结

1. 货币市场是指融资期限在一年以内的短期金融工具交易的市场,是金融市场的重要组成部分。货币市场具有短期资金融通功能、管理功能、政策传导功能。

2. 同业拆借市场,又称"同业拆放市场",是指金融机构之间以货币借贷方式进行短期资金融通活动的市场。一般来说,金融机构应是同业拆借市场的主要参与者,即资金的主要供给者和需求者。另外的参与者则为同业拆借市场的中介人,即中介机构和经纪人。同业拆借的拆款按日计息,拆息额占拆借本金的比例为拆息率。拆借率每天不同,甚至时时刻刻都有变化,其高低灵敏地反映着货币市场资金的供求情况。

3. 回购协议(Repurchase Agreement,RP)是指资金融入方在出售证券的同时与证券购买者签订的、在一定期限内按原定价格或约定价格购回所卖证券的协议。通过回购协议进行短期资金融通的市场就是回购协议市场。回购协议的期限从一日到数月不等。在回购交易中,若贷款或证券赎回的时间为一天,则称为隔夜回购,如果时间长于一天,则称为期限回购。

4. 货币基金是聚集社会闲散资金,由基金管理人运作,基金托管人保管资金的一种开放式基金。货币基金资产主要投资于短期货币工具(一般期限在一年以内,平均期限120天),如国债、央行票据、商业票据、银行定期存单、政府短期债券、企业债券(信用等级较高)、同业存款等短期有价证券。货币基金具有本金安全、资金流动性强、收益率较高、投资成本低、分红免税等特点。

思 考 题

一、选择题

1. 货币基金的投资范围包括( )。
   A. 政府短期债券　B. 央行票据　　C. 国债　　　　D. 股票
2. 同业拆借市场最早起源于( )。
   A. 美国　　　　　B. 日本　　　　C. 英国　　　　D. 意大利
3. 我国和西方国家在以下哪一个市场的交易工具有本质区别( )。
   A. 同业拆借市场　B. 商业票据市场　C. 回购协议市场

二、简答题

1. 货币市场的作用有哪些?
2. 目前国际市场上有代表性的同业拆借利率有哪些?分别简要介绍一下它们的报价方式。
3. 简述回购协议市场的交易程序。
4. 简述货币基金的优势。

三、计算题

假设某银行向某公司短期融资100万元。双方协议,该银行2011年1月1日以国库券为抵押从公司账户获得这笔资金,30天后银行以5%的回购利率重新购回这些国库券,计算回购价格。

【阅读资料】

余额宝——货币基金的新品种

1元起购,定期也能理财——2013年余额宝的横空出世,被普遍认为开创了国人互联网理财元年,同时余额宝已经成为普惠金融最典型的代表。上线一年后,它不仅让数以千万从来没接触过理财的人萌发了理财意识,同时激活了金融行业的技术与创新,并推动了市场利率化的进程。华夏银行发展研究部研究员杨驰表示,余额宝的出现,一方面满足了居民日益增长的资产配置需求,对现有的投资产品是一个很好的补充,不仅提高了理财收益,降低了理财门槛,更唤醒了公众的理财意识。而中国人民大学金融与证券研究所所长吴晓求表示,余额宝的核心贡献在于确立了余额资金的财富化,确立了市场化利率的大致刻度,有利于推动利率市场化进程。

如今,余额宝已不仅仅是国民理财"神器",它还在不断进入各种消费场景,为用户持续带来微小而美好的变化。2014年以来,余额宝先后推出了零元购手机、余额宝买车等项目,让余额宝用户能够享受特殊的优惠权益,也看到了余额宝在消费领域的想象力。到了2015年3月,余额宝又首创买房用途,这是余额宝在消费场景上的一次大突破,也是房地产行业首次引入互联网金融工具。当时,方兴地产联合淘宝网上线了余额宝购房项目,在北京、上海、南京等全国十大城市,放出了1 132套房源支持余额宝购房:买房者通过淘宝网支付首付后,首付款将被冻结在余额宝中。在正式交房前或者首付后的3个月,首付款产生的余额宝收益仍然归买房人所有。这意味着,先交房再付款,首付款也能赚收益了。

正是由于余额宝的横空出世,拓展了大众理财的渠道,在余额宝强大的资金聚拢效应影响下,各大银行纷纷推出类余额宝产品以应对挑战,比如平安银行推出"平安盈"、民生银行推出"如意宝"、中信银行联同信诚基金推出"薪金煲"、兴业银行推出"兴业宝"和"掌柜钱包"等。这些银行系宝宝军团多为银行与基金公司合作的货币基金。不过,"宝宝"军团的出现,并未影响到余额宝中国第一大货币基金的地位。据3月底天弘基金公布的2015年年报显示:

余额宝在2015年净利润为231.31亿元。这一数据在2014年约为240亿元,2013年约为179亿元。截至2015年12月31日,余额宝份额净值收益率3.668 6%,同期业绩比较基准收益率1.378 1%。

在目前利润排名前五位的基金中,天弘余额宝排名榜首,其他分别为广发聚丰、中邮核心成长、易方达瑞惠灵活配置混合、添富均衡。值得一提的是,虽然排名后四位的基金年利润均超过了70亿元,但没有一家超过百亿,因此余额宝的地位还远远无法撼动。专家指出,当前我国利率市场化改革还在稳步推进,从长期来看,余额宝的收益会逐步回归到货币基金较为均衡的收益水平。目前,余额宝作为"现金管理工具"的定位已经越来越明显。

资料来源:百度百科

第三章
Chapter 3

货币市场（二）

【学习目的与要求】

通过本章的学习，使学生了解商业票据、银行承兑汇票、大额可转让存单等货币市场交易工具，在此基础上掌握商业票据市场、银行承兑汇票市场、大额可转让定期存单市场的运行状况。

【案例导入】

2013年起，互联网金融的浪潮也波及票据市场，网上票据融资平台层出不穷，票据参与者越来越多，票据信息平台也成为建设热点，日趋多元，数量急剧增加。截至2014年三季度，网上功能较接近综合信息平台的票据网站已有十三家。除了上述的两家平台，还有百姓金融网旗下的票据信息服务平台、汇通票据网、中国票据网、4000汇票网、金融一网、票据宝、淘票据、同城票据网、中国承兑汇票网等。这些网站或多或少具备了票据信息平台的部分功能，如大部分网站提供报价平台，对会员提供报价方信息以撮合线下交易。部分网站发布共享票据风险案例及监管新规，一些网站还提供风险票据信息查询。各平台对新兴科技的应用也日趋先进，部分平台设有微信客户端、在线客服等互动信息服务，百姓金融网旗下的票据信息服务平台甚至推出了智能手机客户端，支持iphone和安卓系统下的手机使用平台相关功能。

第一节 商业票据市场

一、商业票据的概念及特点

票据作为结算工具，早在古罗马时代的地中海沿岸已广为流通。商业票据作为商业信用工具，流行于18世纪，并在20世纪20年代初具规模，20世纪60年代商业票据真正作为货币市场工具被大量使用,并把其作用推到极致。

商业票据(Commercial Paper,CP)是信用较高的企业为筹措资金,以贴现的方式出售给投资者的一种短期无担保承诺凭证。商业票据的可靠程度依赖于发行企业的信用程度,可以背书转让,但一般不能向银行贴现。商业票据的期限一般在9个月以下,由于其风险较大,所以利率高于同期银行存款利率,商业票据可以由企业直接发售,也可以由经销商代为发售。但对出票企业的信誉审查十分严格。如由经销商发售,则它实际在幕后担保了售给投资者的商业票据。商业票据市场就是对这些信誉卓著的大公司所发行的商业票据进行交易的市场。

商业票据作为货币市场交易工具之一,有如下特点:

(1)获取资金成本较低。一般而言,利用商业银行票据融资的成本通常低于同等银行同业拆借利率,因为一些大公司可能比中小银行信用更好,加上直接从投资者处获取资金,省去了银行从中赚取的利润。

(2)筹集资金的灵活性。根据发行机构与承销机构的协议,发行者可在约定的某段时间内,不限次数及不定期地发行商业票据,以配合自己随时对短期资金的需要。

(3)有利于提高发行公司的信誉。商业票据在货币市场上是一种标志性的信誉工具,公司发行商业票据实际上达到了免费宣传和提高公司信誉和形象的效果,当公司向银行借款时,也可以借此争取较好的贷款条件,长远来看有利于公司降低借款成本。

二、商业票据市场的构成要素

1. 发行者

商业票据的发行者可以分为金融性公司和非金融性公司。金融性公司主要有三种:附属性金融公司、与银行有关的公司及独立的金融公司。第一种公司附属于某些大的制造公司,是这些公司的子公司,它们的主要任务是为母公司的顾客提供相关的服务。例如东风日产汽车金融公司,为东风日产乘用车、日产进口车及英菲尼迪品牌汽车的顾客提供零售金融服务;向经营以上品牌汽车的经销商提供库存金融服务。第二种是银行持股公司下属的金融公司,2009年中信银行和其战略投资者西班牙对外银行合作,建立国内首家由银行控股的汽车金融公司,就属于这种类型。第三种是独立的金融公司。非金融公司发行商业票据次数比金融公司少,发行所得主要解决企业的短期资金需求及季节性开支,如应付工资及缴纳税收等。商业票据的发行量基本上是按照经济以及市场状况的变化而调整的。一般情况下,利率较高时,发行量较少,而在资金来源稳定、市场利率较低时,发行的数量较多。

2. 发行方式

商业票据的发行方式一般有两种:一是发行者通过自己的销售力量直接出售。一般由信用等级较高而且实力较强的企业所设立的专门机构负责进行,这些公司都对巨额的短期资金有不断的需求,具有较高的信用等级,且与主要的机构投资者都建立了广泛的联系,因而不需要中间商作为中间人。二是通过商业票据交易商间接销售。一般非金融性公司主要通过商业票据间接交易商销售,因为他们的短期信用需求通常具有季节性及临时性特点,建立永久性的商业票据销售队伍不合算。

尽管在投资者急需资金时,商业票据的交易商和直接发行者可在到期之前兑现,但商业票据的二级市场并不活跃。主要是因为商业票据的期限非常短,购买者一般都计划持有到期。另一个原因是商业票据是高度异质性的票据,不同经济单位发行的商业票据在期限、面额和利率等方面各有不同,其交易难以活跃。

3. 信用评估

一般商业票据按照发行人的管理质量、经营能力和风险、资金周转速度、竞争能力、流动性、债务结构、经营前景等对票据质量进行评价,并按照评价结果高低分成不同的等级。美国主要有四家机构对商业票据进行评级,分别是穆迪投资服务公司、标准普尔公司、杜夫·费尔普斯信用评级公司和费奇投资公司。商业票据的发行人至少要获得其中的一个评级,大部分获得两个。商业票据的评级和其他证券的评级一样,也分为投资级和非投资级。美国证券交易委员会认可两种合格的商业票据:一级票据和二级票据。一般来说,要想成为一级票据,必须有两家评级机构对所发行的票据给予了"1"的评级,成为二级票据则必须有一家给予了"1"的评级,至少还有一家或两家的评级为"2"。二级票据为中等票据,货币市场基金对其投资会受到限制。

4. 发行成本

发行成本主要包括以下几方面:①按规定利率所支付的利息。②承销费,据金额大小及时间长短计付,约为 0.125%~0.25%。③签订费,即付给权威中介机构的签订手续费和工本费。一般规定最低起收点,并随发行公司有无保证而有差别。④保证费,一般要由金融机构为商业票据发行的企业提供信用保证,相应收取保证费,一般按商业票据年利率1%计付。⑤评级费,是发行者支付给信用评估机构的报酬。

5. 发行价格

商业票据通常采用贴现方式发行,发行价以银行贴现率为基础。在发行前必须公布发行数量、期限和价格。商业票据的投资收益率一般高于国库券和大额可转让存单,对应的风险也大。

商业票据发行价格计算公式为

$$折扣金额 = 面额 \times 折扣率 \times \frac{期限}{360}$$

$$发行价格 = 面额 - 折扣金额$$

发行价和面额之间的差异构成投资者的收益。

$$投资者收益率 = \frac{折扣金额}{发行价格} \times \frac{360}{持票期限} \times 100\%$$

【例题1】 某商业票据面额10万元,折扣率6%,期限60天,计算折扣金额和发行价格以及投资者收益率。

$$折扣金额/元 = 100\,000 \times 6\% \times \frac{60}{360} = 1\,000$$

$$发行价格/元 = 100\,000 - 1\,000 = 99\,000$$

$$投资者收益率/\% = \frac{1\,000}{99\,000} \times \frac{360}{60} \times 100\% \approx 6.06$$

三、我国的商业票据市场

我国商业票据和美国商业票据在含义上有着非常大的差别。商业票据传统上被定义为是有价证券的一种。但事实上,我国的商业票据仅限于汇票、本票等交易性票据。贴现和转贴现是票据业务的主要方式。此类票据的签发和流通转让必须具有真实的贸易往来背景,因此,商业票据在我国首先是一种结算工具和支付手段,其次才具有融资功能。我国商业票据市场的发展起步较晚,早期的票据市场大部分是银行的票据承兑、贴现和再贴现业务。1988年以前,一些地区的企业为弥补短期流动资金贷款的不足,尝试在本地区发行短期融资券,这与海外市场的商业票据本质上很相似。1989年,中国人民银行下发了《关于发行短期融资券有关问题的通知》(银发[1989]45号),以文件的形式肯定了各地发行融资券的做法,并统一上收了分行审批各地融资券的发行额度的权利,由总行在年初一次性下达,分行在总行下达的额度内审批单个企业发行额度。至此,全国范围内除允许企业发行长期债券以外,也开始允许企业发行短期融资券。由于1993~1994年社会上出现了乱拆借、乱提高利率和乱集资的"三乱"现象,各地超规模发行债券,个别地区演变为以高利率集资,到1997年一些地区企业债券和短期融资券不能按期兑付的情况逐渐暴露出来,如广东省1992~1997年发行各种企业债券260亿元左右,经人民银行批准的只有184亿元(其中短期融资券67亿元),到期未兑付余额近30亿元,占当年债券余额的18%。在企业债券交由国家计委统一管理后,国家除审批部分企业发行三年以上的长期债券以外,人民银行未再审批短期融资券的企业。短期融券逐渐退出了市场。

近两年来,随着证券市场的逐步低迷,我国资本市场上的金融工具创新步伐逐步加快,除了证券公司债券、商业银行次级债之外,具有商业票据特征的短期融资券也逐步列入发展议程。2004年10月18日,中国人民银行以[2004]第12号公告发布了《证券公司短期融资券管理办法》,很多证券公司便开始积极筹划,2005年4月11日,国泰君安已经成功发行6亿元的短期融资券。

2005年5月25日,中国人民银行以《中国人民银行令[2005]第2号》和《中国人民银行公告[2005]第10号》分别发布了《短期融资券管理办法》以及《短期融资券承销规程》《短期融资券信息披露规程》两个配套文件,允许符合条件的企业在银行间债券市场向合格机构投资者发行短期融资券,这进一步拓宽了短期融资券的发行对象。而此前部分规模大、信用质量高的企业已经有所行动。2005年5月26日,首批5家企业的7只短期融资券、109亿元的发行量被各路机构一扫而空。6月14日,中国铝业发行的20亿元短期融资券再次成为市场的宠儿。

我国自2005年5月25日《短期融资券管理办法》颁布实施以来,已经先后有多家企业发行短期融资券,从市场的积极反应程度来看,短期融资券已经成为资本市场上的新宠。表3.1列示了部分短期融资券的发行条款情况。

表3.1 我国部分短期融资券发行情况表

发行企业	发行量/亿元	期限	对应	收益率/%	信用级别
华能国际	45	365天	97.16	2.92	BBB$^+$
	5	9个月	98	2.7	BBB$^+$
国开投	10	3个月	99.51	1.98	A-1$^+$
五矿集团	15	365天	97.16	2.92	AAA
	2	180天	98.74	2.59	A-1$^+$
振华港机	12	365天	97.16	2.92	A-1
国航集团	20	365天	97.16	2.92	A-1$^+$
中国铝业	20	365天	97.16	2.92	BBB$^+$

资料来源:袁敏.国际商业票据市场的发展与借鉴.证券市场导报.2005(12)

【知识库】

商业票据的历史

商业票据是货币市场上历史最悠久的工具,最早可以追溯到19世纪初。早期商业票据的发展和运用几乎都集中在美国,发行者主要为纺织品工厂、铁路、烟草公司等非金融性企业。大多数早期的商业票据通过经纪商出售,主要购买者是商业银行。20世纪20年代以来,商业票据的性质发生了变化。汽车和其他耐用消费品的进口产生了消费者对短期季节性贷款的需求。这一时期产生了大量的消费信贷公司,以满足消费品融资购买的需要。而其资金来源则通过发行商业票据来进行。首家发行商业票据的大消费信贷公司是美国通用汽车承兑公司,他发行商业票据主要为购买通用汽车公司的汽车融资。通用汽车承兑公司进行的改革是将商业票据直接出售给投资者,而不通过商业票据经纪商销售。

20世纪60年代,商业票据的发行迅速增加。其原因有:①持续8年的经济增长。这段时间企业迅速增加,资金短缺,从银行贷款的费用增加,于是企业便转向商业票据市场求援。②联储体系实行紧缩货币政策。1966年和1969年,那些过去使用银行短期贷款的公司发现由于Q项条例利率上限的限制使银行无法贷款给他们。这样,许多公司转向商业票据市场寻找替代的资金来源。③银行为了满足其资金需要,自己发行商业票据。为逃避Q项条例的限制,银行仅在1969年就发行了110多亿美元的商业票据。

历史上,商业银行是商业票据的主要购买者。自50年代初期以来,由于商业票据风险较低、期限较短、收益较高,许多公司也开始购买商业票据。现在,商业票据的主要投资者是保险公司、非金融企业、银行信托部门、地方政府、养老基金组织等。商业银行在商业票据的市场需求上已经退居次要地位,但银行在商业票据市场上仍具有重要作用。这表现在商业银行代理发行商业票据、代保管商业票据以及提供商业票据发行的信用额度支持等。由于许多商业票据是通过"滚动发行"偿还,即发行新票据取得资金偿还旧票据,加之许多投资者选择商业票据时较为看重银行的信用额度支持,因此,商业银行的信用额度对商业票据的发行影响极大。

资料来源:张亦春,郑振龙.金融市场学.高等教育出版社,2003

第二节 银行承兑汇票市场

一、银行承兑汇票的概念

银行承兑汇票是为方便商业交易活动而创造出来的一种交易工具,在对外贸易中运用较多。当一笔国际贸易发生时,由于出口商对进口商的信用不太了解,加之没有其他的信用协议,出口方担心对方不付款或不按时付款,进口方担心对方不发货或不能按时发货。这时便需要银行信用从中担保。一般来说,进口商首先要求本国银行开具信用证,作为向国外出口商的保证。信用证授权国外出口商开出以开证行为付款人的汇票,可以是即期的也可以远期的。若是即期的付款银行见票付款;若是远期汇票,付款银行在汇票正面签上"承兑"字样,填上到期日,并盖章为凭。这样,就产生了银行承兑汇票。

银行承兑汇票(Bank's Acceptance,BA)是由在承兑银行开立存款账户的存款人出票,向开户银行申请并经银行审查同意承兑的,保证在指定日期无条件支付确定的金额给收款人或持票人的票据。对出票人签发的商业汇票进行承兑是银行基于对出票人资信的认可而给予的信用支持。

银行承兑汇票的出票人向银行要求开具银行承兑汇票时,银行的信贷部门负责有关规定和审批程序。对出票人的资格、资信、购销合同和汇票记载的内容进行认真审查,必要时可由出票人提供担保,符合规定和承兑条件的,与出票人签订承兑协议。银行承兑汇票的承兑银行一般按照票面金额向出票人收取万分之五的手续费。

商业汇票一般分为商业承兑汇票和银行承兑汇票,与前者相比,银行承兑汇票有如下特点:

(1)安全性高。银行承兑汇票经银行承兑到期无条件付款,这就把企业之间的商业信用转化为银行信用。对企业来说,收到银行承兑汇票,就如同收到了现金。

(2)流通性强,灵活性高。银行承兑汇票可以背书转让,也可以申请贴现,不会占压企业的资金。

(3)节约资金成本。对于实力较强、银行比较信赖的企业,只需交纳规定的保证金,就能申请开立银行承兑汇票,用以进行正常的购销业务,待付款日期临近时再将资金交付给银行。

由于银行承兑汇票具有上述优点,因而受到企业的欢迎。

二、银行承兑汇票市场

（一）银行承兑汇票市场参与者

（1）各类商业银行。它们是银行承兑汇票市场最活跃的成分，所占的交易量最大，对资金的需求与利率的波动影响也最大。

（2）企业。由于临时性和季节性的资金的需要，企业常常通过申请银行承兑汇票、贴现、背书转让等方式保持企业资金的流动性。

（3）中央银行。中央银行通常采用再贴现的方式参与银行承兑汇票市场的交易，借以实现货币政策目标。

（4）票据专营机构。在我国，票据专营机构是指经中国人民银行或中国银行业监督管理委员会正式批准成立，专门从事票据相关的各项业务，并围绕开展票据业务设立的相应部门的金融机构。比如2000年11月9日，作为我国首家票据专营机构——中国工商银行票据营业部在上海正式开业。截至2010年该部的票据交易量累计超过6.5万亿元人民币，累计盈利达68.80亿元，并连续10年保持假票收进率、不良资产率、资金损失率和经济发案率为零的纪录。

（二）银行承兑汇票市场的构成

1. 初级市场

银行承兑汇票不仅在国际贸易中运用，也在国内贸易中运用。在有些货币为国际硬通货的国家，如美国，银行承兑汇票还因其他国家周期性或季节性的美元外汇短缺而创造，这种承兑汇票称外汇承兑汇票。但总体来说，为国际贸易创造的银行承兑汇票占绝大部分。国际贸易承兑主要包括三个部分：为本国出口商融资的承兑、为本国进口商融资的承兑及为其他国家之间的贸易或外国国内的货物进行仓储融资的第三国承兑。为国内贸易融资创造的银行承兑汇票，主要是银行应国内购货人的请求，对国内售货人签发的向购货人索取货款的汇票承兑，从而承担付款责任而产生的汇票。外汇承兑汇票指由一国季节性外汇短缺而引起的承兑汇票，它只是单纯的银行承兑汇票，不以指定的交易或库存为基础。这种承兑汇票只在中央银行指定的国外有效，数量非常少。

银行承兑汇票最常见的期限有30天、60天和90天等几种。另外，也有期限为180天和270天的。交易规模一般为10万美元和50万美元。银行承兑汇票的违约风险较小，但有利率风险。

2. 二级市场

银行承兑汇票被创造后，银行既可以自己持有当做一种投资，也可以拿到二级市场出售。如果出售，银行通过两个渠道：一是利用自己的渠道直接销售给投资者；二是利用货币市场交易商销售给投资者。因此，银行承兑汇票二级市场的参与者主要是创造承兑汇票的承兑银行、市场交易商及投资者。

二级市场上的银行可分为五个层次。第一层次是若干家最大的国内银行。他们创造的银行承兑汇票最安全,市场性最强,因而利率(贴现率)最低。第二层次是略逊于最大银行的银行,他们创造的银行承兑汇票的利率通常接近第一层次的银行的承兑汇票的利率。余下的银行属于第三及第四层次,他们的利率远高于前两个层次的银行承兑汇票的利率。第五层次的银行为外国银行在该国的分支机构,他们创造的承兑汇票利率要高出国内承兑汇票很多,主要是因为投资者对他们的信誉缺乏足够的信任。

二级市场的投资者之所以将银行承兑汇票作为投资工具,是因为与国库券相比,它有更高的收益率;与大额存单相比,它的风险更低,它的供给更稳定,利率因此也更平稳。

(三)银行承兑汇票市场的交易程序

银行承兑汇票的签发与兑付,大体包括如下步骤:

1. 签订交易合同

交易双方经过协商,签订商品交易合同,并在合同中注明采用银行承兑汇票进行结算。作为销贷方,如果对方的商业信用不佳,或者对对方的信用状况不甚了解或信心不足,使用银行承兑汇票较为稳妥。因为银行承兑汇票由银行承兑,由银行信用作为保证,因而能保证及时地收回货款。

2. 签发汇票

付款方按照双方签订的合同的规定,签发银行承兑汇票。银行承兑汇票一式四联,第一联为卡片,由承兑银行支付票款时作付出传票;第二联由收款人开户行向承兑银行收取票款时作联行往来账付出传票;第三联为解讫通知联,由收款人开户银行收取票款时随报单寄给承兑行,承兑行作付出传票附件;第四联为存根联,由签发单位编制有关凭证。

付款单位出纳员在填制银行承兑汇票时,应当逐项填写银行承兑汇票中的签发日期,收款人和承兑申请人(即付款单位)的单位全称、账号、开户银行,汇票金额大、小写,汇票到期日,交易合同编号等内容,并在银行承兑汇票的第一联、第二联、第三联的"汇票签发人盖章"处加盖预留银行印鉴及负责人和经办人印章。

3. 汇票承兑

付款单位出纳员在填制完银行承兑汇票后,应将汇票的有关内容与交易合同进行核对,核对无误后填制"银行承兑协议",并在"承兑申请人"处盖单位公章。银行承兑协议一式三联,其内容主要是汇票的基本内容、汇票经银行承兑后承兑申请人应遵守的基本条款等。

4. 支付手续费

按照"银行承兑协议"的规定,付款单位办理承兑手续进而向承兑银行支付手续费,由开户银行从付款单位存款账户中扣收。按照现行规定,银行承兑手续费按银行承兑汇票的票面金额的万分之五计收,每笔手续费不足 10 元的,按 10 元计收。承兑期限最长不超过 6 个月。承兑申请人在银行承兑汇票到期未付款的,按规定计收逾期罚息。

三、我国的银行承兑汇票市场

我国银行承兑汇票业务经历了从禁止到逐步放开再到不断发展的历史演变。十一届三中全会以前,我国实行高度集中的计划经济体制,银行信用包揽商业信用,对商业信用一直采取禁止或限制的政策。十一届三中全会后到20世纪90年代中期,商业信用的禁令逐渐被解除,商业信用逐步票据化,银行承兑汇票随之得到发展,但银行承兑汇票的功能和作用尚未被充分认识。1981年,为了防止企业间赊销、相互拖欠,上海率先推出银行汇票承兑、贴现业务。1984年正式颁布了《商业汇票承兑贴现暂行办法》。1986年在北京、上海、天津、广州、重庆、武汉、哈尔滨、南京、常州十个城市工商银行系统之间推广商业汇票承兑和贴现业务,要求积极办理银行承兑汇票贴现。1988年,中国人民银行改革了银行结算制度,颁布了《银行结算办法》,取消了银行签发汇票必须确定收款人和兑付行的限制,允许一次背书转让,试办银行本票等。

自20世纪90年代开始,银行承兑汇票的融资功能日益显著。银行承兑汇票的承兑业务作为商业银行重要的表外业务被纳入统一授信范畴,并得到极大发展,在增加商业银行收入、调整资产结构和规避资本充足率低的矛盾等方面发挥了重要作用;企业则利用银行承兑汇票的融资功能来降低经营成本,加速资金周转,提高经营效益。银行承兑汇票由结算工具到融资工具的转变受到企业和商业银行的普遍欢迎,银行承兑汇票业务迅速发展起来。

与此同时,为加强银行承兑汇票业务的管理,防范风险,人民银行不断采取措施,规范票据业务的发展。1995年,《中华人民共和国票据法》颁布,明确了包括银行承兑汇票在内的各种票据行为和法律责任等;根据《中华人民共和国票据法》的有关规定,人民银行出台了《支付结算办法》,明确了银行承兑汇票业务核算程序;1997年,人民银行颁发《商业汇票承兑、贴现与再贴现管理暂行办法》,要求商业银行必须将贴现纳入到资产负债比例管理中;1999年颁发《关于改进和完善再贴现业务管理的通知》;2001年颁发《关于切实加强商业汇票承兑、贴现和再贴现业务管理的通知》等,提出银行承兑汇票业务的规模不得超过上年存款的5%,以防范风险。

经过近30年的努力,我国银行承兑汇票已具备一定规模。2008年我国票据市场的交易额为20.6万亿元(包括承兑、贴现),是股票市场交易总额的77.12%、债券市场交易总额的55.53%,而我国票据市场交易超过90%的交易都属于银行承兑汇票交易。可见,银行承兑汇票市场已经和股票市场、债券市场等资本市场一样成为企业融资的重要渠道。

【知识库】
银行承兑汇票真伪辨别

一查:即通过审查票面的"四性"——清晰性、完整性、准确性、合法性,来辨别票据的真伪。

(1)清晰性:主要指票据平整洁净,字迹印章清晰可辨,达到"两无",即无污损,指票面无折痕、水迹、油污或其他污物;无涂改,指票面各记载要素、签章及背书无涂改痕迹。

(2)完整性:主要指票据没有破损且各记载要素及签章齐全,达到"两无",即无残缺,指票据无缺角、撕痕或其他损坏;无漏项,指票面各记载要素及背书填写完整,各种签章齐全。

(3)准确性:主要指票面各记载要素填写正确,签章符合《票据法》的规定,达到"两无",即无错项,指票据的行名、行号、汇票专用章等应准确无误,背书必须连续等;无笔误,指票据大、小写金额应一致,书写规范,签发及支付日期填写符合要求等。

(4)合法性:主要指票据能正常流转和受理,达到"两无",即无免责,指注有"不得转让""质押""委托收款"字样的票据不得办理贴现;无禁令,指票据应不属于被盗、被骗、遗失范围及公检法禁止流通和公示催告范围。

二听:即通过听抖动汇票纸张发出的声响来辨别票据的真伪。用手抖动汇票,汇票纸张会发出清脆的响声,能明显感到纸张的韧性,而假票的纸张手感则软、绵,不清脆,而且票面颜色发暗、发污,个别印刷处字迹模糊。

三摸:即通过触摸汇票号码凹凸感来辨别票据的真伪。汇票号码正、反面分别为棕黑色和红色的渗透性油墨,用手指触摸时有明显的凹凸感,假票的号码则很少使用渗透性油墨,而且用手指触摸时凹凸感不明显。

四比:即借助票面"四种防伪标志"比较来辨别票据的真伪。

(1)纸张防伪:不需借助仪器可看到在汇票表面无规则地分布着色彩纤维;汇票纸张中加入一种化学元素,如用酸、碱性物质进行涂改,汇票则会变色。

(2)油墨防伪:汇票正中大写金额线由荧光水溶线组成,如票据被涂改、变造,此处则会发生变化,线条会消失。

(3)缩微文字:汇票正面"银行承兑汇票"字样的下划线是由汉语拼音"HUIPIAO"的字样组成的,汇票中间是由汉语拼音"HUIPIAO"字样的缩微文字组成的右斜线,横贯整个票面的宽带区域。

(4)印刷防伪:汇票右下角的梅花花心内为大写汉语拼音 H 的字样。注意 H 字母应为空心。

五照:即借助鉴别仪器的"四个灯"来辨别票据的真伪。

(1)放大灯:在放大灯下可观测到汇票的印刷纹路清晰连续,且纸张无涂改变色痕迹。同时,还可以通过子母放大镜的子镜观测到汇票正面清晰连续的缩微文字。

(2)短波灯:在短波灯下可观测到汇票背面的二维标识码在灯下呈淡绿色荧光反应。

(3)长波灯:在长波灯下可观测到汇票表面无规则地分布着荧光纤维,汇票正面大写金额线有红色荧光反应,汇票的右上角印有红色的承兑行行徽,呈现橘红色,汇票字样右侧有暗记,为各行行徽,长波灯下呈淡绿色荧光反应。

(4)水印灯:在水印灯下可以观测到汇票内部排列着黑白水印相间的小梅花,以及"HP"字样,一正一倒、一阴一阳进行排列,位置不固定,定向不定位。

第三节 大额可转让定期存单市场

一、大额可转让定期存单概述

大额可转让定期存单最早产生于美国。20 世纪 60 年代,美国的 Q 项条例规定商业银行对活期存款不能支付利息,定期存款不能突破一定限额。当时美国市场利率上涨,高于Q条例规定的上限,资金从商业银行流入金融市场。为了吸引客户,美国花旗银行于1961年创造了新的货币市场交易工具——大额可转让定期存单,目的是稳定存款、扩大资金来源。由于当时市场利率上涨,活期存款无利或利率极低,现行定期储蓄存款亦受联邦条例制约,利率上限受限制,存款纷纷从银行流出,转入收益高的金融工具。大额可转让定期存单利率较高,又可在二级市场转让,对于吸收存款大有好处,于是,这种新的金融工具诞生了。大额可转让定期存款存单除对银行起稳定存款的作用,变银行存款被动等待顾客上门为主动发行存单以吸收资金、更主动地进行负债管理和资产管理外,存单购买者还可以根据资金状况买进或卖出,调节自己的资金组合。

大额可转让定期存单(Negotiable Certificates of Deposits,NCDs),指银行发行的可以在金融市场上转让流通的一定期限的银行存款凭证。它是商业银行为吸收资金而开出的一种收据,也是具有转让性质的定期存款凭证,注明存款期限、利率,到期持有人可向银行提取本息。NCDs存款面额固定且一般金额较大;存单不记名,便于流通;存款期限为3～12个月不等,以3个月居多,最短的14天。

银行发行的可转让定期存单,在性质上仍属于债务凭证中的本票,由银行允诺到期时还本付息,购买存单的投资者需要资金时,可把存单出售换成现金。存单把存款和短期证券的优点集中于一身,既为银行带来了方便,又为客户提供了好处。

存单的利率高于类似偿还期的国库券的利率。这种差异不仅是由存单的信用风险程度比较大决定的,还是由存单的流动性没有国库券的流动性强、二级市场对存单的需求较小、存单的收益纳税面大决定的。在美国,存单收益在各级政府都纳税,现在,各个发行银行的不同也反映了存单的利率差异。存单市场发展的初期,存单的差别是比较小的,可是逐渐地存单的买者开始对不同的银行发行的存单进行选择,资信高的银行发行的存单利率低,资信差的银行发行的存单利率高。

存单的利率是固定的。存单的持有者在出卖存单时,市场现实利率可能与存单上商定利率不一致,可能高于商定利率,也可能低于商定利率。在次级市场上购买存单的人,要求按当时的现实利率计算。因为他若不在次级市场上买存单,而到银行直接买原始存单,只能依据这个当时利率,而在次级市场上买到的存单到期时,银行是按商定利率支付利息的。比如说,存单转让时,市场利率为10%,而存单利率为9%,市场利率高于存单商定利率1%,存单的卖者要把这1%补给存单的买者。由发行存单那天起到期满那天为止的利息归买者。由于市场利率高于存单上的商定利率,存单的卖者要从他所得到的利息中扣除两种利率差额补给存单买者。这就是说,若市场利率高于存单商定利率,存单的卖者有一定损失;若市场利率低于存单商定利率,存单的买者要对卖者支付这两种利率之差。这时,存单卖者得益。

二、大额可转让定期存单的风险和收益

(一)风险

信用风险指发行存单的银行在存单期满时无法偿付本息。在美国,尽管一般的会员商业银行必须在联邦存款保险公司投保,但由于存单发行面额大,而每户存款享受的最高保险额只有 10 万美元,因此信用风险依然存在。

市场风险指当存单持有者急需资金时,存单不能立刻在二级市场上出售变现或不能以较合理的价格出售。这主要是因为可转让存单的二级市场的发达程度比不上国库券市场,因此并非完全没有风险。

(二)收益

一般来说,收益取决于三个因素:发行银行的信用评级、存单的期限及存单的供求量。另外,收益和风险的高低也紧密相连。可转让存单的收益高于同期的国库券,主要原因是国库券信用风险低,流动性较强且具有免税优惠。

三、大额可转让定期存单市场的构成

(一)参与者

大额可转让定期存单市场的主要参与者是货币市场基金、大型企业、商业银行、政府和其他非金融机构投资者。

商业银行或者类似的可以吸收存款的金融机构是主要的存单发行者。存单的发行以及二级市场的形成,使商业银行既可以通过减少放款和卖出证券来调节流动性,也可以通过发行存单吸收存款去调节。

大型企业是存单的最主要认购者。对企业来说,在保证资金流动性和安全性的情况下,其现金管理目标就是寻求剩余资金的收益最大化。企业剩余资金一般用于应付各种固定的支付或意想不到的应急情况。投资于存单,企业可将存单的到期日与固定支出的到期日联系起来,到期以存单的本息支付。如果遇到意外支出,企业可在二级市场出售存单获取资金。此外金融机构也是存单的积极投资者,最主要的是货币市场基金,其次是商业银行和银行信托部门。银行可购买其他银行发行的存单,但不能购买自己发行的存单。政府机构、外国中央银行及个人也可以成为存单的投资者。

(二)发行市场

1. 发行要素

大额可转让存单发行时通常考虑以下几方面要素:

(1)银行资产负债的差额及期限结构。在分析银行资产负债结构的同时,预测负债的增长,能否满足临时出现的优良资产项目的资金需要以及作为经常性地调节流动性的需要,要预

测负债差额及支付日期。

（2）利率风险。主要是根据市场利率变化情况，判断总的利率走势，一般来说，如果预测利率将会上升，那么存单的日期可稍微长些，如果预测利率将会下降，那么存单的日期应该短些。

（3）发行人的资信等级。一般可向评级机构申请评级，资信等级愈高，发行利率愈低，反之则利率较高。

（4）金融管理法规。发行存单时通常受到金融管理法规的制约，如发行额度限制、期限限制、让渡方式限制等等。

2. 发行价格期限、面额

大额可转让存单的发行价格取决于以下四个方面的因素：发行人资信等级；发行时的市场利率水平；存单的期限；存单的流动性。

存单的价格一般有两种形式：按面额发行，贴现发行。贴现发行即以票面金额扣除一定贴现息而发行，发行价格低于票面金额。大额可转让存单期限一般为30天、60天、90天。在美国，面额最低的为10万美元，但实际上一般都为100万美元。在英国，英镑存单的最低面值为5万英镑，最常见的为50万英镑和500万英镑。我国大额可转让存单根据1996年中国人民银行颁发的《大额可转让定期存单管理办法》规定，存单对城乡居民个人发行的大额可转让定期存单，面额为1万元、2万元、5万元；对企业、事业单位发行的大额可转让定期存单，面额为50万元、100万元、500万元。大额可转让定期存单的期限为3个月、6个月、12个月，存单的利率由中国人民银行规定。

3. 发行方式

大额可转让定期存单的发行，既可以采用批发式发行，也可以采用零售式发行。批发式发行就是发行银行将发行的存单数量、利率、面额、发行日期、到期日期等信息预先公布，供投资者认购。零售式发行就是发行银行根据投资者需要随时发行存单，面额、期限和利率由资金供求双方商定。

（三）转让市场

大额可转让定期存单的转让市场是指对已发行上市但尚未到期的存单进行买卖的市场。在我国经中国人民银行批准，经营证券交易业务的金融机构可以办理大额可转让定期存单的转让业务。非金融机构和城乡居民个人不得办理大额可转让定期存单的转让业务。大额可转让定期存单的转让，采取自营买卖和代理买卖两种交易方式。自营买卖的价格不得低于存单面额，交易价格由交易机构自定，并公开挂牌；代理买卖的价格根据委托人的要求确定，并公开挂牌。自营买卖的价差，最高不得超过存单面额的1.5%；代理买卖向双方收取的手续费之和最高不得超过存单面额的0.6%，但对每张存单收取的手续费上限为3 000元。大额可转让定期存单采用背书方式转让，转让次数不限，背书应当连续。背书应当连续是指第一背书人是存单记载的收款人；前一次背书的被背书人是后一次背书的背书人；最后的存单持有人是最后一次背书的被背书人,依次前后衔接。背书栏不敷背书的,可以加附粘单,粘单上的第一记载人,应当在存单和粘单的粘接处签章。每一次转让须有背书人(卖方)、被背书人(买方)以及交易机构的签字(章)方可生效。

四、我国大额可转让存单市场

与其他西方国家相比,我国的大额可转让存单业务发展比较晚。我国第一张大额可转让存单面世于1986年,最初由交通银行和中央银行发行,1989年经中央银行审批,其他的专业银行也陆续开办了此项业务,大额存单的发行者仅限于各类专业银行,不准许其他非银行金融机构发行。存单的主要投资者主要是个人,企业为数不多。

中央银行当时规定:对个人发行的存单面额为500元及其整数倍,对单位发行的存单面额为50 000元及其整数倍,存单的期限分别为1个月、3个月、6个月及1年(《大额可转让定期存单管理办法》第二章第九条规定:对城乡居民个人发行的大额可转让定期存单面额为:1万、2万、5万;对企业发行的大额可转让定期存单的面额为50万、100万和500万;第十条规定:大额可转让定期存单的期限为3个月、6个月和12个月),存单不分段计息,不能提前支取,到期时一次性还本付息,逾期部分不计付利息;存单全部通过银行,由营业柜台向投资者发放,不需借助于中介机构。存单的利率水平一般是在同期期限的定期储蓄存款利率的基础上再加1~2个百分点,弹性不大,银行以大额可转让定期存单吸收的存款需向中央银行缴存准备金。

为了维系大额可转让定期存单的流动性,中国人民银行曾就营业存单转让业务的主体资格、存单的转让价差、手续费标准等方面作出了规定(《大额可转让定期存单管理办法》第十七条规定:大额可转让定期存单的自营买卖差价最多不得超过1.5%;代理买卖向双方收取的手续费之和最高不得超过存单面额的0.6%,但对每张存单收取的手续费上限为3 000元),尤其是对大额可转让存单作为储种设置的试验引起了金融界的大讨论。

对于将大额可转让定期存单作为储种设置,有人提出了两种方案:一是利率不再上浮,与同期同档次的定期储蓄存款利率一样;二是较同期同档次的定期存款利率上浮,浮动上限为10%。前一种方案由于利率不再上浮,与同期同档次定期储蓄存款利率一样,设计上与同档次定期储蓄种类重复,它的金额固定,不能提前支取,逾期不计付利息的规定不如同档次定期储蓄存款优越,对于储户没有什么吸引力,预计此项业务很难展开。第二种方案利率较同档次定期储蓄利率上浮,对投资者有很大的吸引力。在一定的时间内对筹集资金可以起到"立竿见影"的作用。但另一方面会出现储种之间的"大搬家",弱化其他储蓄设置的意义,改变了储蓄存款正常的结构与态势。

据四川省绵阳市中国农业银行调查,1990年3月份发行大额可转让定期存单1 297.4万元,就地转储567.4万元,转储率为43.7%。另据江油市农业银行反映,市中区储蓄所发行初期就地转储率为60%左右,主要是提前支取定期存款购买大额可转让定期存单。同时四川省工商银行也反映,1990年3月发行大额可转让定期存单4.74亿元,储蓄存款较2月份增加

25 859万元,存款结构的变化是除零存整取上升2 940万元之外,其实的储种均为下降,各类储蓄共下降20 417万元,占大额可转让定期存单发行额的43%。这说明该行3月份发行的大额可转让定期存单有43%是其他储种"搬家"来的,而且大额可转让定期存单利率上浮会增加银行资金成本,影响银行自身经济效益。利率是资金的价格,用高价来吸收储蓄存款,这使本来存贷倒挂的矛盾更加突出。1990年四川省3月份各专业银行对个人发行大额可转让定期存单80 633.44万元,仅此一项银行就多支付利息10.6万元。

基于各专业银行在发行大额可转让定期存单时出现的由于利率过高引发的存款"大搬家"银行持有资金成本增加的弊病,中国人民银行曾一度限制大额定期存单的利率,加之我国还未形成完整的二级流通市场,20世纪80年代大量发行的大额可转让定期存单到1996年以后整个市场停滞,几近消失。

近几年随着我国市场机制的进一步完善发展,为了拓宽筹资渠道,努力集聚社会闲散资金支持国家经济建设,经中国人民银行批准,一度曾停止发行的大额可转让定期存单又开始在各专业银行争相发行。

【知识库】
定期存款与大额可转让定期存单的区别

从本质上看,大额可转让定期存单仍然是银行的定期存款。但大额可转让定期存单与定期存款也有所不同:

(1)定期存款是记名的,是不能转让的,不能在金融市场上流通,而大额可转让定期存单是不记名的,可以在金融市场上转让。

(2)定期存款的金额是不固定的,有大有小,有整有零,大额可转让定期存单的金额则是固定的,而且是大额整数,至少为10万美元,在市场上交易单位为100万美元。

(3)定期存款虽然有固定期限,但在没到期之前可以提前支取,不过损失了应得的较高利息;大额可转让定期存单则只能到期支取,不能提前支取。

(4)定期存款的期限多为长期的;大额可转让定期存单的期限多为短期的,由14天到1年不等,超过1年的比较少。

(5)定期存款的利率大多是固定的;大额可转让定期存单的利率有固定的也有浮动的,即使是固定的利率,在次级市场上转让时,还是要按当时市场利率计算。

资料来源:百度百科 www.baike.baidu.com

本 章 小 结

1.商业票据(Commercial Paper,CP)是信用较高的企业为筹措资金,以贴现的方式出售给投资者的一种短期无担保承诺凭证;商业票据的发行者可以分为金融性公司和非金融性公司;商业票据的发行方式一般有两种:一是发行者通过自己的销售力量直接出售,二是通过商业票据交易商间接销售;一般商业票据按照发行人的管理质量、经营能力和风险、资金周转速度、竞争能力、流动性、债务结构、经营前景等对票据质量进行评价,并按照评价结果高低分成不同的等级;商业票据通常采用贴现方式发行,发行价以银行贴现率为基础。

2. 银行承兑汇票(Bank's Acceptance,BA)是由在承兑银行开立存款账户的存款人出票,向开户银行申请并经银行审查同意承兑的,保证在指定日期无条件支付确定的金额给收款人或持票人的票据。对出票人签发的商业汇票进行承兑是银行基于对出票人资信的认可而给予的信用支持;银行承兑汇票具有安全性高、流通性强、节约资金成本的特点;银行承兑汇票市场参与者包括:各类商业银行、企业、中央银行、票据专营机构;银行承兑汇票交易程序为:签订交易合同、签发汇票、汇票承兑、支付手续费。

3. 大额可转让定期存单(Negotiable Certificates of Deposits,NCDs),指银行发行的可以在金融市场上转让流通的一定期限的银行存款凭证。大额可转让定期存单市场的主要参与者是货币市场基金、大型企业、商业银行、政府和其他非金融机构投资者。大额可转让存单的发行价格取决于以下四个方面的因素:发行人资信等级;发行时的市场利率水平;存单的期限;存单的流动性。

思 考 题

一、选择题

1. 商业票据的特点是( )。
　　A. 融资成本高　　B. 融资灵活　　C. 信用度相对较高　D. 票据期限短
2. 银行承兑汇票的交易过程包括( )。
　　A. 签订交易合同　B. 签发汇票　　C. 汇票承兑　　　D. 支付手续费
3. 大额可转让存单的发行价格取决于以下( )因素。
　　A. 发行人资信等级　　　　　　B. 发行时的市场利率水平
　　C. 金融法规　　　　　　　　　D. 存单的流动性

二、简答题

1. 商业票据的发行成本包括哪些?
2. 我国货币市场上的商业票据和西方国家相比有何不同?
3. 银行承兑汇票的参与者包括哪些?
4. 你认为我国大额可转让存单市场未来的发展前景会怎样?

三、计算题

某商业票据面额 10 万元,折扣率 5%,期限 30 天,则折扣金额和发行价格以及投资者收益率分别为多少?

【阅读资料】

多家银行推大额存单　利率最高可上浮 40%

2015 年 6 月 15 日起,东莞多家银行将发行首批大额存单,市民及机构可在五大行及浦发、中信、招行、兴业等 9 家市场利率定价自律机制核心成员处办理该业务。

记者在走访多家银行获悉，面向个人的大额存单起点金额为30万元，机构投资人认购的大额存单起点金额为1 000万元，发行利率最高可上浮央行存款基准利率的40%。

何为大额存单？大额存单是指由银行业存款类金融机构面向非金融机构投资人发行的记账式大额存款凭证，属一般性存款，纳入存款保险范围。

今年6月2日，央行公布《大额存单管理暂行办法》，允许银行业存款类金融机构向个人、非金融企业、机关团体等发行大额存单。其中，个人认购的大额存单起点金额不低于30万元，机构投资人认购起点金额为1 000万元。未来，结合利率市场化推进进程和金融市场发展情况，人民银行可对大额存单起点金额适时进行调整。

与传统的存款储蓄和理财产品相比，大额存单可以转让、提前支取和赎回以及办理质押。"大额存单的使用较为灵活，最大的特点是可以转让、变现。该产品主要针对风险偏好较低的、又希望能获得比目前定期存款利率更高收益的中高端客户。若市民有一笔闲置的资金，并想获得稳定的收益，可考虑该产品。"位于南城银丰路某银行营业网点的工作人员表示。

记者在走访多家银行发现，在本周一开始，建设银行、工商银行、农业银行等多家东莞的银行推出大额存单，产品针对中高端个人投资者和机构。

另外，东莞农商银行、邮储银行等部分银行并没接到总行的通知，尚不能办理该业务。据银行内部相关人士表示，除现可办理大额存单的九家银行外，部分银行已经提交了大额存单备案的相关申请，现在待批复阶段。

在走访的过程中，记者发现东莞各家银行的大额存单的产品情况大同小异，其产品的期限主要在1年以内(含1年)，个人大额存单起点金额为30万元，产品发行利率比基准存款利率上浮30%至40%左右。

据悉，工商银行东莞分行发行的首期大额存单已正式实施，本期个人客户大额存单的发行期为6月15日至19日。其中，面向个人客户的大额存单为6个月和1年期两款产品，发行利率最高约为央行存款基准利率的1.4倍，认购起点金额30万元，到期一次还本付息。

该行相关负责人提醒，1年期的大额存单产品，个人客户可以通过网上银行、营业网点柜台、自助终端购买；6个月期的大额存单产品需要前往营业网点柜台购买。"个人大额存单属一般性存款，可以提前支取，也可以用于办理质押业务。此外，若市民想通过网银购买大额存单时，可在工行网银系统的'定期存款'栏目处寻找。"

农行东莞分行大额存单认购时间同是6月15日到6月19日。另外，该行目前仅支持借记卡柜台认购大额存单，市民需要到银行营业网点认购。

目前，农行东莞分行推出的大额存单的期限有6个月和1年两款，其发行利率按央行同期定期存款利率上浮40%。计算得知，上浮1.4倍后，1年期大额存单的收益为3.15%，6个月大额存单的收益是2.87%。

据悉，为了提前支取计息方式更加便利，农行提取大额存单的方式按照大额定存提前支取的方式，即按照活期利率来计算利息。关于具体的提取方式，农业银行东莞分行相关负责人介绍："我行提前支取按照靠档分段计息，以支取日为参照点，1年期不满6个月的，按活期计息，满6个月不满1年的,按6个月银行挂牌定期存款利率计算。"

  市民是如何看待大额存单?经营一间投资公司的老板李先生认为:"现在股票挣钱效应明显,大额存单的吸引力有限,连银行理财产品都跑不过。不过,鸡蛋不能放在同一个篮子里,大额存单有利于分散投资。"

  退休工人陈女士认为:"大额存单面向个人投资者的起点金额为30万元,对普通市民来说,门槛偏高。此外,对老一代的人来说,定期存款是最稳妥的理财方式,大额存单是新鲜的事物,市民接受其需要时间。"

  对此,金融研究机构华泰宏观认为,由于存款保险制度的上限是50万元,因此起点金额为30万元的大额存单具备完全的安全性。此外,大额存单是利率市场的表现。大额存单推出后,中小银行与大银行间为揽存而展开的竞争将加剧,将推升存款利率水平。因为大额的存单降低了存款在银行之间转移的成本,个人将更方便地将存款从收益低的大银行向收益高的中小银行转移。

  对于大额存单对社会的影响,一位从事银行业的内部人士指出,商业银行发行大额存单将进一步丰富存款产品线,完善市场体系,满足投资者多样化的需求。同时,大额存单的推出也提高了商业银行存款定价的市场化程度和负债主动性,有利于提高风险定价能力,构建市场化的风险约束机制和激励机制,为我国商业银行进一步市场化经营创造条件。

资料来源:南方日报　2015年06月17日

第四章
Chapter 4

债券市场

【学习目的与要求】

通过本章的学习,了解债券的基本概念、特征及分类,了解债券发行与交易的基本程序及要点,掌握债券各种估价方法与收益率计算方法。

【案例导入】

自1998年中国长江三峡开发总公司发行第一期三峡债券以来,截至2009年4月,该公司共发行了9期11个品种的企业债券,前后共筹集345亿元人民币,不仅屡次成为债券市场品种、数量、上市交易等方面的第一个食蟹者,而且树立了三峡债券的品牌。与商业银行贷款相比,发债的资金筹措成本比较低。以10年期99三峡债为例,它每年向投资者支付的利息只有4%,即便加上发行费用,最终还是要比向银行贷款的利率低1.6到1.7个百分点。这为三峡工程节约了大量的融资成本。

第一节 债券市场概述

一、债券的含义及特征

（一）债券的含义

债券是政府、金融机构、工商企业等机构直接向社会借债筹措资金时,向投资者发行,并且承诺按一定的利率支付利息并按约定条件偿还本金的债权债务凭证。债券具有法律效力。债券购买者与发行者之间是一种债权债务关系,债券发行人为债务人,投资者（或债券持有人）为债权人。

最早发行的债券是政府债券。中世纪欧洲政府债券市场仅具雏形。17世纪下半期,当时的荷兰公开发行了一批政府债券,并在阿姆斯特丹交易所上市。后来,欧洲其他国家也纷纷发行本国政府债券。直到 19 世纪以后,资本主义经济进入高速发展阶段,工商企业需要筹集大量资金以支持其长期发展,企业债券开始诞生。第二次世界大战后,各国债券市场发展十分迅猛,成为与股票市场并列的资本市场的两大支柱。

(二) 债券的特征

债券作为一种重要的融资手段和金融工具,具有如下特征:

1. 安全性

与股票相比,债券通常规定有固定的利率,与企业绩效没有直接联系,收益比较稳定,风险较小。此外,在企业破产时,债券持有者享有优先于股票持有者对企业剩余资产的索取权。

2. 收益性

债券的收益性主要表现在两个方面:一是投资债券可以给投资者定期或不定期地带来利息收入;二是投资者可以利用债券价格的变动,买卖债券赚取差额。

3. 偿还性

由于债券体现的是债权人与发行人之间的借贷关系,决定了债券必须是有期限的。债券在发行时必须明确其还本付息日期,并在到期日按约定条件偿还本金并支付利息。

4. 流动性

虽然债券到期时才能偿还本金,但在到期之前,债券一般都可以在流通市场上自由转让,具有很强的流动性,而这种流动性受所在国债券市场的发达程度、债券发行人的资信、债券期限的长短以及利息支付方式等因素的影响。

二、债券的种类

债券的种类繁多,按发行主体不同可分为政府债券、公司债券和金融债券三大类,而各类债券根据其要素组合的不同又可细分为不同的种类。

(一) 政府债券

政府债券是指中央政府、政府机构和地方政府发行的债券,它以政府的信誉作保证,因而通常无需抵押品,其风险在各种投资工具中是最小的。

1. 中央政府债券

中央政府债券是中央政府财政部发行的以国家财政收入为保证的债券,也称为国家公债。其特点首先表现为一般不存在违约风险,故又称为"金边债券";其次是可享受税收优惠,其利息收入可豁免所得税。

2. 政府机构债券

在美国、日本等不少国家,除了财政部外,一些政府机构也可发行债券。这些债券的收支偿付均不列入政府预算,而是由发行单位自行负责。有权发行债券的政府机构有两种:一是政府部门机构和直属企事业单位,如美国联邦住宅和城市发展部下属的政府全国抵押协会;二是虽然由政府主办却属于私营的机构,如联邦全国抵押贷款协会和联邦住宅抵押贷款公司。这些政府有关机构或政府资助企业具有某些社会功能,它们通过发行债券的经济部门增加信贷资金以及降低融资成本,其债券最终由中央政府作后盾,因而信誉也很高。

3. 地方政府债券

在多数国家,地方政府都可以发行债券,这些债券也是由政府担保,其信用风险仅次于国债及政府机构债券,同时也具有税收豁免特征。若按偿还的资金来源可分为普通债券(general obligation bonds)和收益债券(revenue bonds)两大类。普通债券是以发行人的无限征税能力为保证来筹集资金。仅用于提供基本的政府服务,其偿还列入地方政府的财政预算。收益债券则是为了给某一特定的盈利建设项目筹资而发行的,其偿付依靠这些项目建成后的营运收入。

(二) 公司债券

公司债券是公司为筹措营运资本而发行的债券,其合同要求不管公司业绩如何都应优先偿还其固定收益,否则将在相应破产法的裁决下寻求解决,因而其风险小于股票,但比政府债券高。公司债券的种类很多,通常可分为以下几类:

1. 按抵押担保状况分

按抵押担保状况可分为信用债券、抵押债券、担保信托债券和设备信托证。

(1)信用债券(debenture bonds)是完全凭公司信誉,不提供任何抵押品而发行的债券。其持有者的求偿权排名在有抵押债权人对抵押物的求偿权之后,对未抵押的公司资产有一般求偿权,即和其他债权人排名相同,发行这种债券的公司必须有较好的声誉,一般只有大公司才能发行而且期限较短,利率较高。

(2)抵押债券(mortgage bonds)是以土地、房屋等不动产为抵押品而发行的一种公司债,也称固定抵押公司债。如果公司不能按期还本付息,债权人有权处理抵押品以资抵偿。在以同一不动产为抵押品多次发行债券时,应按发行顺序分为第一抵押债券和第二抵押债券,前者对抵押品有第一置留权,首先得到清偿;后者只有第二置留权,只能待前者清偿后,用抵押品的剩余款偿还本息。

(3)担保信托债券(collateral trust bonds)是以公司特有的各种动产或有价证券为抵押品而发行的公司债券,也称流动抵押公司债。用做抵押品的证券必须交由受托人保管,但公司仍保留股票表决及接受股息的权利。

(4)设备信托证(equipment trust certificates)是指公司为了筹资购买设备并以该设备为抵押品而发行的公司债券。发行公司购买设备后,即将设备所有权转交给受托人,再由受托人以出租人的身份将设备租赁给发行公司,发行公司则以承租人的身份分期支付租金,由受托人代为保管及还本付息,到债券本息全部还清后,该设备的所有权才转交给发行公司。这种债券常用于铁路、航空或其他运输部门。

2. 按利率分

按利率可分为固定利率债券、浮动利率债券、指数债券和零息债券。

(1)固定利率债券是指事先确定利率,每半年或一年付息一次,或一次还本付息的公司债券。这种公司债券最为常见。

（2）浮动利率债券是在某一基础利率之上增加一个固定的溢价,以防止未来市场利率变动可能造成的价值损失。对某些中小型公司或状况不太稳定的大公司来说,发行固定利率债券发生困难或成本过高时,可考虑选择浮动利率债券。

（3）指数债券（index bonds）是通过将利率与通货膨胀率挂钩来保证债权人不致因物价上涨而遭受损失的公司债券,挂钩办法通常为:债券利率＝固定利率＋通胀率＋固定利率×通胀率。有时,用来计算利息的指数并不与通胀率相联系,而与某一特定的商品价格（油价、金价等）挂钩,这种债券又称为商品相关债券（commodity-linked bonds）。

（4）零息债券（zero-coupon bonds）即以低于面值的贴现方式发行,到期按面值兑现,不再另付利息的债券,它与短期国库券相似,可以省去利息再投资的麻烦,但该债券价格对利率变动极为敏感。

3. 按内含选择权分

按内含选择权可分成可赎回债券、偿还基金债券、可转换债券和带认股权证的债券。

（1）可赎回债券（callable bonds）是指公司债券附加早赎和以新偿旧条款,允许发行公司选择于到期日之前购回全部或部分债券。当市场利率降至债券利率之下时,赎回债券或代之以新发行的低利率债券对债券持有人不利,因而通常规定在债券发行后至少5年内不允许赎回。

（2）偿还基金债券（sinking fund bonds）是要求发行公司每年从盈利中提取一定比例存入信托基金,定期偿还本金,即从债券持有人手中购回一定量的债券。这种债券与可赎回债券相反,其选择权在债券持有人一方。

（3）可转换债券（convelftible bonds）是指公司债券附加可转换条款,赋予债券持有人按预先确定的比例转换为该公司普通股的选择权。大部分可转换债券都是没有抵押的低等级债券,并且是由风险较大的小型公司所发行的。这类公司筹措债务资本的能力较低,使用可转换债券的方式可增强对投资者的吸引力;另一方面,可转换债券可被发行公司提前赎回。

（4）带认股权证的债券（bond with attached warrant）是指公司债券可把认股权证作为合同的一部分附带发行。与可转换债券一样,认股权证允许债券持有人购买发行人的普通股,但对于公司来说,认股权证是不能赎回的。

（三）金融债券

金融债券是银行等金融机构为筹集信贷资金而发行的债券。在西方国家,由于金融机构大多属于股份公司组织,故金融债券可纳入公司债券的范围。

发行金融债券,表面看来同银行吸收存款一样,但由于债券有明确的期限规定,不能提前兑现,所以筹集的资金要比存款稳定得多。更重要的是,金融机构可以根据经营管理的需要,主动选择适当时机发行必要数量的债券以吸引低利率资金,故金融债券的发行通常被看做银行资产负债管理的重要手段,而且,由于银行的资信度比一般公司要高,金融债券的信用风险也比公司债券低。

【知识库】

中央银行票据

中央银行票据(central bank bill)是中央银行为调节商业银行超额准备金而向商业银行发行的短期债务凭证,其实质是中央银行债券,之所以叫"中央银行票据",是为了突出其短期性特点(从已发行的央行票据来看,期限最短的 3 个月,最长的也只有 3 年)。

央行票据由中国人民银行在银行间市场通过中国人民银行债券发行系统发行,其发行的对象是公开市场业务一级交易商,目前公开市场业务一级交易商有 43 家,其成员均为商业银行。央行票据采用价格招标的方式贴现发行,在已发行的 34 期央行票据中,有 19 期除竞争性招标外,同时向中国工商银行、中国农业银行、中国银行和中国建设银行等 9 家双边报价商通过非竞争性招标方式配售。由于央行票据发行不设分销,其他投资者只能在二级市场投资。

引入中央银行票据后,央行可以利用票据或回购及其组合,进行"余额控制、双向操作",对中央银行票据进行滚动操作,增加了公开市场操作的灵活性和针对性,增强了执行货币政策的效果。国际上一般采用短期的国债收益率作为该国基准利率。但从我国的情况来看,财政部发行的国债绝大多数是三年期以上的,短期国债市场存量极少。在财政部尚无法形成短期国债滚动发行制度的前提下,由央行发行票据,在解决公开市场操作工具不足的同时,利用设置票据期限可以完善市场利率结构,形成市场基准利率。

各发债主体发行的债券是一种筹集资金的手段,其目的是筹集资金,即增加可用资金;而中央银行发行的央行票据是中央银行调节基础货币的一项货币政策工具,目的是减少商业银行可贷资金量。商业银行在支付认购央行票据的款项后,其直接结果就是可贷资金量的减少。

资料来源:中国债券信息网 http://www.chinabond.com.cn

第二节 债券市场的交易

债券市场的交易包括债券发行市场和债券流通市场两方面的交易。

一、债券的发行市场

债券的发行市场也被称为债券的一级市场,它是将新发行的债券从发行者的手中转移到初始投资者手中的市场。通过债券的发行市场,增加了债券市场的容量,为筹资者和投资者提供了资金流通的场所。在债券发行过程中,主要考虑的因素有以下几个方面。

(一)债券的发行方式

按其发行方式和认购对象,可分为私募发行与公募发行;按其有无中介机构参与,可分为直接发行与间接发行。

1. 私募发行与公募发行

债券的私募发行,是指面向少数特定投资者的发行。一般来讲,私募发行的对象主要有两类:一是有所限定的个人投资者,一般情况下仅限于发行单位内部或有紧密联系的单位内部的职工或股东;二是指定的机构投资者,如专业性基金(包括养老退休基金、人寿保险基金等),

或与发行单位有密切业务往来的企业、公司等。

公募发行是指公开向社会非特定投资者的发行,充分体现公开公正的原则。相对于私募发行而言,对发行者来讲,其有利之处在于:一是可以提高发行者的知名度和信用度,从而有利于扩大筹资渠道,享受较有利的筹资条件;二是发行的债券可以上市转让流通,从而提高其流动性和吸引力;三是发行范围广泛,因而筹资潜力较大;四是发行者和投资者完全处于平等竞争、公平选择的地位,受投资者制约较少。

2. 直接发行与间接发行

债券不论是私募发行还是公募发行,按其是否需要中介机构予以协助发行,可区分为直接发行和间接发行两种方式。一般而言,私募发行多采用直接发行方式,而公募发行则多采用间接发行方式。

直接发行是指债券发行人直接向投资者推销债券,而不需要中介机构进行承销。采用直接发行方式,可以节省中介机构的承销、包销费用,节约发行成本。但需要花费大量的人力和时间进行申报登记、资信评估、征募宣传、债券印制、发信收款等繁杂的工作,同时也需要设立一些发行网点和派出众多发售人员。对此,一些小公司往往难以承受。另外,发行人还要完全承担债券不能按时售完的发行风险。因此,选择直接发行方式的一般都是一些信誉较高、知名度较高的大公司、大企业以及具有众多分支机构的金融机构。

间接发行是指发行人不直接向投资者推销,而是委托中介机构进行承购推销。间接发行可节省人力、时间,减少一定的发行风险,迅速高效地完成发行。因为作为承购推销的中介机构,包括投资银行、证券公司、信托投资公司及专业的承销商,都具有丰富的承销经验、知识和专门人才,具有雄厚的资金实力、较高的承销信誉、较多的承销网点以及较灵通的信息,从而可以使发行推销工作准确、高效、顺利地进行。当然,选择间接发行方式,发行人要支出一笔较大的承销费用,从而增加发行成本。

(二)发行合同书

发行合同书(indenture)也称信托契据(trust deed),是说明公司债券持有人和发行债券公司双方权益的法律文件,由受托管理人(trustee,通常是银行)代表债券持有人利益监督合同书中各条款的履行。

债券发行合同书一般很长,其中各种限制性条款占很大篇幅。对于有限责任公司来说,一旦资不抵债而发生违约时,债权人的利益会受到损害,这些限制性条款就是用来设法保护债权人利益的,它一般可分成否定性条款(negative covenants)和肯定性条款(positive covenants)。

1. 否定性条款

否定性条款是指不允许或限制股东做某些事情的规定。最一般的限制性条款是有关债券清偿的条款,例如利息和偿还基金的支付,只要公司不能按期支付利息或偿还基金,债券持有人有权要求公司立即偿还全部债务。

典型的限制性条款包括对追加债务、分红派息、营运资金水平与债务比率、使用固定资产抵押、变卖或购置固定资产、租赁、工资以及投资方向等都可能做出不同程度的限制。此限制实际上会对公司设置某些最高限。

有些债券还包括所谓"交叉违约"(cross default)条款,该条款规定,对于有多笔债务的公司,只要对其中一笔违约,则认为公司对全部债务违约。

2. 肯定性条款

肯定性条款是指对公司应该履行某些责任的规定,如要求营运资金、权益资本达到一定水平。这些肯定性条款可以理解为对公司设置某些最低限。

无论是肯定性条款还是否定性条款,公司都必须严格遵守,否则可能导致"违约"。但在违约的情况下,债权人并不总是急于追回全部债务,一般情况下会设法由债券受托管理人找出变通方法,要求公司改善经营管理。迫使公司破产清算一般是债权人的最后手段,因为破产清算对于债权人通常并不是最有利的。

(三)债券的承销过程

当债券的发行人选择间接发行方式时,就需要委托承销商等中介机构对其发行的债券进行承销。债券的承销过程主要包括三个要素:债券发行定价、债券的承销和相关承销成本的分配。

1. 债券发行定价

当首次进行债券发行时,如何对其进行定价是首先要解决的问题。因为承销商知道如果债券发行的息票利率过高,发行人可能会取消发行;而如果发行的息票利率过低,则很少有承销商愿意参与这种承销,因为在出售债券时,过低的利率将使债券很难推销出去。因此,承销商必须把息票利率设定为发行人愿意出售而投资者愿意购买的水平。他们有时采取"预先销售"(premarketing)来确定投资者对所发行债券的兴趣,并确定债券被售出的可能价格。

承销商对债券价格的估计并不是抽象的。他们往往采取以下两种形式:

(1)当一个特定的发行人将以前发行并公开交易的债券作为新发行债券定价基础时,承销商在可比性的基础上制定它的承诺价格。这一方法是使用具有可比风险和期限的公司作为选择对象,如果没有这样一个可比的经济实体,可以寻找一组经济实体,或现有经济实体的组成部分,经过若干指标的筛选后,可以看做与发行人具有可比性,比照其债券的价格对新发行债券定价。

(2)当无法获得这种可比性时,可以选择直接计算法。使用这种方法可以对任何债券的定价进行合理性的检验,用作现金流量的估计,通过本章第三节的公式计算得出。

2. 债券的承销

债券的承销过程是通过主办承销商(managing underwrite)承销辛迪加(underwriting syndicate)和销售集团(selling group)来完成的,具体的承销体系如图4.1所示。

在这个体系中,主办承销商组成一个承销辛迪加和一个销售集团,其中每个销售集团成员被分配给暂时性的证券份额以向投资者出售。组成一个规模较大的销售集团可以更为广泛地向公众出售债券,以完成承销任务。当债券无法出售时,销售集团的成员只是将债券简单地返还给辛迪加,并不承担任何销售风险。而承销辛迪加的成员则同意购入无法很快出售给外部投资者的债券作为自己的存货,使自己的资本置于购买债券的风险之下。在一项交易完成之后,由承销辛迪加在金融报刊上发布新债券的发行公告(tombstone),具体报道发行企业、发行价格、承销辛迪加和销售集团成员等。

3. 相关承销成本的分配

如果发行的债券被全部售出,总的承销利差——即给发行人的担保价格与商定零售价格之间的价差——在参与者之间进行分配(承销人的收入就是发行人在发行债券时所支付的承销成本)。根据每个参与者在承销中所起的作用和所承担的风险,对发行人的承销成本进行分配。具体而言,主办承销商为发行做准备而获得收益;承销辛迪加的成员用他们的资本承担风险获得收益;销售集团成员为销售债券而获得收益。由于他们的作用和所承担的风险各不相同,所以他们的报酬也不尽相同。

图4.1　承销体系

对于发行人而言,支付给承销商的费用就是他的发行成本,其中主要包括债券印刷费、发行手续费、宣传广告费、律师费、担保抵押费、信用评级和资产评估费用、其他发行费用等。

(四)债券的承销方式

如前所述,债券发行人选择间接发行方式,就需要委托作为承销商的中介机构进行承销。承销商承销债券的方式主要有三种,即代销方式、余额包销方式及全额包销方式,或者称为推销、助销和包销。

1. 债券代销

债券代销方式也叫推销方式,是指债券发行者委托承销商代为向社会推销债券。受托的承销商要按承销协议规定的发行条件,在约定的期限内尽力推销,到销售截止日期,如果没有按照原定的发行数额售出,未售出部分仍退还给发行者,承销商不承担任何发行风险,而是由债券发行者承担发行失败的风险。同时发行者要按协议规定支付承销商的承销费用。正因为这种发行方式发行人要承担一定的发行风险,因此,只有信誉高的发行人或十分抢手的债券,才采用这种发行方式。

2. 债券余额包销

债券发行的余额包销方式也叫助销方式,是指由承销商按照已定的发行条件和数额,在约定的期限内向社会公众大力推销,到销售截止日期,如果有未售完的债券,则由承销商负责认购,承销商要按照约定的时间向发行者支付全部债券款项,在债券发行日期结束后,承销商还可以继续推销自己所认购的部分债券,或者作为自己的投资来持有这部分债券。因为采取这种余额包销的承销方式,是承销商承担部分发行风险,可以保证发行人筹资用资计划的按时实现,因此,多为发行者所采用。

3. 债券全额包销

债券发行的全额包销方式，是指由承销商先将发行的全部债券认购下来，并立即向发行人支付全部债券款项，然后再按市场条件转售给投资者。采用这种发行方式，承销商要承担全部发行失败的风险，可以保证发行人及时筹得所需资金。

按照承销商承担风险的方式和程度，债券全额包销又可分为协议包销、俱乐部包销和银团包销等不同方式。

（1）协议包销，是指发行人与一个单独承销商签订包销协议，由其独立包销发行人待发行的全部债券。采用这种包销方式，发行风险全部由该承销商独立承担。当然，发行手续费也全部归该承销商独享。

（2）俱乐部包销，是指发行人与若干个承销商签订发行协议，由这些承销商共同包销所发行的全部债券。通过协议，具体规定每个承销商应包销的份额，并据此确定其承担的发行风险和应取得的发行费用。采取这种发行承销方式，其发行风险可由多个承销商共同承担，可以相对分散包销的风险，当然，其发行费也由参加包销的若干个承销商共同分享，风险分担、利益分享，或者叫做风险共担、利益同享。当发行债券数额较大，发行风险也很大时，往往会采用这种承销方式。

（3）银团包销，是指由一个承销商牵头，若干个承销商参与包销活动，以竞争的方式，确定各自的包销额，并按其包销额承担发行风险，收取发行手续费。这种承销方式，多适用于债券发行数额较大，一个承销商难以独自完成或者不愿独自承担全部发行风险的情况。目前，这种方式在国际市场上采用较多。

二、债券的流通市场

债券流通市场是指已发行债券买卖、转让、流通的场所。与债券发行市场相比，债券的流通市场只代表债券债权的转移，并不创造新的实际资产或金融资产，也不代表社会总资本存量的增加。

（一）债券流通市场的构成

债券流通市场主要由证券交易所和柜台交易市场两部分组成。证券交易所又称为场内交易或上市交易，而柜台交易又称为场外交易。

1. 证券交易所交易市场

债券持有者通过证券交易所进行债券的买卖交易形成了债券的交易所市场。证券交易所是集中进行证券买卖的固定场所。债券只有经过批准才能在证券交易所进行交易，这称为债券上市。各证券交易所一般都有债券上市的标准，以作为审核债券能否上市的依据。一般说来，政府债券不经审核便可直接上市，而公司债券则必须符合一定的条件方可上市。这些条件主要包括：公司设立达到一定年限和资产净值达到一定金额；债券按面值计算的发行额达到一定金额并且期限通常在 1 年以上；债券必须是公开发行并且信用等级通常在 A 级以上等。已上市的债券若不再满足上述条件，交易所有权令其停止上市交易。

债券在债券交易所的交易采取公开竞价的方式,对于买卖双方而言是一种双向竞价(free double auction),既有买者之间的竞争,也有卖者之间的竞争,还有买卖双方之间的竞争。买者尽可能以低的价格买入,而卖者则尽可能以高的价格出售。在这种竞买竞卖过程中,当某一价格为买卖双方所接受时,就会立即成交。而在任何时点上,在等待成交的限制指令价格之间的差则被称为买盘-卖盘价差(bid-offer or bid-ask spread)。

证券交易所内的买卖主要通过各自的证券经纪商和交易商进行。经纪人在交易所进行交易时,遵循"价格优先"和"时间优先"的原则,以体现公开、公正、公平竞争为原则。报价较高的买者可以优先于报价低的买者买到证券;报价低的卖者可以优先于报价高的卖者卖出证券。在报价相同的情况下,则按委托指令发出时间的先后顺序成交。

2. 柜台交易市场

除证券交易所市场外,债券交易还存在场外交易市场。场外交易指在证券交易所外进行的证券交易。由于债券在交易所挂牌上市要符合一定的条件和规定,要经过较为严格的审核,而有些债券无法达到上市所规定的要求,但同时,为了满足其流动性的需要,就形成了场外交易。在西方国家,大部分公司债券都是在场外进行交易的。

(二)债券的交易方式

不论是在证券交易所内交易,还是在场外交易,最主要的交易方式就是委托经纪人代理买卖和交易商自营买卖。债券持有者与债券投资者(二级市场认购者)之间直接进行交易,在技术、成本、信息以及防范风险上,都存在一定的困难或障碍,因此,成交的机会不是很多,而且交易成本也比较高,所以直接交易方式很少被采用,在有些国家还被视为非法交易或"黑市交易"而加以限制和禁止。这里将主要介绍代理买卖和自营买卖这两种交易方式。

1. 代理买卖方式

代理买卖也叫委托买卖,是指债券买卖双方委托各自的经纪人代理进行买卖。也就是说,债券经纪人根据客户的委托代理买卖债券,从代理买卖中收取一定的佣金,即手续费。

在证券交易所内的交易中,代理买卖或委托买卖的程序按时间顺序大致可分为三个阶段、八个环节:

(1)第一阶段是准备阶段。进入交易所前必须经过以下三个环节:

一是联系证券经纪人。该经纪人必须是交易所会员,既熟悉业务,又有丰富的经验,一般都由证券公司来担任。

二是开户。投资者必须在找好的证券公司(经纪人)开立委托买卖账户,填写证券买卖契约,写明投资者的真实姓名、地址、职业、工作单位、电话号码、主要经历、委托交易的内容。投资者根据所选用的交易方式,开立现金账户或保证金账户,若采用现金交易方式就开立现金账户,若采用信用交易方式则开立保证金账户。

三是委托。开户之后,客户随时可以采取面谈、电话、电报或书信等方式,委托证券公司买卖债券,对下列事项做出明确指令:

①买入债券还是卖出债券。
②买入或卖出债券的数量。
③债券名称(种类)。
④交易结算的方式和时间,即是现金结算还是转账结算,是当日、普通日、特约日还是发行日结算。
⑤委托价格,主要有三种:一为限价,即限定买卖的价格;二为市价,客户只提出买卖的种类和数量,不指定价格,由经纪人在交易厅内按当时的市场价格购买或卖出;三为中心浮动价,客户以限价为中心,给予一定的上下浮动幅度,允许经纪人在浮动幅度内执行委托。
⑥交易方式,是现金交易、信用交易、期货交易还是期权交易。
⑦购入或卖出的时间,如开盘买卖还是收盘买卖的具体时间要求。
⑧委托买卖的有效时间,指明其委托指令是当日有效、周内有效、本月有效还是无限期有效。

(2)第二阶段是成交阶段。这是在交易所内完成交易而需要经过的程序。主要有以下三个环节:

一是传递指令。场外证券公司接受客户的委托指令后,立即用电话或将委托单输入计算机终端,将交易信息传送给派往交易所的经纪人。他们接到委托指令后,按先后顺序登记委托登记簿。

二是买卖成交。交易厅的经纪人根据客户的买卖要求,按"时间优先,价格优先"原则,选择合适的买卖对象,决定成交的价格和数量。典型的债券买卖交易可分为三步:

①报价,又叫开价,就是在交易时公布债券的价格。为了保证交易的秩序,大多数交易所规定,债券的报价都以点数来表示。报价的顺序是买进价在先,卖出价在后。报价分为两种:一种是只报价格,成交单位是固定的;另一种是既报价格又报交易数量,价格在先,交易数量在后。

②竞价,又叫竞价买卖,是以拍卖的方式进行的,通常在多个卖者和多个买者之间展开竞争。卖者的群体中不断有卖出的报价,买者的群体中也不断有人提出买入价。当卖方群体中报出的最低要价和买方群体中的最高出价达到一致时,交易成功。在竞争买卖中,始终贯彻时间优先和价格优先的原则。

③成交,这意味着交易双方对买卖债券的种类、价格和数量都表示满意,并完成了必要的程序。成交的方式有两种:一种是以书面形式达成契约或协议;另一种是口头承诺,由于办理成交的都是交易厅内的经纪人,彼此非常熟悉,口头承诺也是成交常用的方式。

三是确认公布。成交后,经纪人一方面通过证券公司告知客户达成交易的情况,准备进行交割;另一方面要把成交的信息告诉交易所营业员,营业员把成交信息转告交易所有关机构确认,确认无误后通过电子计算机显示在交易厅的交易行情牌上,同时通过计算机把信息传送到证券公司(场外柜台)、市场信息公司、新闻媒介单位,及时予以报道。

(3)第三阶段是清算阶段。这是债券买卖成交以后需要经过的程序。主要有以下两个环节：

一是支付佣金。债券买卖成交后,客户应按规定向经纪人支付委托买卖的手续费,称为佣金。过去这种佣金的收取比例是固定的,即只能按交易额规定比例收取。现在各国证券交易所逐渐取消了这种规定。但一般来说,佣金比率的大小与委托交易额成反比,交易额越高佣金比率越低,反之亦然。

二是债券交割。买卖双方达成交易后,就要进行缴交款券的交割程序。一般是先在客户与证券公司之间进行,买入债券的客户将钱款交给证券公司,卖出债券的客户将债券交给证券公司,有时在委托时就已进行了这种传递。若客户在成交后的规定时间内不能交割券款,证券公司有权将购入债券卖出或将卖出债券买回,由此产生的损失由客户承担。客户和证券公司交割完毕,就要在证券公司之间进行交割。交割的时间按择定的当日、普通日、特约日或发行日进行。证券公司的交割一般在交易所的主持下进行,地点在交易所结算部,方式有两种:个别交割和集体交割。个别交割是买卖双方的证券公司相互进行证券和款项的交割,一般采用在当日交割和特定日交割。集体交割是证券交易所对同一证券公司同一天成交的买卖,把其卖出应得款项和买入应付款项相抵,并把同一牌名的债券卖出数和买入数相抵,仅对抵消后的余额进行交割。相比之下,这种方式较为合理,能迅速处理大量业务,被广泛采用。

2. 自营买卖方式

自营买卖,也叫自己买卖,即交易商先用自己的资金买入债券,然后再以略高于买入价的价格卖出债券,从中赚取价差。

在证券交易所内的交易中,自营买卖主要是那些取得自营商资格的交易商,在交易所中拥有席位和自营柜台,他们可以根据自己的分析、判断和预测,买进和卖出某些债券。当他们预测某种债券的价格不久将上升时,就会先买入这种债券,当该种债券的价格果然上升时,他们就会卖出这种债券,从中赚取价差收益。而当他们判断某种债券的价格不久将下跌时,就会立即卖掉该种债券,卖一个相对好的价钱,当这种债券的价格果然下跌了,他们就可以考虑再买进这种债券。

在交易所中,自营买卖在报价、竞价、成交等方面,与代理买卖基本相同,也同样要遵循"价格优先、时间优先"的原则。所不同的是自营买卖没有委托、传递指令、支付佣金等环节。

在场外交易中,债券自营买卖主要是证券公司买进和卖出债券,因而形成债券的转让交易。具体主要通过两种方式:一是证券公司以批发价格从其他证券公司买进债券,然后再以零售价格将债券出售给客户;二是证券公司以零售价格从客户手中买进债券,然后再以较低的批发价格出售给其他证券公司,或再以较高的零售价格出售给客户,证券公司从买卖中赚取差价收入。

(三)债券的交易形式

债券流通市场上的交易形式主要有:现货交易、期货交易、期权交易和回购协议等。

1. 现货交易

现货交易是指交易双方在成交后立即交割,或在极短的期限内交割的交易方式。在实际交易过程中,债券成交到最后交割清算,总会有一个拖延时间,只是这段时间比较短。因此说,现货交易不完全是现金交易,不是一手交钱、一手交货。一般来讲,现货交易按交割时间的安排可以分为三种:即时交易,即于债券买卖成交时立即办理交割;次日交割,即成交后的第二天办理交割;即日交割,即于成交后限定几日内完成交割。

2. **期货交易**

期货交易是指交易双方在成交后按照期货协议规定条件远期交割的交易方式,其交易过程分为预约成交和定期交割两个步骤。期货交易对冲交易多,而实际交割少,采取有形市场的方式,市场表现活跃,流动性好。进行债券的期货交易,既是为了回避风险、转嫁风险,实现债券的套期保值,同时因其是一种投机交易,也要承担较大风险。因为债券的成交、交割及清算时间是分开的,清算时是按照买卖契约成立时的债券价格计算而不是按照交割时的价格计算。而在实际中,由于种种原因,债券价格在契约成立时和实际交割时往往是不一致的。当债券价格上涨时,买者会以较少的本钱获得较多的收益;当债券价格下跌时,卖者会取得较好的收益,而不致发生损失。通过对未来行市涨跌的预测,交易者做多头或空头交易是期货交易中最常用的两种交易方式。

3. **期权交易**

期权交易又称为选择权交易,是投资者在给付一定的期权费后,取得的一种可按约定价格在规定期限内买进或卖出一定数量的金融资产或商品的权利。

4. **回购协议**

回购协议是指债券买卖双方按预先签订的协议,约定在卖出一笔债券后一段时间内再以特定的价格买回这笔债券,并按商定利率付息。这种有条件的债券交易形式实质上是一种短期的资金借贷融通。这种交易对卖方来讲,实际上是卖现货买期货,对买方来讲,是买现货卖期货。

回购协议的期限有长有短,最短的为1天,称为隔夜交易,最长的也有1年的,一般为1、2、3个星期或1、2、3、6个月。回购协议的利率由协议双方根据回购期限、货币市场行情以及回购债券的质量等有关因素来议定,与债券本身的利率无直接关系。

第三节 债券估价和债券收益

一、债券估价

(一)债券估价的含义

债券的价格也称为债券的内在价值(intrinsic value),它等于未来现金流的现值之和,即等于来自债券的预期货币收入的现值。投资者购买债券,可以获得稳定的利息收入并在到期时收回本金,但也要付出一定的成本,这就是购买价格。作为一种投资,现金流出是购买价格,现金流入是利息和归还的本金,或出售时得到的现金。债券未来现金流入的现值,称为债券价格或债券的内在价值。如果不考虑风险问题,若债券的价值大于其市价(购买价格),才值得购买。债券价值是债券投资决策使用的主要指标之一。

债券的价格依赖于两个因素:一是预期未来的现金流,即周期性支付的利息和到期偿还的本金。二是贴现利率,即投资者要求的收益率,它反映了货币的时间价值和债券的风险。贴现利率也是机会成本,即从相同期限和相同信用等级的可比债券中能够获得的当前市场利率。

(二)债券的基本定价公式

对于一般的按期付息的债券来说,其预期现金流量有两个来源:到期日前定期支付的息票利息和本金。其必要收益率可参照可比债券确定。因此,对于1年付息一次的债券,若用复利计算,其价格决定公式为

$$P = \frac{C}{1+r} + \frac{C}{(1+r)^2} + \cdots + \frac{C}{(1+r)^n} + \frac{M}{(1+r)^n} = \sum_{t=1}^{n} \frac{C}{(1+r)^t} + \frac{M}{(1+r)^n} \tag{4.1}$$

若按单利计算,其价格决定公式为

$$P = \sum_{t=1}^{n} \frac{C}{1+t \cdot r} + \frac{C}{1+n \cdot r} \tag{4.2}$$

式中,P 为债券的价格;C 为每年支付的利息;M 为票面价值,即本金;n 为剩余年期数;r 为市场利率。

(三)几种典型债券的定价分析

1. 零息债券的定价

零息债券不进行任何周期性的利息支付,而是将到期价值和购买价格之间的差额作为投资者得到的利息。其期限通常不超过1年,一般为3个月、6个月和1年期。发行一般都是折价发行,投资者以低于面值的价格购买债券,到期获得债券的面值,赚取的价差作为利息。

零息债券的价格计算公式为

$$P = F - \frac{n}{D} \cdot i \cdot F \tag{4.3}$$

式中,F 为零息债券面值;D 为年期数对应的计息基数;n 为年期数;i 为市场利率。

例4.1 一张面值为1 000元的零息债券,期限为121天,市场利率为7.5%,计息基数为360天,计算该债券的价格。

$$P/元 = 1\,000 - \frac{121}{360} \times 7.5\% \times 1\,000 \approx 974.79$$

2. 永久债券的定价

永久债券,顾名思义就是没有到期日的债券,即债券发行者不需要偿还本金,但要向投资者永久地支付利息。

假设一张永久债券每年支付的利息额为 C,每年的付息次数为 t,市场利率为 r,该永久债券的价格等于无数次利息的现值之和。其公式为

$$P = \frac{C}{t(1+\frac{r}{t})} + \frac{C}{t(1+\frac{r}{t})^2} + \cdots + \frac{C}{t(1+\frac{r}{t})^n} + \cdots = \frac{C}{r} \quad (4.4)$$

由公式(4.4)可以看出,永久债券的价格只与每年支付的利息额和市场利率有关,与一年内的付息次数无关。

例4.2 一张永久债券每年支付的利息额为80元,市场利率水平为7.5%,计算该债券的价格。

$$P/\text{元} = \frac{80}{0.075} \approx 1\,066.67$$

3. 等额偿还债券的定价

等额偿还债券是指本息在债券到期日之前平均偿还的债券。设该等额偿还债券每年偿还本息额为M,每年支付的次数为f,市场利率为r,债券剩余的偿还次数为n,其价格公式为

$$P = \sum_{t=1}^{n} \frac{M}{f(1+\frac{r}{f})^t} = \frac{M}{r} - \frac{M}{r(1+\frac{r}{f})^n} \quad (4.5)$$

例4.3 一张期限为5年的等额偿还债券,每年等额偿还本息额为120元,一年支付2次,投资者要求的收益率为8%,债券的剩余偿还次数为10,计算该债券的价格。

$$P/\text{元} = \frac{120}{0.08} - \frac{120}{0.08 \times (1+\frac{0.08}{2})^{10}} \approx 486.65$$

4. 附息债券的定价

附息债券是债券发行人承诺在债券到期日之前,按照之前的票面利率定期向投资者支付利息,并在债券到期时偿还本金的债券。附息债券是债券市场中最普遍、最具代表性的债券。附息债券的期限一般在1年以上,30年以下,但最长可达100年。付息频率一般为1年一次或半年一次。按照票面利率,附息债券分为固定利率债券和浮动利率债券。固定利率债券的利率在发行时就已经确定。浮动利率债券在发行时只是规定基准利率(如欧洲债券市场一般采用LIBOR,我国目前采用1年期人民币定期存款利率)以及利差,浮动利率债券的利率为基准利率加上利差。债券发行时,根据起息日的基准利率和利差确定第一个计息期的利率,再根据第一个付息日的基准利率和利差确定第二个计息期的利率……直到最后一次还本付息。2000年4月26日国家开发银行发行的10年期浮动利率债券的基本利差为72.5个基本点,基准利率为1年期存款利率,1年付息一次,起息日为2000年5月6日。2000年5月6日1年期存款利率为2.25%,因此该浮动利率债券的第一计息期利率为2.975%。下面主要讨论固定利率附息债券。

设面值为M的附息债券,剩余付息次数为n,1年付息次数为f,票面利率为C,则每期支付的利息额为C/f,附息债券的收益率为r,则其发行价格为

$$P = \sum_{t+1}^{n} \frac{\frac{C}{f}}{(1+\frac{r}{f})^t} + \frac{M}{(1+\frac{r}{f})^n} \tag{4.6}$$

(四)债券价值的影响因素

债券的价值分析与债券的以下六方面的属性密切相关。

1. 到期时间

从本节的公式可以发现:当市场利率 r 和债券的到期收益率 y 上升时,债券的内在价值和市场价格都将下降。当其他条件完全一致时,债券的到期时间越长,债券价格的波动幅度越大。但是当到期时间变化时,债券的边际价格变动率递减。

例如,假定存在 4 种期限分别是 1 年、10 年、20 年和 30 年的债券,它们的息票率都是 6%,面值均为 100 元,其他的属性也完全一样。如果起初的市场利率为 6%,根据内在价值的计算公式可知,这 4 种债券的内在价值都是 100 元。如果相应的市场利率上升或下降,这 4 种债券的内在价值的变化见表 4.1。

表 4.1 内在价值(价格)与期限之间的关系

相应的市场利率	期限			
	1 年	10 年	20 年	30 年
4%	102	116	127	135
5%	101	108	112	115
6%	100	100	100	100
7%	99	93	89	88
8%	98	86	80	77

资料来源:黄亚钧. 现代投资银行的业务和经营. 上海:立信会计出版社,1996

表 4.1 反映了当市场利率由现在的 6% 上升到 8%,4 种期限的债券的内在价值分别下降 2 元、14 元、20 元和 23 元;反之,当市场利率由现在的 6% 下降到 4%,4 种期限的债券的内在价值分别上升 2 元、16 元、27 元和 35 元。同时,当市场利率由现在的 6% 上升到 8% 时,1 年期和 10 年期的债券的内在价值下降幅度相差 12 元,10 年期和 20 年期的债券的内在价值下降幅度相差 6 元,20 年期和 30 年期的债券的内在价值下降幅度相差 3 元。可见,由单位期限变动引起的边际价格变动率递减。

2. 息票率

债券的到期时间决定了债券的投资者取得未来现金流的时间,而息票率决定了未来现金流的大小。在其他属性不变的条件下,债券的息票率越低,债券价格的波动幅度越大。

例如,存在 5 种债券,期限均为 20 年,面值为 100 元。唯一的区别在于息票率,即它们的息票率分别为4%、5%、6%、7%和8%。假设初始的市场利率水平为7%,那么,可以利用债券基本定价公式分别计算出各自的初始的内在价值。如果市场利率发生了变化(上升到8%和下降到5%),相应的可以计算出这5种债券新的内在价值。具体结果见表4.2。

表4.2 内在价值(价格)变化与息票率之间的关系

息票率	相应的市场利率下的内在价值			内在价值变化率 (7%~8%)	内在价值变化率 (7%~5%)
	7%	8%	5%		
4%	68	60	87	−11.3%	+28.7%
5%	78	70	100	−10.5%	+27.1%
6%	89	80	112	−10%	+25.8%
7%	100	90	125	−9.8%	+25.1%
8%	110	100	137	−9.5%	+24.4%

资料来源:黄亚钧.现代投资银行的业务和经营.上海:立信会计出版社,1996

3. 可赎回条款

许多债券在发行时含有可赎回条款,即在一定时间内发行人有权赎回债券。这是有利于发行人的条款,因为,当市场利率下降并低于债券的息票率时,债券的发行人能够以更低的成本筹到资金。此时,发行人可以行使赎回权,将债券从投资者手中收回。尽管债券的赎回价格高于面值,但是,赎回价格的存在制约了债券市场价格的上升空间,并且增加了投资者的交易成本,降低了投资者的投资收益率。为此,可赎回债券往往规定了赎回保护期,即在保护期内,发行人不得行使赎回权。常见的赎回保护期是发行后的5~10年。

一般而言,可赎回条款的存在,降低了该类债券的内在价值,并且降低了投资者的实际收益率。并且,息票率越高,发行人行使赎回权的概率越大,即投资债券的实际收益率与债券承诺的收益率之间的差额越大。

4. 税收待遇

在不同的国家之间,由于实行的法律不同,不仅不同种类的债券可能享受不同的税收待遇,而且同种债券在不同的国家也可能享受不同的税收待遇。债券的税收待遇的关键,在于债券的利息收入是否需要纳税。由于利息收入纳税与否直接影响着投资的实际收益率,所以,税收待遇成为影响债券的市场价格和收益率的一个重要因素。例如,美国法律规定,地方政府债券的利息收入可以免缴联邦收入所得税,所以地方政府债券的名义到期收益率往往比类似的但没有免税待遇的债券要低20%~40%。此外,税收待遇对债券价格和收益率的影响还表现在贴现债券的价值分析中。贴现债券具有延缓利息税收支付的优势,但对于美国地方政府债券的投资者来说,贴现的地方政府债券可以免缴联邦收入所得税,这使得贴现债券的税收优势不复存在,所以,在美国地方政府债券市场上,贴现债券品种并不流行。对于贴现债券的内在价值而言,由于具有延缓利息税收支付的待遇,它们的税前收益率水平往往低于类似的但没有免税待遇的其他债券,所以,享受免税待遇的债券的内在价值一般略高于没有免税待遇的债券。

5. 流通性

债券的流通性或者流动性是指债券投资者将手中的债券变现的能力。如果实现的速度很快,并且没有遭受变现所可能带来的损失,那么这种债券的流通性就比较高;反之,如果变现速度很慢,或者为了迅速变现必须为此承担额外的损失,那么,这些债券的流动性就比较低。

通常用债券的买卖差价的大小反映债券的流动性大小。买卖差价较小的债券的流动性比较高;反之,流动性较低。这是因为绝大多数债券的交易发生在债券的经纪市场。对于经纪人来说,买卖流动性高的债券的风险低于流动性低的债券,所以,前者的买卖差价小于后者。所以,在其他条件不变的情况下,债券的流动性与债券的名义的到期收益率之间呈反比关系,即:流动性高的债券的到期收益率比较低,反之亦然。相应的,债券的流动性与债券的内在价值呈正向关系。

6. 发债主体的信用程度

发债主体的信用程度是指债券发行人按期履行合约规定的义务,足额支付利息和本金的可靠性程度,又叫做违约风险。一般来说,除了政府债券以外,其他债券都有不同程度的违约风险。发债者资信程度高的,其债券的风险就小,投资者要求的收益率就低,因而其债券价格就高;而资信程度低的,其债券价格就低。所以在债券市场上,对于其他条件相同的债券,国债的价格一般要高于金融债券,而金融债券的价格一般又要高于企业债券。

债券评级是反映债券违约风险的重要指标。美国是目前世界上债券市场最发达的国家,所拥有的债券评级机构也最多。其中,最著名的两家是标准普尔公司(Standard & Poor's, S & P)和穆迪投资者服务公司(Moody's Investors Services)。尽管这两家公司的债券评级分类有所不同,但是基本上都将债券分成两类:投资级或投机级。投资级的债券被评为最高的四个级别,例如,标准普尔公司和穆迪投资者服务公司分别将 AAA、AA、A、BBB 和 Aaa、Aa、A、Baa 四个级别的债券定义为投资级债券,将 BB 级以下(包括 BB 级)和 Ba 级以下(包括 Ba 级)的债券定义为投机级。有时人们将投机级的债券称为垃圾债券(junk bonds),将由发行时的投资级转变为投机级的债券形象地称为"失落的天使"(fallen angels)。

既然债券存在着违约风险,投资者必然要求获得相应的风险补偿,即较高的投资收益率。所以,违约风险越高,投资收益率也应该越高。

(五)债券定价原理

1962 年麦尔齐(Malkiel)最早系统地提出了债券定价的五个原理。至今,这五个原理仍然被视为债券定价理论的经典。

定理一:债券的价格与债券的收益率呈反向变动关系。换句话说,当债券价格上升时,债券的收益率下降;反之,当债券价格下降时,债券的收益率上升。

定理二:当债券的收益率不变,即债券的息票率与收益率之间的差额固定不变时,债券的到期时间与债券价格的波动幅度之间呈正比关系。换言之,到期时间越长,价格波动幅度越大;反之,到期时间越短,价格波动幅度越小。这个定理不仅适用于不同债券之间的价格波动的比较,而且可以解释同一债券的期满时间的长短与其价格波动之间的关系。

定理三:随着债券到期时间的临近,债券价格的波动幅度减少,并且是以递增的速度减少;反之,到期时间越长,债券价格波动幅度增加,并且是以递减的速度增加。这个定理同样适用于不同债券之间的价格波动的比较,以及同一债券的价格波动与其到期时间的关系。

定理四:对于期限既定的债券,由收益率下降导致的债券价格上升的幅度大于同等幅度的收益率上升导致的债券价格下降的幅度。换言之,对于同等幅度的收益率变动,收益率下降给投资者带来的利润大于收益率上升给投资者带来的损失。

定理五:对于给定的收益率变动幅度,债券的息票率与债券价格的波动幅度之间呈反比关系。换言之,息票率越高,债券价格的波动幅度越小(定理五不适用于1年期的债券和统一公债为代表的无限期债券)。

二、债券的收益率

人们投资债券时,最关心的就是债券的收益有多少。为了精确衡量债券的收益,一般使用债券收益率这个指标。债券收益率是债券收益与其投入本金的比率,通常用年率表示。债券收益与债券利息有所不同,债券利息仅指债券票面利率与债券面值的乘积。由于人们在债券持有期内,还可以通过债券流通市场进行买卖,赚取价差。因此,债券收益除利息收入外,还包括买卖盈亏差价。对于债券收益率的衡量主要有到期收益率和持有期收益率。

(一)到期收益率

到期收益率是使一种债券或其他金融资产的购买价格等于其预期的年净现金流(收入)的现值的比率。其价格计算公式为

$$P = \frac{I_1}{(1+y)} + \frac{I_2}{(1+y)^2} + \cdots + \frac{I_n}{(1+y)^n} + \frac{M}{(1+y)^n} \quad (4.7)$$

式中,P 为购入债券的价格;I 为每年的利息;y 为到期收益率;M 为面值。

例4.5 某投资者于2005年3月1日以平价购买一张面额为100元的附息国债,其票面利率为10%,每年3月1日支付一次利息,并于2010年3月1日到期。若该投资者持有这个国债直至到期日,计算其到期收益率。

$$100 = \sum_{n=1}^{5} \frac{100 \times 10\%}{(1+y)^n} + \frac{100}{(1+y)^5} \quad (4.8)$$

用 $y = 10\%$ 计算

$$\sum_{n=1}^{5} \frac{100}{(1+10\%)^n} + \frac{100}{(1+10\%)^5} = \frac{10}{1.1} + \frac{10}{1.1^2} + \frac{10}{1.1^3} + \frac{10}{1.1^4} + \frac{10}{1.1^5} + \frac{100}{1.1^5} \approx 100$$

可见,平价发行的每年付一次息的债券,其到期收益率等于其票面利率。

在计算贴息债券的收益率时,只要将原有的计算债券价格的公式进行转换就可得到到期收益率。

单利收益率公式为

$$Y = \frac{F - V}{VT} \tag{4.9}$$

式中,Y 为贴息债券到期收益率;V 为购买价格。

复利收益率公式为

$$Y = \sqrt[T]{\frac{F}{V}} - 1 \tag{4.10}$$

式中,T 为偿还年限。

(二)债券持有期收益率

如果债券的购买者只持有债券的一段时间,并在到期日前将其出售,那么就出现了持有期收益率。持有期收益率计算公式为

$$P = \frac{C_1}{1 + h} + \frac{C_2}{(1 + h)^2} + \cdots + \frac{C_m}{(1 + h)^m} + \frac{P_m}{(1 + h)^m} \tag{4.11}$$

式中,h 为持有期的收益率,它是使一种债券的市场价格(P)等于从该债券的购买日到卖出日全部的净现金流(包括卖出价 P_m),其中投资者的持有期涵盖 m 个阶段。

现值表为计算到期收益率与持有期收益率提供了一个合理而准确的方法,但由于它是一个反复试验的过程,为了节省时间,证券交易商和有经验的投资者常常使用债券收益率表(见表 4.3),该表给出了息票率、到期日和价格给定的债券的收益率。

表 4.3 债券收益率表(息票率为 10% 的债券价格)

到期收益率	债券到期年数				
	5 年	10 年	15 年	20 年	25 年
5%	121.88	138.97	152.33	162.76	170.91
6%	117.06	129.75	139.20	146.23	151.46
7%	112.47	121.32	127.59	132.02	135.18
8%	108.11	131.59	117.29	119.79	121.48
9%	103.96	106.50	108.14	109.20	109.88
10%	100.00	100.00	100.00	100.00	100.00
11%	96.23	94.02	92.73	91.98	91.53
12%	92.64	88.53	86.24	84.95	84.24
13%	89.22	83.47	80.41	78.78	77.91
14%	85.95	78.81	75.18	73.34	72.40
15%	82.84	74.51	70.48	68.51	67.56

资料来源:夏德仁.金融市场学.大连:东北财经大学出版社,2002

假设投资者持有一张息票率为10%,票面额为100美元的债券,在确定的到期年数下,可以找到该债券的购买价格。如果10年期债券的购买价格为94.02美元,那么它的到期收益率就为11%。

本章小结

1. 债券是政府、金融机构、工商企业等机构直接向社会借债筹措资金时,向投资者发行,并且承诺按一定的利率支付利息并按约定条件偿还本金的债权债务凭证。

2. 债券的发行市场也被称为债券的一级市场,它是将新发行的债券从发行者的手中转移到初始投资者手中的市场。通过债券的发行市场,增加了债券市场的容量,为筹资者和投资者提供了资金流通的场所。

3. 债券流通市场是指已发债券买卖、转让、流通的场所。与债券发行市场相比,债券的流通市场只代表债券债权的转移,并不创造新的实际资产或金融资产,也不代表社会总资本存量的增加。

4. 债券的价格也称为债券的内在价值(intrinsic value),它等于未来现金流的现值之和,即等于来自债券的预期货币收入的现值。

5. 债券收益率是债券收益与其投入本金的比率,通常用年率表示。债券收益与债券利息有所不同,债券利息仅指债券票面利率与债券面值的乘积。

思 考 题

1. 什么是债券?它具有哪些特征?
2. 按发行主体不同,债券可分为哪几类?
3. 试述债券的承销过程。
4. 债券价值的影响因素有哪些?

【阅读资料】

2016年债市:风险与"牛"势相伴

"目前基本面因素是影响债市的首要因素,在宏观经济没有确立企稳之前,一切判断债牛结束的结论都言之过早。因此,目前我们依旧看好2016年债市的走势,继续享受收益率下行带来的投资机会,但是随着时间的推移,面临的不确定性会越来越高。"渤海证券分析称,但在配置钢铁、采掘、轻工制造、化工、有色金属、建筑材料和机械设备等违约重灾区行业时,需要仔细挑选个债,谨防踩雷。同时,信用风险逐步暴露的过程也是高收益债机会相对较多、同时市场相对活跃的时候,交易型投资者可以关注各种事件冲击带来的高收益债的投资机会。

风险偏好与债市供给压力

仍是阶段性扰动因素

"市场风险偏好转变和债券市场供给量较大依旧是干扰债券市场行情的主要因素,阶段性风险偏好的转变和债券供给的释放会造成债市的波动。"银河证券分析师刘丹分析称。

从融资结构看,市场正在从间接融资方式向直接融资方式转变,债券市场和股票市场规模增长幅度大于银行信贷增速,规模占比也有明显增长。

数据显示,截至 2015 年 10 月末,债券市场规模达到 452 093.47 亿元,规模占比为 23.04%,规模增长 9.20 万亿元,增长 25.55%,与 2014 年 12 月 31 日 21.74% 的规模占比相比,规模占比变动为 1.31%。股票市场规模达到 528 292.71 亿元,规模占比为 26.93%,规模增长 9.97 万亿元,增长 23.25%,与 2014 年 12 月 31 日 25.87% 的规模占比相比,规模占比变动为 1.05%。而相对应的,银行信贷占比比重有所下降,信贷存量 981 500 亿元,规模占比为 50.03%,规模增长 11.36 万亿元,增长 13.09%,与 2014 年 12 月 31 日 52.39% 的规模占比相比,规模占比变动为 -2.36%。

在刘丹看来,随着股市 IPO 重启以及地方政府存量债务通过债券市场发行地方政府债的方式进行置换及公司债的发行主体扩容,预计明年债市供给压力依然很大。

"截至 2015 年 11 月 19 日,债券市场净融资额达到 10.7 万亿元,较去年的 6.17 万亿元增加 70% 以上。受制于财政收入增速下滑,稳增长依托财政发力,2016 年利率债供给不会减少。同时鉴于地方政府债务置换 2016 年压力依然较大,若按城投债到期规模推算,预计 2016 年置换规模要大于 2015 年。"有业内人士表示,因此债券市场供给量较大依旧是干扰债券市场行情的主要因素,阶段性风险偏好的转变和债券供给的释放会造成债市的波动。

"资产荒"若被打破

利率债将面临调整压力

目前,R007 月均值已经和拟合值接近,短期内大幅下调公开市场操作利率可能性不大。伴随着经济下行,通胀低位,有机构认为,2016 年上半年公开市场操作 7 天逆回购利率依然有 25BP 左右的下行空间。

对于短端利率,国金证券维持中枢下降,波动率下降的判断。债券套息交易的主要风险一方面来自债券价格的波动,另一方面来自资金价格的不确定性。货币市场利率稳定之后,资金价格的不确定性将显著下降,对于债市长期构成利好。

对于长端利率,有分析认为,中枢下降,波动上升。在供给端调控背景下,加上产能加速出清,2016 年经济下行压力较大。目前,实际利率依然有下行空间,企业部门去杠杆刚刚开始,利率趋势下行是必然。10 年国债下行至 2.5% 以下水平可期。

值得一提的是,美联储加息对国内债市可能冲击有限。"首先,美联储连续加息空间很小;其次,国内央行不会因为美联储的加息而放弃货币政策独立性,选择收紧货币政策;再次,传统经济学模型也已经表明,除非恶性贬值,否则低利率与贬值相伴。"有机构人士表示。

就利率债何时触发调整而言,国金证券认为,目前利率债下行除了基本面的配合之外,快速下行的一个重要因素便是市场所言的"资产荒",一旦"资产荒"被打破,利率债将面临调整压力。

信用债有望延续强势

谨防踩雷是首要目标

2015年信用债市场经历了一轮波澜壮阔的牛市行情,收益率全年大幅下降,信用利差和期限利差收窄,而评级利差则出现分化,宏观经济继续下行、通胀维持低位和松紧适度的稳健货币政策是助力2015年债牛格局的三大推力。

而对于2016年而言,渤海证券认为,从短期来看,由于宏观经济的疲弱短期内难以改善,一季度信用债市场有望延续之前强势的局面,债市未来的发展仍值得期待。从中长期来看,随着监管层放松发审制度,债券发行量大幅提升,债券供给增加,"资产荒"在2016年有望得到缓解;且随着经济结构调整的深化,地方政府债务融资渠道畅通带来地方投资的可能回升,推动宏观经济或出现企稳。

"从估值的角度来看,现在信用债市场已经处于历史较高水平,在预计央行将继续维稳的预期下,2016年信用债收益率仍存在着一定下行空间,但再次出现2015年波澜壮阔行情的可能性已经不大。"渤海证券进一步分析称,从风险角度来看,经济下行的延续和部分行业产能依然过剩,暗示着今年信用市场违约频发的格局将继续延续甚至继续恶化,谨防踩雷仍是投资者在2016年首要关注的目标。

具体到"避免踩雷"的行业,有机构认为,目前钢铁、采掘、轻工制造、化工、有色金属、建筑材料和机械设备等行业经营情况较差,将很可能成为未来债券违约的重灾区,其行业信用利差处于高位也暗示了投资者在配置资产时考虑了信用风险因素。未来投资者进行投资时,也应警惕相关行业的违约风险,谨防踩雷。

自2014年起,钢铁、采掘、轻工制造、化工等行业AA+级债券的信用利差一直处于较高水平,而将标准放宽至AA级别时,除了上述四个行业外,电气设备、纺织服装、机械设备、建筑材料、食品饮料和有色金属行业的信用利差也处于较高水平。

从净利润同比增速来看,钢铁行业进入2015年以来一直出现断崖式下跌,领跌各个行业,而采掘、建筑材料、有色金属、机械设备和化工板块的净利润增速也表现较差,呈现较大幅度的负增长;从经营活动产生的现金流量净额同比增速来看,采掘、钢铁、建筑材料和轻工制造行业同比增速在2015年均出现负增长,表现较差;从资产负债率来看,钢铁行业资产负债率最高,2015年第三季度达到66.12%,而有色金属、化工、电气设备、机械设备、轻工制造和建筑材料的资产负债率也均在50%以上;从流动比率、速动比率和负债/归属母公司股东权益的角度来看,采掘、钢铁行业偿债能力最差,化工、建筑材料和有色金属行业偿债能力也较弱,而食品饮料和纺织服装行业偿债能力较好。

第五章
Chapter 5

股票市场

【学习目的与要求】

通过本章的学习,使学生了解股票的发行与流通,掌握债券的发行方式、发行价格、发行程序和交易方式;了解股票价格指数的意义与种类,熟悉股价指数的计算方法及其各种股价指数之间的内在联系;了解股票价格的形成基础,掌握影响股价变动的主要因素。

【案例导入】

19世纪中叶,美国产生了一大批靠发行股票和债券筹资的筑路公司、运输公司、采矿公司和银行,股份制逐步进入了主要经济领域。到第一次世界大战结束时,美国制造业产值的90%由股份公司创造。19世纪后半叶,股份制传入日本和中国。日本明治维新后出现了一批股份公司。我国在洋务运动时期建立了一批官办和官商合办的股份制企业,1873年成立的轮船招商局,发行了中国自己最早的股票。股票的出现,促使股票交易所产生。早在1611年,就有一些商人在荷兰的阿姆斯特丹买卖海外贸易公司的股票。形成了股票交易所的雏形,1773年,在伦敦柴思胡同的约那森咖啡馆正式成立了英国第一个证券交易所,以后演变为伦敦证券交易所。1792年24名经纪人在纽约华尔街的一棵梧桐树下订立协定,形成了经纪人联盟,它就是纽约证券交易所的前身。1914年,中国当时的北洋政府颁布证券交易所法,1917年成立了北京证券交易所。

第一节 股票市场概述

一、股票的定义

股票是股份有限公司在筹集资本时向出资人发行的、用以证明出资人股东身份和权利,并根据持有人所持有的股份数享有权益和承担义务的凭证。股票不是债权债务凭证,股东能通过股票转让收回其投资,但不能要求公司返还其出资。股票是所有权凭证,它代表对一定经济利益的分配请求权。同一类别的每一份股票所代表的公司所有权是相等的。每个股东所拥有的公司所有权份额的大小,取决于其持有的股票数量占公司总股本的比重。

二、股票的特征

1. 收益性

股票是在资本市场上流通的一种重要的有价证券,投资者通过持有股票可获得分红派息收益和价格增值收益。首先,股东凭其持有的股票,有权从公司领取股息或红利。股息或红利的大小,主要取决于公司的盈利水平和公司的盈利分配政策。其次,股票的收益性还表现在股票投资者可以通过低买高卖获得价差收入。能获取收益是投资者投资股票的主要原因,由于债权人的收益固定,而股份公司盈利增长的大部分收益归公司股东享有,同时公司盈利增长会带来公司股价的上涨,这又为股东带来获取股票买卖差价即资本利得的好处。因此,股票持有者在承担较大投资风险的同时,也拥有获得较高投资收益的机会。

2. 风险性

股票是资本市场上可流通转让的有价证券,因其价格要受到诸多因素的影响,如公司经营状况、供求关系、银行利率、大众心理等因素,所以价格波动具有很大的不确定性。正是这种不确定性,有可能使股票投资者遭受损失。例如,公司经营不善或其他意外原因而导致公司利润减少,股票收益下降,股票价格就会出现下跌,持有者面临本金损失的可能。

3. 流动性

流动性是指股票持有人可根据自己的意愿,自由买卖和转让股票,即股票在不同投资者之间的可交易性。股票的流通,使投资者可以在市场上卖出所持有的股票,取得现金。可以说,流动性是包括股票在内的有价证券的生命力所在,不能流通的证券其价值就要大打折扣。

4. 永久性

股票是一种无偿还期限的有价证券,投资者购买了股票后,就不能再要求退股,只能到二级市场卖给其他投资者以获取资金。股票的转让仅是投资者之间的股权转让,意味着公司股东的改变,并不减少公司资本。从期限上看,只要公司存在,它所发行的股票就存在,股票的期限等于公司存续的期限。

5. 参与性

股票是代表股份资本所有权的证书,是投资人入股的凭证,因此股票持有者享有相应的对公司决策的参与权。一般普通股的股东有权出席股东大会,拥有投票表决权、盈余分配权、剩余资产分配权、股票转让权、检查账目权、新股认购权,可选举公司董事会,参与公司重大决策等。股票持有者的投资意志和享有的经济利益,通常是通过行使股东参与权来实现的。股东参与公司决策的权利大小,取决于其所持有的股份的多少。

三、股票的种类

(一)普通股和优先股

按股票享有权利的不同分为普通股和优先股。

1. 普通股

普通股(common stock)是指在公司的经营管理和盈利及财产的分配上享有普通权利的股份。普通股构成公司资本的基础,是股份公司发行的最基本的股票,普通股的股东享有平等权利,既没有特权也没有特别限制。一般来说,普通股股东享有以下权利:

(1)经营决策参与权。股东可以参与公司的经营决策,其参与的主要方式是出席股东大会,行使投票表决权。

(2)利润分配权。股东凭借其所有者的身份,可以按照法定的分配顺序对公司的经营利润进行分配,即所谓的红利。普通股股东能分到多少红利,一般要取决于四个因素,即公司经营业绩、公司优先股的数量和股息率的高低、公司经营发展战略、公司现金流状况。

(3)剩余财产分配权。股份公司因破产或经营到期进行清算时,对资产拍卖所得按国家法定清偿顺序进行清偿后,其剩余财产由普通股股东按其份额进行分配。

(4)优先认股权。优先认股权是指当股份公司为增加公司资本而决定增加发行新的股票时,原普通股股东享有的按其持股比例、以低于市价的某一特定价格优先认购一定数量新发行股票的权利。

2. 优先股

优先股(preferred stock)是相对于普通股而言的。优先股在某些方面比普通股享有优先权,但同时又在其他方面失去一些权利的股票,比普通股享有优先权主要指在利润分红及剩余财产分配的权利方面,优先于普通股。综合起来,优先股和普通股相比,其主要特点表现为:

(1)股息率固定。普通股的股息是不固定的,受诸多因素的影响;而优先股的股息率是固定的,不随公司经营情况而波动。

(2)盈余分配优先。这是指在利润分配的顺序上,优先股要排在普通股的前面先进行分配。

(3)剩余财产分配权。这是指优先股对剩余财产的分配上要先于普通股,但要排在债权人之后。

(4)无参与经营决策权。优先股与普通股相比,一般不能参与公司经营决策,也没有投票表决权,但在涉及优先股股东重大权益的问题上也拥有一定的投票权。

(5)无优先认股权。优先股一般没有优先认购原股份公司新增发行股票的权利。

优先股有很多种,例如:

(1)累积优先股和非累积优先股。累积优先股是指在某个营业年度内,如果公司所获得的盈利不足以分派规定的股利,日后优先股的股东对往年未付的股息,有权要求如数补给。对于非累积的优先股,虽然对于公司当年所获得的利润有优先于普通股获得分派股息的权利,但当该年公司所获得的盈利不足以按规定的股利分配时,非累积优先股的股东不能要求公司在以后年度中予以补发。一般来讲,对投资者来说,累积优先股比非累积优先股具有更大的优越性。

(2)参与优先股与非参与优先股。当企业利润增大,除享受既定比率的利息外,还可以跟普通股共同参与利润分配的优先股,称为"参与优先股"。除了既定股息外,不再参与利润分配的优先股,称为"非参与优先股"。一般来讲,参与优先股比非参与优先股对投资者更为有利。

(3)可转换优先股与不可转换优先股。可转换优先股是指允许优先股持有人在特定条件下把优先股转换成为一定数额的普通股。否则,就是不可转换优先股。可转换优先股是近年来日益流行的一种优先股。

(4)可收回优先股与不可收回优先股。可收回优先股是指允许发行该类股票的公司,按原来的价格再加上若干补偿金将已发生的优先股收回。当该公司认为能够以较低股利的股票来代替已发生的优先股时,就往往行使这种权利。反之,就是不可收回优先股。

(二)有面额股票和无面额股票

按股票有无票面额的不同分为有面额股票和无面额股票。

1. 有面额股票

有面额股票(par value stock)就是票面表明面值的股票。世界上大多数国家发行的股票都是有面额股票。

2. 无面额股票

无面额股票(non-par value stock)就是票面不表明面值的股票。美国目前还存在这种股票,一般来说发行这种股票的企业均为未来不能预期的科技企业。

(三)国家股、法人股与个人股

按股票持有主体的不同分为国家股、法人股与个人股。这是我国特有的一种分类方式,在股份制改革初期,一般均为国有企业改制,就出现了不同资产归属不同持有主体之分。

1. 国家股

国家股即国家持有股,指有权代表国家投资的政府部门或机构以国有资产投入公司形成的股份。

2. 法人股

法人股是指企业法人以其依法可支配的资产投入公司形成的股份,或具有法人资格的事业单位和社会团体以国家允许用于经营的资产向公司投资形成的股份。

3. 个人股

个人股是社会个人或公司内部职工以个人合法财产投入公司形成的股份。

四、股票市场的功能

1. 集聚资本功能

上市公司通过股票市场发行股票来为公司筹集资本。上市公司将股票委托给证券承销商,证券承销商再在股票市场上发行给投资者。而随着股票的发行,资本就从投资者手中流入上市公司。而资本的集中,提高了企业资本的有机构成,大大加快了商品经济的发展。

2. 优化资源配置功能

股票市场的优化资源配置功能,是通过一级市场筹资、二级市场股票的流动来实现的,投资者通过及时披露的各种信息,选择成长性好、盈利潜力大的股票进行投资,抛弃业绩滑坡、收益差的股票,这就使资金逐渐流向效益好、发展前景好的企业,推动其股价逐步上扬,而业绩差、前景黯淡的企业股价下滑,难以继续筹集资金,以致逐渐衰落、消亡或被兼并收购。

3. 投资功能

股市的出现为大众提供了投资的平台。这是一个无论个体投资者还是机构投资者都可以参与的投资场所。其投资对象的多样性及参与层次的广泛性,是其他任何投资场所都无法比拟的。

4. 定价功能

股票本身并无价值,虽然股票也像商品那样在市场上流通,但其价格的多少与其所代表的资本的价值无关。股票的价格只有在进入股票市场后才表现出来,股票在市场上流通的价格与其票面金额不同,票面金额只是股票持有人参与红利分配的依据,不等于其本身所代表的真实资本价值,也不是股票价格的基础。在股票市场上,股票价格有可能高于其票面金额,也有可能低于其票面金额。股票在股票市场上的流通价格是由股票的预期收益、市场利息率以及供求关系等多种因素决定的。

5. 分散风险功能

股票市场在给投资者和融资者提供了投融资渠道的同时,也提供了分散风险的途径。从资金需求者来看,通过发行股票筹集了资金,同时将其经营风险部分地转移和分散给投资者,实现了风险的社会化。

【知识库】

上海证券交易所上市股票统计数据

地区	按发行的股票种类分类			按行业分类(SSE 一级分类)			合计	
	仅发 A 股	A,B 股	仅发 B 股	工业类	商业类	地产类	公用事业类	综合类
安徽	28	1	0	23	0	0	2	4	29
内蒙古	15	1	1	15	0	0	2	0	17

续表

地区	按发行的股票种类分类			按行业分类（SSE 一级分类）					合计
	仅发 A 股	A,B 股	仅发 B 股	工业类	商业类	地产类	公用事业类	综合类	
宁夏	4	0	0	3	1	0	0	0	4
青海	6	0	0	6	0	0	0	0	6
福建	32	0	0	19	1	0	2	10	32
山东	44	1	0	29	3	0	4	9	45
山西	17	0	0	15	0	0	1	1	17
陕西	20	0	0	14	1	0	0	5	20
上海	117	36	5	78	15	16	16	33	158
四川	35	0	0	24	1	0	5	5	35
天津	16	1	0	8	1	1	2	5	17
北京	90	0	0	43	6	5	7	27	88
西藏	6	0	0	2	1	0	1	2	6
新疆	21	0	0	14	1	0	1	5	21
云南	14	0	0	10	0	0	1	3	14
浙江	51	1	1	36	4	1	3	9	53
甘肃	11	0	0	9	1	0	0	1	11
重庆	17	0	0	9	1	0	7	0	17
广东	40	0	0	21	0	5	6	7	39
广西	11	0	0	7	1	0	3	0	11
贵州	9	0	0	9	0	0	0	0	9
海南	7	1	0	3	1	0	2	2	8
黑龙江	25	1	0	14	1	0	3	7	25
河北	18	0	0	15	1	0	0	2	18
河南	21	0	0	18	0	0	1	1	20
江苏南京	24	0	0	11	5	1	1	6	24
浙江宁波	19	0	0	10	3	0	3	2	18
山东青岛	6	0	0	6	0	0	0	0	6
湖北	34	1	1	25	1	0	3	6	35
湖南	21	0	0	14	0	0	2	5	21
吉林	19	0	0	10	4	0	3	2	19
江苏	44	0	1	37	2	0	2	3	44
江西	16	0	0	12	0	1	3	0	16
辽宁	28	1	1	13	2	1	7	6	29

资料来源：上海证券交易所 ＊ 截止时间：2011 年 3 月 1 日

第二节 股票市场的运行

一、股票发行市场

股票的发行是指股份有限公司出售股票以筹集资本的过程。股票发行市场是指发生股票从规划到销售的全过程,发行市场是资金需求者直接获得资金的市场。我国《公司法》明确规定只有股份有限公司才能发行股票,而有限责任公司是不能发行股票的。股份有限公司发行股票必须符合一定的条件,还要经过一定的程序。同时,在股票发行工作开始前,还要确定股票的发行价格,选择一定的发行方式。

(一)股票发行的基本方式

股票的发行方式依不同的标准可以有不同分类,因各种发行方式都有其特点和利弊,因此发行股票要对不同方式进行比较和选择。

常用的发行方式包括以下几类:

1. **公募发行和私募发行**

按照股票发行对象的范围不同进行分类,有公募发行和私募发行两种方式。

(1)公募发行。公募(public placement)发行也称公开发行,是指面向市场上广泛的不特定的投资公众发售股票的方式。在股票公开募集发行情况下,社会所有合法的投资者均可以认购股票。选择这种方式发行股票的优点在于:发行范围广泛,投资者人数众多,筹集资金的潜力巨大;可以较好地避免或减少因股票集中于少数人手中而对证券发行人经营管理的干预;公开发行的股票可在二级市场上交易,流动性强,也有利于提高发行人的社会知名度。

(2)私募发行。私募(private placement)发行也称私下发行,是指面向少数特定的投资者发行股票的方式。私募发行的对象可分为两类:一是个人投资者,如发行股票公司现有股东或发行人内部职工;二是机构投资者,多为银行、保险公司、养老基金、投资基金等金融机构或与发行人有密切业务往来关系的企业。

比较而言,公募发行是最基本、最常用的发行方式,而私募发行因各国法规和股票市场的发展情况不同而有所差别。

2. **直接发行和间接发行**

按照股票发售有无中介机构承办这一标准分类,分为直接发行和间接发行方式。

(1)直接发行。直接发行是指发行人直接向投资者出售股票,自己承办股票发行的具体事务。这种发行方式的好处是可以节省向股票发行中介机构支付的承销费,减少发行成本,一般适用于数额较小的股票发行,以避免认购数额低于发行数额而导致的发行失败。直接发行的发行人必须具有很高的信誉和知名度,否则公开发行股票难以成功。因此,直接发行方式通常多运用于股票私募。

(2)间接发行。间接发行是指发行人委托股票发行中介机构即承销商向投资者发售股票,由承销商承办股票发行的具体事务。根据承销商与发行人达成的承销协议所规定的承销方式的不同,间接发行又可具体分为全额包销、代销和余额包销三种方式。大多数公开发行的股票都采用间接发行的方式。

3. 溢价发行、平价发行和折价发行

按照股票发行价格与其票面金额的关系分类,可将股票发行分为溢价发行、平价发行和折价发行三种方式。

(1)溢价发行。溢价发行是指按高于票面金额的价格发行股票,又可分为时价发行和中间价发行两种方式。时价发行是指以同种或同类股票在流通市场上的价格为基准所确定的价格发行股票,也称为市价发行。通常情况下,公司初次发行股票会参照同一产业(行业)经营状况相似的公司股票的市场价格来确定自己的发行价格。而当公司增发新股时,则可根据本公司已发行股票在流通市场上的交易价格水平确定发行价格。中间价发行是指以介于票面额和时价之间的价格发行股票。溢价发行可使发行人以出让较少的股份筹集到较多的资金,获得溢价收入。

(2)平价发行。平价发行也称为面额发行,即以票面金额作为发行价格发行股票。由于股票上市后的交易价格通常要高于其面额,因此这种方式能使投资者获得额外的收益,对投资者有较大的吸引力,但发行人筹集的资金相对较少。

(3)折价发行。折价发行是指按票面金额打一定折扣后的价格发行股票。折扣的大小主要取决于发行公司的业绩和承销商的能力,由发行公司和承销商共同决定。

(二)股票发行的条件

在我国,只有股份有限公司才能发行股票,并且股票发行必须符合一定的条件。我国《股票发行与交易管理暂行条件》对新设立股份有限公司公开发行股票、原有企业改组设立股份有限公司公开发行股票、增资发行股票及定向募集公司公开发行股票的条件分别作出了具体的规定。

1. 首次公开发行股票的条件

所谓首次公开发行股票,是指以募集方式设立股份有限公司时公开募集股份或已设立公司首次公开发行股票。

首次公开发行股票,应该符合《公司法》《证券法》所规定的条件。另外根据中国证监会2006年5月17日发布实施的《首次公开发行股票并上市管理办法》的规定,首次公开发行股票的公司除在主体资格、独立性、规范运行和财务会计方面符合要求外,还应符合如下条件:

(1)最近3个会计年度净利润均为正数且累计超过人民币3 000万元,净利润以扣除非经常性损益前后较低者为计算依据。

(2)最近3个会计年度经营活动产生的现金流量净额累计超过人民币5 000万元;或者最近3个会计年度营业收入累计超过人民币3亿元。

(3)发行前股本总额不少于人民币3 000万元。

(4)最近一期末无形资产(扣除土地、使用权、水面养殖权和采矿权等后)占净资产的比例不高于20%。

(5) 最近一期末不存在未弥补亏损。

2. 增发新股的条件

根据《公司法》的有关规定，上市公司申请增发新股，应符合以下条件：

(1) 前一次发行的股份已募足，并间隔1年以上。

(2) 公司在最近3年内连续盈利，并可向股东支付股利。

(3) 公司在最近3年内财务会计文件无虚假记载。

(4) 公司预期利润率可达同期银行存款利率。

增发新股的条件之一是公司在最近3年内连续盈利，根据证监会2001年出台的《关于做好上市公司新股发行工作的通知》，对其中的盈利条件作了具体规定：

(1) 经注册会计师核验，公司最近3个会计年度加权平均净资产收益率平均不低于6%，且预测本次发行完成当年加权平均净资产收益率不低于6%；加权平均净资产收益率按配股的有关规定计算；设立不满3个会计年度的，按设立后的会计年度计算。

(2) 经注册会计师核验，如公司最近3个会计年度加权平均净资产收益率平均低于6%，则应符合以下规定：

① 公司及主承销商应当充分说明公司具有良好的经营能力和发展前景，新股发行时，主承销商应向投资者提供分析报告。

② 公司发行完成当年加权平均净资产收益率应不低于发行前一年的水平，并应在招股文件中进行分析论证。

③ 公司在招股文件中应当认真做好管理层关于公司财务状况和经营成果的讨论与分析。

3. 配股的条件

配股是增资发行的一种，是指上市公司在获得有关部门的批准后，向其现有股东提出配股建议，使现有股东可按其所持股份的比例认购配售股份的行为，它是上市公司发行新股的一种方式。

根据证监会2001年出台的《关于做好上市公司新股发行工作的通知》，配股的条件除符合增发新股的条件外，还应符合以下要求：

(1) 经注册会计师核验，公司最近3个会计年度加权平均净资产收益率平均不低于6%；扣除非经常性损益后的净利润与扣除前的净利润相比，以低者作为加权平均净资产收益率的计算依据；设立不满3个会计年度的，按设立后的会计年度计算。

(2) 公司一次配股发行股份总数，原则上不超过前次发行并募足股份后股本总额的30%；如公司具有实际控制权的股东全额认购所配售的股份，可不受上述比例的限制。

(3) 本次配股距前次发行的时间间隔不少于1个会计年度。

(三) 股票发行程序

第一步：投资者申购。申购当日（T日），投资者在申购时间内通过与上海证券交易所联网的证券营业部，根据发行人发行公告规定的发行价格和申购数量缴足申购款，进行申购委托。

第二步：资金冻结。申购日后的第一天（T+1日），由中国结算上海分公司将申购资金冻结。

第三步：验资及配号。申购日后的第二天（T+2日），中国结算上海分公司配合上海证券交易所指定的具备资格的会计师事务所对申购资金进行验资，并由会计师事务所出具验资报告，以实际到位资金作为有效申购。

上海证券交易所将根据最终的有效申购总量，按以下办法配售新股。

（1）当有效申购总量小于或等于该次股票上网发行量时，投资者按其有效申购量认购股票，余额部分按承销协议办理。

（2）当有效申购总量大于该次股票发行量时，则上海证券交易所按照每1 000股配一个号的规则，由交易主机自动对有效申购进行统一连续配号，并通过卫星网络公布中签率。

第四步：摇号抽签。主承销商于申购日后的第三天（T+3日）公布中签率，并根据总配号量和中签率摇号抽签，于次日公布中签结果。每一个中签号可认购1 000股新股。证券营业部应于抽签次日在显著位置公布摇号中签结果。

第五步：中签处理。中国结算上海分公司于T+3日根据中签结果进行新股认购中签清算，并于当日收市后向各参与申购的股票公司发送中签数据。

第六步：资金解冻。申购日后的第四天（T+4日），对未中签部分的申购款予以解冻。

第七步：发行结束。申购日的第四天后（T+4日后），主承销商在收到中国结算上海分公司划转的认购资金后，依据承销协议，将该款项扣除承销费用后，划转到发行人指定的银行账户。

二、股票流通市场

股票流通市场又称二级市场或次级市场，是已发行在外的股票进行买卖交易的场所，主要由两种市场组成。

（一）场内市场

场内市场即证券交易所，它是证券买卖双方公开交易的市场，是一个高度组织化、有固定地点、集中进行交易的次级市场，是整个证券市场的主体和核心。证券交易所组织形式为公司制与会员制。公司制证券交易所是由银行、证券公司、投资信托机构及各类民营公司等共同投资入股建立起来的公司法人。公司制的证券交易所通常规定，证券商及其股东或经理人员不得担任证券交易所的董事、监事或经理，以保证交易所经营者与交易参与者的分离，公司制证券交易所大多是盈利性组织。目前，日本、加拿大、新加坡、印度、中国香港等国家和地区的交易所为公司制。会员制证券交易所是以会员协会形式成立的不以盈利为目的的组织，主要由证券商组成。只有会员及享有特权的经纪人才有资格在交易所中进行证券交易，会员对交易所的责任仅以其缴纳的会员费为限，一般来说，法人证券交易所的会员包括法人和自然人。1993年国务院证券委发布的《证券交易所管理暂行办法》规定：证券交易所是不以盈利为目的，为证券的集中和有组织的交易提供场所、设施，并履行相关职责，实行自律性管理的会员制事业法人。

(二)场外市场

场外市场的类型主要有店头市场、第三市场与第四市场。

1. 店头市场

店头市场也称柜台市场,是指在证券公司开设的柜台上进行交易活动而形成的市场。店头市场交易的证券主要是依照证券交易法公开发行但未在证券交易所上市的证券,证券交易价格依照议价制方式确定,而且交易方式仅限于现货交易,不能进行包括期货交易和期权交易在内的其他交易活动。

2. 第三市场

第三市场是指在证券柜台上从事已在证券交易所上市证券交易的市场。第三市场的出现是与证券交易所采取的固定佣金制度相联系的,由于证券交易所对在交易大厅交易的证券规定了固定比率的佣金,证券大量买进卖出的交易成本就变得很高,对巨额资本拥有者来说,小笔交易和大笔交易在本质上无特别之处,故收取高额佣金就变得难以接受了,而场外交易主要采取自营制方式。证券自营商为吸取更多的交易活动,也愿意适当减少交易差价,即使是证券经纪商也不采取固定佣金制,从而减少证券投资者的交易成本,这样就构成了以大额上市证券为主要交易对象的第三市场。

3. 第四市场

第四市场是通过电子计算机网络相互联系的证券投资者直接接洽成交的市场,这种场外市场完全不同于其他证券交易市场,其特点为:一是双方直接进行证券买卖,没有证券交易中介;二是证券交易数额比较庞大。

【知识库】

广东德豪润达电气股份有限公司非公开发行股票的具体方案:

发行人本次发行股票系向特定投资者非公开发行,由发行人与太平洋证券共同组织实施发行工作。根据发行人2009年第六次临时股东大会审议通过的议案,本次非公开发行股票的具体方案为:

(1)发行对象及认购方式:本次非公开发行的发行对象为珠海德豪电器有限公司、芜湖经开区光电产业投资发展有限公司、芜湖市龙窝湖建设开发有限公司、芜湖远大创业投资有限公司等四家特定对象。其中,珠海德豪电器有限公司认购5 600万股,认购后共持有公司12 267.84万股,约占发行后总股本的25.39%;芜湖经开区光电产业投资发展有限公司认购5 200万股,认购后约占总股本的10.76%、芜湖市龙窝湖建设开发有限公司认购3 200万股,认购后约占总股本的6.62%、芜湖远大创业投资有限公司认购2 000万股,认购后约占总股本的4.14%。

(2)发行数量:本次非公开发行股份数量为16 000万股,其中珠海德豪电器有限公司认购5 600万股、芜湖经开区光电产业投资发展有限公司认购5 200万股、芜湖市龙窝湖建设开发有限公司认购3 200万股、芜湖远大创业投资有限公司认购2 000万股。

(3)定价基准日和发行价格:本次发行的定价基准日为本次发行股票的董事会决议公告日(即2009年10月14日)。本次非公开发行股票的发行价格为定价基准日前20个交易日股票交易均价的90%,即9.54元/

股(定价基准日前20个交易日股票交易均价＝定价基准日前20个交易日股票交易总额/定价基准日前20个交易日股票交易总量)。

公司股票在定价基准日至发行期首日期间未发生派息、送股、资本公积金转增股本等除权、除息事项,因此该发行价格未进行除权、除息调整。

(4)锁定期安排四名特定对象认购本次发行的股份自发行结束之日起,36个月内不得转让。

(5)上市地点在上述锁定期届满后,本次非公开发行的股票将在深圳证券交易所上市交易。

(6)授权事项发行人2009年第六次临时股东大会已审议通过《关于提请股东大会授权董事会办理本次公司非公开发行股票相关事宜的议案》,授权董事会全权办理有关本次非公开发行相关事宜。

资料来源:中国证券监督管理委员会资料整理

第三节 股票投资的收益与风险

一、股票的投资收益

(一)股票投资收益的构成

股票投资收益是投资者从购入股票开始到出售股票为止整个持有期间的收入。它由股息收入、资本利得和资本增值收益组成。

1. 股息收入

股息收入是公司在弥补以前年度亏损、提取法定公积金及任意公积金后将剩余利润以现金或股票的方式,按股东持股比例或按公司章程规定的办法进行分配所形成的收益。股东获得收益的方式主要是派发现金和派发新股(送红股)。

红股即股份公司在利润分配时以股票股利的形式,给股东"送股",增加股份公司和持权股东股份数的扩股行为。在股份公司持续经营过程中,其资金来源于公司所得税后的盈余积累,包括所有者权益类中的"盈余公积金"和"未分配利润"两项,不包括用"资本公积金"转增股本的"转股"。红股是免费派送给股东的股份。投资者可将红股视为股息的一部分。值得注意的是,红股会摊薄每股盈利、每股派息等,当然亦会摊薄股价。送红股与派现金相比,两者都是上市公司对股东的回报,只不过是方式不同而已。

2. 资本利得

资本利得是股票持有者持有股票在市场上进行交易,当股票的市场价格高于买入价格时,卖出股票赚取的价差收益。

3. 资本增值收益

资本增值收益是指上市公司在使用资本公积进行转增时送股,但送股的资金不是来自于当年可分配盈利而是公司提取的公积金。公司提取的公积金有法定公积金和任意盈余公积金。公司以法定公积金或任意公积金转入资本时,相应地发行新股并按老股东的持股数平等地摊配,这种做法与股票派息的做法相似。但它同红股的来源是未分配利润有着明显不同。上市公司在实施转增时必须使用资本公积的股本溢价部分,而这部分的来源往往依靠上市公司实施首发融资或再融资等方式才能获得。

（二）股票投资收益率的计算

股票收益率是指收益占投资的比例，一般以百分比表示。其计算公式为

1. 不贴现法

收益率=（持有期间股息红利收入+证券卖出价-证券买入价）/证券买入价×100%

2. 贴现法

收益率=（持收期间股息红利收入+证券卖出价-证券买入价）×
以必要报酬率计算的复利现值系数/证券买入价

注：以上方法均考虑为一次分红。

二、股票投资的风险

股票的风险可以简单地分为系统性风险和非系统性风险。

（一）系统性风险

系统性风险是与市场的整体运行相关联的风险。通常表现为某个领域、某个金融市场或某个行业部门的整体变化。它涉及面广，往往使整个一类或一组证券产生价格波动，例如升息、上调税费以及其他突发性事件等。这类风险因其来源于宏观因素变化，因而亦称之为"宏观风险"。

1. 政策风险

各国的金融市场与其国家的政治局面、经济运行、财政状况、外贸交往、投资气候等息息相关，国家的任一政策的出台，都可能造成证券市场上证券价格的波动，这无疑会给投资者带来风险。

2. 市场风险

这是金融投资中最普遍、最常见的风险，无论投资于股票、债券、期货、期权等有价证券，还是投资于房地产、贵金属、国际贸易等有形资产，几乎所有投资者都必须承受这种风险。这种风险来自于市场买卖双方供求不平衡。

3. 购买力风险

购买力风险也就是通货膨胀风险，是指由于通货膨胀而使证券投资收益的实际价值即购买力下降的风险。通货膨胀的存在使投资者在货币收入增加的情况下并不一定能使他的财富增值。这要取决于他的名义收益率是否高于通货膨胀率。证券的名义收益是指投资的货币收益，名义收益是投资者不考虑通货膨胀影响的货币收益。从名义收益中剔除通货膨胀因素后的收益即为实际收益。对投资者更有意义的是实际投资收益。

4. 利率风险

利率风险也可称为货币风险或信用风险，是指由于货币市场利率的变动引起证券市场价格的升降，从而影响证券投资收益率的变动而带来的风险。

(二)非系统性风险

非系统性风险基本上只同某只具体的股票相关,往往仅影响单个上市公司或单个行业板块,例如退市风险、长期停牌风险、行业调控政策等。它与其他有价证券无关,也就同整个市场无关。这种风险来自于企业内部的微观因素,因而亦称之为"微观风险"。

1. 信用风险

信用风险又称违约风险,指证券发行人在证券到期时无法还本付息而使投资者遭受损失的风险。信用风险实际上揭示了发行者在财务状况不佳时出现违约和破产的可能,它主要受证券发行者的经营能力、盈利水平、事业稳定程度及规模大小等因素的影响。

2. 经营风险

经营风险指企业的决策人员与管理人员在经营管理过程中出现的失误导致企业亏损、破产而使投资者遭受损失的可能性。经营风险来自内部因素和外部因素两个方面。内部因素包括:①项目投资决策失误;②产品周期风险;③技术更新风险;④市场风险。经营风险的外部因素有:①产品关联企业的不景气造成的风险;②竞争对手的变化而形成的风险;③政府政策调整所造成的风险。

3. 财务风险

财务风险指企业财务结构不合理所形成的风险。形成财务风险的因素主要包括:①资本负债比例;②资产与负债的期限;③债务结构。

投资收益和投资风险是证券投资的核心问题,投资者的投资目的是得到收益,但与此同时又不可避免地面临着风险,一般来说,风险较大的证券,收益率相对较高;反之,收益率较低的投资品,风险相对也较小。证券投资的收益与风险同在,收益是风险的补偿,风险是收益的代价。

【知识库】

BP 石油未能控制石油泄漏　股票市场损失 60 亿美元

由于 BP 石油未能有效地控制墨西哥湾的石油泄漏,引发美国民众和政府的愤怒,BP 石油的股票市值在前晚损失了 60 亿美元。

美国政府警告说失控的 M acondo 油井不会停止喷油,直到 8 月份修建一口新的缓解油井,BP 石油股票在德国交易市场下滑了 8% 至每股 5.39 欧元(4.56 英镑)。股票价格的暴跌相当于 BP 石油英国市场价值从周五的 930 亿英镑跌至 865 亿英镑。自从 4 月 20 日地平线上的深水钻井平台发生致命爆炸,以致 11 位工人死亡以及释放大量原油至墨西哥湾以来,BP 石油的股票市值已经下滑了 1/3。

BP 石油的首席执行官 Hayward 面临来自于民众和政府的愤怒之声,在接受美国电台采访时说:"没有一个人比我更希望该次事件结束。我希望挽救我的生命。"然而,每天仍有 1.9 万桶原油泄漏到海湾中,而且直到新的缓解油井被修建,都没有迹象能缓解油井的喷射——人们对 BP 的愤怒跃然纸上。前天,白宫的顾问 Brow ner 告诉 NBC 漏油事件"可能是美国面临的最恶劣的环境污染灾难"。

一位美国民主党代表说:"毫无疑问,如果将罪犯一词用在对我们国家环境的破坏之上,那么这次墨西哥湾的原油泄漏就首当其冲。"

资料来源:2010 年 06 月 03 日 02:11 南方报业网-南方都市报

第四节 股票的价格与价格指数

一、股票的理论价格和市场价格

(一)理论价格

股票内在价值(the intrinsic value of stocks)也称股票的理论价格,即股票未来收益的现值,取决于股票收入和市场收益率。

价值决定价格,价格围绕价值上下波动,要了解股票价格就必须研究股票的价值形成。股票价值是一系列未来现金流量的现值。这一系列未来的现金流量是由股利现金流量和股票买卖差价的收益组成的。一般来说,研究股票价格的形成离不开折现法。

所谓折现法就是利用某一折现率,将公司未来各期盈利或股东未来各期可收到的现金股利折现为现值,这一现值即为股票的价值。

折现法在实际应用时并不好把握。一方面,究竟是用公司盈利还是用股东股利作为折现的对象。一部分股票价值分析理论认为用公司盈利比较好,因为股票的价值主要取决于公司的盈利而并非股利发放;而大多数股票价值分析理论则认为用股东股利比较好,其原因在于,投资人投资股票,如果不是投机性质,则主要期望的收益便是股利。本书仅介绍以股利为折现对象的方法。另一方面,在运用折现法确定折现率时,通常认为,折现率的高低,主要取决于某种股票风险的大小以及预期报酬率的高低。风险越大,预期报酬率越高,折现率就应越高;反之,风险越小,预期报酬率越低,现金股利的折现率也就越低。

1. 零增长模型

假定股利是不变的,即股利的增率等于零,股利的支付过程是一个永续年金。在零增长的假设下,如果已知去年某股票支付的股利为 D,那么今年以及未来所有年份将要收到的股利也为 D。即

$$D_0 = D_1 = D_2 = \cdots = D_n \tag{5.1}$$

由

$$V = \frac{D_1}{(1+k)^1} + \frac{D_2}{(1+k)^2} + \frac{D_3}{(1+k)^3} + \cdots \tag{5.2}$$

得

$$V = \frac{D_0}{k} \tag{5.3}$$

式中,V 为股票的内在价值;k 为必要收益率或折现率;D_n 为第 n 年股票支付的股利。

2. 固定增长模式

固定增长是假定股利每期按一个不变的增长率增长。在不变增长状态下各期股利的一般形式为

$$D_t = D_{t-1}(1+g) = D_0(1+g)^t \tag{5.4}$$

将 $D_t = D_0(1+g)^t$ 代入 $V = \sum_{t=1}^{\infty} \frac{D_t}{(1+k)^t}$ 中,得

$$V = \sum_{t=1}^{\infty} \frac{D_0(1+g)^t}{(1+k)^t} \tag{5.5}$$

式中,g 为股利的增长率。

因为 D_0 是常量,假设 $k > g$,则公式(5.5)求极限可得

$$V = D_0 \frac{1+g}{k-g} = \frac{D_1}{k-g} \tag{5.6}$$

当 $k = g$ 或 $k < g$ 时,股票价值将出现无穷大或负值,与现实相矛盾。固定增长条件下要求 $k > g$,实际上是认为当股利处于不变增长状态时,增长率是小于贴现率的,也就是要求在未来每个时期股利的现值是个收敛的过程。这个假设在相当长的时间区域内(10 年或 30 年),就行业的整体水平是符合实际情况的。但对单个特定的企业,在某一特定时段上并不一定严格遵守这一假设,所以对此类公司进行估值必须进一步放宽限制条件。

3. 多重增长模型

固定增长模型应用有它的局限性,那就是其假设公司各期的股利都按固定的比例增长,但是实际上很少有公司能够做到这一点,为弥补这一局限,在固定增长模型的基础上衍生出多重增长模型。所以在多元增长模型中,股利在某一特定时期没有特定模式可以观测或者说其变动比率是需要逐年预测的,并不遵循严格的等比关系。

现以每个时期的模型为例,该模型假设在某个时期股利将以较高比率增长,随后稳定增长。

第一部分,在 T 以前,预测各期股利的现值为

$$V_T = \frac{D_1}{(1+k)^1} + \frac{D_2}{(1+k)^2} + \cdots + \frac{D_T}{(1+k)^T} = \sum_{t=1}^{T} \frac{D_t}{(1+k)^t} \tag{5.7}$$

第二部分 T 期以后股利流动的现值,设这部分股利年增长率为 g,则得

$$V_T = \frac{D_{T+1}}{k-g} \tag{5.8}$$

由于 V_T 得到的现值是 $t = T$ 时点上的现值,要得到 $t = 0$ 时的现值 V_{T_t},还需要对 V_T 进一步贴现。

$$V_{Tt} = \frac{V_T}{(1+k)^T} = \frac{D_{T+1}}{(k-g)(1+k)^T} \tag{5.9}$$

将两部分现金流量现值相加,则得到多种模型的公式

$$V = \sum_{t=1}^{T} \frac{D_t}{(1+k)^t} + \frac{D_{T+1}}{(k-g)(1+k)^T} \tag{5.10}$$

公式(5.10)是比较符合现实企业实际成长情况的,根据现值的衰减规律,当 $k > 15\%$ 且 $T > 10$ 时,V_T 在 V 中所占比重一般不超过 1/4。所以,当我们明确预测了 8～10 年的股利贴现

之后再对 T 时期之后的股利流量作出不变增长的假设,不会对 V 造成过大的影响。

4. 非永久持续的股票定价

一般情况下,投资者对股票投资不可能永久持有,仅仅是在一定期限内持有某种股票。如果投资者计划在一定期限内出售这种股票,他们接受的现金流量等于从现在起的 1 年内预期的股利再加上预期的出售股票价格。所以,该种股票的内在价值的决定是用必要收益率对两种现金流进行贴现,其表达式为

$$V_0 = \frac{D_1 + P_1}{1 + k} \tag{5.11}$$

式中,D_1 为 $t = 1$ 时的预期股利;P_1 为 $t = 1$ 时的股票出售价格。

在 $t = 1$ 时股票出售价格的决定是基于出售以后预期支付的股利,即

$$P_1 = \frac{D_2}{(1+k)} + \frac{D_3}{(1+k)^2} + \cdots = \sum_{t=2}^{\infty} \frac{D_t}{(1+k)^{(t-1)}} \tag{5.12}$$

把式(5.12)代入式(5.11),得到

$$V_0 = \frac{D_1}{(1+k)} + \left[\frac{D_2}{(1+k)} + \frac{D_3}{(1+k)^2} + \cdots\right] \times \frac{1}{(1+k)} = \sum_{t=1}^{\infty} \frac{D_t}{(1+k)^t} \tag{5.13}$$

上述计算说明对未来某一时刻的股利和这一时刻原股票出售价格进行贴现所得到股票的价值,等于对所有未来预期股利贴现后所得股票的股票价值,这是因为股票预期出售价格本身也是基于出售之后的股利的贴现。所以,非永久持有股票的条件下,股票内在价值的决定等同于无限期持有股票条件下的股票内在价值决定。也就是说,基于股利贴现股价模型,投资者持股期限的长短不影响股票价值。

(二)市场价格

股票的市场价格是指由股票市场的供求关系所决定的价格。股票的内在价值决定股票市场价格,但又不等于市场价格。股票的市场价格受多种因素影响,随着股票交易的进行而围绕着股票内在价值上下波动。

二、影响股票价格的因素

1. 公司经营状况

股份公司的经营状况是股票价格的基石。一般而言,股价与公司经营状况成正比,公司经营状况好,股价上升;反之,股票价格会下跌。

2. 国家宏观经济运行状况

一国宏观经济运行能否持续稳定地保持良好状态,是影响股票价格能否稳定上升的重要因素。一般而言,一国经济运行态势良好,则大多数企业的经营状况也较好,其股票价格会上升;反之,股票价格会下跌。

3. 经济周期的变动

国民经济运行经常地表现为扩张与收缩的周期性交替,而这种经济周期循环对股票市场

具有非常显著的影响。一般而言,在经济的复苏和高涨阶段,股票价格会上升;而在经济危机和萧条阶段,股票价格就会下跌。

4. 政治因素

政治因素对股票价格的影响很大,往往很难预料。如战争,往往破坏社会生产,严重打击股票市场,使股票价格长期低迷不振;政权更替、政治事件的爆发以及政府重大经济政策的出台,也会影响投资者的心理状态和投资行为,引起股票价格的涨跌变化。

5. 心理因素

投资者的心理因素对股票价格变动也有不小的影响。在大多数投资者对股市持乐观态度时,竞相购买股票的行为会促使股票价格上升;而当投资者对股市持悲观态度时,他们往往会持观望态度,致使市场冷落,股票价格下降。

此外,诸如市场供求关系的变化、人为操纵等因素也会影响股票价格的涨跌变动。

三、股票价格指数

(一) 股票价格指数的定义

股票价格指数是由证券交易所或金融服务机构编制的,反映不同时点上股价变动情况的价格平均数。编制股票指数一般以某一时点为基期,以这个基期的股票价格作为100(或1 000),用以后各计算期的股票价格和基期价格比较,计算出升降的百分比,就是该计算期的股票指数。

(二) 股价指数的编制与应用

1. 算术平均法

其步骤为:

(1) 将组成指数的每种股票的收盘价进行简单平均,计算得出一个平均值。

$$简单算术股价平均数 = (P_1 + P_2 + P_3 + \cdots + P_n)/n \tag{5.14}$$

(2) 用计算期平均股价除以基期平均股价,再乘以基期点数100点(或1 000点),即得出计算期股价指数。

算术平均法计算公式为

$$I = \frac{\sum_{i=1}^{n} \frac{P_m}{P_0}}{n} \times i_0 \tag{5.15}$$

式中,I 为股票价格指数;P_m 为第 m 报告期股票价格;P_0 为基期股票价格;i_0 为基期股票价格指数;n 为组成股票指数的股票种类数。

2. 加权平均法

就是在计算股价平均值时,不仅考虑到每只股票的价格,还要根据每只股票对市场影响的大小,对平均值进行调整。实践中一般是以股票的发行数量或成交量作为市场影响参考因素并纳入指数计算,称为权数。加权平均法计算公式为

$$I = \frac{\sum_{i=1}^{n} p_i \times w_i}{\sum_{i=1}^{n} p_0 \times w_i} \times i_0 \tag{5.16}$$

式中，I 为股票价格指数；P_i 为组成股价指数的各种股票报告期价格；P_0 为组成股价指数的各种股票基期价格；n 为组成股价指数的各种股票种类数；W_i 为组成股价指数的各种股票的上市总量，即权数；i_0 为基期价格指数。

例 5.1 假设某证券市场计算股价指数时包含 4 种股票，报告期价格分别为每股 10 元、15 元、20 元、25 元，基期股价平均为每股 7 元，基期指数为 100，它们在报告期的权数分别为 250、200、150、100，试用加权平均法计算股价指数。

$$股价指数 = \frac{10 \times 250 + 15 \times 200 + 20 \times 150 + 25 \times 100}{7 \times (250 + 200 + 150 + 100)} \times 100 \approx 225$$

（三）世界主要股价指数

1. 道·琼斯股价指数

道·琼斯股价指数是世界上最早、最享盛誉和最有影响力的股票价格指数，由美国道·琼斯公司计算并在《华尔街日报》上公布，是以 65 家公司股票（工业股 30 家、运输股 20 家、公用事业股 15 家）为编制对象的股价综合平均数。以 1928 年 10 月 1 日为基期，基期指数为 100 点。

2. 金融时报指数

金融时报指数是英国最具权威性的股价指数，由《金融时报》编制和公布。以 1962 年 4 月 10 日为基期，基期指数为 100 点，以伦敦股市上精选 700 多种股票为样本的综合股票指数。

3. 日经 225 股价指数

日经 225 股价指数是《日本经济新闻社》编制公布以反映日本股票市场价格变动的股价指数。以 1950 年平均股价 176.21 元为基数，以东京交易所上市的 225 种股票为样本股（150 家制造业、15 家金融业、14 家运输业、46 家其他行业）的股价平均数。

4. 恒生指数

恒生指数是香港恒生银行于 1969 年 11 月 24 日起编制公布，系统反映香港股票市场行情变动最有代表性和影响力最大的指数。它以 1984 年 1 月 13 日为基期，以 975.47 点为基数，挑选了 33 种有代表性的上市股票（金融业 4 家、公用事业 6 家、地产业 9 家、其他商业 14 家）为成分股，用加权平均法计算。

（四）我国主要股价指数

1. 上证综合指数（上证指数）

上证综合指数是上海证券交易所编写的，以上海证券交易所挂牌的全部股票为计算范围，以发行量为权数的加权综合股价指数。该指数以 1990 年 12 月 19 日为基准日，基准日指数定为 100 点，自 1991 年 7 月 15 日开始发布。

2. 新上证综指

新上证综指简称为"新综指",指数代码为000017,于2006年1月4日首次发布。新上证综指选择已完成股权分置改革的沪市上市公司组成样本,实施股权分置改革的股票在方案实施后的第二个交易日纳入指数。新上证综指以2005年12月30日为基日,基点为1 000点。

3. 深证成指

成分指数以1994年7月20日为基日,1995年1月23日开始发布,基准日指数定为1 000。

4. 深证新指数

深圳证券交易所于2006年2月16日正式编制和发布深证新指数,代码399100。深证新指数采取自由流通股数为加权权重,以2005年12月30日为基日,基点为1 107.23点。

5. 中小企业指数

中小企业指数简称"中小板指数",代码为399101,由深圳证券交易所编制。中小企业板指数以全部中小企业板上市后并正常交易的股票为样本,新股于上市次日起纳入指数计算。中小企业板指数基日为2005年11月30日,基点为1 000点,2005年12月1日正式对外发布。

6. 沪深300指数

为反映中国证券市场股票价格变动的概况和运行状况,并能够作为投资业绩的评价标准,为指数化投资及指数衍生产品(300股指期货)创新提供基础条件,中证指数公司编制并发布了沪深300统一指数。沪深300指数基日为2004年12月31日,基点为1 000点。

【知识库】

DAX指数(又称Xetra DAX,一般也称之为法兰克福DAX指数)是由德意志交易所集团推出的一个蓝筹股指数。该指数中包含有30家主要的德国公司。DAX指数是全欧洲与英国伦敦金融时报指数齐名的重要证券指数,也是世界证券市场中的重要指数之一。DAX指数于1987年推出。1988年7月1日起开始正式交易,基准点为1 000点。指数以"整体回报法"进行计算,即在考虑公司股价的同时,考虑预期的股息回报。DAX指数是德国最受重视的股价指数,但该指数仅由30种蓝筹股组成,被认为范围过窄而不适合作为股市整体表现的指标。DAX30与美国标准普尔500、法国CAC-40股指及英国伦敦金融时报100股价指数一样是以市值加权的股价平均指数,而不是简单平均的股价平均指数。但与其他指数不同的是,DAX30指数试图反映德国股市的总收益情况,而其他指数则只反映市场价格的变化。DAX30指数考虑到股息收入,名义上将所有股息收入(按成分股的比重)再投资在股票上。如此,即便德国股票价格没有变动,DAX30指数仍可能因股息收入而上涨。DAX30指数的期货和期权合约在欧洲期货期权交易所(EUREX)挂牌买卖。

资料来源:智库百科 http://wiki.mbalib.com

本章小结

1. 股票是股份有限公司在筹集资本时向出资人发行的、用以证明出资人股本身份和权利,并根据持有人所持有的股份数享有权益和承担义务的凭证。股票的特征有收益性、风险性、流动性、永久性、参与性。

2. 股票的发行是指股份有限公司出售股票以筹集资本的过程。股票发行的基本方式包括以下几类：公募发行和私募发行，直接发行和间接发行，溢价发行、平价发行和折价发行。

3. 股票流通市场又称二级市场或次级市场，是已发行在外的股票进行买卖交易的场所，主要由场内市场和场外市场组成。

4. 股票投资收益是投资者从购入股票开始到出售股票为止整个持有期间的收入。它由股息收入、资本损益和资本增值收益组成。

5. 股票的风险可以简单地分为系统性风险和非系统性风险。系统性风险是与市场的整体运行相关联的风险。非系统性风险基本上只同某只具体的股票相关，往往仅影响单个上市公司或单个行业板块，例如退市风险、长期停牌风险、行业调控政策等。

6. 股票内在价值(the intrinsic value of stocks)也称股票的理论价格，即股票未来收益的现值，取决于股票收入和市场收益率。股票的市场价格是指由股票市场的供求关系所决定的价格。股票的内在价值决定股票市场价格，但又不等于市场价格。股票的市场价格受多种因素影响，围绕着股票内在价值上下波动。

7. 影响股票价格的因素包括公司经营状况、国家宏观经济运行状况、经济周期的变动、政治因素、心理因素。此外，诸如市场供求关系的变化、人为操纵等因素也会影响股票价格的涨跌变动。

思 考 题

一、选择题

1. 优先股股息在当年未能足额分派时，能在以后年度补发的优先股，称为（   ）。
   A. 参与优先股　　B. 累积优先股　　C. 可赎回优先股　　D. 股息率可调整优先股
2. 股票的未来收益的现值是（   ）。
   A. 清算价值　　B. 内在价值　　C. 账面价值　　D. 票面价值
3. 以下不属于系统风险的是（   ）。
   A. 政策风险　　B. 周期波动风险　　C. 利率风险　　D. 信用风险
4. 在计算股价指数时，先计算各样本股的个别指数，再加总求算术平均数，是股价指数计算方法中的（   ）。
   A. 综合法　　B. 计算期加权法　　C. 基期加权法　　D. 相对法
5. 世界上最早、最有影响的股价指数是（   ）。
   A. 道·琼斯股价指数　　B. 恒生指数　　C. 日经指数　　D. 纳斯达克指数
6. 记名股票必须置备股东名册，其中（   ）不是股东名册的必备事项。
   A. 股东的姓名及住所　　　　　　B. 各股东所持股份数
   C. 各股东所持股票的编号　　　　D. 各股东可以卖出股票的日期
7. 股票有多种价值，投资者平时较为关心的是（   ）。

A. 票面价值　　　　B. 账面价值　　　　C. 清算价值　　　　D. 内在价值
8. 股票有不同的分法,按照股东权益的不同可以分为(　　)。
   A. 记名股票与不记名股票　　　　B. 普通股票与优先股票
   C. 有面额股票与无面额股票　　　D. A 股与 B 股

二、简答题
1. 影响股票价格的因素有哪些?
2. 股票投资的风险有哪些?
3. 试介绍股票公开发行的程序。

【阅读资料】

资本市场监管:平衡的艺术——美国对众筹融资监管思路的启示

为了保护投资者利益,美国《证券法》要求公开发行的证券注册并进行公开持续的信息披露,虽然对于小企业的公开融资活动给予了一定程度的豁免,但是众多小企业依然承担不起信息披露等监管成本,因此不能有效利用资本市场进行公开融资,不利于资本形成。2012 年美国 JOBS 法案将众筹这一融资方式纳入监管,成为合法融资行为。美国针对小企业融资和普通投资者投资的两方面特点,通过监管众筹融资平台,特别是从强制注册和信息披露转向设定投资者投资上限,提供了新的监管思路,平衡了中小企业融资便利(促进资本形成)和投资者保护之间的冲突。

美国证监会的监管目标有三个:一是保护投资者,二是防范系统性风险,三是促进资本形成。前两个目标与第三个目标之间有一定的冲突。作为监管者要平衡好三者之间的关系,众筹是一个典型的案例。

一方面,为保护投资者利益,美国《证券法》曾规定只有私募融资可以豁免到证监会注册,公开证券发行因为涉及到公众投资者的利益,必须到证监会注册,并进行持续的信息披露。由于注册和信息披露成本较高,一些中小企业承担不起这些成本,因此无法利用资本市场进行公开融资,只能寻求私募融资,导致融资成本较高。

另一方面,中小企业在美国经济中扮演着非常重要的角色,尤其是在创新和就业方面的贡献非常大。美国历届政府对创新和就业都非常重视,制定了不少资本市场促进中小企业发展的政策,比如制订了《中小企业投资促进法》,鼓励天使投资和风险投资(VC)发展,并设立了中小企业投资基金(SBIC)。2012 年美国 JOBS 法案将众筹这一融资方式纳入监管,成为合法融资行为。允许中小企业进行众筹是资本市场又一个支持中小企业发展的措施。

美国对众筹融资的监管平衡了中小企业融资便利(促进资本形成)和投资者保护之间的冲突,为我们提供了资本市场监管的新思路。

一、众筹的历史发展

事实上,众筹并非新生事物,无论是从融资方式,还是从法律制度来看,其都有一定的历史基础。

（一）从融资方式看，互联网的普及促进了众筹融资方式的发展

17世纪初，荷兰船队去东方航海探险，向阿姆斯特丹的普通市民筹钱，筹钱的方法是出售这支还没有出发的探险队的"未来的收益"，拿票据给市民们做凭证。这个方法很快募齐了一次探险所需要的费用，从而成立了荷兰东印度公司。这是历史上早期的众筹，它不是靠商人财团的支持，而是聚集民众的力量办成大事。众筹融资早就出现在互联网金融之前，那时候众筹的成本较高，一方面碍于技术条件限制，组织众筹的难度较大，影响力不大，融资效果有限；另一方面缺乏监管，欺诈泛滥，使得各国竞相对发行人向公众发行证券进行了严格的监管和限制。互联网的普及使得众筹发行人大大降低了融资难度，美国出现了诸如Lending Club、Kickstarter之类很有影响力的互联网众筹平台。

（二）从法律制度看，美国JOBS法案在已有的私募发行和小额发行豁免制度基础上为众筹奠定了法律框架

为了降低证券发行人的发行成本，提高市场效率，现有的美国《证券法》放松了原先在非注册情况下进行公开证券发行的限制，对于小企业的融资活动给予一定程度的豁免，推出了一系列私募发行和小额发行豁免的制度。但这些制度都有各自的不足，例如有的限制了普通投资者的参与（D条例506条款），有的限制了参与投资者的数量（D条例），有的要求过多信息披露（A条例），有的受到各州蓝天法（D条例504条款）的监管，并且均要求中介注册成经纪自营商（Broker-Dealer）。

美国国会2012年通过了JOBS法案以促进中小企业发展。其中第三章又称为众筹法，为众筹创建了法律框架，它所定义的"众筹"与SEC制定的D条例504条款所允许的募集方式非常相似。推动众筹的目标就是要鼓励创业，使一个低成本的为初创期的企业家和小企业筹集少量资金的方式合法化并接受监管。中介可以注册成经纪自营商或者更低要求的专项中介牌照"集资门户"（Funding Portal）。众筹法授予了SEC对集资门户网站的检查、执法和其他规则制订权，以及对发行人和中介机构的各种法定监管权力。另外，州一级的机关保留对辖区内的发行人或中介机构从事欺诈或非法行为的司法权。

二、美国对众筹融资的监管思路

美国联邦证券法律对公募的监管，规定无论是在IPO阶段，还是在上市后续阶段，通常都要强制进行公开信息披露，以尽可能地保护公众投资者利益，防止证券欺诈。众筹法对投资额度进行限制的方法不同于美国联邦证券法律制度传统的监管方式，它要使得众筹融资成为小企业一个现实的融资选项，就必须保持发行人极低的成本。

（一）传统的对公募以强制信息披露（IPO以及上市后续阶段）为主的监管框架对众筹并不完全适用

众筹法也包括了一些披露要求，也允许SEC在后续出台的具体规则中增加更多的披露要求，但事实上SEC不太可能会对众筹要求更多大量额外的披露，主要原因有两点：

1. 对众筹发行人强制过多的信息披露增加发行成本

美国过去IPO市场的经验表明，强制性披露可以很容易地推高发行成本。例如2002年的

萨班斯法案加大了公司治理和信息披露成本,其确立的信息披露标准给中小型公司带来了不小的负担。众筹发行人都是实力与规模较小的公司,对于100万美元以下的小规模证券发行,广泛的披露显然不是一个经济可行的选择。众筹发行人的期望收益大于成本,众筹才可能运作下去,因此对众筹发行人不宜强制过多的信息披露而增加其发行成本。

2. 过分的信息披露对大多数众筹投资者作用有限

对于上市公司而言,有专业的证券分析师阅读和分析披露的信息,并用简单的语言向投资者传达。但是众筹公司太小,不会有证券分析师提供专业的分析服务,所以众筹投资者只能依靠自己阅读和理解公司所做的任何披露。研究表明,大多数众筹投资者会忽视在线信息披露,就如同消费者网上签约"服务条款",必须点击"我同意",但在线披露的内容却几乎被大多人所忽略。

(二)众筹法针对小公司融资和普通投资者投资的两方面特点,提供了新的监管思路,特别是从强制信息披露重点转向设定投资者投资上限

众筹法要求证券发行人每年众筹最多不能超过100万美元。众筹交易不能直接在发行人和投资者之间完成,而是必须要通过在SEC注册的金融中介机构来执行。中介可以注册成经纪自营商,或者为众筹新创设的专项中介牌照"集资门户"。这些金融中介机构一方面承担了投资者教育的责任,另一方面承担了对发行人必要的尽职调查。

1. 对发行人的规则

由于众筹主要针对小公司的公募,因此对发行人的规则有两个核心原则:应采用措施切实降低发行成本,并尽可能简单明了。

(1)信息披露分层

信息披露要求不再一刀切,而是根据发行规模,要求相关企业对财务状况进行不同层次的披露。对于10万美元或以下的发行,在过去财政年度的所得税纳税申报表和未经审计的财务报表只需由主要行政人员确认无误即可。对于10万美元到50万美元的发行,财务报表需要一个独立的会计师审阅。而对于50万美元到最多100万美元的发行,财务报表需要经审计。

(2)规则简单明了

众筹排除了上市公司、投资公司等类型的发行人,只对小企业、初创企业以及其他不常与监管者打交道的实体开放,因此SEC所起草的规则必须足够简单明了。

2. 对中介机构的规则

众筹法的监管重点在于对中介机构的监管。这种监管思路是合理的,因为中介机构是这个市场的重复参与者,能够有效地应对SEC的监管和分散监管成本。

(1)注册和披露

众筹法规定中介机构必须在SEC注册为经纪自营商或集资门户。除了注册,中介机构还必须提供包括风险披露、投资者教育等SEC要求的其它材料。

(2)投资者教育

根据众筹法,中介机构有教育众筹投资者的责任。该责任分为三个组成部分:首先,确保

每个投资者阅读了按照 SEC 标准制定的投资者教育资料;其次,确保每个投资者正面肯定他理解自己可能损失所有投资;再次,确保每个投资者回答各种问题以表明他理解投资企业的风险和众筹证券的低流动性。

(3) 减少欺诈风险

根据众筹法,中介机构有责任采取 SEC 规定的各项措施以降低欺诈风险,包括对发行人高管、超过 20% 的股东进行背景调查和相关证券监管执法历史记录的核查。但这种事前的尽职调查如果过于复杂,容易推高众筹融资的发行成本,因此 SEC 主要依靠事后执法和年度投资上限的结构性制度安排来保护投资者利益。另外,还可以采取其它市场手段如类似电商的信誉评价机制来减少证券欺诈风险。

(4) 确保投资额度合规

确保投资者的投资额度合规是实行众筹的核心,SEC 要求从事众筹业务的中介机构完成这一工作。中介机构不能简单询问投资者是否已经达到他们的年度上限,因为投资者可能不记得或保留他们过去的投资记录;中介机构也不能仅仅依靠自己的内部记录,因为所谓上限是指在任何平台上从任何发行人处购买所有众筹证券的总和。如何规范中介机构对年度上限的确保,是 SEC 一项艰巨而复杂的任务,未来实现这点需要各个中介机构的众筹平台联网,进而利用现代信息技术低成本有效率地执行这一监管要求。

(5) 对中介行为的限制

众筹法要求中介机构不能持有投资者的资金或者证券,不能提供投资建议,不能劝诱或通过他人劝诱购买所提供众筹证券等。

另外,中介机构还承担了一系列责任:向 SEC 和潜在投资者发布发行人的披露文件和财报;当众筹发行未达到目标金额时帮助投资者取消投资并收回本金;对投资者收集信息的隐私保护等。

3. 对投资者的规则

众筹最有争议的地方在于可能存在的证券欺诈,因此对于投资者保护进行有效的制度设计就成了整个众筹法的核心所在。

(1) 投资上限

由于美国国会非常担心投资者在众筹证券投资中可能遭遇欺诈,因此众筹法包括了一个对投资者的结构性保护,限制了他们的潜在损失。具体来说,众筹法规定了投资者被允许投资在所有众筹产品的最高上限。如果一个投资者的净资产或年收入在 10 万美元以下,他可以在众筹证券上投资 2 000 美元或年收入的 5%;如果一个投资者的净资产或年收入在 10 万美元以上,他将被允许投资其年薪的 10%。上述规则对于大多数人的影响就是他们被允许投资在所有众筹产品的总额度不能超过每年 5 000 美元。他们可以把这 5 000 美元分割成 50 个 100 美元的投资,或者把这 5 000 美元全部投资在一家公司。无论如何,由于这个限制,对于大多数投资者来说,在遇到欺诈的众筹发行人时,他们的最大损失就是每年 5 000 美元。这种结构性保护防止了一个投资者因为众筹发行人的欺诈而失去他毕生积蓄的可能性。

当然，收入超过10万美元的高净值投资者获准投资更多一些，从而也可能损失更多一些，但他们也受到很好的保护。比如一个年收入30万美元的投资者每年投资所有众筹证券的总额度将只被允许在3万美元以下，即使是亿万富翁也被限制在每年10万美元。

(2) 二级市场

众筹法规定众筹证券自购买日起，一年内禁止转让或出售，除非转让对象为发行人、合格投资者、原投资者的家庭成员或该证券作为在SEC注册发行的一部分。另外，在实际操作中，对于任何给定的众筹证券，流通在外的股份很小，缺乏一个如纽约证券交易所这样的正式市场。因此众筹证券难以形成有流动性的二级市场。

(三) 众筹的监管理念是在发展中逐步修改监管规则

美国对众筹的监管理念是在发展中逐步修改监管规则，使得众筹这种融资方式留有充分的创新空间。这与美国另类交易系统(ATS, Alternative Trading Systems)的监管历史演变具有类似的理念。20世纪90年代以来，随着信息技术的发展，美国的证券交易大多通过电子网络系统完成，场内和场外市场之间交易方式的界限已逐渐模糊，也因此产生了ATS这样一个中间地带。ATS从一开始就迅速发展，对传统交易所、中介机构产生了强烈冲击，同时也对传统的证券监管体制产生了深刻影响。SEC当时没有立刻禁止这种金融创新，而是承认其存在的合理性，一边发展一边更新监管规则。1998年SEC颁布了ATS规则(Regulation ATS)，首次为另类交易系统确立正式的监管架构，使得ATS成为特殊的Broker-Dealer，也允许ATS升级注册为交易所，确立了ATS的合法地位。

三、启示和政策建议

众筹平台应该成为多层次资本市场的最底层。对最底层市场的监管，重点不再是信息披露，而是需在设定投资者投资上限等方面进行投资者保护。

(一) 美国众筹监管模式的启示

1. 针对小公司融资和普通投资者投资的两方面特点，美国对众筹提供了新的监管思路，特别是从强制注册和信息披露重点转向设定投资者投资上限。这样既降低了小企业的融资成本，促进资本形成，又对投资者进行了有力的保护，也促进了投资者分享经济创新和成长。美国对众筹融资的投资者保护逻辑是，对众筹筹资额限制和投资额限制，类似于购买彩票，即使投资全部亏掉，投资者损失不大，对生活没有影响。

2. 虽然对小企业众筹融资豁免注册和信息披露，但对众筹中介(经纪自营商或者众筹门户)进行监管，督促众筹行为符合规定，以减少欺诈，并要求众筹中介对投资者众筹投资总额进行核查，并对投资者进行教育。SEC通过对众筹中介的监管实现了对众筹行为的监管，类似于SEC通过对市政债承销商的监管间接地对市政债进行了监管。

3. 美国较好的司法制度，比如集体诉讼，能够有效保护投资者利益。美国综合信用系统的作用，使得失信成本很高。美国资本市场良好的外部信用和法律环境，促进了资本市场的健康发展。

(二)政策建议

1.目前我国经济正处于转型期间,创新是转型的必要条件,因此促进小微企业尤其是创新型小微企业的发展是目前的当务之急,资本市场应该发挥相应的功能。建议借鉴美国众筹监管的思路,以《证券法》修订为契机,给未来小企业众筹融资留个空间。在早期,建议众筹平台以私募为主,平衡好资本形成和投资者保护,坚持小微企业、小额融资、小额投资、快速融资的特点,坚决防止非法集资和诈骗。

2.虽然对小微企业众筹豁免注册和信息披露,但对众筹中介要进行监管,让中介承担相应的投资者教育、投资者保护、防止欺诈等职责。顺应互联网金融发展的良好势头,可积极探索众筹中介机构的模式,可以是现有券商发展众筹业务,也可以新设众筹中介,如众筹门户网站等。

资料来源:吴志国,刘彬.中国证监会.2015-05-14

第六章
Chapter 6

基金市场

【学习目的与要求】

本章主要介绍投资基金的基本理论及基金市场的运行,通过本章的学习,使学生了解基金的概念、类型,在此基础上掌握证券投资基金的发行与交易的内容。

【案例导入】

来自基金业协会的数据显示,截至 2015 年 11 月底,我国境内共有基金管理公司 100 家,其中中外合资公司 45 家,内资公司 55 家;取得公募基金管理资格的证券公司 9 家,保险资管公司 1 家。而在 2014 年底,共有基金管理公司 95 家,其中合资公司 46 家,内资公司 49 家,共有取得公募基金管理资格的证券公司 6 家。虽然,从基金管理公司家数来看变化不大,但《证券日报》基金新闻部查阅证监会网站信息发现,截至 11 月底,有 24 家公司提交设立基金管理公司的申请。其中,东方财富于 11 月 17 日提交申请设立天天基金管理有限公司,知名私募人士陈继武、杨爱斌拟分别成立凯石基金管理有限公司、鹏扬基金管理有限公司,PE 巨头九鼎投资或成立瑞泉基金管理有限公司。"进入 2016 年,基金行业加快了扩编的步伐,基金公司股东也出现多元化,私募、互联网、PE 等加快成立基金管理公司,到 2016 年底,基金管理公司家数或达到 150 家。"北京一基金分析师对《证券日报》基金新闻部记者表示。据基金业协会最新披露数据,截至 2015 年 11 月底,公募基金资产合计 7.2 万亿元,11 月当月公募基金资产净值较上月增加了 1 007.84 亿元,增幅约为 1.42%。其中,股票型基金、混合型基金的净值分别是 7 580.48 亿元、21 529.41 亿元;货币型基金资产净值合计 34 825.56 亿元,占基金总规模的 48.3%;债券型基金、QDII 基金的净值分别为 5 734.66 亿元、605.45 亿元。《证券日报》基金新闻部对比了 2014 年底的数据发现,基金资产规模在 2015 年有着为较大幅度的增长。基金业协会数据披露,截至 2014 年 12 月底,基金管理公司管理的公募基金规模 4.54 万亿元,按 2015 年 11 月底数据计算,11 个月资产规模增长了 58.59%。若以此幅度估算,2016 年公募基金资产将达到 11.42 万亿元,保守估计也将超 10 万亿元。

第一节 投资基金概述

一、证券投资基金的概念

(一)证券投资基金的概念

证券投资基金是指通过发售基金份额,将众多投资者分散的资金集中起来形成独立财产,由基金托管人托管,并由基金管理人分散投资于股票、债券或其他金融资产,并将投资收益分配给基金份额持有人的集合投资方式。

世界各国和地区对证券投资基金的称谓有所不同。在美国,证券投资基金被称为"共同基金(mutual fund)"或"投资公司(investment company)";在英国和中国香港被称为"单位信托基金(unlt trust)";在欧洲一些国家被称为"集合投资基金"或"集合投资计划(collective investment scheme)";在日本、韩国和我国台湾则被称为"证券投资信托基金(securltles investment trust)"。

(二)证券投资基金的诞生和发展

证券投资基金起源于英国。1868年,英国批准成立了"国外及殖民地政府信托"。它由投资者出资,由专门的管理人负责资产运作,管理人的义务和投资者的权利均在信托契约中载明。这是世界上第一家真正意义上的证券投资基金。在随后的几十年间,英国的证券投资基金渐渐增至100家左右。1899年英国《公司法》颁布后,英国的证券投资基金逐步由信托契约形式转变为股份有限公司形式。

证券投资基金虽然诞生于英国,但却在美国得到了更大的发展。成立于1924年的"马萨诸塞投资信托基金"被认为是现代开放式基金的雏形。20世纪30年代到40年代时期,美国先后出台了《证券法》《证券交易法》《投资公司法》和《投资顾问法》等,进一步规范了基金市场的运作。第二次世界大战后,美国一跃成为世界头号经济强国,其共同基金也在良好的经济形势下得到了巨大的发展。这主要体现在两点上:一是规模的不断增加,仅1950年到1960年的10年间,美国共同基金的资产规模就从25亿美元增至170亿美元;进入20世纪80年代后,其规模增加的势头更快,1999年底,美国共同基金的资产规模达到了6.08万亿美元;二是品种的不断创新,20世纪60年代以前,美国的共同基金以股票基金为主;20世纪60年代后期,美国开始出现债券基金。1971年货币市场基金(money market mutual fund)在美国诞生。它兼具流动性和收益性,迅速得到了投资者的青睐,并且打通了美国的货币市场和资本市场,推动了银行业和证券业的融合。

与此同时,世界其他国家和地区的证券投资基金业也在不断进行着扩张和创新。其中发展较快的有日本、德国、加拿大以及我国的台湾和香港地区等。进入21世纪以后,全球的证券投资基金业继续稳步发展。根据美国投资公司协会统计,截至2011年二季度末,全球45个主要市场拥有超过7.1万只共同基金,总规模达到25.92万亿美元。

我国的证券投资基金起源于20世纪80年代。20世纪90年代初期,我国曾出现过几十只在交易所挂牌上市的证券投资基金,但这些基金的运作很不规范。1997年11月《证券投资基金管理暂行办法》的颁布促使我国的基金业开始进入逐步规范的阶段。1998年4月,我国拉开了封闭式基金试点的序幕。2001年9月,开放式基金正式在我国诞生。2004年6月1日《中华人民共和国证券投资基金法》开始施行,我国的证券投资基金市场进入了一个新的发展时期。

二、证券投资基金的性质

证券投资基金是一种金融工具,同时又是证券市场的机构投资者,可以说,它集投资主体、投资客体和金融中介于一身。证券投资基金的性质主要有:

1. 证券投资基金体现了一种信托关系,是一种受益凭证

证券投资基金是基于信托关系而成立的。信托关系是一种特殊的委托代理关系。基金管理人和基金托管人作为代理人,为委托人即基金持有人利益的最大化而运作和保管基金资产。

2. 证券投资基金是一种间接投资工具

一般来说,证券投资基金所筹集到的资金,不直接用于生产建设,而是主要投向有价证券。因此,相对于股票和债券这些直接投资工具而言,证券投资基金是间接投资工具。

三、证券投资基金的特征

尽管世界各国和地区对证券投资基金的称谓不同,但是它们具有一些共同的特点,主要有以下五点。

1. 集合投资,体现规模优势

证券投资基金将众多投资者的小额资金集中起来,表现出集合投资的特点。单个投资者由于资金规模较小,因此在投资时往往交易量较小,导致较高的交易成本,而证券投资基金可以发挥资金的规模优势,显著地降低交易成本,从而使中小投资者也能实现与机构投资者类似的规模收益。

2. 组合投资,分散非系统风险

现代证券投资理论表明,证券的风险包括系统风险和非系统风险,不同证券的非系统风险不尽相同,如果能构造一个充分分散的证券组合,那么组合中各证券的非系统风险就可以相互抵消,从而使证券组合的总风险大大低于单个证券的风险。中小投资者如果要投资多种证券,或者会被资金规模所限,或者会有高额的交易成本。证券投资基金则可以同时投资于数十种甚至数百种证券,使基金所持有的证券组合的非系统风险充分分散。中小投资者若投资证券投资基金,就相当于用少量的基金购买了一篮子证券,从而能降低投资的非系统风险。

3. 专家管理,服务专业化

证券投资基金由专业的基金管理人进行投资管理。基金管理人比一般的中小投资者在信息、经验、时间、研究能力和投资技巧等方面更具有优势;同时,证券投资基金从发行、交易、申购、赎回到收益分配和再投资都有专门的机构负责办理,因此,基金投资者能享受到专业化的投资管理和服务所带来的好处。

4. 监管严格,信息披露透明

证券投资基金拥有较大的资金量,其交易行为会对市场产生一定的影响。因此,各国的法律法规都对基金业实行严格的监管,基金发起人、管理人、托管人的资格和职责、基金的投资对象和数量、基金的交易行为都受到一定的限制;同时,关于证券投资基金的多种信息都会被要求进行及时规范的披露,从而有效地保护了基金持有人的利益。

5. 资产管理和财产保管相分离

证券投资基金的管理人只负责基金的投资运作,并不处理基金财产的保管。基金财产则由独立于基金经理人的基金委托人负责保管。资产管理和财产保管相分离使基金管理人和基金托管人能相互监督,相互制衡,从而减少损害基金持有人利益的行为。

四、证券投资基金的分类

(一)根据组织形式分

根据组织形式的不同,可以分为契约型基金和公司型基金。

契约型基金是通过基金投资者和基金管理人、基金托管人签订基金契约而设立的。基金契约是一种信托合同,基金投资者作为委托人将自有资金委托基金管理人进行投资运作,委托基金托管人保管基金财产。基金管理人和基金托管人依据基金契约进行运作,基金投资者依据基金契约分配投资收益。

公司型基金是依据公司法和基金公司章程通过向基金投资人募集基金股份而设立的。在公司型基金中,投资者是基金公司的股东,享有股东权利,按所持基金股份分享投资收益并承担有限责任。公司型基金在形式上类似于一般的股份公司,只是它通常不像普通的股份公司一样直接经营和管理资产,而是委托基金管理作为专业机构来经营和管理基金资产。

契约型基金和公司型基金的主要区别有以下四点。

(1)基金资产的性质不同。契约型基金的资产是通过发行基金份额而筹集起来的信托财产,而公司型基金的资产是通过发行基金股份而筹集起来的,是公司的权益资本。

(2)投资者的地位不同。契约型基金的投资者是基金契约的委托人和受益人,但是对基金资产没有直接的管理权;公司型基金的投资者是基金公司的股东,可以通过股东大会实现对基金资产管理事务的决策。因此,一般而言,公司型基金的投资者比契约型基金的投资者享有更大的权力。

(3)基金运作的依据不同。契约型基金依据基金契约进行运作,公司型基金依据《公司法》和基金公司的章程进行运作。

(4)基金的期限不同。一般来说,契约型基金的期限由基金契约所约定,而公司型基金作为一个法人,只要持续经营下去,契约型基金和公司型基金的区别并不代表它们之间孰优孰劣，事实上，契约型基金和公司型基金在世界许多国家和地区的市场上是并存的，只是相对数量不同而已。美国的共同基金大多是公司型的，而我国到2010年底为止所设立的证券投资基金都是契约型基金。

（二）根据基金规模是否固定分

根据基金规模是否固定，可以分为封闭式基金和开放式基金。

封闭式基金是指经核准的基金份额在基金合同期限内固定不变、基金份额可以在依法设立的证券交易场所交易，但基金份额持有人不得申请赎回的基金运作方式。

开放式基金是指基金份额总额不固定、基金份额可以在基金合同约定的时间和场所申购或者赎回的基金运作方式。

封闭式基金和开放式基金在运作中存在着很多区别：

(1)存续期不同。封闭式基金有一定的存续期，也称为封闭期；而开放式基金一般没有期限限制，如果没有特殊情况，可以一直运作下去。《中华人民共和国证券投资基金法》规定，封闭式基金在存续期结束后，可以进行展期、扩募或转换为开放式基金。目前，我国的封闭式基金的存续期大多在15年左右。

(2)规模不同。封闭式基金一经募集成立，其规模在存续期内一般不能改变，而开放式基金则没有规模的限制，投资者可以通过一定的程序随时进行申购和赎回，基金规模也因此发生变动。目前，我国的封闭式基金的规模为5亿份到30亿份；而开放式基金的规模差异很大，截至2004年底，部分债券型基金的份额不足1亿份，而部分货币市场基金的份额接近200亿份。

(3)交易方式和场所不同。封闭式基金募集完成后，在证券交易所挂牌交易。投资者只能按市场价格进行买卖，交易通过经纪人在投资者之间完成。开放式基金的投资人按照基金合同的规定，在特定的时间和场所向基金管理人或基金的代理机构进行申购和赎回，交易在投资者和基金管理人之间完成。目前，在我国，除了上市型开放式基金（LOF）以外，开放式基金一般不在证券交易所交易。投资者除了可以到基金管理人设立的直销中心买卖开放式基金以外，还可以通过基金管理人委托的证券公司、商业银行等代销机构进行开放式基金的申购和赎回。

(4)基金价格的形成方式不同。封闭式基金的交易价格除了受基金净值的影响外，还受到二级市场供求关系的影响。当二级市场上供不应求时，封闭式基金价格有可能超过其份额净值，出现溢价交易的现象；相反，若二级市场上供过于求，封闭式基金的价格就可能低于其份额净值，出现折价交易的现象。

开放式基金由于不在证券交易所交易，其买卖价格直接以基金份额净值为基础，不存在溢价或折价。我国在封闭式基金的初创期，绝大多数的基金是溢价交易的。近年来，封闭式基金的溢价逐步消失并转为折价交易，最近一两年封闭式基金的折价率有不断攀升之势。

(5)基金的激励约束机制和基金的投资策略不同。封闭式基金由于基金规模固定，即使其投资业绩较好也不能吸引新资金的流入从而为基金管理人增加管理费收入；另一方面，如果基金的投资业绩不尽如人意,投资者也不能通过赎回基金份额使基金规模下降从而减少基金管理人的管理费的收入;与此不同的是,开放式基金的业绩表现决定了申购和赎回的份额,特别是当基金业绩不理想时,基金经理可能会面临着巨额赎回的压力,因此,相对于封闭式基金而言,开放式基金的激励约束机制更有效。

但也正是这种激励约束机制使得开放式基金和封闭式基金的投资策略会有所不同。资产的流动性和收益性往往是成反比的。开放式基金因为面临随时可能的赎回,因此必须保留一定的现金,并持有一些流动性好的证券应付赎回;同时,由于是随时有不可预知的申购资金流入,因此开放式基金资产的收益性会受到一定的不利影响;相对而言,封闭式基金规模固定,基金管理人没有赎回压力,因此,可以投资于一些流动性差但收益性高的资产,从而提高基金的长期业绩。

(三)根据募集方式分

根据募集方式的不同,可以分为公募基金和私募基金。

公募基金是指面向社会公开发售基金份额的基金;私募基金则是指采取非公开方式向特定投资者发行的基金。

公募基金和私募基金的区别主要有以下三点。

(1)公募基金募集的对象通常是不固定的,而私募基金募集的对象通常是固定的。

(2)公募基金的最小投资金额要求较低,而且投资者众多;而私募基金要求比较高的最低投资金额,同时投资者人数不会很多,一般达到一个上限就会停止募集。

(3)公募基金的运作必须严格遵循法律和相关法规的规定,并受到监管部门的严格监管,必须按规定披露相关信息,因此一般投向中低风险的产品;而私募基金受到的管制较少,不需要公开披露信息,往往会投向衍生金融工具等高风险产品。

截至目前,我国并没有为私募基金的合规性立法,但是私募基金却广泛存在着。曾有学者测算,我国的私募基金总资产达到了 7 000 多亿元人民币。

(四)根据投资目标分

根据投资目标的不同,可分为收入型基金、成长型基金和平衡型基金。

收入型基金是以获取最大的当期收入为目标的基金,特点是风险较小,但长期成长的潜力也较小。收入型基金主要投向政府债券、公司债券和高比例分红的大盘蓝筹股。

成长型基金是以追求资本的长期增值为目标的基金,特点是能获取较大的收益,但风险较大。成长型基金主要投向新兴行业中有成长潜力的中小企业。成长型基金还可以进一步分为积极成长型基金和稳健成长型基金等。

平衡型基金则介于收入型基金和成长型基金两者之间。既注重当期收入,又追求资本的长期增值,收益和风险都适中。

(五)根据投资对象分

根据投资对象的不同,可以分为股票型基金、债券型基金、混合基金和货币市场基金等。

股票型基金是指以股票为主要投资对象的基金。根据投资股票的不同特性,股票型基金还可以作进一步细分。如根据其所投资股票平均市值的大小不同,可以将股票型基金细分为大盘基金、中盘基金和小盘基金。

债券型基金是指主要以各种债券为投资对象的基金。根据投资债券类型的不同,还可以细分为国债基金、公司债基金和可转换债券基金等。

混合基金是指同时投资于股票和债券的基金。根据股票和债券在混合基金中比例的不同,这类基金还可以进一步细分为偏股票型基金、偏债型基金和配置型基金。

货币市场基金是指投资于货币市场中高流动性证券的基金。这些证券包括国库券、大额可转让定期存单、商业票据、承兑汇票、银行同业拆借、回购协议等。货币市场基金的一个最大特点是投资收益自动转成新的基金份额。

除此之外,还有投资于贵金属及与贵金属相关的有价证券的贵金属基金,投资于期货、期权等衍生证券的衍生产品基金等。

(六) 根据资金来源分

根据资金来源或资金投向的地域不同,可以分为国内基金、国家基金、区域基金和国际基金。

国内基金是指仅投资于国内有价证券且投资者多为本国居民的一种投资基金。

国家基金是指在境外发行基金份额筹集资金然后投资于某一特定国家或地区资本市场的投资基金。一般而言,国家基金多为封闭式基金。

区域基金是把资金分散投资于某一地区各个不同国家资本市场的投资基金。

国际基金也称全球基金,它不限定国家和地区。将资金分散投资于全世界各主要资本市场上,从而最大限度地分散了风险。

(七) 其他特殊类型的基金

1. 对冲基金

对冲基金(hedge fund)的本义是指利用各种衍生工具对所持资产组合进行套期保值从而有效控制风险的基金。但是近年来,"对冲基金"名称的适用范围已大为扩展。如今,对冲基金泛指以追求最大绝对收益为目标的基金。它们采取各种策略,也许有时并不进行套期保值。大部分对冲基金采取合伙制、有限责任公司或是离岸公司的形式。一般来说,采用合伙制的对冲基金不受监管部门的管制,但与此同时风险也很大,因此,合伙制的对冲基金与私募基金相仿,会限定投资者人数,规定最低投资限额,并且不允许做广告宣传。

2. 指数基金

指数基金设立的动机是源于资本市场的有效性。如果基金管理人相信市场是有效的,那么任何试图战胜市场而获取超额收益的行为都是徒劳的。因此,选择某市场指数作为特定的基金指数,构造一个投资组合,以该指数中各成分证券的相对权重作为投资组合中各证券的相对权重,就能复制基准指数的收益。只要指数成分证券不发生频繁变动,基金管理人就无需花大量精力来调整投资组合。对于投资者而言,指数基金除了能获得与基准指数大致相当的收益之外,另一重要优势就是管理费用低廉。

3. 伞形基金

伞形基金又被称为雨伞基金、系列基金,是指多个基金共用一个基金合同,子基金独立运作、子基金之间可以进行相互转换的一种基金结构形式。通常各子基金投资对象或投资风格有较大差异,子基金之间相互转换的费用比较低廉。这两个设计特点是为了使基金投资人在赎回某一子基金方便地转换为另一风格基金,因而仍将资金留在该伞形基金内。举例来说,假设某伞形基金下设股票型基金和债券型基金,某一投资者持有股票型基金。如果投资者预期股市将下跌而债市将上升,那么他势必会选择赎回股票型基金而申购债券型基金。如果转换费用低于其他债券基金的申购费用,那么该投资者就会将股票型基金转换成该伞形基金下的债券型基金,从而使现金继续留在该伞形基金中。伞形基金的这一特点给开放式基金的流动性风险管理带来了极大的好处。

4. 基金中的基金

基金中的基金是指以其他证券投资基金为投资对象的基金。《中华人民共和国证券投资基金法》规定,基金之间不得互相投资,因此我国没有正式意义上的基金中的基金。不过某些金融机构推出了以证券投资基金为投资对象的理财产品,其性质类似于基金中的基金。

5. 保本基金

保本基金是指通过投资组合保险技术,保证基金投资人在投资到期日能收回全部本金并可能有超额收益的证券投资基金。

保本基金为了能实现收回本金的目标,通常会将大部分资金投资于到期日与基金投资到期日一致的债券;同时为了使收益水平提高,保本基金将剩余资金投资于股票等风险资产。在股票预期收益变化的情况下,保本基金会主动调整资产中债券和股票的比例,从而确保到期收回本金。保本基金主要适合比较谨慎、稳健的投资者,在股票市场整体走弱时,保本基金比较受欢迎。

6. 专门基金

专门基金不是一个独立的基金类别,它是从股票型或债券型基金中发展起来的投资于特定行业或特定证券的基金,比如投资于高新技术行业的高新技术股票基金、投资于小流通市值股的小盘股基金、投资于可转换债券的可转换债券基金等都属于专门基金。专门基金一般风险较大,但通常也能带来高额的收益,它的业绩往往受到经济周期中各行业兴衰的影响,比较适合激进的投资者。2003年以来,我国的开放式基金中出现了不少有特色的专门基金,有投资于消费品行业的消费品基金、基础设施行业的基础行业基金、中小市值股票的小盘股基金、可转换债券的可转换债券基金等。

7. 交易所交易基金

(1)交易所交易基金的定义及发展。从广义上说,交易所交易基金(Exchange Traded Funds,ETF)包括所有在有组织的证券交易所交易的基金,但通常所说的ETF专指可以在证券交易所上市交易的开放式基金。ETF以复制和追踪某一市场指数(主要是股票指数)为目标,通过充分分散化的投资策略降低非系统风险,通过消极管理的方式最大限度地降低交易成本,以取得市场平均收益水平。

现存最早的ETF是美国证券交易所(AMEX)于1993年推出的标准普尔存托凭证(SP-DRs)。根据摩根斯坦利的研究报告,截至2004年6月30日,全球交易所交易基金已达304家,在全球27家交易所上市交易,管理的资产规模超过2 464亿美元。在亚洲地区,自1999年香港推出盈富基金以来,新加坡、日本、中国台湾等地的交易所也纷纷推出了交易所交易基金产品。

(2) 交易所交易基金的运作。

①交易所交易基金的设立。ETF一般由证券交易所或大型基金管理公司、证券公司发起设立。其设立步骤是:首先,投资人向ETF的发起人交付一定金额的股票篮子,该股票篮子中各股票的权重与基准指数中各成份股票的权重完全一致;然后,ETF的发起人将众多投资者交付的股票篮子汇合在一起,将其交付给银行、信托投资公司等机构托管,从而形成信托资产;最后,ETF的发起人以此为实物担保向投资人发行ETF。每一份ETF都代表了成分指数中每一种股票的特定数量,这样就相当于将整个股票篮子进行了分割。

②交易所交易基金的交易。ETF的最特别之处就在于它的双重交易机制——一级市场的交易和二级市场的交易。

ETF的一级市场交易是指ETF的申购和赎回。投资者在进行申购和赎回时,使用和得到的是一篮子股票。与ETF设立时一样,这一股票篮子中的股票品种和各股票的权重与基准指数中各成份股的权重相一致。具体地说,投资者申购ETF时,先要到股票市场去购买一篮子股票交给发起人,发起人根据股票篮子的实质和ETF的实时净值,将相应数量的ETF份额交给投资者。投资者赎回ETF时,将一定份额的ETF交给发起人,换回一篮子成份股。这样的申购赎回机制,使得ETF的管理人不必为应付投资者的赎回保留大量现金。由于买卖一篮子股票会使交易成本大大上升,因此ETF的申购赎回的最低份额必须达到一个相当大的数目。ETF的一级市场交易主要有机构投资者参与。

ETF的二级市场交易是指ETF在证券交易挂牌上市。投资者可以通过经纪人在证券交易所内购买和出售ETF份额。为了能吸引更多中小投资者参与交易,机构投资者一般会将通过一级市场申购的ETF份额进行分拆。因此,ETF的二级市场的最低交易份额数要比一级市场小得多。

从ETF的双重交易机制可以看出,ETF的一级市场交易是在投资者和基金管理公司之间进行的,而二级市场的交易则在投资者之间进行。

③交易所交易基金的套利。由于ETF的双重交易机制,因此当ETF的二级市场交易价格与其份额净值不一致时,投资者可以通过套利赚取利润。

试举例说明ETF的套利过程。假设在某一时点上,ETF份额的净值为1.35元,其二级市场价格是1.40元,即ETF溢价交易。又假设ETF在一级市场的最低申购赎回份额为100万份,并且不考虑交易成本。套利者可以进行如下操作:首先在股票市场上买入价值为135万元的一篮子成份股票,接着用这一股票篮子在一级市场上以1.35元的净值申购ETF,共得到100万份,然后将这100万份ETF在二级市场上以1.40元的价格卖出,得到140万元,扣除135万元的初始投资成本,获取套利利润5万元。可见,ETF溢价交易时,可以通过上述步骤进行套利;反之,当ETF折价交易时,可在二级市场上以市价购入ETF份额,到一级市场以净值赎回,换成一篮子股票,并将股票出售,同样可以获得套利利润。

正是由于这种套利机制的存在,一般来说,ETF的二级市场交易价格与其净值的偏离不会太大。

ETF的交易机制使ETF集传统的封闭式基金和开放式基金之所长,并且具有流动性好、管理费用低、价格与净值偏离小的优点。它是20世纪90年代以来全球金融市场中最重要的创新之一。

8. 上市型开放式基金

(1)上市型开放式基金的定义。上市型开放式基金(Listed Opencnd Fund,LOF)并不是一种新的基金,而是指发行结束后,既可以在一级市场办理日常的申购和赎回,又可以在证券交易所进行实时交易,还可以在一、二级市场上进行套利的开放式基金。只是由于申购和赎回是在指定网点进行,因而需要办理基金份额的转托管手续。LOF是我国借鉴ETF的运作机制的独创产品。

从LOF的定义可以看出,它与ETF在很大程度上是类似的,比如都是同时存在一级市场上申购、赎回和在二级市场上交易;都可以利用基金份额净值与市场价格的差异进行套利等。但是,它与ETF还是存在着不少区别。

(2)ETF与LOF的区别。

①ETF是一种产品创新,是一种可上市交易的新型指数基金;而LOF的新意则在于开放式基金交易方式的创新,它并不完全是一种新的产品。

②ETF的一级市场交易是以一篮子股票进行申购和赎回;而LOF在一级市场上和开放式基金一样,以现金申购和赎回。

③虽然LOF与ETF都有套利机会,但套利机制并不相同。LOF在二级市场的交易和一级市场的申购赎回之间还存在着一个转托管的问题。

④所有投资者都可参加LOF的一、二级市场套利,但ETF一级市场的最低申购赎回数量很大,中小投资者基本上无法参与套利。

⑤LOF有ETF所不具备的优势。由于LOF提供的是一个交易平台,而不完全是单一的产品,因此任何基金都可以利用这一平台发行、交易。

⑥ETF主要是基于某一指数的被动性投资基金产品,而LOF虽然也采取了开放式基金在交易所上市的方式,但它不仅可用于被动性投资的基金产品,也可用于主动性投资的基金,即不一定是指数基金。

2004年8月,深圳证券交易所推出了我国第一只LOF。它的出现为封闭式基金和开放式基金之间搭建了桥梁,并提供了良好的技术平台。更重要的是,如果实施顺利的活,还可以为封闭式基金转为开放式基金提供可行的解决方式。

【知识库】

基 金 定 投

基金定投是定期定额投资基金的简称,是指在固定的时间(如每月 8 日)以固定的金额(如 500 元)投资到指定的开放式基金中,类似于银行的零存整取方式。这样投资可以平均成本、分散风险,比较适合进行长期投资。

基金定投有懒人理财之称,其源于华尔街流传的一句话:"要在市场中准确地踩点入市,比在空中接住一把飞刀更难。"如果采取分批买入法,就克服了只选择一个时点进行买进和沽出的缺陷,可以均衡成本,使自己在投资中立于不败之地,即定投法。

它的特点:

平均成本、分散风险

基金定期定额投资具有类似长期储蓄的特点,能积少成多,平摊投资成本,降低整体风险。它有自动逢低加码、逢高减码的功能,无论市场价格如何变化总能获得一个比较低的平均成本,因此定期定额投资可抹平基金净值的高峰和低谷,消除市场的波动性。只要选择的基金有整体增长,投资人就会获得一个相对平均的收益,不必再为入市的择时问题而苦恼。

适合长期投资

由于定期定额是分批进场投资,当股市在盘整或是下跌的时候,由于定期定额是分批承接,因此反而可以越买越便宜,股市回升后的投资报酬率也胜过单笔投资。对于中国股市而言,长期看应是震荡上升的趋势,因此定期定额非常适合长期投资理财计划。

更适合投资新兴市场和小型股票基金

中长期定期定额投资绩效波动性较大的新兴市场或者小型股票型海外基金,由于股市回调时间一般较长而速度较慢,但上涨时间的股市上涨速度较快,投资者往往可以在股市下跌时积累较多的基金份额,因而能够在股市回升时获取较佳的投资报酬率。

资料来源:百度百科(www.baike.baidu.com)

第二节　基金市场的运行

证券投资基金的运作及基金市场的运行,可分为发行和交易两个阶段。

一、证券投资基金的发行

(一)证券投资基金发行的一般过程

证券投资基金的发行也称证券投资基金的募集,是指基金管理公司根据有关规定向证券监管机构提交募集文件,发售基金份额,募集基金的行为。一般来说,基金的发行要经过申请、核准、发售、备案和公告四个步骤。

1. 证券投资基金发行的申请

基金发行的申请是基金发行的第一步。世界各国和地区对基金的发行都有一定的条件限制,只有符合一定要求的法人机构才能作为证券投资基金的发起人,申请设立基金。尽管不同的国家和地区对基金发起人所必须具备的条件要求不同,但是主要包括以下几点:①发起人必须为依法设立的证券公司、信托投资公司、基金管理公司;②发起人的实收资本、从业经验和盈利记录必须达到一定要求;③发起人的组织机构、管理制度和财务状况必须达到一定要求。

基金发起人向监管机构提交发行申请时,必须附上一系列文件,其中最重要的是基金合同和基金招募说明书。基金合同载明了基金管理人、基金托管人和基金份额持有人的权利义务关系;基金说明书则是基金的自我介绍,它向投资者提供了基金的详情,以便投资者作出是否投资该基金的决策。

2. 基金发行申请的核准

证券监管机构在收到基金发起人设立基金申请后的一定时间内,会按照相关法律法规对基金发起人的资格和发起人提交的文件进行审查,作出是否予以批准设立的答复。基金发起人只有在发行申请被批准后才能开始发售基金份额。

3. 基金份额的发售

证券投资基金发行最重要的步骤是基金份额的发售。基金份额的发售一般由基金管理人负责办理。基金份额在发售时会有一个规定的时间段,即募集期,基金的发售必须在募集期内完成。募集期不能太短或太长。募集期太短会使投资者的要求不能得到满足,太长则会增加基金的发售成本。

证券投资基金在募集期结束后,如果符合规定的条件,即可宣告成立。这些条件包括:基金募集的份额要达到核准份额的一定比例,基金持有人必须达到一定数量等等。

4. 基金发行完毕后的备案和公告

证券投资基金宣告成立后,基金管理人应当在法定时间内聘请验资机构验资。验资结束后,基金管理人应当向监管部门办理备案手续,并予以公告。

(二) 证券投资基金的发售与认购

由于封闭式基金和开放式基金交易机制不同,因此,它们的发售和认购途径也不相同。

1. 封闭式基金的发售和认购

封闭式基金的发售一般通过证券交易所的网络系统以下网下配售进行。投资者可以委托经纪人认购封闭式基份额。封闭式基金的发售价格一般为面值加上发售费用。如果基金的份额面值为1元,发售费用为0.01元,则投资者认购每一份额基金的费用是1.01元。

2. 开放式基金的发售和认购

(1)开放式基金的发售。开放式基金一般不在证券交易所上市,它的发售通常由基金管理公司负责办理。基金管理公司可以委托商业银行、证券公司、证券投资咨询机构、专业基金销售机构等机构代理开放式基金份额的发售。

如同其他企业销售商品一样,基金管理司销售开放式基金,可以通过报刊、电视、互联网等媒体对所销售的基金作宣传。由于普通投资者缺乏基金的专业知识，为了保护投资者的利益，监管部门对基金销售宣传材料作了很多禁止性规定，如禁止虚假陈述，禁止预测业绩，禁止承诺收益，禁止诋毁其他基金管理人等。

(2) 开放式基金的认购。

① 开放式基金认购的一般原则。投资者一般通过基金管理公司直销中心、商业银行以及证券公司进行开放式基金的认购。投资者进行基金的认购时，需分别开立基金账户和资金账户。基金账户用于记录基金持有人的基金份额及其变动情况，资金账户则分管投资者认购、申购、赎回基金份额以及基金分红时的资金结算。

开放式基金的认购采取金额认购的方式，即投资者在认购基金时，不是按认购份数而是按认购金额认购。开放式基金一般会规定一个最低的认购金额和追加认购金额。

认购开放式基金，需要缴纳一定的认购费。认购费的支付分两种模式，即前端收费模式和后端收费模式。前者是指在认购基金时必须支付认购费用，后者是指在认购基金时无须支付任何费用，到赎回时才支付认购费用。后端收费模式旨在鼓励投资者认购基金并长期持有，而且认购费率通常随着投资者赎回时间的推后而递减。

不同种类开放式基金的认购费率不完全相同。一般而言，基金的认购费率随着基金风险的增加而增加。货币市场基金一般不设认购费用，债券型基金的认购费率一般低于1%，股票型基金的认购费率最高，一般可达1.5%；另外，开放式基金的认购费率会随着认购金额的增加而递减。

② 开放式基金认购费用的确定和认购份额的计算。在前端收费的模式下，开放式基金认购费用的确定和认购份额的计算有两种方法：金额费率法和净额费率法。

③ 金额费率法是按认购金额的一定比例计算认购费用。认购金额扣除认购费用后得到净认购金额，净认购金额除以基金份额面值就得到了投资者认购的份数。用公式表示为

$$认购费用 = 认购金额 \times 认购费率 \tag{6.1}$$

$$净认购金额 = 认购金额 - 认购费用 \tag{6.2}$$

$$认购份数 = 净认购金额 \div 基金份额面值 \tag{6.3}$$

有些时候，为鼓励基金投资者在基金发售时就购买基金，一些基金会将投资者的认购金额在募集期内产生的利息折算成基金份额，记入投资者的认购份数中，并且这些份数是不收认购费用的。此时，认购份数将调整为

$$认购份数 = (净认购金额 + 募集期利息) \div 基金份额面值 \tag{6.4}$$

例6.1 某基金的认购费率为1.5%，基金份额面值为1元。某投资者以50 000元认购基金。假设这笔资金在募集期内产生的利息为77元。采用金额费率法计算该投资者共能认购的基金份额数。

$$认购费用/元 = 50\,000 \times 1.5\% = 750$$

$$净认购金额/元 = 50\,000 - 750 = 49\,250$$

$$认购份数/份 = (49\,250 + 77) \div 1 = 49\,327$$

净额费率法是按净认购金额的一定比例计算认购费用的。其计算公式为

$$净认购金额 = 认购金额 \div (1+认购费率) \tag{6.5}$$

$$认购费用 = 净认购金额 \times 认购费率 \tag{6.6}$$

$$认购份数 = 净认购金额 \div 基金份额面值 \tag{6.7}$$

同样,如果考虑募集期利息,认购份数调整为

$$认购份数 = (净认购金额 + 募集期利息) \div 基金份额面值 \tag{6.8}$$

例 6.2 某基金的认购费率为 1.5%,基金份额面值为 1 元。某投资者以 50 000 元认购该基金。假设这笔资金在募集期内产生的利息为 77 元。采用净额费率法计算该投资者认购的基金份额数及认购费用。

$$净认购金额/元 = 50\,000 \div (1+1.5\%) \approx 49\,261.08$$

$$认购份数/份 = (49\,261.08 + 77) \div 1 = 49\,338.08 \approx 49\,338$$

$$认购费用/元 = 49\,261.08 \times 1.5\% \approx 738.92$$

比较上述两个例子,净额费率法使投资者大约多认购 11 份基金份额。我国大多数基金在认购时采用净额费率法。

二、证券投资基金的交易

(一)封闭式基金的交易

封闭式基金募集完毕后,如果满足一定条件,就可以在证券交易所挂牌上市了。这些条件包括:基金的封闭期达到一定年限;基金的募集资金额达到一定数量;基金份额的持有人达到一定数目。

与进行股票交易相类似,投资者要进行封闭式基金的交易,必须开立证券账户或是基金账户,同时必须有资金账户。封闭式基金的交易规则和在交易所挂牌的股票基本类似,只是不需要缴纳印花税,并且佣金和过户费也比买卖股票低;另外,股票的交易委托和封闭式基金的交易委托均为交易所规定的最小交易单位的整数倍。

由于封闭式基金的绝对价格一般较低,因此基金交易的最小变动价位对它的流动性有重要影响。比如当基金价格在 1 元左右时,若最小变动价位为 0.01 元,那么当投资者的买入委托以揭示的卖出价成交或是卖出委托以揭示的买入价成交时,投资者将承担额外的成本。例如,当揭示的买入价为 1.02 元,卖出价为 1.03 元时,投资者只能以 1.03 元买入,以 1.02 元卖出,相当于损失了约 1%。因此,封闭式基金的最小变动价位一般要比 0.01 元小。我国自 2003 年 3 月起规定,封闭式基金交易的最小变动价位为 0.001 元。

封闭式基金的二级市场价格经常偏离其份额净值,用折价率可以反映这种偏离程度。折价率的计算公式为

$$折价率 = \frac{基金市场价格 - 基金份额净值}{基金份额净值} \times 100\% \tag{6.9}$$

当折价率为正值时,表明封闭式基金的市场价格高于其份额净值,基金为溢价交易;当折

价率为负值时,表明封闭式基金的市场价格低于其份额净值,基金为折价交易。

为了反映封闭式基金的整体表现情况,我国沪深证券交易所都制定了以基金份额为权数的基金指数。

(二) 开放式基金的申购和赎回

封闭式基金的交易在基金投资者之间进行,而开放式基金的申购和赎回,则在基金投资者和基金管理人之间进行。

1. 开放式基金申购和赎回的定义和一些基本规则

开放式基金的申购是指在基金募集期结束后申请购买基金份额的行为;开放式基金的赎回是指基金持有人要求基金管理人购回其持有基金份额的行为。开放式基金的申购和赎回会相应增加和减少基金的总份额。

开放式基金在成立后的一段时间内,由于要将募集资金用于购买证券,因此可以规定一个封闭期,在封闭期内只接受申购申请,不接受赎回申请。

与开放式基金的认购一样,投资者进行开放式基金的申购或赎回可以通过基金管理公司的直销中心或其代理机构完成。开放式基金的申购和赎回办理的时间一般与证券交易所开市的时间一致。

开放式基金的申购以金额申请,即投资者申报申购的金额而非份数;开放式基金的赎回以份额申请,即投资者申报赎回的份数而非金额。一般来说,开放式基金会规定一个最小的申购金额和赎回份额。

开放式基金的申购也存在着前端收费和后端收费两种模式,不同的收费模式会导致申购份额的差异。和认购时一样,开放式基金的申购和赎回费率一般随着基金风险的增加而增少。另外,开放式基金的申购费率一般随申购金额的增加而减少。

2. "已知价"和"未知价"

投资者在进行开放式基金的申购和赎回时,其申购、赎回价格的确定一般分为"已知价"法和"未知价"法两种。

"已知价"是指开放式基金前一日的份额净值。"未知价"是指当日证券市场收盘后开放式基金的份额净值。采用"已知价"还是"未知价"来确定申购和赎回的价格将对投资者的收益产生很大影响。如果使用"已知价",则投资者就有可能取得几乎无风险的利润,以股票型基金为例,如果当天股市大幅上扬,到收市前仍高出前一天收盘指数不少,投资者预期剩余时间内不会大幅下跌,那么就可以以"已知价"进行申购。由于当天股市大幅上涨,基金的净值也大幅上涨,投资者就取得了账面盈利。当然,如果股市大幅下跌,投资者也不得不承受账面损失。显然,使用"已知价"的原则是不合理的。因此,开放式基金的原则,即投资者在申购和赎回时并不知道成交的价格,只有到当天市场收盘后才能确切知道申购和赎回的价格。

3. 开放式基金申购份额和赎回金额的确定

(1) 开放式基金申购份额的确定。与开放式基金的认购一样,开放式基金申购份额的确定也分金额费率法和净额费率法两种。在金额费率法下,基金申购费用和申购份额的计算公

式为

$$申购费用 = 申购金额 \times 申购费率 \tag{6.10}$$
$$净申购金额 = 申购金额 - 申购费用 \tag{6.11}$$
$$申购份数 = 净申购金额 \div 当日收盘后基金份额净值 \tag{6.12}$$

例 6.3 2011 年 9 月 16 日,某投资者以 100 000 元申购 ABC 基金。该基金的申购费率为 2%,当日证券市场收盘后 ABC 基金的份额净值为 1.148 7 元。采用金额费率法计算该投资者的申购费用和申购份数。

$$申购费用/元 = 100\ 000 \times 2\% = 2\ 000$$
$$净申购金额/元 = 100\ 000 - 2\ 000 = 98\ 000$$
$$申购份数/份 = 98\ 000 \div 1.148\ 7 \approx 85\ 313.83 \approx 85\ 314$$

在净额费率法下,基金申购费用和申购份额的计算公式为

$$净申购金额 = 申购金额 \div (1 + 申购费率) \tag{6.13}$$
$$申购费用 = 净申购金额 \times 申购费率 \tag{6.14}$$
$$申购份数 = 净申购金额 \div 当日收盘后基金份额净值 \tag{6.15}$$

例 6.4 2011 年 9 月 16 日,某投资者以 100 000 元申购 ABC 基金。该基金的申购费率为 2%,当日证券市场收盘后 ABC 基金的份额净值为 1.148 7 元。采用净额费率法计算该投资者的申购费用和申购份数。

$$净申购金额/元 = 100\ 000 \div (1 + 2\%) \approx 98\ 039.22$$
$$申购费用/元 = 98\ 039.21 \times 2\% = 1\ 960.78$$
$$申购份数/份 = 98\ 039.21 \div 1.148\ 7 = 85\ 347.97 \approx 85\ 348$$

比较上述两个例子,净额费率法使投资者大约多申购 34 份基金份额。我国大多数基金在申购时采用净额费率法。

(2)开放式基金赎回金额的确定。开放式基金持有人赎回基金时,采用的是申报赎回份额的方法。赎回份额与当日证券市场收盘后基金份额净值的乘积为赎回金额。投资者赎回基金所得到的净支付为赎回金额减去赎回费用。其计算公式为

$$赎回金额 = 赎回份额 \times 当日收盘后基金份额净值 \tag{6.16}$$
$$赎回费用 = 赎回金额 \times 赎回费率 \tag{6.17}$$
$$赎回所得净支付 = 赎回金额 - 赎回费用 \tag{6.18}$$

例 6.5 2011 年 10 月 14 日,某投资者申请赎回 ABC 基金 10 000 份。该基金的赎回费率随持有时间的增加而递减。在赎回当日,该投资者所适用的赎回费率为 2%,当日证券市场收盘后 ABC 基金的份额净值为 0.960 8 元。计算该投资者赎回所得到的净支付。

$$赎回金额/元 = 10\ 000 \times 0.960\ 8 = 9\ 608$$
$$赎回费用/元 = 9\ 608 \times 2\% = 192.16$$
$$赎回所得净支付/元 = 9\ 608 - 192.16 = 9\ 415.84$$

4. 开放式基金的巨额赎回

开放式基金的巨额赎回是指单个开放日净赎回申请超过上一日基金总份额的 10% 的情

况。巨额赎回将使基金管理人面临巨大的流动性风险，因为基金管理人必须以大量卖出股票的办法来获取现金以应付赎回，如果股票的流动性不好，基金管理人只能以低于市价的价格卖出股票，从而导致基金净值的下跌，有可能引发更大规模的巨额赎回，甚至引起恶性循环。

基金管理人处理巨额赎回时有两种办法：接受全部赎回申请或接受部分赎回申请并对剩余份额延期处理。基金管理人可以在发生巨额赎回申请的当日接受不低于上一日基金总份额10%的赎回申请，对其余份额延期办理。当日受理的赎回份额按每个投资者的申请份额占总申请份额的比例进行分摊，其余的份额转入下一日处理，直到全部处理完结。当开放式基金连续两天发生巨额赎回时，基金管理人可以暂停接受赎回申请。

三、证券投资基金的当事人

证券投资基金的当事人是指参与证券投资基金运作过程的所有相关主体。由于公司型基金和契约型基金的运作方式不完全一样，因此公司型基金和契约型基金的当事人并不完全一样。公司型基金的当事人有基金股东、董事会、基金管理人和基金托管人；契约型基金的当事人有基金持有人、基金管理人和基金托管人。下文基于契约型基金加以阐述。

（一）证券投资基金的持有人

证券投资基金持有人是指基金份额的持有者，即基金的投资人。基金持有人是基金合同的委托人，是基金资产的实际所有者。基金的一切投资活动都是为了增加投资者的收益，一切风险管理都是围绕保护投资者利益来考虑的。因此，持有人是基金一切活动的中心。

1. 基金持有人的权利和义务

各国有关基金的法律法规都明确规定了基金持有人的权利，各基金在基金合同和招募说明书中对基金持有人的权利会作更为详细的说明。一般而言，这些权利包括：财产收益的分配权，基金份额的赎回和转换权，基金份额持有人大会的召开权和表决权，基金信息的知情权以及对基金管理人、基金托管人的诉讼权等。

基金持有人获得这些权利必须以承担相应的义务为前提。法律法规以及基金合同、基金招募说明书同样也载明了基金持有人必须履行的义务。这些义务一般包括：缴纳相应的各项费用和承担基金投资的亏损等。证券投资基金是一种利益共享、风险共担的投资工具，因此投资人在获取分享基金收益这一权利的同时，必然要履行承担基金投资损失的义务。

2. 基金份额持有人大会

在公司型基金中，基金持有人通过股东大会行使自己的权利，而在契约型基金中，基金持有人行使权利则通过基金份额持有人大会。基金份额持有人大会是契约型基金的最高权力机构。

基金份额持有人大会审议有关基金的重大事项，如基金合同的提前终止，基金扩募或展期，基金运作方式的转换，基金管理人、基金托管人的更换等。一般而言，这些事项只有经出席大会的基金份额持有人所持表决权半数以上同意才能通过。对于一些直接影响基金持有人利益的重大事项，其通过所需要的表决权同意比例会更高。

基金份额持有人大会一般由基金管理人或基金托管人召集。基金份额持有人在上述两者都不召集的情况下,也可以自行召集大会。

(二)证券投资基金的管理人

证券投资基金的管理人是指负责基金发起设立与经营管理、谋求基金持有人利益最大化的专业性金融机构。在契约型基金中,基金管理人由依法设立的基金管理公司担任。基金管理公司通常由证券公司、信托投资公司或其他机构等发起成立,具有独立法人地位。基金管理人作为受托人,必须为受益人利益的最大化而努力,因此不得在处理业务时考虑自己的利益或为第三方谋利。

由于基金管理人要管理众多中小投资者的财产,为了保护基金持有人的利益,各国的法律法规都对基金管理人的任职资格、职责和禁止行为作了明确的规定。

法律法规对基金管理人任职资格的要求主要有:注册资本的限制,从业人员的素质要求以及完善的内部稽核与风险控制制度等。之所以要强调基金管理人的内部稽核与风险控制制度,是因为基金业绩的好坏、基金持有人利益是否能得到保障在很大程度上依赖于基金管理人的职业道德和风险控制水平。一个内部管理混乱、风险控制能力差的基金管理人,其管理的基金将不可能取得良好的业绩,同时也无法保障基金持有人的利益。

基金管理人的基本职责是依照基金合同的规定运用基金资产进行证券投资。为了辅助这一基本职责,基金管理人还必须履行相关的基金营销、基金申购赎回、基金收益分配和基金信息披露等职责;同时,为了保障基金持有人的利益,基金管理人必须严格限定自己的行为,不能用基金财产为除基金份额持有人以外的个人或机构谋利。

当然,基金管理人的任职资格不是一成不变的。如果现任的基金管理人不符合继续担任基金管理人的条件,其任职资格将终止。例如,破产或被基金持有人大会解聘都会导致基金管理人的退任。

(三)证券投资基金的托管人

基金托管人又称基金保管人,是依据基金运行中"管理与保管分开"的原则对基金管理人进行监督和保管基金资产的机构,是基金持有人权益的代表。

早期的证券投资管理人除了发起和管理基金外,还承担保管基金财产的职责。这种集管理与保管职责于一身的制度使得基金管理人有机可乘,可以将基金资产挪作他用,极大地损害了基金持有人的利益。为此,美国于1940年出台了《投资公司法》,规定投资公司(即基金公司)应将基金的证券、资产及现金存放于托管公司,托管公司应为基金设立独立账户,分别管理,定期检查。自此以后,各国的法律法规都要求基金管理公司将基金财产交给特定的托管机构进行保管,并对基金管理人的投资操作进行监督。

基金托管人的作用决定了它对所托管的基金承担着重要的法律及行政责任,因此,有必要对托管人的资格作出明确规定。概括地说,基金托管人应该是完全独立于基金管理人、具有一定的经济实力、实收资本达到相当规模、具有行业信誉的金融机构。基金托管人最基本的职责是安全保管基金财产和监督基金管理人的投资运作；同时，基金托管人还承担着清算交割、审查基金管理人提交的各种基金报告等职责。

与基金管理人一样，基金托管人的任职资格不是一成不变的，如果基金托管人不符合继续担任的条件，其任职资格将终止。

（四）证券投资基金当事人之间的关系

在契约型基金中，基金持有人是信托契约的委托人，基金管理人、基金托管人是信托契约的共同受托人。基金的财产作为信托财产，具有独立性。

1. 基金持有人和基金管理人之间的关系

基金持有人和基金管理人的关系是委托人和受托人的关系，同时基金持有人又是基金合同的受益人。基金管理人按照法律法规及基金合同的约定履行受托责任，负责基金的投资运作和日常管理，为基金份额持有人谋求利益。基金管理人在履行基金合同时，应当诚实守信、勤勉尽职。

2. 基金持有人和基金托管人之间的关系

基金持有人和基金托管人的关系也是委托和受托人的关系。基金托管人必须对基金持有人负责，审慎地监督基金管理人的行为，并负责保管好基金的财产，从而保障基金持有人的利益。基金托管人在履行基金合同时，也应诚实守信、勤勉尽职。

3. 基金管理人和基金托管人之间的关系

基金管理人和托管人虽然是基金合同的共同受托人，但是它们的职责是有区别的。基金管理人负责基金资产的经营，基金托管人负责基金资产的保管。基金管理人和基金托管人在履行基金合同时必须相互监督，任何一方违规时，对方都应及时制止，在制止无效时应请求更换对方。如果双方的共同行为损害了基金持有人的利益，双方各自应当承担相应责任。这种相互监督、相互制衡的机制可以最大限度地保障基金财产的安全，保障基金持有人的利益。为了保障这种机制的发挥，基金管理人和基金托管人不能为同一人，双方在人事、财务、法律上应当相互独立，也不能相互出资或相互持股。

【知识库】

高价基金值得买吗？

不少投资者对高价基金有困惑。这种困惑其实主要来源于将股票与基金进行简单对比。净值恐高是心理上的障碍。在海外，很多高净值的基金由于具备实现高回报的管理能力，深受投资者的信赖，并备受追捧。例如，美国最大的发放式基金麦哲伦基金尽管净值一再升高，但申购量却与日俱增，使得基金管理人为保证基金业绩而不得不宣布3 000亿元为其基金规模上限，不再接受新申购基金。再比如，巴菲特先生的基金，单位净值高达8万美元以上，但仍然是很多家族（比如比尔盖茨家族）乐于购买并长期持有的。在中国台湾，由于基金投资理念比较成熟，绩优基金也是大受欢迎。例如，台湾保诚投信旗下的保诚科技基金，净值在30台币以上（面额为10元），但由于投资团队稳定兼业绩稳健，仍然备受投资人青睐。

其实基金和股票不一样。股价取决于其基本面和市场供求，而基金净值反映基金所持股票、债券等资产的价值。换言之，净值高的基金，表示管理人运作较成功，仓位中股票、债券表现优秀，而净值徘徊在1元左右的基金,要么建仓不久,要么基金本身、属于低风险品种,要么就是管理人运作能力值得商榷了。

净值高的基金,从另一个侧面说明其分红还没有频繁展开,分红会迫使基金经理卖出一定股票、债券,这时单位净值就会降下来,所以这也可反映出管理人钟情后市的从容心态。

资料来源:杨庆明,马曲琦.炒股不如买基金,2007

第三节　基金的投资、价格与评价

一、证券投资基金的投资

证券投资基金募集完成后,就面临着如何进行证券投资的问题。每一只证券投资基金都有自己特定的投资理念和投资目标,从而吸引不同的投资者,但是法律法规一般会对证券投资基金所能投资的品种作出限制,因此证券投资基金必须在限定的投资范围内优化自己的目标。为实现高效有序的投资,一个科学的投资决策程序对于基金来说是必不可少的。风险的识别和监控也是证券投资基金必须解决的一个重要问题。

(一)证券投资基金的投资目标

证券投资基金投资的第一步是制订投资目标。没有明确的投资目标,基金就会盲目投资,从而损害基金持有人的利益。证券投资基金的投资目标可以分为总体目标和具体目标。总体目标也称基金的总体投资原则,其表述一般比较简单,如为投资者减少和分散投资风险,确保基金资产的安全,谋求基金长期稳定的投资收益等。

证券投资基金的具体投资目标则依基金风格的不同而不同。如收入型基金的目标是获取最大的当期收入,成长型基金的目标是追求资本的长期增值,平衡型基金的目标则是两者兼顾。

证券投资基金具体目标的不同决定了其投资对象和投资策略的不同。

(二)证券投资基金的投资范围和投资限制

顾名思义,证券投资基金应当将基金资产投资于有价证券。各国的法律法规都明确指出了证券投资基金的投资范围,主要包括上市和未上市的股票、认股权证、国债、地方债、公司债、可转换债券等;同时,为了保持资产的流动性以及应付投资者赎回的需要,证券投资基金还可以将一部分资金存入银行或是购买货币市场的短期金融工具。

由于证券投资基金所拥有的资金量大,其投资行为对市场有显著的影响,为了引导基金分散投资、降低风险、避免基金操纵市场或是联合其他机构损害中小投资者的利益,法律法规一般会对证券投资基金的投资行为和投资数量等作出一定的限制。

对基金投资行为的限制主要侧重于基金与基金管理人、基金托管人的关联交易行为,一般包括:不能承销证券,不能违规担保,不能从事内幕交易,不能买卖与基金管理人、基金托管人有利益关系的证券以及本金之间不能互相投资等。这些限制旨在防止基金凭借其强大的资金实力和与基金管理人、基金托管人的特殊关系来损害基金持有人的利益。

由于证券投资基金所拥有的资金较大,如果某一只基金购买了公司相当大比例的股份,无论是公司的股价还是公司本身的治理都会受到很大的影响,因此法律法规一般会限定证券投资基金的数量,即单个基金对某一证券的最高投资比例和同一基金管理公司旗下所有基金对某一证券的最高投资比例;另外,由于证券投资基金采用组合投资的方法,为防止单个证券的表现对基金的业绩影响过大,法律法规一般都规定了单个证券在基金资产中的比例限制。

我国对于证券投资基金投资数量的规定是:一只基金持有一家上市公司的股票,其市值不得超过基金资产净值的10%;同一基金管理人管理的全部基金持有一家公司发行的证券,不得超过该证券的10%;基金财产参与股票发行申购,单只基金所申报的股票数量不得超过拟发行股票公司本次发行股票的总量。

(三)基金管理公司的投资决策程序

由于证券投资基金运作的资金量大,必须采取组合投资的方式,因此它的投资过程必须经过科学的决策。盲目投资和随意决策将使基金面临很大的风险,并严重损害基金持有人的利益。

一般来说,基金管理公司内部都会设立一个投资决策委员会,领导投资决策程序的运行。除了投资决策委员会以外,在进行决策和投资的过程中,通常涉及基金管理公司内部的各个部门。一个科学的决策和投资程序一般由下列步骤构成。

(1)研究部、投资部和金融工程部通过自身研究或参考外部研究机构的报告,提交宏观经济分析、行业分析、公司分析、市场分析和数据模拟等报告,以供投资决策委员会进行参考。

(2)投资决策委员会定期召开决策会议,对提交的报告进行分析,制订投资策略,并提出资产组合,并确定买卖时机。

(3)基金的投资部门根据投资决策委员会的建议,参考研究报告,筛选出备选证券池,拟定资产组合,并确定买卖时机。

(4)基金交易员根据投资部门的指令,在适当的时机和价格附近买卖证券,并根据投资方案的变化不断调整股票组合。

(5)基金管理公司内部设立的风险控制委员会根据市场变化监控基金在投资过程中的实时风险,并提出必要的建议和警示。

需要注意的是,以上步骤并不完全是逐一顺次进行的,有时各步骤之间存在着交叉运行和反馈机制。比如基金的投资部门在构建投资组合的过程中,需要及时向投资决策委员会报告实施情况,向风险管理委员会报告风险情况;基金交易员在交易过程中对市场出现的异常状况,需要及时向投资部门和风险控制委员会进行反馈。因此,基金管理公司的投资决策和实施过程需要公司各部门的互相配合,是一个不可分割的有机整体。

(四)证券投资基金面临的风险

任何投资都会面临一定的风险。证券投资基金面临的风险包括以下几方面:

(1)市场风险。基金投资于证券市场,而证券市场的价格受多种因素的影响、经常处于波动之中,从而使基金的净值和收益受到影响。

(2)管理风险。管理风险也称操作风险,主要是指由于基金管理人和基金托管人内部控制机制的不完善导致基金在投资时发生操作上的失误乃至违规,造成基金投资的损失。

(3)技术风险。技术风险主要来源于交易系统、通讯系统的故障。当技术风险发生时,可能导致投资者的交易指令不能及时提交、开放式基金投资者的申购或赎回无法及时完成、基金净值的揭示不能正常进行等不良后果。

(4)流动性风险。流动性风险也称巨额赎回风险,这是开放式基金特有的风险。当市场出现大幅下跌时,投资者预见到基金净值的下降,可能会要求赎回基金份额。如果基金没有足够的现金,只能通过抛售所持证券来满足投资者的赎回,这样势必使市场抛压增大,继续下跌,从而导致更大规模的赎回。一旦陷入这种市场下跌→赎回→市场继续下跌→更大规模赎回的恶性循环,基金份额就会急剧下降,严重的还会导致基金被迫清盘。

证券投资基金所面临的各种风险是交织在一起、互为因果的。市场风险可能导致流动性风险,流动性风险反过来又会加剧市场风险,因此,证券投资基金的风险管理是一项复杂的系统工程。

二、证券投资基金的收益、费用和分配

证券投资基金在投资过程中产生的收益在扣除相应的费用后,要将收益分配给基金持有人。

(一)证券投资基金的收益

证券投资基金的收益是指基金在运作过程中所产生的超过本金部分的价值。证券投资基金收益的主要来源是基金投资所得的红利、债券利息、证券买卖的资本利得、存款利息等。

1. 红利

红利是指上市公司税后利润中派发给普通股股东的投资回报。基金购买上市公司的普通股后,便获得了红利分配权。红利包括现金红利和股票红利两种。前者使基金的现金持有量增加,后者则增加了基金持有该股票的股份数。红利是股票型基金收益来源的重要组成部分。

2. 债券利息

债券利息是指基金投资于各种债券而定期取得的利息收入。债券利息是债券型基金和货币市场基金收益来源的重要组成部分。

3. 资本利得

狭义的证券资本利得是证券投资基金通过在较低价位买入证券并在较高价位卖出获得的收益。广义的资本利得包括已实现的资本利得和未实现的资本利得两类。已实现的资本利得就是狭义的资本利得,未实现的资本利得俗称账面"浮盈",是指基金所持证券的市场价高于成本的部分。未实现的资本利得也能使基金持有人受益,因为未实现的资本利得增加了基金的资产净值,使得持有人赎回时适用的赎回价高于其申购价。证券资本利得是所有基金收益来源的重要组成部分。

4. 存款利息

存款利息收入是指基金将现金存入银行所获得的利息收入。所有基金，特别是开放式基金会将一部分资产以现金的形式存放于银行。这部分存款所获得的利息也构成了基金收益的来源之一。

(二)证券投资基金的费用

证券投资基金的费用包括基金持有人的费用和基金运作费用两大类。基金持有人的费用是指基金持有人在投资于证券投资基金时所支出的费用，包括封闭式基金的佣金，开放式基金的认购费、申购费和赎回费等。基金运作费用是指证券投资基金在运作的过程中所支付的一系列费用，包括基金管理费、基金托管费以及其他一些费用。

1. 基金管理费

基金管理费是指从基金资产中提取的、支付给基金管理人的费用，即管理人为管理和操作基金而收取的费用。基金管理费通常按照前一个估值日基金净资产的一定比率(年率)逐日计提，累计至每月月底，按月支付。除了这种固定管理费率的模式外，有的基金会按固定费率加业绩提成的方式收取管理费。业绩提成是指与基金业绩挂钩的支付给基金管理人的费用。基金管理费费率的大小通常与基金规模成反比，与风险成正比。基金规模越大，风险越小，管理费率就越低；反之，则越高。不同国家及不同种类的基金，管理费率不完全相同。在美国，各种基金的年管理费率通常在基金资产净值的1%左右。在各种基金中，货币市场基金的年管理费率为最低，约为基金资产净值的0.25%~1%；其次为债券基金，约为0.5%~1.5%；股票基金居中，约为1%~1.5%；认股权证基金约为1.5%~2.5%。我国的封闭式基金都为股票型基金，管理费率均为1.5%；开放式基金中，股票型基金的管理费率通常为1%~1.5%，债券型基金的管理费率一般低于1%。基金管理费率由基金管理人确定。基金管理费通常从基金的红利、利息收益或从基金资产中扣除，不另外向投资者收取。

2. 基金托管费

基金托管费是指基金托管人因为保管和处置基金资产而向基金收取的费用。与基金管理费一样，托管费通常按照前一个估值日基金净资产的一定比率(年率)逐日计提，累计至每月月底，按月支付。基金托管费率与基金规模、基金类型有一定关系。通常基金规模越大，托管费率越低；基金的风险越大，托管费率越高。我国封闭式基金的托管费率为0.25%；开放式基金的托管费率一般也不高于0.25%。基金托管费率由基金管理人和基金托管人协商确定。

另外，证券投资基金的费用还包括基金买卖证券支付的印花税、佣金、过户费等交易费用以及基金在运作过程中支付的审计费、律师费、封闭式基金的上市年费、信息披露费、分红手续费、持有人大会费用、开户费等。

(三)证券投资基金的收益分配

证券投资基金的收益分配关系到基金投资者的利益和继续持有基金的信心，也关系到基金规模的稳定性。证券投资基金的收益扣除按照法律法规规定可以在基金收益中扣除的费用后的余额构成了基金净收益。基金净收益是基金收益分配的基础。

为了保障基金持有人的利益,各国的法律法规以及基金合同都对基金的收益分配作了明确的规定,其中包括收益分配的来源、比例、频率、方式等等。

证券投资基金收益分配的来源是基金净收益。如果基金净收益为负,即发生亏损,一般不得不进行分配。如果基金以前年度有亏损,则基金当年的净收益应当在弥补以前年度的亏损后再进行分配。

证券投资基金收益分配的比例是指基金净收益中有多少用于对基金持有人分配。由于证券投资基金不像生产性企业一样需要将收益留存,进行扩大再生产,因此法律法规规定的比例一般超过基金净收益的 90%。如美国规定基金必须将净收益的 95% 以上用于分配,我国封闭式基金的分配比例一般为 90%。

证券投资基金收益分配的频率是指基金在一段时间(如 1 年)内分配次数的多少及相邻两次分配间隔时间的长度。各个国家和地区对基金收益分配频率的规定各不相同。一般而言,货币市场基金 1 个月分配一次,债券型基金每季度分配一次,股票型基金则每半年或 1 年分配一次。基金收益的分配并不是越频繁越好。因为如果基金采取现金分配,分配前有可能需要大规模地卖出证券,从而会对证券市场产生压力,因此频繁的现金分配可能加剧证券市场的波动。

证券投资基金的分配方式是指基金采取何种形式进行分配。证券投资基金收益分配可以采取现金分红、分配基金份额和分红再投资三种形式。现金分红是最普遍的分配方式,即证券投资基金将现金直接汇入基金持有人的账户。分配基金份额是指将用于分配的净收益按一定的价格折算成新的基金份额分配给投资者,类似于股票的送红股,从而使基金保留现金,扩大基金的规模。分红再投资是指证券投资基金既不分配现金,也不分配基金份额,而是直接将净收益用于投资,即相当于没有发生分配;不过,在这种方式下,基金的净资产会增加,投资者间接获得了收益。

各国法律法规一般规定了基金应当采取的收益分配方式。基金在招募说明书和基金合同中一般还会给予投资者不同收益分配方式的选择权。

货币市场基金一般采取分配基金份额的方式,即随着货币市场基金不断取得收益,基金持有人所拥有的基金份额也不断增加,而基金的份额净值则维持不变。举例说明如下:假设某投资者以 1.00 元的份额净值申购了 1 000 份货币市场基金 A,一年后该本金实现了 3% 的收益。如果基金将这些收益全部用于分配,并且不考虑相应费用,那么投资者将多得到 30 份基金 A,共计持有 1 030 份基金 A,而基金 A 的份额净值仍为 1.00 元。

(四)证券投资基金的净值

证券投资基金的净值即净资产是指证券投资基金的总资产扣除总负债后的价值,即基金的权益。证券投资基金的总资产是指基金所拥有的各类证券的价值、银行存款本息、基金应收的申购基金款以及其他投资所形成的价值总和。证券投资基金的份额资产净值是指某一时点上每份基金份额实际代表的价值,即

$$基金份额资产净值 = \frac{基金总资产 - 基金总负债}{基金份额总数} \qquad (6.19)$$

例6.6 设某一时点上基金B的总资产为30亿元,基金总负债为10亿元,B基金共发行在外16亿份,计算基金B的份额资产净值。

$$资产净值/元 = \frac{30-10}{16} = 1.25$$

基金份额资产净值是衡量基金经营业绩的主要指标,也是基金份额交易价格的内在价值和计算依据。开放式基金份额的申购或赎回价格直接按基金份额资产净值计价;封闭式基金在交易所挂牌上市,其二级市场价格会偏离份额净值,形成溢价或折价交易,但体现其内在价值的还是基金份额净值。

三、证券投资基金的绩效评价

证券投资基金作为一种投资工具,其收益和风险水平与金融市场中其他金融工具的收益风险水平是否有差异,证券投资基金的收益能否战胜市场指数,不同类型的证券投资基金或是同一类型的证券投资基金中的不同基金的收益风险水平是否有差异,证券投资基金有没有选择市场时机的能力、选择行业的能力、选择个股的能力,证券投资基金的投资是否表现出不同的风格,以上这些问题都是证券投资基金绩效评价所要解决的问题。

证券投资基金的绩效评价是一项系统工程。从完整的意义上说,基金的绩效评价应该包括基金业绩持续性的检验、各种基金绩效指标的计算和各种基金绩效指标一致性的检验三个步骤。

(一)证券投资基金绩效评价的步骤

1. 基金业绩持续性的检验

基金业绩的持续性是指同一个基金在不同时间段内业绩表现的一致性。基金业绩的持续性分为绝对持续性和相对持续性。绝对持续性表现为以前能取得超额收益的基金在当期仍能取得超额收益。相对持续性则表现为同一个基金样本中,以前业绩排序靠前的基金,在当期业绩排名仍靠前。基金业绩持续性的检验是证券投资基金绩效评价的前提。因为如果基金的业绩不具备持续性,那么,以前绩效好的基金未必今后绩效就好,基金的绩效评价对预测未来绩效和指导投资就毫无意义,甚至可以说基金绩效评价就没有必要了。

2. 基金绩效指标的计算

基金绩效指标的计算是基于现代证券投资理论计算出代表基金绩效的一些数量指标。这些指标的绝对大小一般反映了基金绩效与业绩基准绩效的关系,其相对大小则反映了基金之间的优劣。

3. 基金绩效指标一致性的检验

基金绩效评价的最后一步是检验绩效指标之间的一致性。不同的绩效指标会对同一个基金给出不同意义的数据,这给比较基金绩效和业绩基准绩效带来了困难。更重要的是,在对多个基金的绩效进行排序时,不同的绩效指标给出的排序结果并不完全一致甚至大相径庭。因此,证券投资基金绩效评价工作的最后步骤必须要综合考虑各绩效指标之间的一致性和差异性。

(二)证券投资基金绩效评价的三大传统指标

评价某一基金的绩效必须有业绩基准作为参照物。业绩基准是指度量基金绩效的相对参照物,一般为某一有代表性的证券组合或市场指数。单独看一个基金绝对收益的大小是没有意义的。例如,一个基金实现30%的年收益率,在整个市场仅实现30%年收益率的情况下,代表了相当好的绩效,但是如果整个市场实现了50%的年收益率,该基金的表现就不尽如人意了。又如,如果基金和业绩基准取得一样的收益,但基金的风险大于业绩基准的风险,就不能认为该基金的表现与业绩基准相同。因此,选择合适的业绩基准、准确度量其收益和风险是计算基金绩效指标的首要环节。

传统的三大基金绩效评价指标有特雷诺比率、夏普比率、詹森测度,它们的思路就是通过衡量基金的收益与风险、基金风险与业绩基准的收益来考查基金是否获取了超额收益、是否将风险控制在一定范围内。这些指标对基金所构建投资组合的风险类别和风险水平的假设不尽相同,因此存在着不同的形式。

特雷诺比率、夏普比率和詹森测度作为传统的三种基金绩效评价指标,在实践中得到了广泛的应用。然而由于三种指标适用的假设前提不一样,在对同一组基金的绩效进行排序时,按三种指标各自得到的结果可能不完全一致。究其原因,主要是因为三种指标对基金承担风险的假设不完全相同。夏普比率假设基金的风险包含系统风险和非系统风险;而特雷诺比率和詹森测度假设基金的投资组合已经消除了非系统风险,只含有系统风险。如果基金已经完全分散了非系统风险,则夏普比率和特雷诺比率的评价结果是一致的。因此,夏普比率一般适用于投资组合不是很分散的基金,特雷诺比率和詹森测度比较适用于投资组合接近于市场组合的基金。

三种传统的绩效评价指标都有一定的合理性,但也存在着一些不足,主要表现在下面四点。

(1)经济意义不够直观、明确。夏普比率和特雷诺比率在数值上难以进行直观的经济解释,特别是当基金的平均收益低于无风险收益时,夏普比率和特雷诺比率为负值,在基金风险溢价相同时,基金的风险越大,基金的夏普比率和特雷诺比率反而越大,这很难进行合理的解释。

(2)需要满足很多假设,但这些假设在实际中很难成立。比如詹森测度以资本资产定价模型为基础,但是资本资产定价模型有诸多假设,这些假设在现实中难以满足。

(3)不能直接反映基金经理的选股能力和择时能力。这三种指标只是笼统地将基金的绩效与业绩基准进行比较,却并没有分析基金在选股和择时方面的差异,即没有分析不同绩效的形成原因。

(4)难以给出基金的总体评价。三种传统的基金绩效评价指标从各自不同的角度对基金风险调整收益进行评价,评价的结果并不完全相同,有时甚至差别很大。人们很难在其基础上将这些评价结果很好地结合起来,从而给出对基金的总体评价;同时,基金的绩效还应该综合考虑其费率、流动性等,传统指标显得不够全面。

【知识库】

基金季报

基金季报是基金最常见和常规的运作报告,也是投资者加强对基金产品了解和认识的重要依据。如果决定开始介入基金投资或正持有基金,就不妨认真阅读探究一下基金季度报告所蕴藏的丰富基金信息。读懂季报知悉基金,也是真正做到对自己的资产负责。

一看投资组合。基金季报披露的是占基金净值前十名的重仓股明细和按行业分类的股票投资组合(债券和货币基金除外)。这是考察基金投资风格和选股思路的重要依据,从重仓个股的行业和特征可以在一定程度上看出基金经理的投资偏好。例如某只基金的前十大重仓股大半是大盘蓝筹股且变化很小,那可以基本判定这只基金的投资风格趋于稳健。你还可以通过持股集中度来看基金投资的分散度。

二看投资策略。在基金对于市场展望的阐述中,投资者可以清晰地了解该基金的投资思路,以及对市场的分析和行业的配置策略等,作为自己投资的参考。

三看基金的份额变化情况。基金规模过大或者规模过小,对基金的投资组合流动性、投资风格、投资难度等都会存在不利影响,值得引起投资者注意。同时基金份额变化如果过于剧烈,意味着出现了大规模的申购与赎回,投资者可以结合市场情况去了解一下出现变动的原因。

四看基金净值表现。在诸多净值指标中,基金净值增长指标(包括净值增长率和累计净值增长率)是目前较为合理的评价基金业绩表现的指标。投资者通过将其与同期基金业绩比较基准收益率进行比较,可以了解基金实际运作与基金合同规定基准的差异程度,从而大致判断基金的运作绩效。

作为一只基金的季度"成绩单",季度报告可以让投资者对该基金有一个比较清楚全面的认识,同时也可据此与其他基金进行初步的横向比较。但投资者也应该清醒认识到,过往的业绩并不能代表其未来的收益,更不能简单地以一个季度的业绩论英雄。

资料来源:中国基金网 2011-04-18(www.chinafund.cn)

本 章 小 结

1. 证券投资基金是指通过发售基金份额,将众多投资者分散的资金集中起来形成独立财产,交给基金托管人托管,由基金管理人分散投资于股票、债券或其他金融资产,并将投资收益分配给基金份额持有人的集合投资方式。证券投资基金的性质主要有:体现了一种信托关系,是一种受益凭证,是一种间接投资工具。

2. 契约型基金的当事人有基金持有人、基金管理人和基金托管人。基金合同载明了三方当事人各自的权利和职责。基金份额持有人大会是契约型基金的最高权力机构。基金持有人和基金管理人、基金持有人和基金托管人的关系都是委托人和受托人的关系。基金管理人和基金托管人是相互监督、相互制衡的关系。

3. 证券投资基金根据组织形式的不同,可以分为契约型基金和公司型基金;根据基金规模是否固定,可以分为封闭式基金和开放式基金;根据募集方式的不同,可以分为公募基金和私募基金;根据投资目标的不同,可分为收入型基金、成长型基金和平衡型基金;根据投资对象的不同,可以分为股票型基金、债券型基金、混合基金和货币市场基金;根据资金来源或资金投向的地域不同,可以分为国内基金、国家基金、区域基金和国际基金。其他特殊类型的基金包括对冲基金、指数基金、伞形基金、基金中的基金、保本基金、专门基金、交易所交易基金(ETF)、上市型基金、开放式基金等。ETF是近年来金融市场最重要的创新,其特征有双重交易机制、套利机制和复制指数等。

4.证券投资基金市场的运行分为基金发行和基金交易两个阶段。基金的发行要经过申请、核准、发售、备案和公告四个步骤。封闭式基金的发行一般通过证券交易所的网络系统以及网下配售进行。开放式基金的认购一般在基金管理公司的直销中心、商业银行以及证券公司进行。开放式基金的认购采取金额认购的方式,并需缴纳认购费。开放式基金认购费用的确定和认购份额的计算分金额费率法和净额费率法两种。

5.封闭式基金在证券交易所交易,其交易特征与股票交易相类似。开放式基金的申购和赎回在基金投资者和基金管理人之间进行。开放式基金的申购以份额申请,赎回以份额申请。开放式基金的申购和赎回须分别缴纳申购费和赎回费。开放式基金的申购价和赎回价适用的是"未知价",即当日证券市场收盘后开放式基金的份额净值。开放式基金申购份额的确定也分金额费率法和净额费率法两种。开放式基金投资者赎回基金所得到的净支付为赎回金额减去赎回费用。开放式基金面临巨额赎回时,基金管理人可以延期办理或暂停赎回。

6.证券投资基金的收益包括红利、债券利息、资本利得、存款利息等。证券投资基金的费用包括基金持有人的费用和基金运作费用。基金运作费用包括基金管理费、基金托管费以及其他一些费用。基金净收益是基金分配收益的基础。基金收益分配可以采取现金分红、分配基金份额和分红再投资三种形式。

思 考 题

一、单项选择题

1.证券投资基金诞生于( )。
   A.美国　　　　　B.英国　　　　　C.德国　　　　　D.意大利
2.根据组织形式的不同,证券投资基金可分为( )。
   A.公司型基金和契约型基金　　　　B.封闭式基金和开放式基金
   C.公募基金和私募基金　　　　　　D.股票型基金和债券型基金
3.以追求资本的长期增值为目标的证券投资基金是( )。
   A.收入型基金　　B.平衡型基金　　C.成长型基金　　D.配置型基金
4.( )设立的动机是源于资本市场的有效性。
   A.保本基金　　　B.对冲基金　　　C.基金中的基金　D.指数基金
5.开放式基金的认购费率一般随基金风险的增加而( ),随认购金额的增加而( )。

A. 增加,增加　　　B. 增加,减少　　　C. 减少,增加　　　D. 减少,减少

6. 开放式基金申购和赎回时适用的价格是(　　)。
   A. 当日证券市场收盘后开放式基金的份额净值
   B. 当日证券市场开盘时开放式基金的份额净值
   C. 上一个交易日收盘后开放式基金的份额净值
   D. 上一个交易日开盘时开放式基金的份额净值

7. 下列不属于证券投资基金的当事人是(　　)。
   A. 基金持有人　　B. 基金管理人　　C. 基金托管人　　D. 证券交易所

8. 开放式基金特有的风险是(　　)。
   A. 巨额赎回风险　　B. 市场风险　　C. 管理风险　　D. 技术风险

9. 下列基金中基金管理费最低的是(　　)。
   A. 股票型基金　　B. 债券型基金　　C. 货币市场基金　　D. 衍生工具基金

二、多项选择题

1. 证券投资基金的性质包括(　　)。
   A. 证券投资基金体现了一种信托关系
   B. 证券投资基金是一种受益凭证
   C. 证券投资基金是一种直接投资工具
   D. 证券投资基金是一种间接投资工具

2. 开放式基金和封闭式基金的区别有(　　)。
   A. 开放式基金规模固定,封闭式基金不固定
   B. 开放式基金是公司型基金,封闭式基金是契约型基金
   C. 开放式基金一般没有存续期,封闭式基金有一定的存续期
   D. 开放式基金一般不在证券交易所交易,封闭式基金在证券交易所交易

3. 伞形基金的特点是(　　)。
   A. 各子基金之间可以相互转换
   B. 各子基金之间相互转换的费用较高
   C. 各子基金的运作一般是独立的
   D. 各子基金的投资对象一般有较大的差异

4. 假设某一刻 ETF 的份额净值为 1.17 元,其二级市场的价格为 1.2 元,ETF 在二级市场的最小申购赎回份额为 100 万份,则一个完整的套利过程由(　　)构成。
   A. 在 ETF 的二级市场上以 1.2 元卖出 100 万份 ETF
   B. 在股票市场上买入价值为 117 万元的一篮子 ETF 成份股票
   C. 以 1.17 元申购 100 万份 ETF
   D. 以 1.2 元申购 100 万份 ETF

5. 下列有关开放式基金申购的说法正确的有(　　)。

A. 开放式基金的申购需要缴纳申购费
B. 股票型基金的申购费率一般高于债券型基金的申购费率
C. 开放式基金的申购以金额申请
D. 开放式基金申购时所适用的价格为前一日的基金份额净值

6. 下列关于基金份额持有人大会的说法不正确的有(　　)。
   A. 基金份额持有人大会是公司型基金的最高权力机构
   B. 基金份额持有人大会负责审议有关基金的重大事项
   C. 基金份额持有人所审议的事项一般只有经出席大会的基金份额持有人所持表决权的半数以上同意才能通过
   D. 基金份额持有人大会一般由基金份额持有人召集

7. 证券投资基金的收益来源有(　　)。
   A. 股票红利　　　B. 债券利息　　　C. 资本利得　　　D. 存款利息

8. 下列四只基金其份额净值从高到低排列依次为(　　)。

	A	B	C	D
基金总资产/亿元	20	25	18	45
基金总负债/亿元	5	4	2	15
基金发行在外份数/亿份	20	14	10	12

三、计算题

某基金 2011 年 3 季度报告

期末基金资产组合情况	2011 年 3 季度	
	金额/元	占基金总资产的比例/%
股票	2 206 294 709.99	73.72
债券	584 280 296.64	19.52
权证	57 480 000.00	1.92
银行存款及清算备付金合计	59 546 419.11	1.99
其他资产	85 184 146.90	2.85
总资产合计	2 992 785 572.64	100.00
总负债合计	130 634 786.55	?
期末基金资产净值	2 862 150 786.09	?
期末基金份额总额	1 877 938 465.94	?
期末基金份额净值	?	?

基金每日的单位净值和累计净值对投资者来说是非常重要的,因为在日常的基金买卖过程中,我们都是以净值作为投资基金的价格参考。基金日报在每天的基金网站上都会公布前一天的基金净值,由于当天的基金净值只有等到股市 15:00 收盘后才能计算出来,最快也要到 18:00 才能发布,这主要取决于各基金管理公司网站更新速度的快慢。

那么,基金净值又是如何计算出来的呢？由于基金发行总额每天都在变化,基金净值也会发生相应的变化。根据某基金 2011 年 3 季度报告的资产组合,说明基金净值的计算过程,并写出资产净值、期末基金份额总额的公式和期末基金份额净值的公式和数值计算。

【阅读资料】

私人股权投资(又称私募股权投资或私募基金,Private Fund),是一个很宽泛的概念,用来指称对任何一种不能在股票市场自由交易的股权资产的投资,是私下或直接向特定群体募集的资金。与之对应的公募基金(Public Fund)是向社会大众公开募集的资金。人们平常所说的基金主要是共同基金,即证券投资基金。在中国金融市场中常说的"私募基金"或"地下基金",往往是指相对于受中国政府主管部门监管的,向不特定投资人公开发行受益凭证的证券投资基金而言,是一种非公开宣传的,私下向特定投资人募集资金进行的一种集合投资。其方式基本有两种,一是基于签订委托投资合同的契约型集合投资基金,二是基于共同出资入股成立股份公司的公司型集合投资基金。

2014 年 12 月 31 日,在保险业界,伴随 2015 年脚步声到来的是保险资金运用一个紧接着一个的细化方案的"落地"。元旦前夕,保监会批准保险资金设立私募基金,专项支持中小微企业发展。2015 年 12 月 23 日消息,17 家商业银行的私募基金管理人资格将被撤回。财新网报道称,多家商业银行收到银监会窗口通知,监管部门将依法撤回在中国证券投资基金业协会的备案资格。

私募在中国是受严格限制的,因为私募很容易成为"非法集资",两者的区别就是:是否面向一般大众集资,资金所有权是否发生转移,如果募集人数超过 50 人,并转移至个人账户,则定为非法集资,非法集资是极严重经济犯罪,可判死刑,如浙江吴英、德隆唐万新、美国麦道夫。私募房地产投资基金(现较少,如金诚资本、星浩投资)、私募股权投资基金(即 PE,投资于非上市公司股权,以 IPO 为目的,如鼎辉、弘毅、KKR、高盛、凯雷、汉红)、私募风险投资基金(即 VC,风险大,如联想投资、软银、IDG)公募基金如大成、嘉实、华夏等基金公司是证券投资基金,只能投资股票或债券,不能投资非上市公司股权,不能投资房地产,不能投资有风险企业,而私募基金可以。

私募基金的背景

私募股权基金起源于美国。19 世纪末 20 世纪初,有不少富有的私人银行家通过律师、会计师的介绍和安排,将资金投资于风险较大的石油、钢铁、铁路等新兴产业,这类投资完全是由投资者个人决策,没有专门的机构进行组织,这就是私募股权基金的雏形。

国际私募股权投资基金经过 50 多年的发展,成为仅次于银行贷款和 IPO 的重要融资手段。国际私募股权投资基金规模庞大,投资领域广阔,资金来源广泛,参与机构多样。西方国家私募股权投资基金占其GDP份额已达到4%~5%。迄今为止,全球已有数千家私募股权投资公司,黑石、KKR、凯雷、贝恩、阿波罗、德州太平洋、高盛、美林等机构是其中的佼佼者。

私募与公募的区别

(1)募集的对象不同。公募基金的募集对象是广大社会公众,即社会不特定的投资者。而私募基金募集的对象是少数特定的投资者,包括机构和个人。

(2)募集的方式不同。公募基金募集资金是通过公开发售的方式进行的,而私募基金则是通过非公开发售的方式募集,这是私募基金与公募基金最主要的区别。

(3)信息披露要求不同。公募基金对信息披露有非常严格的要求,其投资目标、投资组合等信息都要披露。而私募基金则对信息披露的要求很低,具有较强的保密性。

(4)投资限制不同。公募基金在投资品种、投资比例、投资与基金类型的匹配上有严格的限制,而私募基金的投资限制完全由协议约定。

(5)业绩报酬不同。公募基金不提取业绩报酬,只收取管理费。而私募基金则收取业绩报酬,一般不收管理费。对公募基金来说,业绩仅仅是排名时的荣誉,而对私募基金来说,业绩则是报酬的基础。

私募基金和公募基金除了一些基本的制度差别以外,在投资理念、机制、风险承担上都有较大的差别。

投资门槛

2014年7月11日,证监会正式公布《私募投资基金监督管理暂行办法》中对合格投资者单独列为一章明确的规定。明确私募基金的投资者金额不能低于100万元。

根据新要求的"合格投资者"应该具备相应的风险识别能力以及风险承担能力。投资于单只私募基金的金额不能低于100万元。投资者的个人净资产不能低于1 000万元以及个人的金融资产不能低于300万元,还有就是个人的最近三年平均年收入不能低于50万元。

因为考虑到企业年金、慈善基金、社保基金以及依法设立并且受到国务院金融监督管理机构监管的投资计划等机构投资者均都具有比较强的风险识别能力和风险承受能力。私募基金管理人以及从业人员对其所管理的私募基金的充分了解,因此也被认可为合格的投资者。

资料来源:百度百科(http://baike.baidu.com)

第七章
Chapter 7

外汇市场

【学习目的与要求】

本章主要介绍外汇的构成及交易方式,通过本章的学习,使学生了解外汇市场的含义、功能,了解世界主要外汇市场的运行状况,在此基础上掌握即期交易、远期交易、掉期交易、套汇交易、套利交易等外汇市场的交易方式。

【案例导入】

成功在港发行首批人民币企业债券的香港合和公路基建表示,已获批将内地合营公司现金股息以人民币汇入香港。分析人士指出,此举或是人民币国际化进程中的一步,有利于离岸人民币市场建设。

合和公路董事总经理胡文新透露,2010年4月份开始其内地业务的现金股息已直接以人民币汇出,而不像过去那样需要先结汇成港元或美元。目前公司的人民币现金占比已达10%。"这是去年金融海啸之后,中国加快人民币国际化进程决心的体现。"恒生银行高级经理兼投资顾问服务主管陆庭龙认为,"在香港人民币存款的基础上,如果将来H股的股东可以拿到人民币股息,将增加香港的人民币存量。"此前即有本地媒体报导称,中信泰富主席常振明与分析员会晤时透露,中国人民银行已准许该公司无须将人民币先结汇并转为港元,便可直接以人民币汇出至香港,并停留在港使用。但陆庭龙也提到,对公司来讲,是否将现金股息以人民币形式汇到香港仍要根据实际情况决定,考虑成本和资金调配。如果经济活动大部分在内地进行,人民币汇到香港后投资渠道反而缩窄了。合和公路本周成功发行香港首支人民币企业债,该两年期债券发行金额为13.8亿元人民币,票面息率2.98%,每半年付息一次.募得的资金将用于发展和开拓其在珠江三角洲西岸干道第III期项目投入资本金等。银行界人士表示,现阶段难以估计实质留港人民币金额多寡,但因红筹公司涉及的项目利润和规模,一般较进出口贸易额为大,若有关资金可以人民币汇至香港,有利于推动香港人民币货币供应余额,即增加人民币在海外的存量。不过,亦有分析人士指出,如果合和此举仅为特批,则影响不会太大。

第一节 外汇市场概述

一、外汇和汇率

(一)外汇

外汇(foreign exchange),即国际汇兑,是国际经济活动得以进行的基本手段,是国际金融最基本的概念之一。我们可以从动态(dynamic)和静态(static)两个不同的角度理解外汇的含义。

动态的外汇,是指把一国货币兑换为另一国货币以清偿国际债权债务关系的实践活动或过程。从这个意义上说,外汇同于国际结算。

静态的外汇,是指国与国之间为清偿债权债务关系而进行的汇兑活动所凭借的手段和工具。静态的外汇概念是从动态的汇兑行为中衍生出来并广为运用的,它又有广义与狭义之分。各国外汇管理法令所称的外汇就是广义的外汇。如我国1996年1月29日颁布、并于同年4月1日开始实施的《中华人民共和国外汇管理条例》第三条规定,外汇是指以外币表示的可以用作国际清偿的支付手段和资产,它们是:①外国货币,包括纸币、铸币;②外汇支付凭证,包括票据、银行存款凭证等;③外币有价证券,包括政府债券、公司债券、股票等;④特别提款权;⑤其他外汇资产。而狭义的外汇,也就是我们通常所说的外汇,它是指外国货币或以外国货币表示的能用于国际结算的支付手段。

由此可见,不是所有的外国货币都能成为外汇的。一种外币成为外汇有三个前提条件:第一,自由兑换性,即这种外币能自由地兑换成本币;第二,可接受性,即这种外币在国际经济交往中被各国普遍地接受和使用;第三,可偿性,即这种外币资产是能得到补偿的债权。这三个前提条件即外汇的三大特征,只有满足这三个条件或符合这三个特征的外币及其所表示的资产才是外汇。

(二)汇率

外汇汇率(foreign exchange rate)又称外汇汇价,是一个国家的货币折算成另一个国家货币的比率,即两种不同货币之间的折算比率。也就是,在两国货币之间,用一国货币所表示的另一国货币的相对价格。

当前外汇交易中,汇率的标价方法主要有三种:直接标价法、间接标价法和美元标价法。直接标价法(direct quotation)是以一定单位的外国货币作为标准,折算为一定数额的本国货币来表示其汇率。目前世界上绝大多数国家都采用直接标价法。例如,我国2011年2月11日公布的外汇牌价中,按中间价报每100美元兑换人民币659.52元,这一标价方法就是直接标价法。间接标价法(indirect quotation)是以一定单位的本币为标准,折算成若干单位外币的一种汇率表示方法。英镑、美元多采用间接标价。美元标价法(US dollar quotation)是非本币之间以一种国际上的主要货币或关键货币(key currency)来作为汇价标准的标价方法。世界各金融中心的国际银行所公布的外汇牌价,都是以美元对其他主要货币的汇率。非美元货币之间的汇率则通过各自对美元的汇率套算。美元标价法作为报价的基础,目前各大国际金融中心已普遍使用。

二、外汇市场定义及特点

外汇市场(foreign exchange market)是指经营外币和以外币计价的票据等有价证券买卖的市场,是金融市场的主要组成部分。国际上由于贸易、投资、旅游等经济往来,而产生货币的收支关系。但各国货币制度不同,要想在国外支付,必须先以本国货币购买外币;与此同时,从国外收到外币支付凭证也必须兑换成本国货币才能在国内流通。这样就发生了本国货币与外国货币的兑换问题。

一个国家中央银行为执行外汇政策,调节外汇汇率,会参与外汇的买卖。另外买卖外汇的商业银行、专营外汇业务的银行、外汇经纪人、进出口商,以及其他外汇供求者都经营各种现汇交易及期汇交易,这一切外汇业务组成一国的外汇市场。

近年来,外汇市场之所以能为越来越多的人所青睐,成为国际上投资者的新宠,这与外汇市场本身的特点密切相关。外汇市场的主要特点是:

1. 有市无场

西方工业国家的金融业基本上有两套系统,即集中买卖的中央操作和没有统一固定场所的行商网络。股票买卖是通过交易所买卖的。像纽约证券交易所、伦敦证券交易所、东京证券交易所,分别是美国、英国、日本股票主要交易的场所,集中买卖的金融商品,其报价、交易时间和交收程序都有统一的规定,并成立了同业协会,制定了同业守则。投资者则通过经纪公司买卖所需的商品,这就是"有市有场"。而外汇买卖则是通过没有统一操作市场的行商网络进行的,它不像股票交易有集中统一的地点。但是,外汇交易的网络却是全球性的,并且形成了没有组织的组织,市场是由大家认同的方式和先进的信息系统所联系,交易商也不具有任何组织的会员资格,但必须获得同行业的信任和认可。这种没有统一场地的外汇交易市场被称之为"有市无场"。目前全球外汇市场每天成交额约为4万亿~5万亿美元。如此庞大的巨额资金,就是在这种既无集中的场所又无中央清算系统的管制,以及没有政府的监督下完成清算和转移的。

2. 循环作业

由于全球各金融中心的地理位置不同,亚洲市场、欧洲市场、美洲市场因时间差的关系,连成了一个全天24小时连续作业的全球外汇市场(见表7.1)。只有星期六、星期日以及各国的重大节日,外汇市场才会关闭。这种连续作业,为投资者提供了没有时间和空间障碍的理想投资场所,投资者可以寻找最佳时机进行交易。比如,投资者若在上午纽约市场上买进日元,晚间中国香港市场开市后日元上扬,投资者在中国香港市场卖出,不管投资者本人在哪里,他都可以参与任何市场,任何时间的买卖。因此,外汇市场可以说是一个没有时间和空间障碍的市场。

表7.1 世界主要外汇交易市场开收盘时间表

地区	市场	当地开收盘时间	非夏令时时段		夏令时(DST)	
			换算为北京时间的开收盘时间			
			开盘	收盘	开盘	收盘
大洋洲	惠灵顿	9:00~17:00	05:00	13:00	04:00	12:00
			2008/4/06~2008/9/28		2007/9/30~2008/4/06	
	悉尼	9:00~17:00	07:00	15:00	06:00	14:00
亚洲	东京	9:00~15:30	08:00	14:30	08:00	14:30
	中国香港	9:00~16:00	09:00	16:00	09:00	16:00
	新加坡	9:30~16:30	09:30	16:30	09:30	16:30
欧洲	法兰克福	9:00~16:00	16:00	23:00	15:00	22:00
	苏黎世	9:00~16:00	16:00	23:00	15:00	22:00
	巴黎	9:00~16:00	16:00	23:00	15:00	22:00
	伦敦	9:30~16:30	17:30	(次日)00:30	16:30	23:30
			2008/10/26~2009/3/29		2008/3/30~2008/10/26	
北美洲	纽约	8:30~15:00	21:00	(次日)04:00	20:00	(次日)03:00
	芝加哥	8:30~15:00	22:00	(次日)05:00	21:00	(次日)04:00

资料来源:和讯网外汇投资专栏(www.hexun.com)

3. 零和游戏

在股票市场上,某种股票或者整个股市上升或者下降,那么,某种股票的价值或者整个股票市场的股票价值也会上升或下降,例如某只股票价格从30元下跌到15元,这样该公司全部股票的价值也随之减少了一半。然而,在外汇市场上,汇价的波动所表示的价值量的变化和股票价值量的变化完全不一样,这是由于汇率是指两国货币的交换比率,汇率的变化也就是一种货币价值的减少与另一种货币价值的增加。比如在1985年《广场协议》前,1美元兑换240日元,目前,1美元兑换77日元,这说明日元币值上升,而美元币值下降,从总的价值量来说,变来变去,不会增加价值,也不会减少价值。因此,有人形容外汇交易是"零和游戏",更确切地说是财富的转移。近年来,投入外汇市场的资金越来越多,汇价波幅日益扩大,促使财富转移的规模也愈来愈大,速度也愈来愈快,以全球外汇每天4万亿美元的交易额来计算,上升或下跌1%,就是400亿的资金要换新的主人。尽管外汇汇价变化很大,但是,任何一种货币都不会变为废纸,即使某种货币不断下跌,然而,它总会代表一定的价值,除非宣布废除该种货币。

三、外汇市场的参与者

外汇市场的参与者,主要包括外汇银行、外汇银行的客户、中央银行、外汇交易商和外汇经纪商。

(一)外汇银行

外汇银行(exchange bank)又叫外汇指定银行,是指根据外汇法由中央银行指定可以经营外汇业务的商业银行或其他金融机构。外汇银行大致可以分为三类:专营或兼营外汇业务的本国商业银行;在本国的外国商业银行分行及本国与外国的合资银行;经营外汇业务的其他金融机构。我国的外汇指定银行包括了四大国有控股商业银行和交通银行等全国性的股份制商业银行,以及具有外汇经营资格的外资银行在华分支机构,目前各地方商业银行和信用社多数还不具备外汇指定银行的资格。

(二)外汇银行的客户

在外汇市场中,凡与外汇银行有外汇交易关系的公司和个人,都是外汇银行的供应者、需求者和投机者,在外汇市场上占有重要的地位。它们中既有为进行国际贸易、国际投资等经济交易而买卖外汇者,也有零星的外汇供求者,如国际旅游者、留学生等。我国外汇银行的顾客主要是有外汇需求的各类企业,由于生产经营和国际贸易的需要而产生了外汇的需求和供给。随着中国国门的开放和人们收入的普遍提高,个人在外汇交易中的地位开始变得越来越重要。

(三)外汇经纪商

外汇经纪商指介于外汇银行之间、外汇银行和其他外汇市场参与者之间,进行联系、接洽外汇买卖,从中赚取佣金的经纪公司或个人。目前中国外汇市场上外汇经纪商的角色已经出现,随着中国外汇市场的发展,外汇经纪商的作用将会逐步扩大。

(四)交易中心

大部分国家的外汇市场都有一个固定的交易场所,交易中心为参与交易的各方提供了一个有规则和次序的交易场所和结算机制,便利了会员之间的交易,促进了市场的稳定与发展。位于上海外滩的中国外汇交易中心是我国外汇交易的固定交易场所。

(五)中央银行与监管机构

外汇市场上另一个重要的参与者是各国的中央银行。这是因为各国的中央银行都持有相当数量的外汇余额作为国际储备的重要构成部分,并承担着维持本国货币金融市场的职责。随着中国外汇储备的逐步增加,中央银行在中国外汇市场的作用日益重要,大量的外汇储备成为中央银行干预外汇市场的重要保证。另外,由于外汇市场的重要性,各国一般由专门的监管机构来规范外汇市场的发展,我国外汇市场的监管机构为国家外汇管理局。

四、外汇市场的功能

外汇市场的功能主要表现在三个方面：

（一）实现购买力的国际转移

国际贸易和国际资金融通至少涉及两种货币，国与国之间债权债务关系的清算就需要不同货币的相互兑换，而这种兑换就是在外汇市场上进行的。外汇市场所提供的就是这种购买力转移交易得以顺利进行的经济机制，它的存在使各种潜在的外汇售出者和外汇购买者的意愿能联系起来。当外汇市场汇率变动使外汇供应量正好等于外汇需求量时，所有潜在的出售和购买愿望都得到了满足，外汇市场处于平衡状态。同时，由于发达的通讯工具已将外汇市场在世界范围内连成一个整体，使得货币兑换和资金汇付能够在极短时间内完成，购买力的这种转移变得迅速和方便。

（二）提供资金融通

外汇市场向国际间的交易者提供了资金融通的便利。外汇的存贷款业务集中了各国的社会闲置资金，从而能够调剂余缺，加快资本周转。外汇市场为国际贸易的顺利进行提供了保证，当进口商没有足够的现款提货时，出口商可以向进口商开出汇票，允许延期付款，同时以贴现票据的方式将汇票出售，拿回货款。外汇市场便利的资金融通功能也促进了国际借贷和国际投资活动的顺利进行。

（三）为外汇保值和投机提供场所

由于市场参与者对外汇风险的判断和偏好的不同，有的参与者宁可花费一定的成本来转移风险，而有的参与者则愿意承担风险以实现预期利润。由此产生了外汇保值和外汇投机两种不同的行为。在金本位制和固定汇率制下，外汇汇率基本上是平稳的，因而就不会形成外汇保值和投机的需要及可能。而在浮动汇率下，外汇市场的功能得到了进一步的发展，外汇市场的存在既为套期保值者提供了规避外汇风险的场所，又为投机者提供了承担风险、获取利润的机会。

【知识库】
外汇市场与股票、期货市场的优势对比

外汇市场与股票市场最大的不同在于，外汇市场不论在熊市或牛市、买方或卖方都有同样的获利机会。股票市场通常被视为是一个买方的市场，因为在相关的法律架构下，市场并不鼓励放空操作，但由于外汇的买卖方式会同时牵涉到一买一卖，因此就没有先买还是先卖的结构性问题。换句话说，不论市场的走势向上或向下，对外汇投资人而言，获利的机会都是均等的。

外汇市场与期货市场相比，成交的即时性及便利性大大提高，期货市场的每笔交易都有不同的成交日、不同的价格或是不同的合约内容。一笔期货的交易往往要等上半个小时才能成交，而且最后的成交价可能相差甚远。虽然现在有电子交易的辅助及限制成交的保证，但是市价单的成交仍是相当的不稳定。而外汇则能够提供稳定的报价和即时的成交，投资人可以用即时的市场报价成交，即使是在市场状况最繁忙的时候，无法成

交的情况。在期货市场中,成交价格的不确定是因为所有的下单都要通过集中的交易所来撮合,因此就限制了在同一个价位的交易人数、资金的流动与总成交金额。而外汇交易商的每个报价都是执行的,也就是说只要投资者愿意即可成交,不会出现有价而不成交的情况。

资料来源:亚洲外汇网(www.yzforex.com)

第二节　外汇市场交易方式

外汇市场交易方式品种繁多,本节主要介绍即期、远期、掉期、套汇、套利等传统外汇交易品种。至于一些新兴的外汇交易品种如外汇期货、外汇期权、互换等内容在第十章"金融衍生工具市场"当中予以详细介绍。

一、即期外汇交易

(一)即期外汇交易概念

即期外汇交易(spot transaction)也称为现汇交易,是指外汇银行与其客户或与其他银行之间的外汇买卖成交后,原则上于当日或在两个营业日内办理交割(即收付)的外汇业务。如图7.1所示。

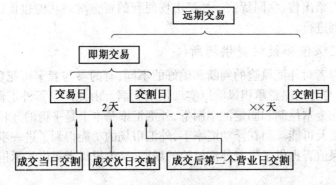

图7.1　即期交易交割示意图

理解这个概念需要我们从以下几个方面来把握:

(1)这里需要指出的是成交日是指达成买卖外汇协议日,而交割日是指实际办理外汇收付日。

(2)即期外汇交易的交割日包括三种情况:当日交割(value today)指在成交当日进行交割,如1989年前的中国香港市场。隔日交割(value tomorrow)指在成交后第一个营业日内交割。某些国家,如加拿大由于时差的原因采用这种方式。标准交割日(value spot)指在成交后第二个营业日交割。目前大多数的即期外汇交易都采取这种方式。

(3)在两个营业日间,如果出现假日,则交割日期顺延。不同外汇市场的交割习惯有所不同。如伦敦、纽约、苏黎世等欧美外汇市场的惯例是成交后第二个营业日办理交割;东京外汇市场是在成交后第一个营业日办理交割;中国香港外汇市场对港币与美元的兑换当日交割,对日元、新加坡元、马来西亚元和澳大利亚元次日交割,对其他币种在成交后第二个营业日办理交割。一般而言,居民和旅客的外币现钞、旅行支票及其他小额外汇交易,在当日成交和交割。银行同业间的外汇买卖,在两个营业日内收付。

(4)进行即期外汇买卖主要有以下几方面作用:一是可以满足临时性的付款需要;二是可以调整各种外汇的头寸比例,以避免汇价带来的风险;三是利用不同外汇市场汇率差进行投机活动。

(二)即期外汇交易应用

1. 顺汇方式的外汇买卖

顺汇(favourable exchange)是一种汇款方式,是指汇款人委托银行以某种信用工具(如汇票),通过其国外分行或代理行将款项付给收款人的一种支付方式。其过程是银行在国内收进本币,在国外付出外汇。因其汇兑方向与资金流向一致,称为顺汇。在顺汇方式下,客户用本国货币向外汇银行购买汇票,等于该银行卖出外汇。

顺汇所涉及的当事者有:

(1)汇款人(remitter),通常为债务人或付款人。

(2)收款人(payee),是指债权人或受益人。

(3)汇出行(remitting bank),是受汇款人委托向收款人汇款的银行。

(4)解付行(paying bank),是受汇出行委托,接收汇出行的汇款并向收款人解付款项的银行,也称汇入行。

汇出行与解付行的关系,是委托代理关系。银行收妥本币,卖出外汇后,按照客户的要求采用电汇、信汇和票汇方式通知债权人或收款人所在国的分支行或其代理行,按当天汇率将其外币存款账户上的一定金额的外汇支付给收款人。这样,该外汇银行在自己账户上增加了客户支付的本国货币,而在国外的外币账户存款却减少了相应的外币额。

顺汇的三种具体形式:

(1)电汇(Telegraphic Tansfer,T/T)。电汇是指汇出行用电报或电传通知解付行,指示它对收款人支付一定数量款项的一种汇款方式。

(2)信汇(Mail ransfer,M/T)。信汇是指汇出行邮寄信汇委托书(Advice of mail Transfer)给解付行,委托其解付行汇款的一种汇款方式。

(3)票汇(Demand Draft,D/D)。票汇是指汇出行开立的以解付行为付款人的银行即期汇票,指示国外解付行凭票向收款人支付一定金额款项的汇款方式。通常这种汇票可在外汇银行中买到。它可由购买者邮寄给收款人,也可直接带出国,凭票要求付款。购买汇票时,填写一份申请书即可。

2. 逆汇方式的外汇买卖

逆汇(adverse exchange)即托收方式,是指由收款人(债权人)出票,通过银行委托其国外分支行或代理行向付款人收取汇票上所列款项的一种支付方式。由于这种方式的资金流向与信用工具的传递方向相反,就称之为"逆汇"。

对外汇银行来说,在逆汇方式下,客户向银行卖出汇票,等于银行付出本币,买进外汇。外汇银行接受收款人的托收委托后,就应通知其国外分支行或代理行,按照当日汇率向付款人收取一定金额的外币并归入其开在国外银行的外汇账户上。其结果,该银行国内本币存款账户余额减少了,而在其外币存款账户上却增加了相应的外币金额。

二、远期外汇交易

(一)远期外汇交易的概念

远期交易(forward foreign exchange transaction)又称期汇交易,指外汇买卖成交后,根据合同规定,在约定的到期日,按约定的汇率办理收付交割的外汇交易。常见的远期交易时限主要是1个月、2个月、3个月、6个月或1年。

远期外汇交易的出现,给从事外贸交易的顾客提供了规避风险的渠道和手段。因为通常从事贸易的进、出口商,在报价完成到实际收付外汇之间,往往需要一段时间,而这段时间的汇率波动带来的风险便需要交易者自行承担。若进、出口商在取得合约时,便与银行做远期外汇锁定汇率,即可规避此汇率风险。

远期外汇买卖的特点是:

(1)双方签订合同后,无需立即支付外汇或本国货币,而是延至将来某个时间。

(2)买卖规模较大。

(3)买卖的目的,主要是为了保值,避免外汇汇率涨跌的风险。

(4)外汇银行与客户签订的合同须经外汇经纪人担保。此外,客户还应缴存一定数量的押金或抵押品。当汇率变化不大时,银行可把押金或抵押品抵补应负担的损失。当汇率变化使客户的损失超过押金或抵押品时,银行就应通知客户加存押金或抵押品,否则,合同就无效。客户所存的押金,银行视其为存款予以计息。

(二)远期外汇交易应用

远期外汇买卖交易应用体现在能为企业、银行、投资者规避风险,具体包括以下几个方面:

1. 进出口商通过买卖远期外汇交易,以避免汇率变动风险

汇率变动是经常性的,在商品贸易往来中,时间越长,由汇率变动所带来的风险也就越大,而进出口商从签订买卖合同到交货、付款又往往需要相当长时间(通常达30天~90天,有的更长),因此,有可能因汇率变动而遭受损失。进出口商为避免汇率波动所带来的风险,就会想尽办法在收取或支付款项时,按成交时的汇率办理交割。

【案例7.1】 某法国出口商向英国进口商出口价值100万英镑的商品,约定3个月后付款。双方签订合同日期为2011年2月13日,当天银行即时外汇行情1英镑兑换1.181 3欧元。按此汇率,出口该批商品可换得118.13万欧元。但3个月后,若欧元汇价升至1英镑兑换1.179 0,则出口商只可换得117.90万欧元,比按原汇率计算少赚了2 300欧元。可见欧元上升或英镑贬值将对法国出口商造成压力。因此法国出口商在订立买卖合同时，就按1英镑兑换1.180 0欧元的汇率，将3个月的100万英镑期汇卖出，即把双方约定远期交割的100万英镑外汇售给法国的银行，届时就可收取118万欧元的货款，从而避免了汇率变动的风险。

【案例7.2】　某一中国香港进口商向美国出口商买进价值10万美元的商品，约定3个月后交付款，双方签订合同日期为2011年2月13日，当天银行即时外汇行情为1美元兑换7.794 5港元，则该批货物买价为77.945万港元。但3个月后，美元升值，港元对美元的汇率为1美元兑换7.795 5，那么这批商品价款就上升为77.955万港元，进口商得多付出1 000港元。所以，香港的进口商为避免遭受美元汇率变动的损失，在订立买卖合约时就向美国的银行按1美元兑换7.795 0买进这3个月的美元期汇，以此避免美元汇率上升所承担的成本风险，因为届时只要付出77.95万港元就可以了。

2. 外汇银行为了平衡外汇头寸而进行远期交易

远期外汇持有额就是外汇头寸（foreign exchange position）。前面我们讨论了进出口商为避免外汇风险而进行期汇交易，实质上就是把汇率变动的风险转嫁给外汇银行。外汇银行之所以有风险，是因为它在与客户进行了多种交易以后，会产生一天的外汇"综合持有额"或总头寸（overall position），而银行往往难以实现买卖平衡，必然会出现外汇的多头或空头。这样，外汇银行就处于汇率变动的风险之中。为此，外汇银行就设法把它的外汇头寸予以平衡，即要对不同期限不同货币头寸的余缺进行抛售或补进，由此求得期汇头寸的平衡。

3. 远期外汇投机

在没有外汇管制的情况下，如果一国的利率低于他国，该国的资金就会流往他国以谋求高息。假设在汇率不变的情况下纽约投资市场利率比伦敦高，两者分别为3.8%和2.2%，则英国的投资者为追求高息，就会用英镑现款购买美元现汇，然后将其投资于3个月期的美国国库券，待该国库券到期后将美元本利兑换成英镑汇回国内。这样，投资者可多获得1.6%的利息，但如果3个月后，美元汇率下跌，投资者就得花更多的美元去兑换英镑，因此就有可能换不回投资的英镑数量而遭受损失。为此，英国投资者可以在买进美元现汇的同时，卖出3个月的美元期汇，这样，只要美元远期汇率贴水不超过两地的利差（1.6%），投资者的汇率风险就可以消除。当然如果超过这个利差，投资者就无利可图而且还会遭受损失。

（三）远期汇率的报价方法

即期汇率（spot exchange rate）又称现汇汇率，是指外汇买卖的双方在成交后的两个营业日内办理交割手续时所使用的汇率。远期汇率（forward exchange rate）又称期汇汇率，是指外汇买卖的双方事先约定在未来某一时间办理交割时所使用的汇率。

银行一般都直接报出即期汇率，但对于远期汇率则有两种报价方法，一种方法叫完整汇率（outright rate）报价方法又称直接报价方法，是直接将各种不同交割期限的远期买入价、卖出价完整地表示出来，此种报价方法与即期汇率报价方法相同。

例如：某日伦敦外汇市场英镑兑美元的汇率为：

即期汇率	1个月远期汇率	3个月远期汇率	6个月远期汇率
1.620 5/15	1.623 5/50	1.626 5/95	1.634 5/90

这种方法通常用于银行对客户的报价上。在银行同业交易中,瑞士、日本等国也采用这种方法。该种方法一目了然,但也有其缺陷,如改动比较费事。因此在银行同业间往往采用另一种方法,即远期差价报价方法。

远期差价报价方法,又称掉期率(swap rate)或点数汇率(points rate)报价方法,是指不直接公布远期汇率,而只报出即期汇率和各期的远期差价,然后再根据即期汇率和远期差价来计算远期汇率。某一时点上远期汇率与即期汇率的汇率差称为掉期率或远期价差,这种远期价差又可分为升水和贴水两种。升水(premium)表示远期汇率比即期汇率高,或期汇比现汇贵;贴水(discount)表示远期汇率比即期汇率低,或期汇比现汇便宜。还有一种情况叫平价(at par),表示远期汇率与即期汇率相同。升贴水的幅度一般用点数来表示。

如某日伦敦外汇市场英镑兑美元的远期汇率为:

即期汇率	1个月远期汇率	3个月远期汇率	6个月远期汇率
1.620 5/15	20/35	60/80	140/175

用远期差价或掉期率来表示远期汇率的方法简明扼要。因为虽然在即期汇率变动的同时,远期汇率也进行着相应变动,但通常远期差价比较稳定,用远期差价或掉期率报价比直接报价方法要省事。

不同的报价方法,远期汇率的计算方法不一样。完整汇率报价方法下远期汇率计算如下:

直接标价法:　　　　远期汇率＝即期汇率＋升水点数
　　　　　　　　　　远期汇率＝即期汇率－贴水点数
间接标价法:　　　　远期汇率＝即期汇率－升水点数
　　　　　　　　　　远期汇率＝即期汇率＋贴水点数

远期差价报价方法下,不论何种标价法,我们都可以归纳为:

当远期点数按"小／大"排列时,远期汇率＝即期汇率＋远期变动点数;当远期点数按"大／小"排列时,远期汇率＝即期汇率－远期变动点数。

如伦敦外汇市场,英镑对美元的汇率为:

即期汇率	1个月远期差价	3个月远期差价	6个月远期差价
1.620 5/15	20/35	60/80	140/175

伦敦外汇市场英镑兑美元1个月的远期汇率为:

$$1.620\ 5 + 0.002\ 0 = 1.622\ 5$$
$$1.621\ 5 + 0.003\ 5 = 1.625\ 0$$

即1英镑＝1.622 5/50美元。计算后我们可以发现,英镑兑美元即期的买卖差价为10点,而1

个月远期的买卖差价则扩大为 15 点。

(四)远期汇率的影响因素

由于远期外汇交易的交割日不同于即期交易的交割日,因此远期汇率必须考虑两种货币的利率差,以交割期时间长短而作适当的调整。在充分流通的外汇市场与货币市场里,远期外汇汇率与即期外汇汇率的差异必可充分地反映两种货币的利率差;也就是远期外汇汇率是即期汇率加上两种货币的利率差所共同计算出来的。因此,影响远期外汇价格变动因素包含以下三个部分:①即期汇率价格;②买入与卖出货币间的利率差;③合约期限的长短。

【案例7.3】 美国出口商在 9 个月后会得到货款 10 万欧元,则出口商通过即期市场及资金借贷以规避此远期外汇风险的操作如下:

市场现状:

①即期汇率欧元兑美元为 0.850 0

②美元年利率为 1.5%

③欧元年利率为 2.5%

出口商为规避此汇率风险,所采取的步骤如下:

(1)出口商先行借入欧元,并在即期市场预先卖出 100 000 欧元以规避 9 个月后出口收到的欧元外汇风险,借入欧元的期间为 9 个月,利率为 2.5%,同时可使用因卖出欧元所获之美元资金 9 个月,利率为 1.5%。

(2)借入 100 000 欧元的利息成本为

$$100\ 000 \times 2.5\% \times 270/360 = 1\ 875 \text{ 欧元}$$
$$1\ 875 \times 0.85 = 1\ 593.75 \text{ 美元}$$

(3)卖出即期欧元所享用美元 9 个月的利息收益为

$$100\ 000 \times 0.85 \times 1.5\% \times 270/360 = 956.25 \text{ 美元}$$

(4)客户通过上述方式规避外汇风险的损益如下

USD85 000(卖出即期欧元所得之美元金额)+USD956.25(使用美元 6 个月的利息收益)−USD1 593.75(借入欧元 6 个月的利息成本)= USD84 362.5

USD84 362.5/EUR100 000 = 0.843 6(此即远期外汇的价格−1 欧元 = 0.843 6 美元)

由上述计算中,可求出以即期交易方式规避远期外汇风险的价格计算,据此便可求得远期外汇价格。

按照利率平价理论,低利率的货币投资者现在卖出此货币以获取其他货币的高额利率,将来在需要的时候再买回来,因此低利率的货币即期贴水,远期升水,对应的高利率的货币即期升水、远期贴水。

运用上述的计算理念,可以得出远期升(贴)水额的计算公式为

$$升(贴)水额 = 即期外汇价格 \times 两国利率差 \times 月数/12 \tag{7.1}$$

$$升(贴)水年率 = \frac{升(贴)水额 \times 12}{即期汇率 \times 月数} \times 100\% \tag{7.2}$$

【案例7.4】 已知美元的年利率为1.5%，日元年利率为0.5%，2010年2月13日1美元兑换83.44日元，问3个月后美元升贴水额？美元升贴水年率？1美元兑日元远期外汇价格？

由前面所学内容可知，美元是高利率的货币，所以未来美元贴水额为

美元贴水额 = 即期外汇价格×两国利率差×月数/12 =
$$83.44 \times (1.5\% - 0.5\%) \times 3/12 = 0.2086$$

$$美元贴水年率 = \frac{贴水额 \times 12}{即期汇率 \times 月数} \times 100\% = \frac{0.2086 \times 12}{83.44 \times 3} \times 100\% = 1\%$$

3个月后1美元兑换 83.44 − 0.2086 = 83.2314 日元

三、套期保值交易

（一）套期保值的含义和类型

套期保值（hedging）是指预计将来某一时间要支付或收入一笔外汇时，买入或卖出同等金额的远期外汇，以避免风险的交易行为。对于进出口企业而言，由于国际贸易中签约与交货的时间间隔较长，这其间汇率变动势必会给其中一方带来损失。出口收入的外币汇率下滑时，出口商的收入就会缩水；进口支付的外币汇率上升时，进口商就会增加开支而蒙受损失。为了规避因汇率大幅度变动所造成的风险，保障进出口贸易商品资金收汇安全就产生了外汇的套期保值交易。

外汇套期保值可分为买入套期保值和卖出套期保值。买入套期保值是指国际贸易的进口商，在进口商品的时候，为了防止外汇汇率上升带来损失，而买入远期合约；卖出套期保值是指国际贸易的出口商，在出口商品的时候，为了避免外汇汇率下降带来损失，而卖出远期合约。

（二）套期保值计算

【案例7.5】 2011年2月13日外汇市场行情为：
即期汇率　　　　　　　　GBP/USD = 1.6002/08
三个月掉期率　　　　　　　　　12/16

假定美国进口商从英国进口价值100万英镑的货物，3个月后付英镑，若美国进口商预测3个月后英镑兑美元升值到1.6124/28。

问：如不保值，美国进口商损失多少？

如何做套期保值？

如本案例所述，如果美国进口商不做套期保值，他将蒙受英镑升值带来的损失。

即期兑换100万英镑需要 1 000 000×1.6008 = 160.08 万美元，而三个月后兑换100万英镑则需要 1 000 000×1.6128 = 161.28 万美元，美国进口商多付出了 12 000 美元。

为此，美国进口商在和英国出口商签订合同同时，与美国银行签订远期外汇交易合同，买入套期保值。

三个月银行报价：

$$1.600\ 2+0.001\ 2/1.600\ 8+0.001\ 6$$
$$1.601\ 4/1.602\ 4$$

则届时换英镑需要：

$$1\ 000\ 000×1.602\ 4=160.24\ 万美元$$

与不做套期保值相比节约 161.28−160.24＝1.04 万美元＝10 400 美元

【案例6.6】 2011年1月初,外汇市场行情

即期汇率 USD/JPY＝84.92/22

三个月掉期率 15/17

假定美国出口商向日本出口价值1 000万日元的货物,3个月后收入日元,若美国出口商预测3个月后日元贬值到88.28/48。

问：如不保值,美国出口商损失多少?

如何做套期保值?

如本案例所述,如果美国出口商不做套期保值,他将蒙受日元贬值带来的损失。

即期收入1 000万英镑日元可兑换10 000 000/85.22＝11.734万美元,而三个月后收入1 000万日元则可兑换10 000 000/88.48＝11.302万美元,美国出口商少收入了4 320美元。

为此,美国出口商在和日本进口商签订合同同时,与美国银行签订远期外汇交易合同,卖出套期保值。

三个月银行报价：

$$84.92+0.15/85.22+0.17$$
$$85.07/85.39$$

则换英镑需要：

$$10\ 000\ 000/85.39≈11.711\ 万美元$$

与不做套期保值相比多收入 11.711−11.302＝0.409 万美元＝4 090 美元

四、套汇交易

套汇交易(arbitrage)是套汇者利用同一货币在不同外汇中心或不同交割期上出现的汇率差异,为赚取利润而进行的外汇交易。

一般来说,要进行套汇必须具备以下三个条件：

(1)存在不同的外汇市场和汇率差价。

(2)套汇者必须拥有一定数量的资金,且在主要外汇市场拥有分支机构或代理行。

(3)套汇者必须具备一定的技术和经验,能够判断各外汇市场汇率变动及其趋势,并根据预测迅速采取行动。

利用同一货币在不同市场的汇率差异进行的套汇叫地点套汇。利用同一种货币在不同交割期上的汇率差异进行的套汇,叫时间套汇。前面所讨论的利用远期外汇市场与即期外汇市

场的差价进行的"买空"和"卖空"都属于时间套汇的范畴。我们现在只讨论地点套汇。地点套汇可分为直接套汇和间接套汇两种方式。

（一）直接套汇（direct arbitrage）

直接套汇又称两角套汇（two points arbitrage），是指利用同一时间两个外汇市场的汇率差异，进行贱买贵卖，以赚取汇率差额的外汇买卖活动。

【案例7.7】 纽约市场和苏黎世市场在某一时间内的汇率分别为：

$$London GBP1 = USD1.767\ 5/85$$
$$NewYork\ GBP1 = USD1.762\ 5/45$$

从上述汇率可以看出，伦敦的美元比纽约的便宜，套汇者选择在伦敦买入美元，同时在纽约卖出美元。具体操作如下：在伦敦市场套汇者支付1英镑，买进1.767 5美元；同时在纽约市场付出1.764 5美元，收回1英镑。做1英镑的套汇业务可以赚取0.003美元。

套汇可促使不同市场汇率差异缩小。在上例中，套汇过程一方面会扩大伦敦市场美元（汇率较低）的要求，使其汇率上涨；另一方面会增加纽约市场美元（汇率较高）的供应，使其汇率下跌。加上先进的通讯与支付系统，各市场存在的价格偏差很快会被纠正，这说明当今国际外汇市场上地点套汇的机会很小。尽管如此，由于不同市场的汇率调整存在时滞，精明的套汇者仍可抓住短暂的机会获利。

（二）间接套汇（indirect arbitrage）

间接套汇又称三角套汇（three points arbitrage）是指利用三个不同地点的外汇市场中三种货币之间的汇率差异，同时在这三个外汇市场上进行外汇买卖，以赚取汇率差额的一种外汇交易。

【案例7.8】 在某日的同一时间，纽约、苏黎世、伦敦三地外汇市场的现汇行情如下：

纽约　　　　　　　　　USD1 = CHF1.616 0/70
苏黎世　　　　　　　　GBP1 = CHF2.406 0/70
伦敦　　　　　　　　　GBP1 = USD1.532 0/30

如果有100万美元能否套汇，如果能套汇，通过套汇交易能赚多少钱？

进行间接套汇可按四个步骤进行：

①求出各市场的中间汇率。

②将汇率的不同标价方法变成同一标价法，且基准货币的单位为1。

③将各汇率相乘，只要乘积不等于1，就有套汇机会。

④寻找套汇的路线。由于三个市场等式左右两边都有美元，那么从哪个市场开始套汇就显得很重要。如果做反了不仅不能获利，还会亏本。那么如何寻找套汇路线呢？可以通过第三步各汇率的乘积来看：如果乘积大于1，在等式左边找所持货币；乘积小于1则从等式右边找所持货币。

具体套汇过程：首先判断三个市场是否存在套汇的机会，原理是：在其中某一个市场投入

一个单位货币,经过中介市场,收入的货币不等于1个单位,说明三个市场汇率存在差异。判断方法为:

先求出三个市场的中间价格:

纽约　　　　　　　　　　USD1=CHF1.616 5
苏黎世　　　　　　　　　GBP1=CHF2.406 5
伦敦　　　　　　　　　　GBP1=USD1.532 5

将上述三个标价改成同一标价法且基准货币的单位为1,然后相乘。

纽约市场为间接标价,苏黎世市场为直接标价,伦敦市场为间接标价,所以将苏黎世市场变为1 CHF=1/2.406 5 GBP,然后相乘

$$1.616\ 5 \times 1/2.406\ 5 \times 1.532\ 5 \approx 1.029\ 4 \neq 1$$

汇率乘积不等于1即有套汇机会。乘积为1.029 4大于1,所以等式左边找所持货币,即从纽约市场开始兑换。

套汇者动用100万美元套汇。在纽约按USD1=CHF1.616 0换成161.6万瑞士法郎,在中介市场苏黎世将161.6万瑞士法郎按GBP1=CHF2.407 0换成英镑67.137 5万,在伦敦按GBP1=USD1.532 0换成美元。套汇结果102.854 6万美元,套汇利润2.854 6万美元。

五、套利交易

(一)套利交易的概念

套利交易(interest arbitrage)是指利用不同国家或地区短期利率的差异,将资金由利率较低的国家或地区转移到利率较高的国家或地区进行投放,以从中获得利息差额收益的一种外汇交易。套利活动的前提条件是套利成本或高利率货币的贴水率必须低于两国货币的利率差。否则交易无利可图。在实际外汇业务中,所依据的利率是欧洲货币市场各种货币的利率,其中主要是以LIBOR(London Inter-Bank Offer Rate——伦敦银行同业拆放利率)为基础。

一般按在套利时是否还要做反方向交易轧平头寸,套利交易可分为两种形式:

1. 不抵补套利(uncovered interest arbitrage)

不抵补套利指把资金从利率低的货币转向利率高的货币,从而谋取利率的差额收入。这种交易不必同时进行反方向交易轧平头寸,但这种交易要承担高利率货币贬值的风险。

2. 抵补套利(covered interest arbitrage)

抵补套利是指把资金调往高利率货币国家或地区的同时,在外汇市场上卖出远期高利率货币,即在进行套利的同时做掉期交易,以避免汇率风险。实际上这就是套期保值,一般的套利保值交易多为抵补套利。

【案例7.9】 某日香港外汇市场,美元存款利率1%,澳元存款利率3%。澳元对美元即期汇率为:1 AUD=0.921 8USD,远期6个月汇率为1 AUD=0.921 2 JUSD。

根据上述条件,套利者以1 000万美元进行套利,利润多少?

分析 套利者以1 000万美元套利

(1)套利者首先兑换高息货币澳元 1 000 万÷0.921 8≈1 084.83 万澳元

(2)将 1 084.83 万澳元按年息3%存款6个月,半年后本利和为:

$$1\ 084.83\ 万 \times (1+3\% \times 6/12) \approx 1\ 101.10\ 万澳元$$

(3)将 1101.11 万澳元按远期汇率兑换成美元 1 101.10×0.921 2=1 014.33 万美元

(4)将 1.000 万美元按年息1%投资存款6个月,半年后本利和为:

$$1\ 000\ 万 \times (1+1\% \times 6/12) = 1\ 005\ 万美元$$

(5)获利:1 014.33-1 005=9.33 万美元

六、掉期交易

(一)掉期交易的概念

掉期交易(swap transaction)是指在买入或卖出即期外汇的同时,卖出或买进同一货币的远期外汇,以防止汇率风险的一种外汇交易。较为常见的是货币掉期交易和利率掉期交易。货币掉期交易是指两种货币之间的交换交易、在一般情况下,是指两种货币资金的本金交换。利率掉期交易是指相同种货币资金的不同种类利率之间的交换交易,一般不伴随本金的交换。掉期交易的目的包括两个方面,一是轧平外汇头寸,避免汇率变动引发的风险;二是利用不同交割期限汇率的差异,通过贱买贵卖,牟取利润。

掉期交易与前面讲到的即期交易和远期交易有所不同。即期与远期交易是单一的,要么做即期交易,要么做远期交易,并不同时进行,因此,通常也把它叫做单一的外汇买卖,主要用于银行与客户的外汇交易之中。掉期交易的操作涉及即期交易与远期交易或买卖的同时进行,故称之为复合的外汇买卖,主要用于银行同业之间的外汇交易。一些大公司也经常利用掉期交易进行套利活动。

(二)掉期交易的方式

1. 即期对远期的掉期交易(spot-forward swaps)

即期对远期的掉期交易,指买进或卖出某种即期外汇的同时,卖出或买进同种货币的远期外汇。它是掉期交易里最常见的一种形式。

这种交易形式按参加者不同又可分为两种:

(1)纯粹的掉期交易,指交易只涉及两方,即所有外汇买卖都发生于银行与另一家银行或公司客户之间。

(2)分散的掉期交易,指交易涉及三个参加者,即银行与一方进行即期交易的同时与另一方进行远期交易。但无论怎样,银行实际上仍然同时进行即期和远期交易,符合掉期交易的特征。进行这种交易的目的就在于避免风险,并从汇率的变动中获利。

【案例 6.10】 美国某投资者欲向英国投资 100 万英镑 3 个月。按 1 英镑=1.605 9 美元的汇率,买入 100 万英镑,支付 160.59 万美元。为防止将来英镑升值或美元贬值,该投资者就利用掉期交易,在买入即期英镑的同时,又卖出 3 个月的远期英镑,其汇率为 1 英镑=1.604 2

美元。这样虽然在这笔远期买卖中该投资者要损失若干英镑的贴水(160.59-160.42=0.17万美元),但投资者的损失是固定的,可以完全避免外汇汇率波动带来的风险。投资者可以用3个月投资的收益弥补英镑贴水带来的损失。

在掉期交易中,决定交易规模和性质的因素是掉期率或兑换率。掉期率本身并不是外汇交易所适用的汇率,而是即期汇率与远期汇率或远期汇率与即期汇率之间的差额,即远期贴水或升水。掉期率与掉期交易的关系是:如果远期升(贴)水值过大,则不会发生掉期交易。因为这时交易的成本往往大于交易所能得到的益处。掉期率有买价掉期率与卖价掉期率之分。

2. 远期对远期的掉期交易(forward-forward swaps)

远期对远期的掉期交易,指买进并卖出两笔同种货币不同交割期的远期外汇。该交易有两种方式,一是买进较短交割期的远期外汇(如30天),卖出较长交割期的远期外汇(如60天);二是买进期限较长的远期外汇,而卖出期限较短的远期外汇。

【案例6.11】 美国某银行在3个月后应向外支付100万欧元,同时在1个月后又将收到另一笔100万欧元的收入。如果市场上汇率有利,它就可进行一笔远期对远期的掉期交易。设某天外汇市场汇率为:

即期汇率:EUR1=USD1.354 0/50

1个月远期汇率:EUR1=USD1.342 0/28

3个月远期汇率:EUR1=USD1.333 0/42

美国银行可以先购入100万三个月远期欧元,同时出售100万1个月远期欧元。则银行可获利为:

买入3个月远期欧元付出美元:100万×1.334 2=133.42万美元

卖出1个月远期欧元获得美元:100万×1.342 0=134.2万美元

获得利润:134.2-133.42=0.78万美元

【知识库】

实盘交易与外汇保证金交易的区别

在我国目前外汇交易采用的都是实盘交易,而国外外汇市场则多采用保证金交易。实盘交易相比较保证金交易的不同在于:

1. 点差过大

许多国内银行实盘交易的点差基本在16~40点之间,如此大的点差使投资者的获利能力大打折扣,很难获得日内交易的机会;而保证金交易的点差基本上都是国际性大银行交易的点差,一般在3~5点之间,使投资者随时都有日内操作的机会。不过,若按相对成本来说,实盘交易的成本还算比较低。比如实盘交易的点差若为40点,则每10万美元交易的成本为400美元,成本占投入资金的0.4%;如果保证金交易提供的是100倍的杠杆,按每手10万美元的交易收5点(50美金)来计算,则成本占投入资金的5%(因为投入的资金只有1000美元),相对的成本还是很高的。

2. 单向获利

实盘交易者只能在一定的方向中获利。例如,如果投资者的本金是美元,那么投资者买入其他货币后,只有在该货币价格上涨的时候才能获利。如果该货币继续下跌,那么投资者的头寸就会被"套牢",要么斩仓止损,要么白白错过其他交易机会;而保证金交易则可以买"涨"或买"跌",双向获利。

3. 无杠杆作用

实盘交易不提供融资手段,只能以自有资金操作,于是就成了少数人的投资游戏;而在保证金交易中,一般经纪商都为投资者的交易提供一定的融资比例,这个比例越高,所需要的本金就越少,获利的机会也越多。例如交通银行为投资者提供 10~30 倍的融资比例,而国外经纪商则往往提供 100~500 倍的融资比例,并且提供迷你账给初学者进行交易,即可以不按 1 标准手进行交易,而是以 0.1 手为单位进行交易。当然,经纪商会把同一时间、相同货币、同一买向的迷你账户集中为 1 标准手为单位进行交易。

资料来源:环球外汇网(http://www.cnforex.com)

本 章 小 结

1. 外汇(foreign exchange),即国际汇兑,是国际经济活动得以进行的基本手段,是国际金融最基本的概念之一。一种外币成为外汇有三个前提条件:自由兑换性、可接受性、可偿性。

外汇汇率(foreign exchange rate)又称外汇汇价,是一个国家的货币折算成另一个国家货币的比率,即两种不同货币之间的折算比率。当前外汇交易中,汇率的标价方法主要有三种:直接标价法、间接标价法和美元标价法。

2. 外汇市场(foreign exchange market)是指经营外币和以外币计价的票据等有价证券买卖的市场,是金融市场的主要组成部分。外汇市场的主要特点是:有市无场、循环作业、零和游戏。

3. 外汇市场的参与者,主要包括外汇银行、外汇银行的客户、中央银行、外汇交易商和外汇经纪商。外汇市场的功能主要表现在:实现购买力的国际转移、提供资金融通、为外汇保值和投机提供场所。

外汇市场交易产生的基础是外汇的供给与需求,而外汇的供求又源于国际商品、劳务的交易以及国际资本的流动。传统的外汇交易包括即期交易、远期交易、套期保值、套汇交易、套利交易、掉期交易等。

思 考 题

一、选择题

1. 已知纽约外汇市场 1 美元=7.735 5 港元,纽约市场利率5%,中国香港市场6.5%,3个月后,港元远期汇率将(　　),实际远期汇率为(　　)。

　　A. 贴水,7.764 5　　　　　　　　　　B. 升水,7.764 5

　　C. 贴水,7.706 65　　　　　　　　　　D. 升水,7.706 5

2. 直接套汇是在(　　)交易中进行的。

　　A. 即期外汇　　　B. 远期外汇　　　C. 货币期货　　　D. 掉期外汇

3. 在外汇市场上,买入外汇套期保值的往往是(　　)。

　　A. 进口商　　　　　　　　　　　　B. 出口商

C. 有外汇空头的银行   D. 有外汇多头的银行

二、计算题

1. 已知即期 1 美元 = 122.20 日元,银行年利率为美国 8.5%,日本 3.5%,美元将来升水还是贴水？3 个月后美元兑日元比价是多少？升贴水年率是多少？

2. 即期 1 英镑 = 1.671 6 美元,3 个月英镑贴水 0.001 6,美国出口商收到 10 万英镑,预计 3 个月后 1 英镑贬值到 1.660 0。

①如不保值,损失多少？

②如何套期保值？

3. 伦敦:1 英镑 = 3 马克

中国香港:1 英镑 = 12.5 港元

法兰克福:1 港元 = 0.2 马克

100 万港元能否套汇,如何套汇？

4. 假设美国年利率 9%,英国 7%,若英国一套利者以 100 万英镑存入银行 6 个月,即期 1 英镑 = 1.98 美元,未来美元贴水 0.01,如何套利,赚多少钱？

5. 欧洲某银行在 1 个月后应向外支付 100 万美元,同时在 3 个月后又将收到另一笔 100 万美元的收入。

1 个月远期汇率:EUR1 = USD1.321 0/20

3 个月远期汇率:EUR1 = USD1.312 0/30

如何做掉期交易,赚多少钱？

三、简答题

1. 简述外汇市场的功能。

2. 如何认定即期交易的交割日？

3. 简述影响远期外汇汇率的因素。

4. 什么是套汇交易？投资者进行套汇需要具备哪些条件？

5. 什么是掉期交易？掉期交易的方式有哪些？

【阅读资料】

国家外汇管理局关于合作办理远期结售汇业务有关问题的通知

国家外汇管理局各省、自治区、直辖市分局、外汇管理部,深圳、大连、青岛、厦门、宁波市分局;全国性外汇指定银行:

为提高金融机构为客户提供规避汇率风险服务的能力,根据《中华人民共和国外汇管理条例》等规定,现将合作办理远期结售汇业务有关问题通知如下:

一、本通知所称合作办理远期结售汇业务,是指境内不具备经营远期结售汇业务资格的银行及其分支机构(以下简称"合作银行")与具备经营远期结售汇业务资格的银行及其分支机构(以下简称"具备资格银行")合作为客户办理远期结售汇相关业务。

二、合作银行总行(或总社)应具备以下条件:

（一）国家外汇管理局及其分支局（以下简称外汇局）核准的即期结售汇业务资格，并已开办即期结售汇业务2年（含）以上；

（二）近2年（含）即期结售汇业务经营中未发生重大违规行为；

（三）上年度外汇资产季平均余额在等值2 000万美元（含）以上；

（四）近2年执行外汇管理规定情况考核等级为B级（含）以上；

（五）具有完善的合作办理远期结售汇业务管理制度；

（六）外汇局要求的其他条件。

合作银行分支机构应取得其总行（或总社）授权，同时满足上述（一）、（二）、（四）条。

三、具备资格银行应具备以下条件：

（一）银行总行取得银行间外汇市场远期掉期做市商或综合做市商资格；

（二）近2年（含）结售汇业务未发生重大违规行为；

（三）完善的合作办理远期结售汇业务相关管理制度；

（四）上年度执行外汇管理规定情况考核等级为B级（含）以上；

（五）外汇局要求的其他条件。

四、合作银行申请合作办理远期结售汇业务，应向所在地外汇局提出申请。所在地外汇局是中心支局或支局的，应在受理之日起20个工作日内完成初审并逐级上报国家外汇管理局分局（外汇管理部）（以下简称外汇分局）。外汇分局应当自收到申请报告等材料之日起20个工作日内决定是否予以备案，对符合条件的金融机构应出具《国家外汇管理局　分局（外汇管理部）合作办理远期结售汇业务备案通知书》，并留存内部办理。

五、合作银行申请合作办理远期结售汇业务的，需向所在地外汇局提交下列材料：

（一）申请报告；

（二）合作办理远期结售汇业务相关管理制度，包括：业务操作规程、内部职责分工、统计报告制度、风险控制措施、会计核算制度等；

（三）与具备资格银行签订的合作协议书范本，范本中应明确双方的权利和义务；

（四）申请人为分支机构的，除应提交上述材料外，还应提交其总行（或总社）获准合作办理远期结售汇业务备案通知书（复印件），以及其总行（或总社）的授权文件；

（五）所在地外汇局要求的其他文件和资料。

六、合作银行与具备资格银行在合作办理远期结售汇业务时，应遵守以下规定：

（一）遵循现有远期结售汇业务管理规定，并由合作银行、具备资格银行和客户签订三方远期结售汇业务合作协议；

（二）合作银行负责对客户办理远期结售汇业务签约和履约的合规性进行审核，对远期结售汇业务设置会计科目进行单独核算，并将与客户办理的远期结售汇业务逐笔同具备资格银行平盘；

（三）具备资格银行应将合作办理远期结售汇业务视为代客远期结售汇业务（交易主体依照客户性质确定），纳入本行结售汇综合头寸统计和管理，并按银行结售汇统计等要求向外汇局报送统计报表。合作银行应配合具备资格银行履行有关统计义务；

（四）合作银行应于每月初5个工作日内向所在地外汇局报送《合作办理远期结售汇业务统计表》。

七、合作办理远期结售汇业务由所在地外汇局分别纳入对具备资格银行和合作银行的年度考核。

合作银行在经营结售汇业务中如发生重大违规行为或年度考核结果为C级的，应暂停其合作办理远期结售汇业务资格。

具备资格银行在经营结售汇业务中如发生重大违规行为或不具备本通知第三条条件的，外汇局应及时通知合作银行与其终止合作办理远期结售汇业务。

八、合作银行新增、变更、终止合作对象，应提前20个工作日向所在地外汇局报备。

九、外汇分局应于每年年初10个工作日内填报截止上年末《辖内机构合作办理远期结售汇业务情况一览表》，并及时发送至国家外汇管理局信息门户网邮箱。

十、合作银行或具备资格银行违规合作办理远期结售汇业务的，由外汇局依据《中华人民共和国外汇管理条例》等相关规定进行处罚。

资料来源：国家外汇管理局网站 www.safe.gov.cn

第八章
Chapter 8

黄金市场

【学习目的与要求】

本章主要介绍黄金市场的价格决定和黄金市场的交易,通过本章的学习,使学生了解黄金市场的历史发展、黄金市场的构成要素、黄金的价格决定,在此基础上掌握黄金市场的交易方式。

【案例导入】

2011年9月28日黄金最高触及1 668.95美元/盎司,最低下探至1 588.35美元/盎司,收报1 588.40美元/盎司,比上个交易日收报1 642.95美元/盎司,下跌54.55美元/盎司,跌幅3.32%。继上周大宗商品全线暴跌之后,本周继续延续跌势,白银盘中跌幅一度达到16%,黄金也有6%以上跌幅,究其原因,大型对冲基金一致性的抛售黄金,获利撤离金市这是其中之一原因,借股市下跌,故意操作的成分很大;其二是金融市场普跌,致使其他投资品种的保证金不足,贵金属的资金撤离补充到其他金融市场;其三是大跌中,引起恐慌性抛售,致使金银价格跌到合理价位之下。

美国经济放缓已经是既成事实,出炉的一系列经济数据,均没有显示经济强劲的迹象。尤其是美国商务部公布的8月新屋销售数据连续四个月下滑,显示2011年美国人上半年,也就是在传统的售房旺季3月至8月,购房数量创近50年来的新低。说明美国经济下行的风险逐渐加大。著名投资家吉姆·罗杰斯更是认为美国经济有比欧洲更为严重的问题,欧洲有一些糟糕的、破产的国家,而美国同样如此。美国的伊利诺伊州,它比希腊更大,还有加州、纽约州,均有严重的经济问题。另外美国还有一个可怕的,未露出水面的养老金计划。而一旦美国这一系列的问题浮出水面,则避险天堂美元也会遭到投资者的抛售,届时无处藏身的资金,将会再一次的涌入唯一的可信的投资品种——黄金。黄金将以更加惊人的价格来展现投资者对信用货币的抛弃——黄金为王。纷纷扰扰的欧洲债务危机从之前的担忧蔓延至核心国,而直接演变为不得不直接面对即将违约的希腊。市场的此次暴跌也充分反映出市场对全球金融动荡的担忧,更让刚刚经历过2008年次贷危机的投资者担心危机再次来临,选择收拢资金,暂时抛售部分黄金,涌入到流动性强的美元国债,推动了美元指数上涨。希腊违约又会加剧市场的避险情绪,一切的因素都是利好黄金的,目前是进场的好机会。

资料来源:金投网2011-09-29(www.cngold.org)

第一节 黄金市场概述

一、黄金市场的定义

黄金市场是进行黄金买卖交易的场所,是集中进行黄金买卖和金币兑换的交易中心。一般的黄金市场是指有组织管理的机构,有用于交易的固定场所或者虽无固定场所但有专门的交易网络,集中公开地进行叫价买卖黄金的市场,包括金商与金商之间的黄金一级市场和金商与一般投资者之间的黄金二级市场。

黄金市场是国际金融市场的一个组成部分,在国际金融体系中发挥着重要的作用。黄金市场一般需按照有关的法律制度,经所在地政府的批准或认可才能设立和运行。

二、黄金市场的历史发展过程

在19世纪之前,黄金极其稀有,基本是王室独占的财富。公元前6世纪就出现了世界上的第一枚金币,但由于其稀有性,一般平民很难拥有黄金。黄金矿山也为王室所占有,黄金是由奴隶、囚犯在当时极其恶劣的条件下开采出来的。抢掠与赏赐成为黄金流通的主要方式,自由交易的市场交换方式是不存在的。黄金的专有性限制了黄金自由交易市场的形成。

黄金在货币金融体系中发生作用,最早起源于16~18世纪被各新兴资本主义国家所广泛采用的金银本位制或复本位制。复本位制分两种形式,一种是金银两种货币按其各自实际货币价值流通的"平行本位制",如英国的金币"基尼"与银币"先令"就同时按市场比价流通;另一种是金银两种货币按国家法定比价流通的"双本位制"。

到19世纪后期,西方各国普遍采用金本位制,于是形成了一个统一的国际货币体系——国际金本位制。传统的国际金本位制,以黄金作为货币体系的基础。金本位制的特点是:国家按法定重量和成色铸成的金币在市场上流通,其他金属辅币和银行券可以自由兑换成金币;准许黄金自由买卖、储藏和输出入国境;国家的货币储备和国际结算都使用黄金;外汇汇率由各国货币含金量确定,汇率波动受黄金输送点限制;各国国际收支通过"物价与现金流动机制"自动调节,金融当局无需干预。金本位制最大的缺陷是黄金存量的增长跟不上国内生产和流通对黄金需求的不断扩大和社会财富的快速增长,国民经济的发展与货币基础的矛盾日益尖锐。

随着金本位制的形成，黄金承担了商品交换的一般等价物的责任，成为商品交换媒介，黄金的流动性得到增强。黄金市场的发展有了客观的经济条件和实际需求。在金本位时期，各国中央银行都可以按各国货币平价规定的金价无限制地买卖黄金，实际上是通过市场买卖黄金，从而使得黄金市场得到一定程度的发展，但此时的黄金市场受到官方的严格控制，所以市场不能得到自由发展。直到第一次世界大战之前：世界上只有英国伦敦黄金市场是唯一的国际性市场。

20世纪初，第一次世界大战的爆发严重地冲击了金本位制。一战后，除美国实行金本位制外，英法实行金块本位制，其他国家多实行金汇兑本位制。无论是金块本位制还是金汇兑本位制，都是削弱了的金本位制，很不稳定。

实行金块本位或金汇兑本位制，大大削弱了黄金的货币功能，使之退出了国内流通支付领域，但在国际储备资产中，黄金仍是最后的支付手段，充当世界货币的职能，仍受到国家的严格管理。由于长期黄金官价的严格控制以及国与国之间贸易森严的壁垒，导致黄金的流动性很差，市场机制被严重抑制，黄金市场发育受到严重的阻碍。

二战后形成了以美元为中心的国际货币体系，即布雷顿森林体系。布雷顿森林体系的核心是：以美元为国际货币结算的基础，美元成为世界上最主要的国际储备货币；美元直接与黄金挂钩，规定了以35美元兑换1盎司的官方金价，其他国家货币与美元挂钩，各国可按官价向美国兑换黄金；实行固定汇率制，各国货币与美元的汇率一般只能在平价1%上下幅度波动，各国央行有义务在汇率超过规定波动幅度时进行干预。

布雷顿森林体系的建立使美元取得了等同于黄金的地位，成为世界各国的支付手段和储备货币。在该体制中，黄金无论在流通还是在国际储备方面的作用都有所降低，而美元成为这一体系的核心。但因为黄金是稳定这一货币体系的最后屏障，所以黄金的价格及流动仍受到较严格的控制，各国禁止居民自由买卖黄金。国家对黄金市场的干预时有发生，黄金市场仅是国家进行黄金管制的一种调节工具，市场机制不能有效发挥资源配置的作用，黄金市场的功能发挥是不充分的。

布雷顿森林货币体系的顺利运转依赖于美元的坚挺地位。20世纪60年代美国陷入越南战争的泥潭，财政赤字巨大，国际收支情况恶化，美元的信誉受到极大的冲击。60年代后期，美国的国际收支进一步恶化，美元危机再度爆发，美国再也没有维持黄金官价的能力。1973年3月因美元贬值，引发了抛售美元、抢购黄金的风潮。最后根据达成的协议，西方国家放弃固定汇率，实行浮动汇率，布雷顿森林货币体系完全崩溃，黄金非货币化的改革由此发端。

从法律的角度看，国际货币体系的黄金非货币化到1978年正式确立。国际货币基金组织在1978年修改了《国际货币基金协定》，很大程度上改变了基金章程中的黄金地位。黄金不再作为货币定值标准，废除黄金官价，可在市场上自由买卖黄金。协定大大地削弱了黄金在货币体系中的地位，从此开始了黄金非货币化的进程。

国际黄金非货币化的结果，使黄金成为了可以自由拥有和自由买卖的商品，黄金从国家金库走向了交易市场,其流动性大大增强。黄金交易规模的增加,为黄金市场的形成、发展提供了现实的经济环境。实践表明,黄金非货币化的20多年也正是世界黄金市场得以高速发展的时期。可以说黄金非货币化是当今黄金市场得以发展的制度条件。

但是,法律上的黄金非货币化与实际的黄金非货币化进程并不同步。国际货币体系中黄金非货币化的法律制度已经完全形成,但是黄金在实际经济生活中远远没有退出金融领域,黄金仍作为一种公认的金融资产活跃在投资领域,充当国家或个人的储备资产或者货币工具。在目前的黄金市场上,除了一部分黄金发挥着商品的功能外,另一部分仍然扮演着金融工具甚至货币的角色。各国放开黄金管制不仅使商品黄金市场得以发展,同时也极大地促进了金融性黄金市场的迅速发展。到目前为止,全球仍有相当数量的黄金存在于金融领域,发挥着货币的某种职能。对于国际货币基金组织和各国央行来说,黄金仍是非常重要的储备资产,国际货币基金组织拥有上亿盎司的黄金储备,世界各国央行也保留了高达3.4万吨的黄金储备。并且由于黄金衍生工具的不断创新,黄金市场规模的高度扩张,现在黄金金融衍生物占有90%以上的黄金市场份额,黄金的非货币化进程还远没有结束。因此,不能完全将当代黄金市场的发展原因归结为黄金非货币化的结果,也不能把黄金市场视为单纯的商品市场。在国际货币体制黄金非货币化的条件下,黄金开始由货币属性主导的阶段向商品属性阶段回归。国家放开了黄金管制,使市场机制在黄金流通及黄金资源配置方面发挥了日益重要的作用,但目前黄金仍是一种具有金融属性的特殊商品,并且在未来相当长的时期内,黄金并不会真正失去货币金融工具的历史作用,实现完全的商品化。今后黄金在国际货币金融中的作用和地位仍是十分重要的。

三、黄金市场的基本构成要素

黄金市场是黄金生产者、供应者与需求者进行黄金交易的场所。世界各大黄金市场经过几百年的发展,已形成了较为完善的交易方式和交易系统。其基本构成要素,从作用和功能角度考虑,大致可分为以下几个部分。

(一)为黄金交易提供服务的机构和场所

在各个成熟的黄金市场中,为黄金交易提供服务的机构和场所其实不尽相同,具体划分起来,又可分为有固定场所的有形市场和没有固定交易场所的无形市场。有形市场中以伦敦黄金交易市场和苏黎世黄金市场为代表,称为欧式黄金市场;有形市场有在商品交易所内进行黄金买卖业务的,以美国的纽约商品交易所(COMEX)和芝加哥商品交易所(CME)为代表,称为美式黄金市场;有在专设的黄金交易所里进行交易的有形黄金市场,以中国香港金银业贸易场和新加坡黄金交易所为代表,称为亚式黄金市场。

欧式黄金市场:这类黄金市场没有固定的场所。比如伦敦黄金市场是由各大金商、下属公司相互联系组成,通过金商与客户之间的通讯网络进行交易;而苏黎世黄金市场,则由两银行为客户代为买卖并负责结账清算。伦敦和苏黎世市场上的交易价格都是较为保密的,交易量也都难以估计。

美式黄金市场:这类黄金市场实际上建立在典型的期货市场基础上,主要交易方式是黄金的衍生品交易,即将黄金作为金融衍生品的基础工具,开发出黄金期货、期权交易。期货交易所作为一个非营利机构本身不参加交易,只是提供场地、设备,同时制定有关规则,确保交易公平、公正地进行,对交易进行严格监控。

亚式黄金市场:这类黄金交易一般有专门的黄金交易场所,同时进行黄金的期货和现货交易。交易实行会员制,只有达到一定要求的公司和银行才能成为会员,并对会员的数量和配额有极为严格的限制。虽然交易场内的会员数量较少,但是信誉极高。

(二)交易主体

国际黄金市场参与交易的主体,包括国际金商、银行、对冲基金等金融机构、各种法人机构以及私人投资者。

国际金商是对黄金市场影响最大的市场参与者。国际金商与世界各地的黄金供应者和需求者都有密切的联系,因此对黄金的定价起着举足轻重的作用。如典型的伦敦黄金市场五大金行,其自身就是黄金交易商,由于与世界上各大金矿和黄金商有广泛的联系,而且下属的各个公司又与许多黄金销售商和客户联系,因此,五大金商会利用自身对市场信息熟悉的优势,不断报出黄金的交易价格,但是,金商要承担金价波动的风险。

商业银行可以分为做经纪业务的商业银行和做自营业务的商业银行。前者仅仅代理客户买卖和结算,本身并不参加黄金交易,只是充当供求双方的经纪人,在市场上起着中介作用的银行,以苏黎世两大银行为代表。后者相当于自营商,如在新加坡黄金交易所(UOB)里,就有多家自营商会员是商业银行。

对冲基金往往在黄金投机交易中扮演重要角色,黄金市场每次大的波动几乎都与对冲基金有关。一些规模庞大的对冲基金利用信息优势往往较先捕捉到经济基本面的变化,投入数额巨大的资金进行买空和卖空,从而加速黄金市场价格的变化而从中渔利。

各种法人机构和个人投资者既包括各大金矿、黄金生产商、黄金制品商、首饰行以及私人购金收藏者等,也包括专门从事黄金买卖的投资公司、个人投资者等。从对市场风险的态度,又可以分为风险规避者和风险爱好者,前者进行黄金保值而回避风险,希望将市场价格波动的风险降到最低,如黄金生产商、黄金制品商等;后者则希望从价格涨跌中获得利益,愿意承担市场价格波动带来的风险。

(三)中介机构

中介机构亦称为经纪行,是专门从事代理非交易所会员进行黄金交易,并收取佣金的经纪代理机构。如在纽约、芝加哥、中国香港等黄金市场里,有很多经纪公司,他们本身并不拥有黄金,只是派出场内代表在交易厅里代理客户进行黄金买卖,以收取客户的佣金为目的。

(四)监管机构

随着黄金市场的不断发展,为保证市场的公正和公平,保护买卖双方的利益,杜绝市场上操纵市价等非法交易行为,各国都建立了各种形式的黄金市场监管体系,如美国的商品期货交易委员会(CFFC)。

(五)行业自律组织

具有代表性的行业自律组织有世界黄金协会和伦敦黄金市场协会。

世界黄金协会是一个由世界范围的黄金制造者联合组成的非盈利性机构,其总部设在伦敦,在各大黄金市场都设有办事处。其主要功能是通过改善黄金市场上的结构性变化(例如,消除关税等壁垒、改善世界黄金市场的分销渠道等)来尽可能提高世界黄金的销量,对世界黄金生产形成稳定的支持。

伦敦黄金市场协会成立于1987年,其主要职责是提高伦敦黄金市场的运作效率及扩大伦敦黄金市场的影响,促进所有参与者的经营活动,同时与英国的有关管理部门,如英国金融管理局、关税与消费税局等共同合作,维持伦敦黄金市场稳定而有序地发展。

四、黄金市场的类型

(一)国际黄金市场的主要划分方式和类型

黄金市场是买卖双方集中进行黄金买卖的交易中心,通常提供即期和远期交易方式,允许交易者进行黄金实物交易或者黄金期权期货交易以达到套期保值或投机、套利的目的,是各国完整的金融市场体系的重要组成部分。

按照不同的分类标准可将黄金市场划分为不同的类型。

1. 按黄金市场国际影响和规模分

按黄金市场国际影响和规模可分为主导性市场和区域性市场。

主导性黄金市场的交易范围和参与者涉及全球,交易量比较集中,市场确定的价格水平和交易量对其他市场具有深远的影响力。最有代表性的主导性市场有伦敦、苏黎世、纽约、芝加哥和中国香港的黄金市场,通称五大黄金市场。

区域性市场的交易只涉及某一地区或某一国家,而且对其他国际黄金市场影响不大,主要满足本国本地区黄金交易的需求。如东京、巴黎、法兰克福黄金市场等都是区域性市场。

2. 按交易类型和交易方式分

按交易类型和交易方式可分为现货交易市场和期货交易市场。

黄金现货交易是指在成交两个交易日内进行黄金实物交割的交易方式。交易标的主要是金条、金锭、金币以及黄金饰品等。

黄金期货合约是买卖双方在交易所签订的在将来某一确定时间按成交时确定的价格购买或出售黄金的标准化协议。期货合约是标准化合约,其成交价格是在交易所通过买卖双方的指令竞价形成的。黄金期货交易的主要目的是套期保值、投机和套利。

世界上有的黄金市场只有现货交易,有的只有期货交易,但大多数是既有期货又有现货交易。

3. 按有无固定场所分

按有无固定场所可分为无形黄金市场和有形黄金市场。

无形黄金市场,主要指黄金交易没有固定的交易场所。如主要通过金商之间的联系网络形成的伦敦黄金市场,以银行为交易平台的苏黎世黄金市场。

有形黄金市场主要指黄金交易在固定的交易场所进行交易。这类市场又可以分为有专设黄金交易所的黄金市场和设在商品交易所之内的黄金市场,前者如香港金银业贸易场、新加坡黄金交易所等;后者如设在纽约商品交易所(COMEX)内的纽约黄金市场,设在芝加哥商品交易所(CME)内的芝加哥黄金市场以及加拿大的温尼伯商品交易所内的温尼伯黄金市场。

4. 按交易管制程度分

按交易管制程度可分为自由交易市场、限制交易市场和国内交易市场。

自由交易市场是指对黄金输出入国境的交易不加限制,居民和非居民都可以自由买卖的黄金市场,如苏黎世黄金市场。

限制交易市场是指黄金输出入受到管制,只允许非居民而不允许居民自由买卖黄金的市场,这类市场通常存在于实行外汇管制国家。

国内交易市场是指禁止黄金输出入交易,只允许居民,不允许非居民买卖黄金的市场,如巴黎黄金市场。

5. 按参与交易对象分

按参与交易对象的不同划分可分为一级市场和二级市场。

一级市场是指黄金大宗批发市场,是由各种机构参与交易的市场,包括金矿公司,用金企业,黄金商,商业银行等等。如上海黄金交易所就是一个一级市场。

二级市场是指黄金小额零售市场,是专门为社会法人,非法人居民与黄金机构之间交易黄金而设立的市场。

6. 按交易标的物的不同属性分

按交易标的物的不同属性可分为黄金货币商品市场和黄金饰品市场。

黄金货币商品市场交易的标的物为金条或金块,交易者将金条或金块视为一种金融资产而进行投资。

黄金饰品交易市场上交易的标的物为黄金首饰、黄金纪念章等装饰物。

(二)国际上黄金市场的分布

目前,世界上约有 40 多个黄金市场,遍布于四大洲,绝大部分是区域性的。欧洲有 14 个黄金市场:瑞士的苏黎世和日内瓦、英国的伦敦、法国的巴黎、比利时的布鲁塞尔、德国的法兰克福、意大利的米兰和罗马、葡萄牙的里斯本、荷兰的阿姆斯特丹、奥地利的维也纳、土耳其的伊斯坦布尔、瑞典的斯德哥尔摩以及希腊的雅典。

亚洲有15个黄金市场：黎巴嫩的贝鲁特，巴基斯坦的卡拉奇，印度的孟买、新德里和加尔各答，新加坡的新加坡城，中国的香港、澳门和上海，日本的东京、神户和横滨，泰国的曼谷，菲律宾的马尼拉以及以色列的特拉维夫。

非洲有7个黄金市场：摩洛哥的卡萨布兰卡、塞内加尔的达喀尔、利比亚的的黎波里、索马里的吉布提、埃及的开罗和亚历山大、扎伊尔的金沙萨。

美洲地区的黄金交易市场：加拿大的多伦多和温尼伯、乌拉圭的蒙得维的亚、委内瑞拉的加拉加斯、墨西哥的墨西哥城、阿根廷的布宜诺斯艾利斯、巴西的里约热内卢和圣保罗、巴拿马的巴拿马城。1974年12月31日，美国取消私人持有和买卖黄金禁令后，除有纽约商品交易所和芝加哥国际货币市场两大黄金期货市场外，还有底特律、布法罗和旧金山的黄金市场。全球黄金市场分布见表8.1。

表8.1 黄金市场具体分布情况

洲别	国别	市场名称	洲别	国别	市场名称
欧洲	瑞士	苏黎世 日内瓦	欧洲	葡萄牙	里斯本
	英国	伦敦		荷兰	阿姆斯特丹
	法国	巴黎		土耳其	伊斯坦布尔
	比利时	布鲁塞尔		瑞典	斯德哥尔摩
	德国	法兰克福		希腊	雅典
	意大利	米兰 罗马		奥地利	维也纳
非洲	摩洛哥	卡萨布兰卡	亚洲	泰国	曼谷
	塞内加尔	达喀尔		菲律宾	马尼拉
	利比亚	的黎波里		以色列	特拉维夫
	索马里	吉布提	美洲	加拿大	多伦多 温尼伯
	埃及	开罗 亚历山大		乌拉圭	蒙得维的亚
	扎伊尔	金沙萨		委内瑞拉	加拉加斯
亚洲	黎巴嫩	贝鲁特		墨西哥	墨西哥城
	印度	孟买 新德里 加尔各答		巴西	里约热内卢 圣保罗
	巴基斯坦	卡拉奇		阿根廷	布宜诺斯艾利斯
	新加坡	新加坡城		巴拿马	巴拿马城
	中国	香港 澳门 上海		美国	纽约 芝加哥 底特律 布法罗 旧金山
	日本	东京 横滨 神户			

(三)国际主导性黄金市场简介

1. 伦敦黄金市场

伦敦黄金市场历史悠久,其发展历史已有300多年。1804年,伦敦取代荷兰阿姆斯特丹成为世界黄金交易的中心。1919年伦敦金市正式成立。1982年4月,伦敦黄金期货市场开业,在此之前,伦敦黄金市场主要经营黄金现货交易。目前,伦敦仍是世界上最大的黄金市场。

伦敦黄金市场最重要的特点是黄金定价制度。伦敦金市每天进行上午和下午两次黄金定价,由五大金行商定当日一个能够稳定供求关系平衡的合理价格,该价格是观察黄金市场趋势的主要参照价格,也是最有代表性的世界黄金行市。价格决定后,世界各主要黄金市场参照伦敦金价进行定价。

伦敦黄金市场的另一个特点是交易制度比较特别,因为伦敦没有实际的交易场所,其交易是通过无形方式——各大金商的销售联络网完成。交易会员由具权威性的五大金商及一些公认为有资格向五大金商买卖黄金的公司或商店所组成,然后再由各个加工制造商、中小商店和公司等组成整个交易网络。

伦敦黄金市场交易的第三个特点是灵活性很强。黄金的纯度、重量等都可以选择。最通行的买卖伦敦黄金的方式是客户可无需现金交收,即可买入黄金现货。到期只需按约定利率支付利息即可,但此时客户不能获取实物黄金。这种黄金买卖方式,只是在会计账上进行数字记载,直到客户进行反向操作平仓为止。

2. 苏黎世黄金市场

苏黎世黄金市场是第二次世界大战后发展起来的,是世界上最大的现货交易中心和西方国家最重要的金币交易市场,以金币交易为主。苏黎世黄金市场迅速成长依靠其得天独厚的政治因素。瑞士是永久的中立国,政治安全和稳定的优势吸引了大量进行黄金保值交易或黄金投机交易的交易者。同时瑞士特殊的银行体系和辅助性的黄金交易服务体系,为黄金买卖提供了一个既自由又保密的环境。这符合黄金买卖的特点,一般买卖都是秘密进行的,以保护交易者的隐私,并可避免对黄金价格产生影响。这些独特的条件是苏黎世黄金市场迅速发展的原因。

瑞士不仅是世界上新增黄金的最大中转站,也是世界上最大的私人黄金的存储中心。苏黎世黄金市场在国际黄金市场上的地位仅次于伦敦。

苏黎世黄金市场没有正式的组织结构,而是由原瑞士三大银行:瑞士银行、瑞士信贷银行和瑞士联合银行负责清算结账,1998年瑞士银行和瑞士联合银行合并为瑞士银行集团,现由两大银行负责清算结账。苏黎世黄金总库(zurich gold pool)建立在瑞士两大银行非正式协商的基础上,不受政府管制,作为交易商的联合体与清算系统混合体在市场上起中介作用。

苏黎世黄金市场无金价定盘制度,在每个交易日任一特定时间,根据供需状况议定当日交易金价,这一价格为苏黎世黄金市场官价。全日金价在此基础上的波动,无涨跌幅限制。

3. 美国黄金市场

纽约和芝加哥黄金市场的发展得益于 20 世纪 70 年代中期的美元贬值。美国投资者为了套期保值和投资增值使得黄金期货交易迅速发展。因此,黄金期货是美国黄金市场的主要特点。例如,纽约商品交易所本身不参加期货的买卖,只是提供交易场所和设施,并制定相应的交易制度保证交易在公平和合理的前提下进行。

纽约是世界上最大的金融中心,美国财政部和国际货币基金组织出售黄金都在此进行拍卖,因此纽约黄金期货市场对世界黄金期货的影响举足轻重。目前纽约商品交易所和芝加哥商品交易所是世界最大、最有影响的黄金期货市场,两大交易所对黄金现货市场的交易价格影响很大,同时由于期货交易数量巨大,纽约市场的黄金价格有时比伦敦、苏黎世黄金市场的定价更有参考价值。

4. 中国香港黄金市场

中国香港黄金市场的形成以香港金银贸易市场的成立为标志,迄今已有 90 多年的历史。1974 年,香港金融当局撤销了对黄金进口的管制,此后香港金市进入了高速发展的阶段。由于香港优越的地理位置,在时差上刚好填补了纽约、芝加哥市场收市和伦敦市场开市前的空当,可以连贯亚、欧、美,形成完整的 24 小时不间断交易的世界黄金市场。因此世界黄金市场各大机构投资者,如伦敦五大金商、瑞士两大银行等纷纷到中国香港设立分公司,从而促使香港成为世界主要的黄金市场之一。

目前,中国香港黄金市场由两个市场组成:香港金银贸易市场,以华人金商为主体,有固定买卖场所,交易方式是公开喊价、现货交易;伦敦金市场,以国外金商为主体,没有固定交易场所;黄金期货市场,是一个正规的市场,其性质与美国的纽约和芝加哥的商品期货交易所的黄金期货性质是一样的,交易方式正规,制度比较健全,可弥补金银贸易市场的不足。

【知识库】

中国黄金协会副会长张永涛在接受媒体采访时透露,中国已连续 4 年成为全球最大产金国,目前中国已探明黄金储量列世界第三。2010 年,上海黄金交易所全部各类黄金产品共成交 6 046.064 吨,现货黄金交易量全球第一。在"2011 上海国际首饰时尚节论坛"上,张永涛说,目前全球已查明黄金资源储量约为 16 万吨。其中,南非是全球最大的黄金资源拥有国,已查明资源储量为 3.1 万吨;第二是俄罗斯约有 7 000 吨;中国目前已探明黄金储量达 6 328 吨,居第三位。据悉,1978 年中国黄金产量仅为 19.67 吨,2007 年黄金产量达到 270.5 吨,首次超过南非,成为全球第一产金大国,此后连续蝉联全球第一,2010 年中国黄金产量达 340.876 吨。2010 年全球黄金制造业用金需求量为 2 778.6 吨,其中印度 783.4 吨,位居全球第一;中国 571.51 吨,位居全球第二;美国 180.9 吨,位居全球第三。

序号	国家、地区和组织	黄金储备量/吨	占总储备的百分比/%
1	美国	8 137	56.5
2	德国	3 469	34.7
3	国际货币基金组织	3 217	—
4	法国	3 025	39.8
5	瑞士	2 494	41.7
6	意大利	2 452	46.4
7	荷兰	912	46.2
8	日本	764	1.9
9	欧洲银行	747	13.9
10	波兰	607	38.6

资料来源：南方日报.2011-06-01

第二节 黄金市场的价格决定

黄金价格是黄金市场上买卖黄金商品的单位交易价格，在介绍黄金价格之前，先了解一下与黄金单价有关的基本内容：黄金交易商品的划分和黄金交易的计量单位。

一、黄金的成色及其分类

黄金及其制品的纯度称为成色。黄金的成色是反映黄金价值的最重要的属性，也是划分黄金商品的主要依据。

黄金按其来源的不同和提炼后含量的不同分为生金和熟金等。生金是从矿山或河底冲积层开采的没有经过熔化提炼的黄金。生金分为矿金和沙金两种。

熟金是生金经过冶炼、提纯后的黄金，一般纯度较高。常见的形状有金条、金块、金锭等。人们习惯上根据成色的高低把熟金分为纯金、赤金、色金三种。

按含其他金属的不同划分，熟金又可分为清色金、混色金、K金等。清色金指黄金中只掺有白银成分。混色金是指黄金内除含有白银外，还含有铜、锌、铅、铁等其他金属。K金是指银、铜按一定的比例，按照足金为24K的公式配制成的黄金。K金是目前黄金交易中主要的交易标的标准。

黄金成色的计算及表示方法主要有以下几种：

1. 用"K金"表示黄金的纯度

国家标准GB11887—89规定，每开(K)含金量为4.166%。见表8.2。

表8.2 用"K金"表示的黄金纯度

K级	8K	9K	10K	12K	14K
含金量	33.328%	37.494%	41.660%	49.992%	58.324%
国家标准	333‰	375‰	417‰	500‰	583‰
K级	18K	20K	21K	22K	24K
含金量	74.998%	83.320%	87.486%	91.652%	99.984%
国家标准	750‰	833‰	875‰	916‰	999‰

24 K金常被认为是纯金,但实际含金量为99.99%,折为23.988 K。

2. 用文字表达黄金的纯度

有的金首饰上打有文字标记,其规定为:足金,含金量不小于990‰;千足金,含金量不小于999‰。有的则直接打上实际含金量多少。

3. 用分数表示黄金的纯度

如标记成18/24,即成色为18K(750‰):

如标记成22/24,即成色为22K(916‰)。

4. 用阿拉伯数字表示黄金的纯度

如99表示"足金";

如999表示"千足金"。见表8.3。

表8.3 用阿拉伯数字表示的黄金纯度

黄金的成色	金的百分含量	金的K值	千分金含量
纯金	99.99%	24K	999.9
千足金	99.9%	24K	999
18K金	75%	18K	750
14K金	58.3%	14K	583
9K金	37.5%	9K	375

二、黄金交易单位

黄金交易单位又称黄金交易计量单位,简称黄金单位,就是在黄金市场上买卖双方交易的重量计量单位。由于黄金交易单位是根据其所在市场的交易规则确定的,而黄金市场的交易规则又是根据其所在地所使用的法定计量单位或交易习惯所制定的,因此,黄金交易计量单位在各个市场上各有不同。作为一种价格昂贵的金属,黄金交易单位是黄金买卖时确定买卖价格、结算买卖货款的一项基本标准。

黄金的计量单位是随着度量衡制度的变化而变化的。我国历史上曾有过以斤、镒、铤等为黄金计量单位的文字记载。目前我国统一以国际单位制为计量单位。国际上也由于各国计量单位、黄金市场的交易习惯、交易规则以及所在地度量衡制的不同,造成世界各地黄金市场的交易计量单位不尽相同。以下是目前国际黄金市场上比较常见的几种黄金计量单位。

1. 金衡盎司

金衡盎司是在英美商品交易市场上买卖交易贵金属、药材等一些特殊商品时使用的交易计量单位,也称为盎司,但无论是计量单位还是其计量的进制,与英美日常的度量衡单位常衡盎司有所区别,故人们将专用于贵金属、药材等贵重商品的交易计量单位又称为金(药)衡制盎司。其折算如下:

$$1\text{ 金衡盎司} = 1.097\ 142\ 8\text{ 常衡盎司} = 31.103\ 480\ 7\text{ 克}$$
$$1\text{ 常衡盎司} \approx 28.349\ 5\text{ 克}$$

2. 托拉

在国际市场目前还有一种常见的黄金交易计量单位——"托拉(tola)"。托拉现为南亚地区的新德里、卡拉奇、孟买等黄金市场上常用的交易计量单位,也是目前国际市场上比较常用的交割单位。其折算如下:

$$1\text{ 托拉} = 0.375\text{ 金衡盎司} = 11.663\ 8\text{ 克}$$

3. 司马两

司马两是目前中国香港地区黄金现货市场上普遍使用的黄金交易计量单位。其折算如下:

$$1\text{ 司马两} = 1.203\ 354\text{ 金衡盎司} = 37.428\ 497\ 91\text{ 克}$$
$$1\text{ 司马两} = 1.197\ 713\text{ 两(16 两制)}$$
$$1\text{ 司马两} = 0.748\ 57\text{ 两(10 两制)}$$

4. 市制单位

市制单位是我国黄金市场上常用的一种计量单位,主要有斤和两两种。其折算如下:

$$1\text{ 市斤} = 10\text{ 两}$$
$$1\text{ 两} = 1.607\ 536\text{ 金衡盎司} = 50\text{ 克}$$

5. 日本两

日本两是日本黄金市场上使用的交易计量单位,其折算如下:

$$1\text{ 日本两} = 0.120\ 57\text{ 金衡盎司} = 3.75\text{ 克}$$

此外,还有格令、打兰等单位。上述各单位的换算见表8.4。

表 8.4　各单位的换算

金衡盎司	市两	司马两	克 gram	格令 grain	托拉 tola	打兰 dram	公斤 kilogram	日本两
1	0.995 3	0.831 047	31.103 5	480.00	2.666 7	10.00	0.031 103 5	82.94
1.004 7	1	0.834 9	31.25	482.256	2.697 2	10.047	0.031 25	8.333
1.203 3	1.197 6	1	37.426 9	577.584 7	3.208 8	12.033	0.037 43	9.9802
0.032 15	0.032	0.026 72	1	15.432 3	0.085 74	0.312 5	0.001	0.266 66
0.002 083	0.002 074	0.001 73	0.064 8	1	0.005 56	0.020 83	0.000 648	0.017 28
0.375	0.373 2	0.311 64	11.663 7	180.00	1	3.75	0.011 66	3.110 21
0.1	0.099 53	0.083 1	3.110 35	48.00	0.266 67	1	0.003 110 35	0.829 4
32.15	32.00	26.718 3	1 000.00	15 432.10	85.734 95	321.50	1	266.66
0.120 57	0.120 0	0.100 2	3.75	5.787 3	0.032 15	1.205 7	0.003 5	1

三、黄金价格

由于黄金不同于一般的商品,所以黄金价格与一般商品相比有其特殊性。

目前世界黄金市场上的主要价格类型有三种:生产价格、市场价格和准官方价格。其他各类黄金价格均由此派生。

(一)生产价格

生产价格是根据黄金生产的成本计算的价格标准,它反映了黄金的内在价值,是确立各种黄金价格的最基本的标准。随着黄金找矿、开采、提炼等技术的进步,黄金的生产成本呈下降趋势。

但是,受各种因素的影响,生产价格并不能完全反映黄金市场的价格走势。

1996 年以来各国中央银行的大规模抛金行为,使国际市场的金价从 418 美元/盎司的高位一路下降,一直跌到 258 美元/盎司,甚至低于当期的黄金生产成本。

(二)市场价格

黄金的市场价格是买卖双方达成交易的即时价格,又称为市场行情。市场价格包括现货价格和期货价格。这两种价格既有联系,又有区别。这两种价格都受供需等各种因素的制约和干扰,变化大,而且价格确定机制十分复杂。一般来说,现货价格和期货价格所受的影响因素类似,因此二者的变化方向和幅度基本趋于一致,并且黄金的基差(即黄金的现货价格与期货价格之差)会随期货交割期的临近而不断减小,到了交割期,期货价格和交易的现货价格大致相等。由于决定现货价格和期货价格的因素错综复杂,可能使世界黄金市场上黄金的供求关系失衡,出现现货和期货价格关系扭曲的现象。有时,由于黄金供不应求,持有期货的成本无法得到补偿,甚至形成基差为正值,现货价高于期货价,近期期货价格高于远期期货价格的现象。

由于受各种因素的作用,世界市场上的短期黄金市价经常剧烈变动。中、长期的平均价格在很大程度上中和了各种外界因素,是一个能比较客观地反映黄金受中长期供求因素影响下的市场价格。

(三) 准官方价格

准官方价格是被中央银行用作与黄金有关的官方活动而采用的一种价格。在准官方价格中,又分为抵押价格和记账价格。

四、影响世界黄金价格的主要因素

20世纪70年代以前,黄金价格基本由各国政府或中央银行决定,国际市场上的黄金价格比较稳定。70年代初期,黄金价格不再与美元直接挂钩,黄金价格逐渐市场化,影响黄金价格变动的因素日益增多,具体来说,可以分为以下几方面。

(一) 供给因素

1. 经常性供给

经常性供给的来源是世界主要产金国,这类供给是稳定的,经常性的。经常性供给量同产金国的生产能力、产量以及生产成本有直接关系。

2. 偶发性供给

此类供给是由于外界因素刺激作用而导致的供给,例如黄金生产国的政治、军事和经济的变动状况,导致金价的上涨,使黄金持有者为获利而抛售,或导致黄金矿山为扩大供给而提高生产能力。

3. 调节性供给

这是一种阶段性不规则的供给,主要来自中央银行的黄金抛售行为。中央银行是世界上黄金的最大持有者,在某些情况下为了达到特定的经济目的而在国际黄金市场上抛售黄金,例如为改善本国国际收支,或为抑制国际金价。

(二) 需求因素

黄金的需求与黄金的用途有直接的关系。

1. 黄金的工业用与民用需求

随着世界经济的发展,黄金的工业用与民用需求不断增大,例如在微电子领域、医学以及建筑装饰等领域,尽管科技的进步使得黄金替代品不断出现,但黄金以其特殊的金属性质使其需求量仍呈上升趋势。

2. 央行黄金储备的需求

黄金储备一向被各国央行用作防范国内通胀、调节市场的重要手段。特别在经济不景气的时期,由于黄金相对于货币资产价值更为稳定,黄金储备需求上升,会导致金价上涨。例如在二战后的三次美元危机中,由于美国的国际收支逆差趋势严重,各国持有的美元大量增加,市场对美元币值的信心动摇,投资者大量抢购黄金,直接导致黄金价格上涨,以致布雷顿森林体系破产。

3. 投资性或投机性的需求

投资性黄金需求包括两方面:一方面,在通货膨胀情况下,投资黄金可以达到保值的目的;另一方面,人们在不同经济形势下,可在黄金与其他投资工具之间互为选择。如当美元贬值、油价上升时,黄金需求量便会有所增加;如股市上涨,吸引大量资金,黄金需求可能会相应减少。

投机性需求是指黄金交易者利用金价波动,入市赚取投机利润的行为。较为常见的情况是,投机者根据国际国内形势,利用黄金市场上的金价波动,加上黄金期货市场的交易机制,大量"沽空"或"补进"黄金,人为地制造黄金需求假象。大规模的黄金投机活动往往造成黄金价格的剧烈波动,在黄金市场上,几乎每次大的下跌都与对冲基金的投机性抛售有关。

(三)其他因素

1. 美元汇率

美元汇率是影响金价波动的重要因素之一。在黄金市场上通常的规律是美元涨则金价跌,美元降则金价扬。美元坚挺一般表示美国国内经济形势向好,国内证券市场投资旺盛,股票和债券将得到投资人青睐,黄金投资的价值相对削弱;而美元汇率下降则往往与通货膨胀、股市低迷等有关,黄金的保值功能此时会比较明显地体现出来。从过去黄金市场20年的历史来看,美元对其他西方货币坚挺,国际黄金市场上金价下跌,美元贬值,金价就会逐渐回升。

2. 各国的货币政策

当某国采取宽松的货币政策时,由于利率下降,该国的货币供给增加,加大了通货膨胀的可能,会造成黄金价格的上升。如20世纪60年代美国的低利率政策促使国内资金外流,大量美元流入欧洲和日本,各国的金融机构和投资者由于持有的美元净头寸增加,出现对美元币值的担心,于是开始在国际市场上抛售美元,抢购黄金,并最终导致了布雷顿森林体系的瓦解。但在1979年以后,利率因素对黄金价格的影响日益减弱。

3. 通货膨胀

短期内的通货膨胀会造成货币购买力下降,从而增加对黄金保值的需求,导致金价明显上升。从长期来看,年通胀率若是在正常范围内变化,那么它对金价的波动影响并不明显。从20世纪90年代以后,世界进入低通胀时代,黄金保值功能日益缩小,但是从长期看,黄金仍然是应对通货膨胀的重要手段。

4. 国际政治局势

国际上重大的政治、战争事件都将影响金价。政府为战争或为维持国内经济的平稳而支付费用,大量投资者转向黄金保值投资,这些都会扩大对黄金的需求,刺激金价上涨。比如9·11恐怖袭击事件曾使黄金价格飙升至每盎司近300美元。

5. 股市行情

通常情况下股市下挫,金价上升,股市上扬,金价下跌。这主要取决于投资者对经济发展前景的预期,如果大家普遍对经济前景看好,则资金大量流向股市,股市投资热烈,金价下降。

除了上述影响金价的因素外,国际金融组织的干预活动也会对世界黄金价格的变动产生重大的影响。

【知识库】

实物黄金可分为纪念性和装饰性的实物黄金和投资性黄金。所谓纪念性和装饰性的实物黄金,前者包括各种纪念类金条与金币,如"奥运金条""贺岁金条"和"熊猫金币"等,后者则是指各类黄金首饰制品,如金项链、金戒指、金耳环等。这些实物黄金不具备真正意义上的投资性质,因为除黄金价格的波动外,其价格还取决于收藏价值和艺术价值等;同时,因加工成本带来的较高溢价以及回购不便导致的欠佳流动性,使得投资者买卖此类实物黄金并不能完全享受金价波动带来的收益,也难以充分发挥持有黄金所带来的保值功能。

真正意义上的投资型实物黄金应具有如下特点:首先,它的价格贴近国际金价水平,而且价格波动的幅度和频率基本与国际金价保持一致。这里所说的价格不仅仅指销售的价格,还指回购的价格。市场上一些黄金产品销售价格大大高于回购价格,每克的买卖价差甚至达10元以上,投资价值大打折扣,获利难度可想而知;其次,它具有完整的流通渠道和便捷的变现方式。任何一种产品,流通性是投资性的先决条件,黄金更是如此。投资者投资黄金并非永远持有,而是要在需要的时候及时变现,所以不能变现和流通的黄金是没有投资价值的;再次,它的交易成本低,不至于对投资者利用价格的波动获取收益或利用黄金的稳定性使资产保值造成影响。有些实物黄金在交易过程中除了买卖价格之外还要收取一定的手续费,产品不同收费标准也不同,投资者在选择实物黄金产品时应事先了解其交易成本。

资料来源:中证网(www.cs.com.cn)

第三节 黄金市场的交易

就像其他金融市场一样,在经历了几百年的发展之后,黄金市场也形成了门类齐全的交易方式和投资品种。一般来说,黄金交易从交易品种的形态上来说,有实物形式、凭证形式。从交易的方式上来说,有现货交易,有各种衍生品交易,包括期货、远期、期权、互换等等。

一、黄金市场的交易品种

(一)实物形式的交易品种

1. 标金

标金是按规定的形状、规格、成色、重量等要素精炼加工成的标准化条状金,即俗称"金条"。标金是黄金市场最主要的交易品种。按国际惯例,用于黄金市场实物交割的标金,在精炼厂浇铸成型时必须标明其成色、重量,一般还应标有精炼厂的厂名及编号等。

目前国际黄金市场上比较常见的标金规格有400盎司标金、1公斤标金、111克标金、1盎司标金等等。各国黄金市场上的标金成色也各有不同,有99.5%,也99%和99.99%。

标金的最大优点是流通性强,可以立即兑现,可在世界各地转让,还可以在世界各地得到报价;从长期看,金条具有保值功能,是应对通货膨胀的理想投资工具。

2. 金币

金币分为投资金币和纪念金币两种。投资金币又称纯金币,一般由各国政府或中央银行发行。纯金币的价值基本与黄金含量一致,价格也基本随国际金价波动。纯金币投资与金条投资一样,都是良好而安全的投资保值方式。

纪念金币是各国政府或中央银行,为某一纪念题材而限量发行的铸金货币。由于纪念金币具有相应的纪念意义,因此其价格构成除了纯金币的价格要素以外,还应考虑其历史价值、艺术价值、教育价值和收藏价值,因此其价格要比纯金币高。

3. 黄金饰品

黄金饰品具有广义和狭义之分,广义的黄金饰品是泛指含有黄金成分的装饰品,如金杯、金质奖牌等纪念品。狭义的金饰品是专指以成色不低于58%的黄金材料制成的装饰物。

从投资理财的角度看,金饰品的实用价值大于投资价值。因此,从严格意义上来讲,金饰品只是一种保值手段。

(二)凭证形式的交易品种

1. 黄金账户

黄金账户是商业银行为黄金投资者提供的一种黄金交易品种,又称为黄金请求账户。黄金投资者选择黄金账户通过商业银行进行黄金买卖交易时,可在指定的资金账户上进行资金运作,在黄金账户上作交易记录,而无需进行黄金实物的提取交收。因此,黄金账户具有周转速度快、存储风险小、交易费用低的优点。

2. 纸黄金

纸黄金又称为黄金凭证,这种凭证代表了持有者对黄金的所有权,因此纸黄金交易实质上就是一种权证交易方式。常见的纸黄金类型有黄金储蓄存单、黄金交收订单、黄金证券以及黄金账户单据等。

采用纸黄金进行交易,可以节省黄金实物交易中必需的保管费、储存费、保险费、鉴定及运输费等费用支出,有效降低黄金交易价格。而且纸黄金交易还可以加快交易速度。

纸黄金一般是由黄金市场上资金雄厚、资信良好的金融机构发行,如商业银行发行的不记名黄金储蓄存单、黄金交易所发行的黄金交收订单或大的黄金商所发行的黄金账户单据等。

3. 黄金股票

所谓黄金股票,就是黄金矿业公司发行的上市或不上市的股票。由于买卖黄金股票不仅是投资黄金矿业公司,而且还间接投资黄金,因此这种投资比单纯的黄金投资或股票投资更为复杂。投资者不仅要关注黄金矿业公司的经营状况,还要关注黄金市场的行情。

4. 黄金基金

黄金基金是黄金投资共同基金的简称,即专门以黄金类证券或黄金类衍生交易品种作为投资媒体的一种共同基金。黄金基金的投资风险较小、收益比较稳定,与我们熟知的证券投资基金有相同特点。

二、黄金交易方式

黄金市场的交易方式包括现货交易、期货交易、远期交易、期权交易、互换交易等多种交易方式,除现货交易外,其余都是黄金衍生品交易。其中最为主要的交易方式是现货交易和期货交易。

(一)黄金现货交易

现货交易是指交易双方在成交后两个交易日内完成交割、清算等一切手续的一种交易方式。现货交易的标的物一般以标金为主。伦敦市场的黄金现货交易价格是世界黄金行市的晴雨表,其他国际黄金市场参照伦敦市场的定价水平,再根据本市场供求情况决定金价。现货交易需要支付金商一定比例的手续费,如伦敦市场的手续费通常为 0.25%。

黄金现货交易分为定价交易和报价交易。定价交易是指金商提供客户单一的交易价格,无买卖差价,客户按所提供的单一价格自由买卖,金商只收取少量的佣金。定价交易限定在规定的时间内进行,在定价交易以外的时间则进行报价交易。

报价交易是指买卖双方自行达成的交易,对同一交易者来说,其买入和卖出的报价存在差价。报价交易的价格在很大程度上要受定价交易价格的影响。一般来说,报价交易交割的现货数量要比定价交易的多。

现货交易的买卖合约中包括黄金的交收、存入或提取地点、借记或贷记账户、报价货币等等。

(二)黄金期货交易

随着国际市场金融衍生工具迅猛发展,国际黄金市场的衍生工具也获得了应有的发展。黄金市场衍生工具的产生和发展不同于其他金融市场衍生工具的发展。在其他金融市场上,最先产生的金融衍生工具是远期合约,并在此基础上产生期货、期权与互换等其他金融衍生工具。而黄金市场的金融衍生工具最先产生的不是黄金远期合约,而是1975年由美国纽约商品交易所开发出来的黄金期货合约。黄金期货交易的价格导向功能对世界黄金市场的发展发挥着巨大的推动作用。据统计,当今世界黄金交易额的95%以上是以回避风险和投机为目的的个性黄金交易,而这95%以上的金融性黄金交易中的绝大部分又是在黄金期货市场中完成的。

黄金期货合约是买卖双方在交易所签订的在未来某一确定的时间按成交时确定的价格购买或出售黄金的标准化协议。期货合约是标准化的合约,期货合约的成交价格是在交易所通过买卖双方的指令竞价形成的。黄金期货合约的要素包括保证金、合约单位、交割月份、最小变动价位、最高交易限量、交割方式等。办理交割的日期一般为3个月、6个月、1年。黄金期货交易一般并不真正收货,绝大多数的合约在到期日前已经对冲平仓了。

黄金期货交易可分为保值交易和投机交易两种类型。所谓保值交易,是为了规避黄金价格变动带来的风险,买卖黄金期货实现套期保值。投机交易是指利用金价的波动,通过预测金价未来的涨跌趋势,进行买空或卖空,从而赚取投机利润。保值交易和投机交易有时难以区分,对大多数黄金交易者来说,期货交易既是规避风险的一种方式,也是一种可供选择的投机手段。

黄金期货的交易价格一般以黄金现货价格为依据,再加上一定的升水或贴水而定。升水或贴水的幅度取决于市场交易者对未来黄金现货价格的预期。

(三)黄金远期交易

由于黄金期货合约是标准化合约,对交易的数量、时间、交割日期、交割方式都有严格的规定,因而灵活性受到限制,不能满足相当一部分黄金生产者与经营者的特殊要求,从而使得它的风险转移功能不能很好地发挥,具有很大的局限性。于是,在20世纪80年代初,黄金远期交易应运而生。

黄金远期交易就是指参与了黄金交易的双方约定在未来某一交易日,按双方事先商定的价格、交易一定量的黄金实物。远期交易通常发生在个人黄金交易者与从事黄金交易的商业银行之间。在实际操作过程中,远期合约到期时,也可以不进行黄金实物的交割,而进行一定的利差交易。目前世界上的黄金远期交易多数在场外交易市场上进行,是黄金生产者参与黄金市场交易的主要渠道。

黄金远期合约与期货合约是有区别的。首先,黄金期货是标准化的合约,合约对黄金的规格、数量、交割方式等都有规定,而远期合约一般是买卖双方根据需要而签订的合约。远期合约的内容在黄金规格、数量、交割规则都可因双方的需要而变动,具有较强的灵活性;其次,期货合约流通性强,可根据市场价格进行买卖,而远期合约的流通比较困难,除非有第三方愿意接受合约,否则难以转让;再次,期货合约大多在到期前平仓,有一定的投机和投资价值,价格也在波动,而远期合约一般到期后按约定价格交割黄金实物;最后,黄金期货交易是在固定的交易所内进行,而远期交易无固定交易场所,一般在场外进行。

(四)期权交易

在黄金远期交易的基础上产生了黄金期权交易。黄金期权是赋予它的持有者在到期日之前或到期日当天,以一定的价格买入或卖出一定数量黄金的权利的合约。期权按买入和卖出的权力不同可以分为买入(看涨)期权和卖出(看跌)期权。期权的卖方在收取买方的期权费(期权的价格)后有义务履行合约。

黄金期权交易分为黄金现货期权与黄金期货期权交易两大类。黄金现货期权交易主要包括金块(金条)现货期权交易,金矿权益期权交易与黄金、白银指数期权交易。黄金期货期权交易是以黄金期货合约为标的物的标准化的黄金期权合约,是一种二级金融工具。与黄金期货交易相比,黄金期货期权交易具有风险有限、收益无限的特点。

期权的价格称为期权费。影响黄金期权费的主要因素有黄金即期价格、期权的有效期、约定价格、利率和黄金价格的波动性,这些因素都是影响期权费的重要因素。期权是一种理想的保值工具,如当黄金市价比期权的约定价格高的时候,买入期权的买方可以向卖方要求履约,而在黄金市价低于期权约定价格时,期权的买方可以选择不执行期权。虽然运用期权来防范黄金的价格风险比远期合约更加灵活,但买方在期初要支付期权费。

(五)黄金互换交易

黄金互换交易指在一定的期限内交易双方同时买入和卖出价值相当的黄金资产的一种交易。互换从本质上是远期合约的一种延伸,可以使交易双方获得比他们做互换交易前更为有利的条件。互换交易现在已经是成熟市场融资和风险管理中不可缺少的策略之一,黄金互换是其中的一种。其他金融衍生工具往往是一次性交易,而黄金互换是一系列现金流的交换,会持续一段时期。

黄金互换交易的交易双方一般是作为卖方的黄金生产者和作为买方的商业银行,双方签订黄金互换协议。在互换协议中,黄金生产者可以在根据现货市场上黄金价格的高低与协议价进行比较,决定是否在成交日将黄金卖给商业银行。当市场现货价格低于协议价格时,黄金生产者可以把黄金按协议价卖给商业银行。当市场现货价格高于协议价格时,黄金生产者可以在黄金市场上卖出黄金。通常情况下,黄金生产者与商业银行签订多次滚动协议,滚动协议的期限不能超过双方商定的允许滚动协议的最长年限,并且每次在签订滚动协议时,要向上修订协议价格。黄金互换交易同黄金期货、期权交易一样,也是黄金生产者回避市场价格波动风险的重要手段。

【知识库】

黄金T+D里的"T"是Trade(交易)的首字母,"D"是Delay(延期)的首字母。黄金T+D,是指由上海黄金交易所统一制定的、规定在将来某一特定的时间和地点交割一定数量标的物的标准化合约。黄金T+D类似于股票的 T+1 交易模式,即股票今天买了今天不能卖,必须等到下一个交易日后才能卖,而黄金 T+D 的 D 没有限制。也就是说,黄金 T+D 可以随时开仓、平仓,当天开仓可以当天平仓,或者第二天、第三天甚至更长时间再平仓都可以。

黄金 T+D 合约内容包括:合约名称、交易单位、报价单位、最小变动价位、每日价格最大波动限制、交易时间、交割日期、交割品级、交割地点、最低交易保证金、交易手续费、交割方式、交易代码等。黄金 T+D 合约附件与黄金 T+D 合约具有同等法律效力。

黄金 T+D 与黄金期货、纸黄金相比:

(1)投资黄金 T+D 的风险低于黄金期货,因其价格波动的幅度较低。国内的黄金现货价均跟随国际黄金价格波动,而国际黄金价格单日波动 3% 已经是很大幅度了,因此黄金 T+D 的价格不可能如商品期货那样大幅度波动。

(2)从交易时间和交割日期的设定看,投资延期产品远比期货金要安全。黄金 T+D 没有固定交割日期,可以一直持仓,长期投资,降低交易成本,且这种产品有夜场交易,可以防范隔夜美盘金价过度波动的风险。黄金 T+D 的交易时间:9:00 ~ 11:30;13:30 ~ 15:30;21:00 ~ 03:30。由于黄金 T+D 可以在晚上进行交易,而且波动最活跃的时候也恰恰是在晚上,所以非常适合平时白天需要上班的投资者。

(3)金交所的黄金 T+D 品种采取杠杆交易模式,个人投资者只要交纳约 10% 的保证金即可做全额交易,这就使得资金使用效率成倍提高,客户可以利用闲散资金参与其他市场投资。而杠杆的存在也放大了原本的价差收入。与此相比,银行纸黄金一般采用全额交易,资金占用成本较高。

(4)实物黄金和纸黄金只能通过低买高卖的差价获得收益,但黄金 AU(T+D)可以做空,只要行情判断准确,下跌时也可获益,这就使得短线交易者也可在市场中大行其道。例如,现在是 165 每克,你觉得现在会跌,你现在可以先卖出 1 克 165 价格的黄金,你拥有 165 元和 1 克黄金订单,等价格跑到 160 的时候,你再买入黄金,以平仓之前的 1 克黄金订单,你只要花 160 元,165-160 = 5,那个 5 元就是你的盈利。双向交易机制等于给了个人投资者参与黄金市场的"刹车",而并未提高黄金延期产品的投资风险。

资料来源:百度百科(www.baike.baidu.com)

本 章 小 结

1. 黄金市场的构成要素包括交易服务机构和场所、交易主体、中介机构和行业自律组织。市场交易主体包括国际金商、商业银行、对冲基金、各种法人机构及个人投资者。中介机构和行业自律组织也是黄金市场必不可少的组成部分。

2. 按照不同的分类标准可将黄金市场划分为不同的类型。主要的划分标准是:按照交易范围和影响力可分为主导性市场和区域性市场,按照有无固定场所分为无形市场和有形市场。目前世界上有 40 多个黄金市场,主要的主导性市场有伦敦、苏黎世、纽约、芝加哥和中国香港的黄金市场,统称为五大黄金市场。

3. 黄金及其制品的纯度称为成色,是黄金划分的主要标准。K 金是目前黄金交易中主要的交易标的标准。黄金交易单位是在黄金市场上买卖双方交易的重量计量单位,是黄金买卖时确定买卖价格、结算买卖货款的一项基本标准。黄金交易计量单位在各个市场上各有不同。目前国际黄金市场上比较常见的几种黄金计量单位包括金衡盎司、托拉、司马两、日本两、市制单位。

4. 目前世界上黄金市场上的主要价格类型有三种:生产价格、市场价格和准官方价格。影响黄金价格的因素主要来自黄金的供给与需求。供给因素包括经常性供给、偶发性供给和调节性供给,需求因素包括工业用与民用需求、央行黄金储备的需求、投机性或投资性需求。其他因素如美元汇率、各国货币政策、通货膨胀、股市行情、国际局势等等,都会对黄金价格产生重大影响。

5. 经过长期发展,黄金市场形成了门类齐全的交易方式和投资品种。黄金交易从交易品种的形态上来说,有实物形式、凭证形式,其中实物形式的黄金投资品种包括标金、金币、黄金饰品等,凭证形式的则有黄金账户、纸黄金、黄金股票、黄金基金等。从黄金交易的方式上来说,有现货交易和黄金衍生品诸如期货、远期、期权、互换交易等,黄金衍生品的交易为交易者转移风险和投资保值提供了理想的工具。

思 考 题

一、单项选择题

1. 迄今发现的人类社会最早流通的金币大约是在(　　)。
   A. 公元前 6 世纪　　B. 公元前 5 世纪　　C. 公元前 1 世纪　　D. 公元 1 世纪
2. 以下哪个黄金市场属于无形市场(　　)。
   A. 伦敦　　　　　　B. 芝加哥　　　　　C. 香港　　　　　　D. 新加坡
3. 目前国际市场应用最广泛的黄金计量单位是(　　)。
   A. 金衡盎司　　　　B. 托拉　　　　　　C. 司马两　　　　　D. 日本两
4. 以下哪种价格最能反映黄金的内在价值(　　)。
   A. 生产价格　　　　B. 市场价格　　　　C. 准官方价格　　　D. 投机价格
5. 中央银行的黄金抛售行为属于(　　)。
   A. 经常性供给　　　B. 偶发性供给　　　C. 调节性供给　　　D. 自发性供给
6. 标金的最大优点是(　　)。
   A. 规格标准　　　　B. 成色高　　　　　C. 流通性强　　　　D. 价格稳定
7. 下列不属于纸黄金的是(　　)。
   A. 黄金账户　　　　B. 黄金储蓄存单　　C. 黄金证券　　　　D. 黄金账户单据
8. 金期货合约的内容不包括(　　)。
   A. 证金　　　　　　B. 合约单位　　　　C. 交割月份　　　　D. 交易价格
9. 下列对黄金远期合约与期货合约的区别的表述不正确的是(　　)。
   A. 黄金期货是标准化的合约,远期合约的内容在黄金规格、数量、交割规则等方面则具有较强的灵活性
   B. 远期合约流通性强,而期货合约的流通比较困难

C. 期货合约大多在到期前平仓,而远期合约一般到期后按约定价格交割黄金实物
D. 黄金期货交易是在固定的交易所内进行,而远期交易一般在场外进行

10. 以下对于黄金期权表述不正确的是( )。
    A. 黄金远期交易的基础产生了黄金期权交易
    B. 期权的买方有义务履行合约
    C. 黄金期货期权交易具有风险有限、收益无限的特点
    D. 黄金期权费与黄金价格无关

二、多项选择题

1. 黄金市场的需求主要来源是( )等方面。
   A. 国家官方储备　　B. 投机　　　　C. 饰品加工业　　D. 工业用途
2. 黄金市场的供给因素主要有( )。
   A. 经常性供给　　　B. 偶发性供给　　C. 调节性供给　　D. 指令性供给
3. 黄金市场的交易方式包括( )等。
   A. 现货交易　　B. 期货交易　　C. 远期交易　　D. 期权交易　　E. 掉期交易
4. 黄金价格变动受( )影响。
   A. 通货膨胀变化　　　　　　　B. 外汇市场剧烈波动
   C. 伊拉克战争　　　　　　　　D. 石油危机
5. 黄金在自然界中是以游离状态存在而不能人工合成的天然产物,按其来源的不同和提炼后含量的不同分为( )。
   A. 矿金　　　　　B. 沙金　　　　　C. 生金　　　　　D. 熟金
6. 人们习惯上根据成色的高低把熟金分为( )三种。
   A. 纯金　　　　　B. 赤金　　　　　C. 色金　　　　　D. 沙金
7. 黄金价格是指黄金商品价值的货币表现,有三个基本价格( )。
   A. 期货价格　　　B. 生产价格　　　C. 准官方价格　　D. 市场价格
8. 黄金期货合约中,办理交割的日期一般为( )。
   A. 3个月　　　　B. 6个月　　　　C. 1年　　　　　D. 两年

三、案例分析题

金价从2011年7月初的1 478美元/盎司,上涨到历史新高1 920.50美元/盎司,然后暴跌至1 500美元/盎司左右。不到两个月时间,投资者坐了一场过山车行情。在黄金暴跌的背后,却是欧美国家精心设计的陷阱。从涨跌的月份分析,黄金淡季涨势凶猛,而到了实物消费的旺季疯狂下跌,完全脱离了实物需求推动金价的常态市场。

阴谋一,大幅打压金价,便于低成本发债。

很多人津津乐道黄金的避险功能,在金融危机,或者战争之中充当着保护投资者资产的角色。从这次金价下跌,我们不难发现,欧美经济面临着"二次探底"风险,并且国际评级机构反

复地下调欧洲国家的主权债务评级。难道这不能够产生避险情绪吗？可黄金不顾避险情绪，疯狂地下跌，避险功能何在？

通过很多新兴市场国家的行为，我们发现：2011年以来，这些国家为了规避美元进一步贬值风险，纷纷地购买黄金，而在市场也掀起了一股购金风潮。仅仅9月份，俄罗斯、墨西哥、韩国和泰国就购买了222吨黄金。若按照1 800美元/盎司的均价计算，总价值在100亿美元以上。如果黄金继续上涨，势必会让越来越多的央行加入购金行动。对美国来讲，这是一种致命的打击，因为这些国家购买黄金，势必会抛售美国的国债。至2008年金融危机以来，美国国债大幅度飙升。加之国内为负储蓄，在一定程度上说，美国完全是通过借新兴市场国家的钱，以维持国内经济的运作，而从美国短期、中期国债的发行日期看，正好在9月26到10月3日。这不难想到，美国为了使自己国债能够顺利发行，通过打压黄金，使得很多新兴市场国家对黄金失去信心，然后重塑美元的强势，以吸引外围资金。

阴谋二，拉高黄金出货，获取流动性。

欧洲经济体深陷主权债务危机以来，GDP与债务的比例结构并没有得到大幅改善。其中有两个方面的原因：一是投资者对欧洲信心的丧失，导致欧洲经济体融资成本的升高；二是一些国家进入财政紧缩政策，导致经济复苏不明显，财政收入减少。因此，在一些资金逃离欧洲市场和银行坏账率增多的情况下，欧洲金融体系出现了流动性危机。

在9月21日，IMF发布《全球金融稳定报告》，称欧洲主权债务危机给欧洲银行增加了3 000亿欧元的风险敞口，他们需要充足资本以确保能应对可能的损失，而前三个月，欧洲银行监管部门给银行所做的压力测试结果显示，欧元银行的资金缺口只有25亿欧元，而今突然增加，说明银行系统的资产在迅速恶化。据《金融时报》报道，法国巴黎银行的高管们未来几天将拜访中东，目的是筹集资金，补充银行的流动性。欧洲央行在其网站公布的数据显示，央行向一家银行提供了期限为一周的5亿美元紧急贷款，而中国银行已经停止于法国三家银行做外汇交易。

在外围筹资困难，而融资成本高企的情况下，高位抛出黄金换取流动性，成为他们当前形势下最佳的选择。

资料来源：银率网 2011-09-26（www.bankrate.com.cn）

分析：试对目前黄金市场价格加以分析，并对未来金价加以展望。

【阅读资料】

黄金市场危险与机遇并存

欧债危机发展至今，尚未给出一个可操作性的彻底的解决方案，市场似乎对此已经失去了信心。越来越多的投资者开始为欧元解体做好准备。不过世界就是如此奇妙，总不会按照似乎合理的方向运行。欧元区在可以预见的一段时间内不会解体，这种大的金融崩溃不会到来，黄金因此而只能获得短暂支撑，难以走出中期行情。

欧洲的领导人不得不面对某些市场人士的悲观预测，比如有"末日博士"之称的鲁比尼的

第八章　黄金市场

"乌鸦嘴"：欧元区现在的"慢速火车脱轨事故"将转为"快速火车脱轨事故"——欧元区在未来2~3年内有超过50%的破裂可能。穆迪甚至对欧元区所有国家主权评级发出警告。ICAP（毅联汇业集团）甚至开始测试新的外汇交易系统，以准备希腊一旦脱离欧元，重新发行自己的货币之需。

这些举动表明，外界对可能至少有一个国家将离开欧元区的担忧正在加剧。很多银行、分析师和投资者都说，欧元区解体的可能性与日俱增，而他们则正在为此做准备。欧元区无论是全部还是部分解体，都可能会让希腊德拉克马、德国马克或意大利里拉等货币重返市场。就在几个月前，这一前景似乎还遥不可及，但如今越来越多的分析师和投资者称，就算欧元区不会解体，他们也必须做好准备，因为他们别无选择。

不过，首先欧元区并非没有办法，欧元央行直接购买欧元区国家国债，虽然目前这个方法德国不会同意，因为谁来支付利息没有确定。不过一旦欧债危机继续纵深发展，不由得德国不同意，也不由得其他欧元区国家不作出妥协。因为欧元解体，德国经济因为没太大问题，可以发行马克。但对于其他欧元区国家却可能是灭顶之灾。所以欧债危机有危险也有机遇，那就是一方面会威胁到欧元区的安全甚至使其面临解体。

但另一方面也是将这个松散的货币联盟加强联系，统一财政朝着大一统迈进的机会。君不见，希腊怎么不搞公投了！债务危机迫使欧元区国家不得不采取一致的行动，不得不为解决危机而加快推动欧元区的改革步伐。

当然欧元区还有杀手锏。在全世界首先让欧元与黄金挂钩，以此来大幅度提高欧元的信誉。这样一来就不会是美元打击欧元，而是欧元打击美元了。因为至少从已知的数据来看，欧元区黄金储备是多余美国的，更高于世界上其他国家。这样的做法完全可以吸引全世界的资金进入欧元区。大家都来购买欧元区国家的国债，欧元区再撑个几年应该不是问题。

本次欧债危机不同于2008年发生的次贷危机。至少在市场情绪上，在美元与黄金的关系上不一致。2008年雷曼兄弟倒闭，黄金和美元大幅拉升。其他货币和股市等重挫。但本次全球曼氏金融因为欧债危机而申请破产，黄金和美元基本无动于衷。但是除了全球曼氏金融之外，许多美国大型银行同样持有欧元区国家债券。如果欧元银行业大面积倒闭，那么美国银行业也不会好过。摩根士丹利周一将美国大型银行类股的评级从具吸引力下调至与大盘一致，同时还下调了12个月银行业个股评级和目标价。因此目前寄希望于欧债危机纵深发展引起更大的避险情绪带动黄金一波中期涨势不过是奢望罢了。在欧债危机继续发展的情况下，黄金白银的回撤和调整或将要延续。

地缘政治方面，虽然西方国家在叙利亚设立禁飞区或者对伊朗动武的可能性在目前看来不仅存在而且可能性还在攀升。不过暂时实施的却只有经济制裁，但这短暂的措施对于激发地缘政治紧张助推金价不具备持续性。原油昨日随收阳，但尚未站上10日均线而且收出长长的上影线。意味着上方阻力仍较强大。

欧盟（European Union）暗示，将在周四于布鲁塞尔举行的外交部长会议上建议对伊朗实施额外制裁措施,其中可能包括禁止从该国进口石油。与此同时,阿拉伯国家联盟(Arab League)周日批准对叙利亚实施经济制裁,以此作为对叙利亚政府镇压抗议活动的惩罚。

地缘政治紧张是推动金价上涨的一大动力,但是这一动力必须对市场产生较大的震撼并具备持续性。而只是禁止从叙利亚或者伊朗进口石油可以推动原油价格缓慢攀升,但是对于帮助黄金白银走出中期涨势尚待商榷。因为美国和欧洲对从中东地区进口原油的依赖已经比较低。或许只有正面战场的枪声响起才可以真正开启黄金白银的涨势。回顾去年10月份开始的阿拉伯之春,在突尼斯发生政变的时候,黄金依然维持区间震荡,在埃及发生政变的时候黄金探底回升,当利比亚战事开启之际 黄金白银的牛市才步入轨道。

因此如果是中长期涨势开始,那么一定会有后续的买入机会。所以操作上仍需耐心,短线对待为宜。

资料来源:银率网 2011-11-29(www.bankrate.com.cn)

第九章
Chapter 9

保险市场

【学习目的与要求】

通过本章学习使学生掌握保险市场的概念和特征、保险市场的结构与保险市场供给和需求;了解中国保险市场的现状及前景、保险品种、保险市场的风险等相关内容。

【案例导入】

《存款保险条例》于2015年3月31日正式公布,从5月1日起执行,由人民银行履行存款保险职能,负责存款保险制度的实施和存款保险基金的有关管理工作。投保机构向存款保险基金管理机构缴纳保费,形成存款保险基金,存款保险基金管理机构依照条例的规定向存款人偿付被保险存款,并采取必要措施维护存款以及存款保险基金安全的制度。存款保险实行限额偿付,最高偿付限额为人民币50万元。这一限额高于世界多数国家的保障水平,能为我国99.63%的存款人提供全额保护。

第一节 保险市场概述

一、保险市场的定义及特征

(一)保险市场的定义

保险市场分为狭义保险市场和广义保险市场。狭义的保险市场是指固定的交易场所,如保险交易所;广义的保险市场是指保险商品交换关系的总和或是保险商品供给与需求关系的总和。我们所讲的保险市场,一般是指广义的保险市场。

(二) 保险市场的特征

保险市场的特征是由保险市场的交易对象——保险商品所决定的。保险市场独有的特征包括以下几点：

1. 保险市场多是无形市场

随着保险业的发展，尤其是个人保险代理人出现以后，保险交易不再局限于在固定的场所内完成，多由代理人在对客户拜访的过程中完成。再加上网络技术的发展，使保险交易的各个环节都可通过现代化通讯手段进行，不受固定场所和固定时间的限制。

2. 保险市场是直接的风险市场

从交易对象与风险的关系来看，保险市场交易的对象是保险商品，但消费者购买保险商品实际是将自身所面临的各种风险通过支付保险费的方式转移给保险人，因此，保险市场交易实际是投保人把自身的各种风险通过支付保险费的方式转移给保险人，而保险人经营管理的就是成千上万的投保人的各种风险。由此，保险市场就是直接的风险市场。尽管任何市场交易都存在风险，交易双方都可能因市场风险的存在而遭受经济上的损失。但是，一般商品市场交易的对象是物品和劳务，其本身并不是风险，而保险市场所交易的对象是保险商品，是保险经济保障，即对投保人转嫁于保险人的各类风险提供保险经济保障，所以保险市场交易本身就直接与风险紧密相连。

3. 保险市场是非即时清结市场

所谓即时清结市场，是指市场交易一旦结束，供需双方立刻就能够确切知道交易结果的市场，即一笔交易结束后，供给者就能即时知道当前这笔交易是亏损还是盈利。一般意义上的商品市场、货币市场和劳动力市场等，都是即时结清市场。而保险商品交易，因风险的不确定性和保险的射幸性使得交易双方都不能即刻知道交易结果，而必须在未来约定的时间内，看保险事件是否发生，然后，双方才能知道交易的最终结果。因此，保险市场是非即时清结市场。由此看来，保险单的签发，看似是保险交易的完成，实则是保险保障的开始，最终的交易结果则要看双方约定的保险事故是否发生。

4. 保险市场是特殊的预期交易的市场

传统的商品市场上，交易一般都是当场完成的，一手交钱，一手交货，货款两讫。而在金融市场上，不仅有现货交易，还有期货交易。期货交易的显著特点之一就是合约订立和实际交割在时间上分离，保险交易具有期货交易的特点。保险合同签订后，被保险人不能立即从保险人那里得到保险赔付，这是因为保险是对未来不确定性事件发生所带来的经济损失而进行补偿的一种承诺，只有在合同所约定的未来时间内发生保险事件，保险人才可能对被保险人进行经济补偿。不难看出，保险交易类似于一种期货交易，实际上交易的是一种"灾难期货"。

5. 保险市场是商品形态两重性市场

保险市场上买卖双方交易的标的是服务。保险是一种以服务形态存在的商品，它的使用价值是保障社会生产的正常秩序和人们生活的安定。它的价值是生产保险商品所耗费的社会必要劳动。保险人除了在承保过程中向被保险人提供服务形态商品外,还在理赔过程中向被保险人提供服务形态和货币形态的商品。所以保险市场在商品形态上具有服务和货币两重性的特征。

6. 保险市场是政府积极干预性市场

由于保险具有社会广泛性,保险业务的经营会影响社会大众的切身利益,因此,政府要保障保险人的偿付能力以保护投保人的利益。即使在自由市场经济国家,政府也对保险市场实行严格管理和控制。

二、保险市场的构成要素

(一)为保险交易活动提供各类保险商品的卖方或供给方

保险商品的供给方是指在保险市场上,提供各类保险商品,承担、分散和转移他人风险的各类保险人。保险人又称承保人,是指经营保险业务的组织。

现代保险市场中,根据企业资本所有权的性质,保险人一般有以下几种组织形式:国有保险企业(公司)、股份制保险公司、互助保险公司、个体保险商和外资保险公司。在市场经济国家,大量存在的保险组织形态是股份公司和互助公司,它们是最典型的保险人形态;此外,这些国家还拥有一定规模的个体保险商及其集合组织。在新兴的市场经济国家,长期以来国有保险企业发挥着重要的甚至是主导性的作用。

1. 国营保险公司

国营保险公司也称国有保险公司,它有狭义和广义之分。狭义的国有保险企业,其资本金完全归属于政府,具有政府独立出资和拥有的性质。而广义的国有保险企业,指国家控股的保险企业,它采取了股份制的企业形式,但是国有股权占据主导地位。例如我国的太平洋保险公司和平安保险公司。其实质都是国家控股的股份制企业。我国的中国人民保险公司、中国人寿保险公司以前都是国有独资保险公司。2003年左右,两家公司先后进行了股份制改革,其中人保公司于2003年11月6日在香港成功上市,国寿于同年12月17、18日分别在纽约、香港两地成功上市,标志着股份制改造的完成。

各国的实践表明,国有独资保险企业在经营中存在以下弊端:一是激励机制不足,政企难分;二是承担的政策性保险任务与盈利性的保险业务客观上难以兼顾,互相干扰;三是以国有独资保险企业为主导的市场结构不利于利用社会经济资源和市场运行机制来提高保险经营的运作效率。因此,国有独资保险企业的改制,即股份化、非政府化成为以这类企业占主导的国家的共识和潮流。

各国国营保险公司在形式上存在一定差异,有的是政企合一的机构,有的是保险业务的国家垄断机构等等。比如欧洲的国营保险公司是由政府投资,是国家专门经营保险业务的组织形式;美国联邦政府设立的存款保险公司,依法承保一般银行的存款保险,其他保险公司不得承保此类业务。

2. 保险股份有限公司

股份公司是指资本所有权归股份持有人所有，以社会大众为服务对象，以盈利为目的的保险经营实体。保险股份有限公司具有以下特点：

(1) 股份有限公司是典型的资合公司，公司的所有权与经营权相分离，利于提高经营管理效率，增加保险利润，进而扩展保险业务，使风险更加分散，经营更加安全，对被保险人的保障更强。

(2) 股份有限公司通常发行股票（或股权证）筹集资本，比较容易筹集大额资本，使经营资本充足，财力雄厚，有利于业务扩展。

(3) 保险股份有限公司采取确定保险费制，比较符合现代保险的特征和投保人的需要，为业务扩展提供了便利条件。

3. 相互保险公司

相互保险公司是由所有参加保险的人自己设立的保险法人组织，即资金所有权归被保险人共同所有，被保险人之间实行互助扶持、自我保障的合作性的法人实体。它是保险业特有的公司组织形式。

股份公司和互助公司主要有以下区别：

(1) 资本金的来源不同。股份公司的资本金来源于股东的投资，其所有权益归投资入股的股东所有。互助公司的资本金来源于社员集资入社的基金，表现为社员的股份，其所有权益归保单持有人所有。

(2) 经营目的和服务对象不同。股份公司以社会大众为服务对象，以盈利为经营活动的目标。互助公司以入社的社员为主要服务对象，其活动不以盈利为目的。

(3) 保险费的筹集方式不同。股份公司严格实行预先征收保险费的制度。在美国，各险种费率由费率机构核定，受州政府监察。当实际损失高于预收保费时，不能向投保人支付额外的保险费。反之，互助公司可实行事后追征保费的制度，这种保单被称为多退少补保单。显然，股份公司的经营具有更大的风险性，其费率需要建立在精确计算的基础上。

(4) 收益的性质和分配形式不同。股份公司的经营收益是利润，它属于股东所有，分配形式是股息红利或公司公积金。互助公司作为非盈利机构，按成本厘定保费，并不存在利润性的收益。承保经营的盈余是预收保费溢收的结果，法律上归属于社员（即保单持有人），它的分配表现为社员分红或能够销售分红保单。

(5) 所得税收的待遇不同。依据对净收益所得征税和不重复征税的理念，现代税收体系将互助公司的保险盈余及分红视做原始性收入，免征所得税。例如，美国联邦税收机构——国内收入局(IRS)称这种分配为保费返还，将它看做是非新创造的净收入，免征联邦税。对股份公司的利润和股东分红则视做新增净收益，要依法征收公司所得税和个人所得税。这种税收待遇的区别是同各国有关公司性质和收益性质的法律规范相吻合的。

(6) 经营领域和市场地位不同。受历史和传统的影响，一些国家股份公司和互助公司的经营领域各有所侧重,从而占据不同的市场份额和地位。例如美国,股份公司在财产责任险经营中占主导地位。早期的有些州立法甚至禁止其从事人身保险业务。因此,寿险经营中互助公司历史悠久、规模庞大,占据重要的市场份额。

4. 相互保险社

相互保险社是同一行业的人员,为了应付自然灾害或意外事故造成的经济损失而自愿结合起来的集体组织。

与保险合作社及相互保险公司相比较,相互保险社具有以下特征:

(1)参加相互保险社的成员之间互相提供保险。

(2)相互保险社无股本,其经营资本的来源仅为社员缴纳的分担金,一般在每年年初按暂定分摊额向社员预收,在年度结束计算出实际分摊额后,再多退少补。

(3)相互保险社保险费采取事后分摊制,事先并不确定。

(4)相互保险社的最高管理机构是社员选举出来的管理委员会。

5. 保险合作社

保险合作社是由一些对某种风险具有同一保障要求的人,自愿集股设立的保险组织。

保险合作社与相互保险社的差异在于:

首先,保险合作社是由社员共同出资入股设立的,加入保险合作社的社员必须缴纳一定金额的股本。社员即为保险合作社的股东,其对保险合作社的权利以其认购的股金为限。而相互保险社却无股本。

其次,只有保险合作社的社员才能作为保险合作社的被保险人,但是社员也可以不与保险合作社建立保险关系。而相互保险社的社员之间是为了一时目的而结合的,如果保险合同终止,双方即自动解约。

再次,保险合作社的业务范围仅局限于合作社的社员,只承保合作社社员的风险。

最后,保险合作社采取固定保险费制,事后不补缴。而相互保险社保险费采取事后分摊制,事先并不确定。

6. 劳合社

"劳合社"是当今世界上最大的保险垄断组织之一。劳合社并不是一个保险公司,它仅是个人承保商的集合体,其成员全部是个人,各自独立、自负盈亏,进行单独承保,并以个人的全部财力对其承保的风险承担无限责任。劳合社的成员经过劳合社组织严格审查批准,最先只允许具有雄厚财力且愿意承担无限责任的个人为承保会员。

(二)实现交易活动的各类保险商品的买方或需求方

保险商品的需求方是指在一定时间、一定地点等条件下,为寻求风险保障而对保险商品具有购买意愿和购买力的消费者的集合。它由有保险需求的消费者(投保人)、为满足保险需求的缴费能力和投保意愿三个主要因素构成。

投保人又称要保人,是指向保险人申请订立保险合同,并负有缴付保险费义务的人。投保人必须具备权利能力、行为能力;对保险标的具有可保利益;投保人要承担缴纳保险费的义务。

(三)保险市场的交易对象

保险市场的交易对象是保险人为消费者提供的保险保障,即各类保险商品。保险商品是一种特殊形态的商品:保险商品是一种无形商品、保险商品是一种"非渴求商品"、保险商品的消费是一种隐型消费。

保险商品的形式是保险合同,保险合同实际是保险商品的载体;其内容是保险事故发生时提供经济保障的承诺。保险费率是保险商品的价格,它是被保险人为取得保险保障而由投保人向保险人支付的价金。

(四)保险中介方

保险市场中介方既包括活动于保险人与投保人之间,充当保险供需双方的媒介,把保险人和投保人联系起来并建立保险合同关系的人包括保险代理和保险经纪人;也包括独立于保险人与投保人之外,以第三者身份处理保险合同当事人委托办理的有关保险业务的公证、鉴定、理算、精算等事项的人,如保险公证人(行)或保险公估人(行)、保险律师、保险理算师、保险精算师、保险验船师等。其中,保险代理人、保险经纪人、保险公估人是保险中介市场最重要的三个组成部分。

1. 保险代理人

保险代理人是处于被代理人(保险人)和第三人(投保人)之间的中介。保险代理人是指根据保险人的委托,在保险人授权的范围内代为办理保险业务,并依法向保险人收取代理手续费的单位或者个人。保险代理人的权限,通常在代理合同或授权书中予以规定,一般包括招揽与接受业务、收取保险费、勘查业务、签发保单、审核赔款等。保险代理人必须具备法律规定的条件,经过考核和政府主管部门的批准,方能取得资格,此外在经营过程中,政府主管部门对其有专门的管理规定。

保险代理人依据分类的标准不同,可分为不同的种类。按授权范围的不同可分为总代理,分代理,特约代理;按业务范围不同可分为展业代理,检验代理,理赔代理等;按代理性质不同可分为个人代理、兼业代理、专业代理;按代理对象不同,可分为独家代理,独立代理等等。这些分类并非彼此对立,而是相互交叉,不可能也没有必要统一。在欧美国家,保险代理人制度十分完善。尤其在美国,保险代理人是整个保险市场的中心角色,美国的保险代理人遍及各个行业,代理业务无所不包,代理人员队伍庞大,形成了一个巨大的保险业务代理销售网,这是美国保险业发达的原因之一,也是美国保险销售制度的特色。

2. 保险经纪人

我国《保险法》第一百二十三条规定:保险经纪人是基于投保人的利益,为投保人与保险人订立保险合同提供中介服务,并依法收取佣金的单位。保险经纪人有专门的保险知识,比较熟悉保险市场情况,能够争取到最好的保险条件。一般来说,保险经纪人不直接承保保险业务,而是代替保险需求者购买保险,所以说保险经纪人是代表被保险人购买保险,从保险人那里取得佣金的保险中间人。

保险经纪人和保险代理人虽然都是保险中介人,但两者之间有着根本的区别:

(1)代表的利益不同。保险经纪人接受客户委托,代表的是客户的利益;而保险代理人为保险公司代理业务,代表的是保险公司的利益。

(2)提供的服务不同。保险经纪人为客户提供风险管理、保险安排、协助索赔与追偿等全过程服务;而保险代理人一般只代理保险公司销售保险产品、代为收取保险费。

(3)服务的对象不同。保险经纪人的主要客户主要是收入相对稳定的中高端消费人群及大中型企业和项目,保险代理人的客户主要是个人。

(4)法律上承担的责任不同。客户与保险经纪人是委托与受托关系,如果因为保险经纪人的过错造成客户的损失,保险经纪人对客户承担相应的经济赔偿责任。而保险代理人与保险公司是代理被代理关系,被代理保险公司仅对保险代理人在授权范围内的行为后果负责。

3. 保险公估人

保险公估人是指依照法律规定设立,受保险公司、投保人或被保险人委托办理保险标的的查勘、鉴定、估损以及赔款的理算,并向委托人收取酬金的公司。

根据保险公估人在保险公估业务活动中先后顺序的不同,保险公估人可以分为两类:一类是承保时的公估人,一类是理赔时的公估人。

(1)承保时的公估人。承保公估人主要从事保险标的的承保公估,即对保险标的作现时价值评估和承保风险评估。

(2)理赔时的公估人。理赔公估人是在保险合同约定的保险事故发生后,受托处理保险标的的检验、估损及理算的专业公估人。保险理赔公估人包括损失理算师、损失鉴定人和损失评估人。损失理算师是指在保险事故发生后,计算损失赔偿金额,确定分担赔偿责任的理算师,他们主要确定保险财产的损失程度,确认是否全损或可以修复,修复费用是否超过财产的实际价值。根据国际保险实务习惯,损失理算师又分为陆上损失理算师与海损鉴定人。前者是处理一般非海事保险标的的理赔事项的理算师,后者则是专门处理海事保险标的理赔事项的理算师。损失鉴定人是在保险事故发生后,判断事故发生的原因和责任归属的保险公估人,他们负责查明事故发生的原因,判断是否有除外责任因素的介入,是否有第三者责任发生,进行损失定量等。损失评估人是指接受被保险人的委托,办理保险标的的损失查勘、计算的人。他们通常只接受被保险人单方面的委托,为被保险人的利益而从事保险公估业务。

按照业务性质的不同,保险公估人可分为三类。

(1)保险型公估人。这类保险公估人侧重于解决保险方面的问题,他们熟悉保险、金融、经济等方面的知识,但对其他专业技术知识知之甚少或者完全不知,对于技术型问题的解决职能作为辅助。

(2)技术型公估人。这类保险公估人侧重于解决技术方面的问题,其他有关保险方面的问题涉及较少。

(3) 综合型公估人。这类保险公估人不仅解决保险型问题,同时还解决保险业务中的技术问题。综合型保险公估人由于知识全面,经验丰富,越来越为社会所需。

根据保险公估人从事活动范围的不同,保险公估人可以分为三类。

(1) 海上保险公估人。海上保险公估人主要处理海上、航空运输保险等方面的业务。海上保险和航空运输保险均为国际型的保险,在国际上,船舶保险中的船身价值或其修理规模和费用的确定均与船舶的种类、吨位、用途直接相关,船上设备、机器、引擎、发电机等也有专业要求,保险公司必须请船舶公估公司处理;航空货物运输保险中的货运检验涉及发货人、收货人、承运人和保险公司多方利益和责任,各方当事人难以达成一致意见,保险公司通常委托居于独立地位的保险公估人处理,海上保险公估人由此应运而生。

(2) 汽车保险公估人。汽车保险公估人主要处理与汽车保险有关的业务。汽车保险在各国保险市场上具有举足轻重的作用,保险公估人也由此分外重视汽车保险公估。汽车保险公估人参与汽车保险理赔公估,不仅可以减少保险公司和被保险人之间在修理费用、重置价值方面的直接冲突,避免保险公司理赔人员与被保险人、汽车修理行会合谋骗取保险赔款,而且可以有效制止汽车保险理赔中的不正当行为,使各保险公司在公平的市场环境中平等竞争。

(3) 火灾及特种保险公估人。火灾及特种保险公估人主要处理火灾及物质特种保险等方面的业务。随着经济的发展和科学技术的进步,财产保险的承保范围日益扩大,保险理赔的技术含量不断提高,保险公司自行处理理赔的难度加大,因此大量拥有专业技术的保险公估人的出现,满足了火灾和特种保险的需要。

根据委托方的不同,保险公估人可以分为两类。

(1) 接受保险公司委托的保险公估人。接受保险公司委托的保险公估人,尽管是受保险公司的委托,但他们必须站在中立的立场处理保险承保和保险理赔。

(2) 只接受被保险人委托的保险公估人。只接受被保险人的委托处理索赔和理算,而不接受保险公司委托的保险公估人。

三、保险市场的类型

(一) 原保险市场和再保险市场

按保险业务承保的程序不同,可分为原保险市场和再保险市场。

1. 原保险市场

原保险市场亦称直接业务市场,是保险人与投保人之间通过订立保险合同而直接建立保险关系的市场。

2. 再保险市场

再保险市场亦称分保市场,是原保险人将已经承保的直接业务通过再保险合同转分给再保险人的方式形成保险关系的市场。

(二)人身保险市场和财产保险市场

按照保险业务性质不同,可分为人身保险市场和财产保险市场。

1. 人身保险市场

人身保险市场是专门为社会公民提供各种人身保险商品的市场。

2. 财产保险市场

财产保险市场是从事各种财产保险商品交易的市场。

(三)国内保险市场和国际保险市场

按保险业务活动的空间不同可分为国内保险市场和国际保险市场。

1. 国内保险市场

国内保险市场是专门为本国境内提供各种保险商品的市场,按经营区域范围又可分为全国性保险市场和区域性保险市场。

2. 国际保险市场

国际保险市场是国内保险人经营国外保险业务的保险市场。

(四)垄断型保险市场、自由竞争型保险市场、垄断竞争型保险市场

按保险市场的竞争程度不同,可分为自由竞争型保险市场、垄断型保险市场、垄断竞争型保险市场。

1. 自由竞争型保险市场

自由竞争型保险市场是保险市场上存在数量众多的保险人、保险商品交易完全自由、价值规律和市场供求规律充分发挥作用的保险市场。任何公司都可以自由进出市场。任何一个保险人都不能够单独左右市场价格,而由保险市场自发地调节保险商品价格。在这种市场模式中,保险资本可以自由流动,价值规律和供求规律充分发挥作用。国家保险管理机构对保险企业管理相对宽松,保险行业公会在市场管理中发挥重要作用。

一般认为完全竞争是一种理想的保险市场模式,它能最充分、最适度、最有效地利用保险资源。因而,保险业发展较早的西方发达国家多为这一类型。

2. 垄断型保险市场

垄断型保险市场是由一家或几家保险人独占市场份额的保险市场,包括完全垄断和寡头垄断型保险市场。

完全垄断型保险市场,是指保险市场完全由一家保险公司所操纵,这家公司的性质既可是国营的,也可是私营的。在完全垄断的保险市场上,价值规律、供求规律和竞争规律受到极大的限制,市场上没有竞争,没有可替代产品,没有可供选择的保险人。因而,这家保险公司可凭借其垄断地位获得超额利润。

完全垄断模式还有两种变通形式:一种是专业型完全垄断模式;另一种是地区型完全垄断模式。

寡头垄断型保险市场,是指在一个保险市场上,只存在少数相互竞争的保险公司。

3. 垄断竞争型保险市场

垄断竞争型保险市场是大小保险公司在自由竞争中并存,少数大公司在保险市场中分别具有某种业务的局部垄断地位的保险市场。在这种模式的市场中,保险业经营依然以市场为基础,但保险市场具有较高的垄断程度,保险市场上的竞争是国内保险垄断企业之间的竞争,形成相对封闭的国内保险市场。竞争的特点表现为:同业竞争在大垄断公司之间、垄断公司与非垄断公司之间、非垄断公司彼此之间激烈展开。

四、保险市场的功能

1. 合理安排风险,维护社会稳定

保险市场通过保险商品交易合理分散风险,提供经济补偿,在维护社会稳定方面发挥着积极的作用。

2. 聚集、调节资金,优化资源配置

保险资金收入和支出之间有一个时间差,保险市场通过保险交易对资金进行再分配,从而充分发挥资金的时间价值,为国民经济的发展提供动力。

3. 实现均衡消费,提高人民生活水平

保险市场为减轻居民消费的后顾之忧提供了便利,使之能够妥善安排生命期间的消费,提升人民生活的整体水平。

4. 促进科技进步,推动社会发展

保险市场运用科学的风险管理技术,为社会的高新技术风险提供保障,由此促进新技术的推广应用,加快科技现代化的发展进程。

【知识库】

劳合社是一个名叫 Edward Lloyd 的英国商人于 1688 年在泰晤士河畔塔街所开设的咖啡馆演变发展而来的。17 世纪的资产阶级革命为英国资本主义的发展扫清了道路,英国的航运业得到了迅速发展。当时,英国伦敦的商人经常聚集在咖啡馆里,边喝咖啡边交换有关航运和贸易的消息。由于劳埃德咖啡馆临近一些与航海有关的机构,如海关、海军部和港务局,因此这家咖啡馆就成为经营航运的船东、商人、经纪人、船长及银行高利贷者经常会晤交换信息的地方。保险商也常聚集于此,与投保人接洽保险业务。后来这些商人们联合起来,当某船出海时,投保人就在一张纸即承保条上注明投保的船舶或货物,以及投保金额,每个承保人都在承保条上注明自己承保的份额,并签上自己的名字,直至该承保条的金额被 100% 承保。由于当时通讯十分落后,准确可靠的消息对于商人们来说是无价之宝。店主劳埃德先生为了招揽更多的客人到其咖啡馆来,与 1696 年出版了一张小报《劳埃德新闻》,每周出版三次,共发行了 76 期,使其成了航运消息的传播中心。约在 1734 年,劳埃德的女婿出版了《劳合社动态》,后易名《劳合社日报》,至今该报仍在伦敦出版。后来,咖啡馆的 79 名商人每人出资 100 英镑,于 1774 年租赁皇家交易所的房屋,在劳埃德咖啡馆原业务的基础上成立了劳合社。英国议会于 1871 年专门通过了一个法案,批准劳合社成为一个保险社团组织,劳合社通过向政府

注册取得了法人资格,但劳合社的成员只能限于经营海上保险业务。直至 1911 年,英国议会取消了这个限制,批准劳合社成员可以经营包括水险在内的一切保险业务。

资料来源:百度百科(baike.baidu.com)

第二节　保险市场的运行

一、保险市场的供给与需求

(一)保险市场的供给

1. 保险市场供给的含义

供给就是指在一定时期和一定条件下,生产者或劳务提供者对某一产品或某种劳务可能提供的数量。保险供给(量)就是在一定保险价格条件下,保险人愿意并且能够提供的保险商品的数量总和。

保险市场供给则是指在一定的费率水平上,保险市场上各家保险企业愿意并且能够提供的保险商品数量的集合。保险市场供给可以用保险市场上的承保能力来表示,它是各个保险企业的承保能力之总和。

保险供给包括质和量两个方面的内容。保险供给的质既包括保险企业所提供的各种不同的保险商品品种,也包括每一具体的保险商品品种质量的高低;保险供给的量既包括保险企业为某一保险商品品种提供的经济保障额度,也包括保险企业为全社会所提供的所有保险商品的经济保障总额。

2. 影响保险市场供给的主要因素

保险供给是以保险需求为前提的。因此,保险需求是制约保险供给的基本因素。存在保险需求的前提下,保险市场供给则受到以下因素的制约:

(1)保险费率。保险费率是应缴纳保险费与保险金额的比率(费率=保险费/保险金额)。保险费是投保人为转移风险、取得保险人在约定责任范围内所承担的赔偿(或给付)责任而交付的费用;也是保险人为承担约定的保险责任而向投保人收取的费用。保险费是建立保险基金的主要来源,也是保险人履行义务的经济基础。所谓保险金额是指一个保险合同项下保险公司承担赔偿或给付保险金责任的最高限额,即投保人对保险标的的实际投保金额。保险费率是保险人按单位保险金额向投保人收取保险费的标准。保险人承保一笔保险业务,用保险金额乘以保险费率就得出该笔业务应收取的保险费。

一般情况下,保险价格偏高会刺激保险商品供给,而保险价格偏低会使保险公司减少该险种的供给。因此,保险供给与保险商品价格成正比。

(2)偿付能力。偿付能力是指保险人履行赔偿或给付责任的能力。保险机构是经营风险的企业,必须随时准备应付各种灾害事故的发生,这就必须要求拥有足够的资金积累和起码的偿付能力。这不仅是保护被保险人利益的需求,也是保险企业自身稳定经营的需要。因此各国政府把保险企业的偿付能力均作为监管的主要目标。我国《保险法》规定:"保险公司应当具有与其业务规模相适应的最低偿付能力。保险公司的实际资产减去实际负债的差额不得低于金融监督管理部门规定的数额,低于规定数额的,应当增加资本金,补足差额。"保险公司偿付能力和承保能力的有限性制约着保险实际供给能力的大小。

(3)互补品、替代品的多少与价格。保险商品的互补品包括风险咨询管理业等行业提供的产品,保险商品替代品包括银行业、证券业等行业提供的产品。互补品、替代品的价格高低与数量多少直接从经营利润与需求满足两个方面制约保险供给。

(4)保险业务的利润率。保险业务的利润率是制约保险供给的重要因素。保险利润率是保险企业从当年保险费中扣除当年的赔款、税金,费用支出和提留各项准备金后的纯收入与投资纯收入之和,包括营业利润和投资利润两部分。在市场经济条件下,平均利润率规律支配着一切经济活动。一般而言,保险公司作为企业,它是盈利性组织,利润越高保险公司越会增加供给。

(5)保险技术。保险技术包括保险信息技术、保险营销技术、保险精算技术等。随着保险技术先进程度的不断增加,会降低保险经营成本,降低保险品种推出的难度,从而有利于保险供给的增加。

(6)政府政策。国家制定的经济发展政策从宏观上给予保险供给重要影响。在国家不同的经济政策的指导下,保险供给的总量发生不同的变化。例如国家的保险产业政策。国家保险产业政策直接影响到保险公司数量、保险商品种类和保险商品价格。国家对保险产业的信贷政策、税收政策、审批政策等对保险经营有重大影响,直接影响保险公司经营成本、经营利润、保险经营的稳定性和保险市场的竞争状况。

(7)政府的监管。保险市场的监管、健全的法制建设直接影响到保险经营的外部环境。监管严,有利于保险市场的稳定发展,也制约了保险业务的数量及保险业务的利润,使供给减少;监管松,保险市场更活跃,保险供给增加,但保险质量可能会下降,对保险市场未来发展不利。

(8)资本因素。社会可用于经营保险业的资本量也是客观确定的,制约着保险供给的总体规模。社会经营保险业资本总量与保险供给总量成正方向运动。

(9)从业人员因素。从业人员因素是指保险从业人员的数量与质量。保险经营活动是人的经济活动。在一定时期内,社会劳动总量是确定的。用于经营保险活动的劳动量也是确定的,制约着保险供给规模。同时,保险经营活动又是具有特殊专业性保险人才的复杂劳动,专业素质水平也影响着保险供给的总量。保险从业人员的数量与质量与保险供给成正方向运动。

(10)经营管理因素。具有丰富的承保经验和先进的管理水平的保险公司可以不断推出新的保险品种,满足社会出现的新的保险需求。保险业的经营管理水平与保险供给成正方向运动。

(11)缴费能力因素。投保人缴纳保费的能力的,直接影响保险供给的规模。投保人缴费能力强,保险供给就充足,反之,保险供给就匮乏。投保人缴费的能力与保险供给成正方向运动。

除以上因素外,金融市场整体发育状况、社会诚信水平等都会影响保险供给。

(二)保险市场的需求

1. 保险市场需求的含义

(1)保险需求。需求是指在一定时期内和一定条件下,消费者愿意并且能够购买某种商品或某种劳务的要求。保险需求就是指在某一特定时期内,在一定的费率水平下,保险消费者(个人或经济单位)从保险市场上愿意并有能力购买保险商品的需要。保险需求量则是个人或经济单位在某一特定时期内,在一定保险价格条件下,愿意并且能够购买保险服务的需要总量。它是消费者对保险保障的需求量,可以用投保人投保的保险金额总量来计量。

与一般需求的表现不同,保险需求的表现形式有两方面:一方面是物质方面的需求,即在约定的风险事故发生并导致损失时,它能够对经济损失予以充分的补偿,这是有形的经济保障;另一方面则是精神方面的需求,即在获得保险经济保障之后,转嫁了风险,参加保险的个人或单位获得心理上的安全感,这是无形的经济保障。从企业、个人及至整个社会来说,保险需求无形的经济保障是经常的、大量的,而有形的经济补偿则是局部的、少量的,两者都是客观存在和同等重要的。

有效的保险需求必须具备以下几个条件:保险需求者对保险这种特殊商品的需求;保险需求者对保险这种特殊商品的经济支付能力,即支付保险费的能力;保险标的符合保险人的经济技术要求,即投保人想投保的险种与保险人设计的险种要符合。另外,由于保险商品的特殊性所在,消费者除了要有投保欲望与缴费能力以外,保险利益的存在成为保险需求的首要前提。

(2)保险市场需求。保险市场需求是一个总括性集合性的概念,是在各种不同的费率水平上,消费者购买保险商品需要的总和。即在特定时间内,在不同的费率水平上,消费者保险需求的集合形成了保险市场需求。

2. 影响保险市场需求的主要因素

影响保险市场需求总量的因素有许多,其中最主要的有风险因素、经济发展因素、经济制度因素、科学技术因素、风险管理因素、价格因素和利率因素等。

(1)风险因素。保险风险是指尚未发生的、能使保险对象遭受损害的危险或事故,如自然灾害、意外事故或事件等。被视为保险风险的事件具有可能性和偶然性。保险承保的是风险,风险的存在是保险需求的前提和基础。保险需求量与风险大小成正比,即风险越大,保险需求越多;风险越小,保险需求就越少。

(2)保险费率。保险费率即保险商品的价格。保险费率越高,保险需求者支付的保费就越多,会减少保险需求者对保险的需求。相反,保险费率低,会刺激保险需求者的保险需求。

因此，保险需求的量和保险价格成反比。

（3）经济制度。现代保险属于商品经济范畴。保险发展的历史表明，现代保险是随着商品经济的产生而产生，随着商品经济的发展而发展。保险需求总量与商品经济制度发展程度成正方向运动。

（4）互补品与替代品价格。所谓保险替代品就是在很大程度上与保险相似的商品，例如银行理财产品是储蓄型保险的替代品；而保险互补品则是指需要或尽量需要与保险商品组合使用的商品。保险替代品价格上涨，保险需求量就会增加。保险互补品价格上涨，保险的需求量就会减少。

（5）文化习俗。风俗习惯、价值观等多个因素共同决定了人们对风险所持的态度，进而影响人们为应付风险而采取的措施。人们对风险所持的态度和应对风险而采取的措施决定了人们对保险的需求，而这些价值观源自当地文化。由于自然环境和社会环境的制约和影响，地域的差别使不同族群形成不同的文化特征，这样的文化差异会影响人的消费需求欲望、消费行为以及购买行为，同时也会影响人们对保险产品的选择，致使不同地区的保险发展状况不同。

文化是特定人群或社会的习惯性思维和行为方式，文化在观念上指导着个体在社会中的行为与行为方式。例如持传统观念的人重家庭，重人际关系，重视健康。由于多数人认为家中老人可由家族成员赡养，形成一种家庭自保机制，对养老保险不感兴趣或者需求不大。另外，由于对健康的重视，消费者可能会对生存保险及健康险更加感兴趣。因此，文化习俗对人们的保险需求起着重要的影响。

（6）经济发展水平。经济发展既是刺激保险需求产生的因素，也是促成保险需求总量扩充的因素。社会总产值的增长程度，特别是可用于保险的剩余产品的价值的增长幅度和居民收入增长幅度，是保险需求增长的决定性因素。保险需求总量与国民生产总值的增长成正方向运动。

此外，保险是社会生产力发展到一定程度的产物，随着生产力的发展而不断发展。生产力发展水平越高，社会财富和个人收入会增加，风险会增多，此时安全需求在总消费中占的比重会越来越大。

（7）人口因素。人口状况也是影响保险需求的一个重要因素。首先，人口总量对保险需求有影响。人口越多，保险市场的潜在需求就越多；人口越少，保险市场的潜在需求就越少。其次，人口结构对保险需求有影响。人口结构包括职业结构、年龄结构等。随着年龄段的变化，保险需求者会增加与其年龄匹配的保险品种。有职业者或者从事现代职业的人在总人口中所占比重越大，保险需求就越多。

（8）国家政策。例如强制保险的推行。强制保险是国家和政府以法律或行政的手段强制实施的保障制度。强制保险的实施会增加部分险种的需求量。

（9）科学技术因素。科学技术是第一生产力，科学技术的不断进步及在经济生活中应用，会不断开拓出新的生产领域，从而产生新的保险需求。保险需求总量与科学技术进步之间成正方向运动。

（10）风险管理因素。风险管理对保险需求总量的增减有直接影响。一般说来，风险管理好，出险频率低，保险需求量减少，反之，保险需求量增加。保险需求总量与风险管理优劣成反方向运动。

（11）利率。利率水平的变化对储蓄型的保险商品有一定影响。现代保险的相当部分是投资性保险，特别是长期性人寿保险业务，银行利息率是操纵投资者闲置资金流向的杠杆。如果利率高于保险公司收益，资金就会流向银行，保险需求减少；反之，则会投向保险公司，从而使保险需求扩大。保险需求总量与利率高低成反方向运动。

在上述诸多因素中，既有内生变量，也有外生变量，起最主要作用的是个人收入和保险价格两个因素。

二、保险市场价格

（一）保险价格的概念

保险价格就是某种保险的单位保险金额的保险费。单位保险金额是以一定数额的货币量作为该种保险的一个计量单位。每一个计量单位的保险费，就是保险费率。

保险价格单纯从供给量的内在因素（成本等）考虑，只是理论上的保险价格，加上外部因素（竞争等）才形成通用的市场上的保险价格。保险理论价格是保险市场价格的基础，保险市场价格是保险理论价格的表现形式。

（二）保险理论价格

1. 纯费率

一般将以往若干年的平均保额损失率加上一定数量的危险附加率之和作为纯费率，以此计算预期纯保费。其中

$$\text{平均保额损失率} = \text{保险赔款总额}/\text{保险金额总和} \times 100\% \tag{9.1}$$

2. 附加费率

附加保费通常包括三项内容：营业费用、预期利润、异常风险费用。三项之和与保险金额的比率即为附加费率。其计算公式为

$$\text{附加费率} = (\text{营业费用}+\text{预期利润}+\text{异常风险费用})/\text{保险金额总和} \times 100\% \tag{9.2}$$

3. 毛费率

毛费率即纯费率与附加费率之和。

$$\text{毛费率} = \text{纯费率} + \text{附加费率} \tag{9.3}$$

（三）保险市场价格

保险理论价格实际上是抽象的价格，在实际中，由于外在因素的影响，保险市场价格与保险理论价格存在一定的偏离。

在保险市场机制中,价值规律、供求规律、竞争规律共同发挥作用,最终形成保险市场价格。

三、保险市场的主要产品

(一)社会保险和商业保险

社会保险是指国家通过立法强制实行的,由劳动者、企业(雇主)或社区以及国家三方共同筹资,建立保险基金,对劳动者因年老、工伤、疾病、生育、残废、失业、死亡等原因丧失劳动能力或暂时失去工作时,给予劳动者本人或供养直系亲属物质帮助的一种社会保障制度。社会保险的特点有非盈利性、社会公平性、强制性等。

社会保险制度是社会保障制度的核心,主要包括:统筹养老保险、失业保险、医疗保险、工伤保险、生育保险。社会保险资金的来源是国家、单位、个人三方面负担。社会保险所提供的仅仅是对社会成员最基本生活的物质帮助。

商业保险由保险公司按企业原则经营管理,由全社会的成员自愿参加。费用由被保险人个人负担。可满足人们生活消费的各个层次的需要,保障水平相对较高。商业保险遵循自愿原则。

社会保险同商业性保险主要区别有五点:

(1)性质、作用不同。社会保险具有强制性、互济性和福利性的特点,其作用是通过法律赋予劳动者享受社会保险待遇而得到生活保障的权利;而商业性保险是自愿性的,赔偿性和盈利性的,它是运用经济赔偿手段,使投保的企业和个人在遭到损失时,按照经济合同得到经济赔偿。

(2)立法范畴不同。社会保险是国家对劳动者应尽的义务,是属于劳动立法范畴;而商业保险是一种金融活动,属于经济立法范畴。

(3)保险费的筹集办法不同。社会保险费按照国家或地方政府规定的统一缴费比例进行筹集,由国家、集体和个人三方共同负担,行政强制实施;而商业保险实行的是自愿投保原则,保险费视险种、险情而定。

(4)保险金支付办法不同。社会保险金支付是根据投保人交费年限(工作年限),在职工资水平等条件,按规定进行付给。支付标准服从于保障基本生活为前提;而商业保险金的支付是实行等价交换的原则。

(5)管理体制不同。社会保险由各级政府主管社会保险的职能部门管理,其所属社会保险管理机构不仅负责筹集、支付和管理社会保险基金,还要为劳动者提供必要的管理服务工作;而商业保险则由各级保险公司进行自主经营,由中国保险监督委员会统一监督管理。

(二)人身保险、财产保险和投资型保险

人身保险是以人的寿命和身体为保险标的的一种保险。人身保险包括人寿保险、意外伤

害保险、健康保险。人寿保险简称寿险,是一种以人的生死为保险对象的保险,是被保险人在保险责任期内生存或死亡,由保险人根据契约规定给付保险金的一种保险。健康保险是以非意外伤害而由被保险人本身疾病导致的伤残、死亡为保险条件的保险。人身意外伤害保险是以人的身体遭受意外伤害为保险条件的保险。

财产保险(property insurance)是指投保人根据合同约定,向保险人交付保险费,保险人按保险合同的约定对所承保的财产及其有关利益因自然灾害或意外事故造成的损失承担赔偿责任的保险。财产保险包括财产损失保险、责任保险、保证保险、信用保险等保险业务。可保财产包括物质形态和非物质形态的财产及其有关利益。以物质形态的财产及其相关利益作为保险标的的,通常称为财产损失保险。例如,飞机、卫星、电厂、大型工程、汽车、船舶、厂房、设备以及家庭财产保险等。以非物质形态的财产及其相关利益作为保险标的的,通常是指各种责任保险、信用保险等。例如,公众责任、产品责任、雇主责任、职业责任、出口信用保险、投资风险保险等。但是,并非所有的财产及其相关利益都可以作为财产保险的保险标的。只有根据法律规定,符合财产保险合同要求的财产及其相关利益,才能成为财产保险的保险标的。

投资型保险包括寿险类(分红、万能险)和投资连结类保险。

分红型保险是指保险公司将其实际经营成果优于定价假设的盈余,按一定比例向保单持有人进行分配的人寿保险新产品。分红险的主要功能依然是保险,红利分配是分红保险的附属功能。即分红保险是在投保人付费后,得到保障的情况下,享受保险公司一部分的经营成果的保险,根据保险监督委员会的规定,分红一般不得少于可分配利润的70%。分红保险设有最低保证利率,客户的基本保障是有保证的,因此适合于风险承受能力低、对投资需求不高、希望以保障为主的投保人。

万能寿险是一种缴费灵活、保额可调整、非约束性的寿险。购买万能险后,投保人所缴的保费被分成了两部分:一部分用于购买期望得到的寿险保障,即身故保障;另一部分用于个人投资账户。万能寿险具有分红险的某些特点,设有最低收益保障,经营成果由保险公司和客户共同分享,而交费等方面比较灵活。适合于需求弹性较大、风险承受能力较低、对保险希望有更多选择权的投保人。

投资连结保险顾名思义就是保险与投资挂钩的保险,但更注重保障功能。设有保证收益账户、发展账户和基金账户等多个账户。每个账户的投资组合不同,收益率就不同,投资风险也不同。

三、保险市场的风险来源

(一)承保风险

由于保险公司的粗放性经营而带来的风险。如在产险承保上,只注重保费收入,而忽视承保质量,对标的物缺乏充分的分析、预测、评估、论证而导致风险;在寿险营销上,对被保险人缺乏必要的调查、了解,简化必要的手续,致使被保险人状况失真,一旦与保险人签订保险合同,就易形成风险。

(二)管理风险

由于保险公司管理不善、内控机制不严密,或缺乏必要的制约监督机制,而导致的风险。如在理赔过程中没有严格执行理赔管理规定、履行有关手续或由于审查把关不严,而盲目暗付、随意赔付,导致保险暗付率过大,造成保险公司资产流失甚至入不敷出,加大了保险公司的经营成本和经营风险。

(三)投资风险

市场经济的发展和保险的金融属性决定了保险企业具有运用保险资金、开展投资、向资产业务转化的职能。保险资金运用也已成为保险企业转化经营机制的主要内容,如何安全、合理、充分、有效地运用保险资金影响着保险公司的可持续发展。在我国保险经营初期,保险资金的运用主要向企业单位发放贷款。但由于缺乏有效的信贷管理机制,形成了相当大的风险,至今许多贷款已无法收回。目前,虽然保险公司在融通资金方面有了新的途径,如参与证券投资等,但这种投资风险非常大。

(四)道德风险

由于受利益的驱动,人们的主观心理行为、道德观念发生扭曲,而形成道德风险。反映在保险公司方面,近几年不断发生的骗保骗赔案件,自己编造保险事故案件,投保后有意疏于防范酿成的各类事故;保险代理过程中的恶意代理、恶意串通;内部员工的违法违纪、内外勾结等各类事件屡见不鲜。这种由于人的因素引发的道德风险,往往给保险公司经营造成较大的损失。

【知识库】

推广农村小额人身保险试点
2009 年 01 月 16 日

2008 年 6 月保监会开展了农村小额人身保险试点工作。参与试点的公司,国寿、平安、太平洋、泰康 4 家公司在 9 个省,根据试点方案要求积极开发符合中低收入农民需求的小额人身保险产品,简化流程,创新业务模式。经过近两个月的认真筹备,中国人寿于 8 月 13 日在太原首先拉开了试点的序幕。截止到 2008 年底,参与试点的公司共承保 239 万农民,实现保单 126 万余件,保费收入共 4212 万元,为农民提供了近 280 亿元的风险保障。农村小额人身保险试点对于保险公司开发农村市场具有积极的意义:一是满足农村低收入群体的保险保障需求,发挥保险业在完善农村社会保障体系中的积极作用;二是使保险公司加深对农村市场的理解,扩大保险公司品牌形象在农村的影响力;三是将保险公司在农村低收入市场获得的降低成本和控制风险等经验运用于整个农村保险市场,提高保险公司经营效率;四是拓宽保险服务领域,为行业发展带来新的增长点。

资料来源:中国经济网

第三节 我国保险市场

一、内地保险市场

（一）保险市场的形成

1. 外商保险公司垄断时期的保险市场

我国现代形式的保险是伴随着帝国主义的入侵而传入的。19世纪初，西方列强开始了对东方的经济侵略，外商保险公司作为保险资本输出与经济侵略的工具进入中国。

2. 民族保险业开创与发展时期的我国保险市场

外商保险公司对我国保险市场的抢占及西方保险思想的影响，引起一些华商的仿效。1824年一广东富商在广州城内开设张宝顺行，兼营保险业务，这是华人经营保险的最早记载；1865年第一家民族保险企业上海华商义和公司保险行创立，打破了外商保险公司独占中国保险市场的一统天下局面，我国近代民族保险业正式诞生，1875年保险招商局的成立，标志着我国较大规模的民族保险企业诞生；1886年，"仁和"、"济和"两保险公司合并为"仁济和"水火保险公司，雄厚的资金大大加强了其在保险市场上的实力和竞争能力，成为我国近代颇有影响的一家华商保险企业。以1875年保险招商局的创办为契机，我国民族保险业以后又相继成立了20多家水火险公司，并在民族资本主义工商业的大发展中得以迅速发展。

（二）新中国保险市场的初创

新中国成立后，首先是对旧中国保险市场进行管理与整顿，紧接着是创立与发展人民保险事业。1949年10月20日，中国人民保险公司正式挂牌开业，这标志着我国现代保险事业的创立，开创了我国保险的新纪元。保险市场上除传统的火险和运输险外，还积极开发新的险种，同时我国人民保险公司在全国各地建立了自己的分支机构，并逐步开展了各种财产保险和人身保险业务。但是由于"左"的错误思想影响，1958年10月，国内保险业务被迫停办，直到1979年恢复。20年的中断，使大量的专业人员和宝贵资料散失，拉大了与国外保险同行的差距，给我国现代保险业的发展带来不可弥补的损失。中国共产党十一届三中全会以后，国内保险业务得到恢复。

（三）保险市场体系的形成

在我国恢复国内保险业的30多年里，保险市场经营主体的类型不断丰富，数量增加，质量也不断提升。截至2005年底，全国共有保险集团和控股公司6家，财产保险公司35家，人身保险公司42家，再保险公司5家，保险资产管理公司5家，初步形成了控股（集团）公司、股份制公司、相互公司、政策性公司、专业性公司、外资公司等多种组织形式、多种所有制成分并存，公平竞争、共同发展的市场格局。从中介方面看，截至2005年底，三大保险专业中介机构包括保险代理公司、保险经纪公司和保险公估公司共有1 800家。其中,保险代理公司1 313家,保险经纪公司268家,保险公估公司219家,保险兼业代理机构12万家,保险营销员147万人,保险费收入4 927.3亿元,是1980年保费收入4.6亿元的1 000多倍,年平均增长30%以上,保险市场体系初步形成。

从中资保险公司的发展情况来看,主要有七个明显特点:

(1)保险市场主体不断增加,多家竞争的市场格局已经形成。1996年前,我国只有中国人保、中国平安、太平洋、新疆建设兵团、天安、大众6家中资保险公司。而到2011年底,共有中资公司72家,其中寿险公司35家,财险公司37家(根据保监会统计数据整理)。

(2)从事专业保险经营的中资保险公司不断涌现。从事专业保险经营的中资保险公司主要有以下几类:①养老保险公司。2004年12月,国内首批专业养老保险公司——平安养老保险股份有限公司和太平养老保险股份有限公司相继开业。②健康保险公司。2005年上半年,中国人民健康保险股份有限公司率先开业。③汽车保险公司。2004年12月,国内第一家全国性汽车保险公司——天平汽车保险股份公司开业。④农业保险公司。2004年9月17日,上海安信农业保险股份有限公司挂牌开业。

(3)公司组织形式不断创新。2005年1月,我国成立了国内第一家相互制保险公司——阳光农业相互保险公司。该公司是在黑龙江垦区十多年风险互助实践的基础上,参照国际成功经验组建的。阳光农业相互保险公司将垦区风险互助合作规范为相互制公司化运作,在垦区范围内经营种养两业险、财产保险、责任保险等险种。

(4)混业经营成为趋势。通过建立保险控股公司或集团公司实现综合经营。例如阳光保险集团股份有限公司,它是国内七大保险集团之一,由中国石油化工集团公司、中国南方航空集团公司、中国铝业公司、中国外运长航集团有限公司、广东电力发展股份有限公司等大型企业集团于2005年发起组建,注册资本金65.6亿元人民币。公司股东实力强大,涉及行业广泛,股权结构合理,符合现代企业制度。目前拥有阳光财产保险股份有限公司和阳光人寿保险股份有限公司等多家专业子公司。

(5)外资和民营资本参股中资保险公司逐渐增多。根据外资企业法规,外资股份占比在25%(不含25%)以下的,为中资企业。外资在中资保险公司的投资习惯上称为"参股"。外资参股中资保险公司的主要渠道:一是外资资本通过非公开市场购买中资保险公司的股份。二是外资资本通过购买境外上市的中资保险公司股份进入我国保险业。

(6)保险法规体系逐步完善,保险监管力度加强。近年来,保险法制建设不断健全,以保险法为核心,保险行政法规和规章为主干,由保险法、行政法规、行政规章、规范性文件等多层次规范构成的保险法律体系已初步形成。2009年2月28日,新修订的《保险法》经十一届全国人大常委会第七次会议第三次审议通过,2009年10月1日实施。除此以外,中国保监会已审核出台了《保险公司管理规定》《保险专业代理机构监管规定》《保险经纪机构监管规定》《保险公估机构监管规定》等7部规章,此外,另有多部规章正在审核修订。

(7)保险市场逐步对外开放,国际交流与合作不断加强。

从外资保险公司的发展情况来看,近年来,外资保险公司在我国保险市场上全面扩张,突出表现在以下几个方面:

(1)机构数量快速增加。2005年底,外资保险公司的数量已经从加入世界贸易组织前的18家增加到40家,到2011年这一数字扩大到46家,其中寿险公司25家,财险公司21家。

(2)保费收入的增幅巨大,市场份额显著提高。保险行业顺利实现"十一五"(2005—2010年)规划的主要任务和目标,实现了速度、规模和效益的有机统一,整体实力迈上新台阶,行业发展进入新阶段。2010年,保险业保费收入达到1.45万亿元,是2005年的2.7倍,总资产突破5万亿元,是2005年的3.2倍。保险业成为我国国民经济发展最快的行业之一,我国成为全球最重要的新兴保险大国。

(3)地域限制逐步放开。外资公司除了在东部经济发达的重点中心城市积极拓展业务外,也开始向中西部扩张,西部的中心城市成都、重庆等成为新的扩张重点。

二、港、澳、台的保险市场

(一)香港保险市场

截至2009年底,香港共有171家保险公司,其中106家经营普通保险,46家经营长期险,19家经营综合保险。但是目前香港并没有独立的保险监管机构。保险业监理处("保监处"),是政府负责执行《保险公司条例》的监管机构;在政府监管之外,香港保险业还积极推广行业自律监管制度。香港的保险自律监管机构主要为香港保险业联会(以下简称"保联会")以及保险索偿投诉局。

2008年雷曼兄弟的破产对香港保险业造成了一定程度的损失,有鉴于此,香港于2009年9月30日起开始执行关于投资类保险产品销售的新规定。所有保险公司在2009年年底都必须执行此规定。

香港保险市场主要由一般保险业务、寿险、再保险三部分组成。

(二)澳门保险市场

澳门绝大多数保险公司都是在1980年以后成立的。截至2002年底,澳门共有23家保险公司,其中人寿保险公司11家,非寿险保险公司12家;本地公司8家,外资公司15家。2002年底,总保险费收入为14.36亿澳元,寿险保费为10.57亿澳元,非寿险保费为3.79亿澳元。

澳门在保险业监管方面比香港严格。1980年设立保险监管机构,1981年颁布保险法,1984年颁布汽车强制保险条例,1986年实施雇员赔偿强制保险条例,1987年修订保险法,并相应制订了经纪人管制条例,1990年又颁布保险条例和代理人及经纪人条例,加强对保险公司的监管和对保险中间人的监管。

(三)台湾保险市场

到1994年底,台湾共有本地保险公司32家,其中产险15家,寿险15家,专业再保险公司及保险合作社各1家。外资保险公司共有22家,其中产险8家,寿险14家。

台湾当局一直禁止保险公司到大陆开展业务,这一政策从1994年起有所放宽,2000年11月,台湾"国泰"人寿、新光人寿和富邦产险获准在大陆设立代表处,并于2001年1月得到大陆保监会的批准。

【知识库】

2011年1~10月保险业经营数据

单位:万元

原保险保费收入 122 237 167.75

(1)财产险 37 957 038.26

(2)人身险 84 280 129.48

①寿险 75 545 789.37

②健康险 5 844 001.46

③人身意外伤害险 2 890 338.65

原保险赔付支出 31 432 011.78

(1)财产险 16 570 069.55

(2)人身险 14 861 942.23

①寿险 11 109 071.11

②健康险 3 112 272.79

③人身意外伤害险 640 598.33

业务及管理费 14 378 912.35

银行存款 168 282 008.82

投资 368 481 640.98

资产总额 582 101 275.73

注:(1)本表数据是保险业执行《关于印发〈保险合同相关会计处理规定〉的通知》(财会[2009]15号)后,各保险公司按照相关口径要求报送的数据。

(2)"原保险保费收入"为按《企业会计准则(2006)》设置的统计指标,指保险企业确认的原保险合同保费收入。

(3)"原保险赔付支出"为按《企业会计准则(2006)》设置的统计指标,指保险企业支付的原保险合同赔付款项。

(4)原保险保费收入、原保险赔付支出和业务及管理费为本年累计数,银行存款、投资和资产总额为月末数据。

(5)银行存款包括活期存款、定期存款、存出保证金和存出资本保证金。

(6)上述数据来源于各公司报送的保险数据,未经审计。

资料来源:中国保监会. 截止时间:2011.11.25

本 章 小 结

1. 狭义的保险市场是指固定的交易场所,如保险交易所;广义的保险市场是指保险商品交换关系的总和或是保险商品供给与需求关系的总和。保险市场独有的特征包括以下几点:保险市场多是无形市场;保险市场是直接的风险市场;保险市场是非即时清结市场;保险市场是特殊的预期交易的市场;保险市场是商品形态两重性市场;保险市场是政府积极干预性市场。

2. 保险市场供给则是指在一定的费率水平上,保险市场上各家保险企业愿意并且能够提供的保险商品数量的集合。保险市场供给则受到以下因素的制约:保险费率、偿付能力、互补品和替代品的多少与价格、保险业务的利润率、保险技术、政府政策、政府的监管、资本因素、从业人员因素、经营管理因素、缴费能力因素。

3. 保险市场需求是一个总括性集合性的概念,是在各种不同的费率水平上,消费者购买保险商品数量表(单)。影响保险市场需求总量的因素有许多,其中最主要的有风险因素、经济发展因素、经济制度因素、科学技术因素、风险管理因素、价格因素和利率因素等。

思 考 题

一、单项选择题

1. 保险市场的客体是( )。
 A. 被保险人　　　B. 保险标的　　　C. 保险人　　　D. 保险商品
2. 由若干商人共同组成,相互约定交换保险的组织称为( )。
 A. 交互保险社　　B. 相互保险公司　　C. 相互保险社　　D. 保险合作社
3. ( )是保险商品的价格。
 A. 保费　　　　　B. 保险价值　　　C. 现金价值　　　D. 保险费率
4. 保险需求对其影响因素变动的反应程度通常能够用弹性表示。由于相关的其他商品的价格变动所引起的保险商品需求量的变动属于( )。
 A. 保险需求的价格弹性　　　　　　B. 保险需求的交叉弹性
 C. 保险需求的收入弹性　　　　　　D. 保险需求的商品弹性
5. 国际上保险公司的组织形式有多种,其中由所有参加保险的人为自己办理保险而合作设立的法人组织是( )。
 A. 股份保险公司　　B. 相互保险公司　　C. 自保保险公司　　D. 劳合社
6. 当今国际保险市场中存在着多种市场模式,其中,大小保险公司并存,少数保险公司在市场中取得垄断地位的市场类型是( )。
 A. 完全竞争市场模式　　　　　　B. 垄断竞争市场模式
 C. 寡头垄断市场模式　　　　　　D. 完全垄断市场模式

二、简答题

1. 影响保险市场需求的因素有哪些?
2. 影响保险市场供给的因素有哪些?
3. 保险组织的一般形式有哪些?
4. 保险合作社与相互保险公司之间有何主要区别?
5. 保险市场是如何分类的?
6. 通过保险需求的费率弹性,说明保险费率、保险需求与保费收入之间的关系。

【阅读资料】

保监会:2016年一季度保险行业分析报告

保监会统计数据显示,今年一季度保险行业呈现快速发展态势。总体来看,在保险市场实现较快增长的同时,有效防范经营风险,业务结构持续优化,服务社会能力增强。一是保险业务平稳较快增长;二是业务结构持续优化;三是寿险新单业务持续高增长势头;四是外资保险公司市场份额上升;五是保险行业现金流充裕;六是保险从业人员增加。

今年一季度,保险行业实现原保险保费收入11 979.12亿元,同比增长42.18%。其中,产险公司、人身险公司业务分别同比增长11.17%和52.50%。赔付支出2 891.33亿元,同比增长25.10%。保险业资产总量138 535.34亿元,较年初增长12.09%。预计利润389.36亿元,实现同比下降55.29%。保险行业资金运用收益率1.20%,同比下降1.03个百分点。保险市场运行呈现以下特点:

保险业务快速增长。一季度,单季度原保险保费收入首次突破万亿元。保险市场增幅同比上升近21.81个百分点。一是财产险业务平稳增长,实现原保险保费收入2 154.40亿元,同比增长8.85%,其中,车险业务实现原保险保费收入1 679.42亿元,同比增长12.08%。二是寿险业务快速增长,实现原保险保费收入8 459.28亿元,同比增长50.18%,其中,新单业务

7 141.42 亿元,同比增长 68.49%。三是普通寿险和健康险业务高速增长,分别实现原保险保费收入 5 790.02 亿元和 1 168.74 亿元,同比分别增长 87.81% 和 79.23%。

业务结构发生变化。政策环境优化和保险公司不断开拓新业务领域,民生类业务发展态势良好。责任保险等增长较快。一季度,责任保险原保险保费收入为 104.39 亿元,同比增长 21.25%,占财产险公司业务的比例为 4.46%,较上年同期增加了 0.37 个百分点。

未计入保险合同核算的保户投资款和独立账户本年新增交费 6 271.47 亿元,同比增长 209.53%。其中,寿险业务保户投资款和独立账户本年新增交费 5 785.05 亿元;健康险业务保户投资款本年新增交费 486.35 亿元。

普通寿险业务原保险保费收入 5 790.02 亿元,同比增长 87.81%,占寿险公司全部业务的 60.06%,同比上升 11.29 个百分点;分红寿险业务原保险保费收入 2 640.60 亿元,同比增长 4.64%,占寿险公司全部业务的 27.39%,同比下降 12.53 个百分点。

互联网渠道业务平稳增长。一季度,产险公司车险业务电话销售渠道和互联网销售渠道业务平稳增长,分别实现原保险保费收入 244.56 亿元和 138.19 亿元,同比分别增长 3.19% 和下降 13.15%;占机动车辆保险业务比例为 14.56% 和 8.23%。寿险公司直销业务互联网销售渠道实现原保险保费收入 92.99 亿元,同比增长 554.86%,占寿险公司业务比例为 0.96%,同比上升 0.74 个百分点。

寿险公司新单业务持续高增长势头。一季度,寿险公司人身险业务新单原保险保费收入 7 141.42 亿元,同比增长 68.49%,占寿险公司全部业务的比例为 74.08%,占比较去年同期上升 7.04 个百分点。其中,新单期交原保险保费收入 1 638.49 亿元,同比增长 74.91%,占新单原保险保费收入的 22.94%。

外资公司业务快速增长。一季度,外资保险公司原保险保费收入 655.31 亿元,同比增长 71.68%,市场份额 5.47%,同比上升 0.94 个百分点。其中,外资财产险公司原保险保费收入 45.39 亿元,同比增长 11.16%,市场份额 1.94%,同比持平;外资寿险公司原保险保费收入 609.92 亿元,同比增长 78.93%,市场份额 6.33%,同比增加 0.94 个百分点。

保险赔付平稳增长。一季度,保险公司赔付支出累计 2 891.33 亿元,同比增长 25.10%。其中,产险业务赔款支出平稳上升,累计赔款支出 1 075.95 亿元,同比增长 17.65%。人身险业务给付较快增长,寿险业务给付金额 1 543.70 亿元,同比增长 29.22%;健康险业务赔款与给付支出 227.43 亿元,同比增长 34.78%;意外险业务赔款支出 44.24 亿元,同比增长 32.88%。

资金运用收益率水平下降。保险公司资金运用结构不断调整,收益率水平下降。截至一季度末,资金运用余额 119 942.74 亿元,较年初增长 7.29%。股票和证券投资基金合计占比 14.03%,较年初下降 1.15 个百分点;银行存款和债券余额占比 55.78%,较年初下降 0.39 个百分点。资金运用收益共计 1 385.47 亿元,资金运用平均收益率 1.20%,同比下降 1.03 个百分点。

保险公司经营效益下降。一季度，保险公司预计利润总额389.36亿元，同比减少481.51亿元，下降55.29%。其中，产险公司预计利润总额133.77亿元，同比减少76.97亿元，下降36.52%；寿险公司预计利润总额154.84亿元，同比减少409.36亿元，下降72.56%；再保险公司预计利润总额14.90亿元，同比减少9.12亿元，下降38.00%；资产管理公司预计利润总额18.90亿元，同比增加5.33亿元，增长39.31%。

保险行业现金流充裕。一季度，保险公司经营活动产生的现金净流入8 454.77亿元，同比增长216.68%。其中，产险公司经营活动现金净流入938.76亿元，同比增长79.71%；寿险公司经营活动现金净流入8 155.81亿元，同比增长262.41%。

保险从业人员增加。截至一季度末，全国保险机构197家，较年初增加3家。其中，保险集团公司11家，保险公司161家，保险资产管理公司21家，其他公司4家。

保险公司中，产险公司76家，寿险公司76家，再保险公司9家。保险业职工人数103.96万人，较年初增加1.5万人，保险代理人员506.71万人，较年初增加35.41万人。

资料来源：中商情报网 2016-04-28

Chapter 10

金融衍生工具市场

【学习目的与要求】

通过本章的学习,了解金融衍生产品市场的产生与发展过程,了解金融衍生市场的主要功能、主要参与者及主要品种,掌握金融远期、金融期货、金融期权、金融互换等衍生工具的概念、应用范围、特点及运作模式。

【案例导入】

2010年底,美国一家设备制造公司向英国出口一批价值3 000万英镑的机械设备,双方约定6月底以英镑进行结算,交货日与付款日相差3个月。交货日的外汇现货汇率为1英镑=1.676 0美元,依此汇率,这批机械设备货款折合5 028万美元。但是,根据当时经济状况以及世界经济的基本情况,外汇市场预期英镑兑美元的汇率在3个月后将下浮。根据这种预期,该公司在6月底把收到的货款兑换为美元时,可能会面临兑换损失,即3 000万英镑货款到时兑换到的美元数额要少于5 028万美元。为了避免这种损失,公司决定在外汇市场实施套期保值交易。

金融衍生工具(derivative instruments)之所以称为"衍生",是因为这些类型的金融工具的价值是从另一些金融工具的价值衍生或派生出来的。这"另一些"金融工具,俗称原生工具(underlying instruments),包括即期交易的商品合约、债券、股票、外汇等。衍生金融工具之所以复杂,就在于其品种纷繁复杂,并且还在不断创新、演变之中。20世纪70年代以来,现代金融衍生工具的兴起与迅猛发展是全球金融领域发生的最引人注目的变革,以衍生金融工具为核心的金融工程正在并已经改变着整个金融体系。

第一节 金融衍生工具市场概述

一、金融衍生工具的概念和分类

(一)金融衍生工具的概念

金融衍生工具是在原生金融工具基础上衍生出来的,根据当前约定的条件规定在未来某一时间就规定的原生金融工具或变形金融工具进行交易的合约,其价值建立在基础金融工具(如股票、债券、货币等)或基础金融变量之上,价格的变动取决于基础金融工具价格变动。最初的衍生产品交易中通常以一种商品,如大米、郁金香球茎或小麦作为基础工具。今天,尽管部分金融衍生产品交易仍以商品和商品指数作为基础工具,但占主导地位的基础工具是各种金融工具或金融变量,如股票、债券、股票指数、货币、利率甚至其他衍生合约。

(二)金融衍生工具的分类

金融衍生工具可以按照基础金融工具的种类、自身的交易性质以及合约类型的不同进行分类。

1. 按基础金融工具的不同种类分

按照基础金融工具的种类不同,金融衍生工具可以分为股权式衍生工具、货币衍生工具和利率衍生工具。股权式衍生工具是指以股票或股票指数为基础金融工具的金融衍生工具,主要包括股票期货、股票期权、股票指数期货、股票指数期权以及上述合约的混合交易合约。货币衍生工具是指以各种货币作为基础金融工具的金融衍生工具,主要包括远期外汇合约、货币期权、货币互换以及上述合约的混合交易合约。利率衍生产品是指以利率或利率的载体为基础金融工具的金融衍生工具,主要包括远期利率协议、利率期货、利率期权、利率互换以及上述合约的混合交易合约。

2. 按金融衍生工具的交易性质分

按照金融衍生工具的交易性质不同,金融衍生工具可以分为两大类:第一类是市场交易双方的风险收益对称,都负有在将来某一日期按一定条件进行交易的义务,属于这一类的有远期合约、期货合约、互换合约。第二类是市场交易双方风险收益不对称,合约购买方有权选择履行合约与否,属于这一类的有期权合约、认股权证、可转换债券等。

3. 按金融衍生工具的合约类型分

按照金融衍生工具的合约类型不同,可以分为远期合约、期货合约、期权合约和互换。

远期合约是指合约双方约定在未来的某一确定时间,按照确定的价格买卖一定数量的某种金融工具的合约。远期合约不在规范的交易所内交易,也没有标准化的条款,合约条款因合约双方的需要不同而不同,一般不可以转让。远期合约最大的优点是它锁定了未来某一时间的价格而且合约条款可以根据双方的需要进行协商,比较灵活。但远期合约的履约没有保证,违约风险较高。常见的金融远期合约有远期利率协议、远期外汇协议和远期股票协议。

期货合约是指合约双方在有组织的交易所内签订的,约定在未来的某个日期按照确定的价格买卖一定标准数量的特种金融工具的标准化合约。主要包括货币期货、利率期货和股票指数期货等。

期权合约是指赋予其购买者在规定期限内按照双方约定的价格购买或出售一定数量某种金融工具的权利的合约。根据期权交易买进和卖出的不同,分为看涨期权和看跌期权。

互换是指两个或两个以上的当事人按共同商定的条件,在约定的时间内交换一系列现金流的合约,主要有货币互换和利率互换两类。

二、金融衍生工具的产生与发展

衍生商品市场可谓源远流长。17世纪上半叶荷兰掀起的郁金香球茎投资狂潮,开创了衍生商品交易的先河;19世纪中叶以来,谷物、肉类、金属、原油等衍生交易陆续出现并迅速扩大。1922年美国通过了第一部联邦期货法,即1922年谷物期货交易法,这标志着商品的价格变化太大,通过衍生交易可以锁定价格,规避风险;20世纪70年代起,世界金融商品或金融工具的主要价格形式——汇率、利率开始有较大波动,金融市场风险急剧扩大。用衍生交易规避风险,也成为金融发展的客观要求。

20世纪70年代,维系全球的以美元为中心的固定汇率制——布雷顿森林体系连续出现危机,并于1973年正式瓦解,各国纷纷实行浮动汇率制,汇率的波动幅度随之加剧。频繁而大幅度的汇率波动给进出口商、银行金融机构等多方面带来了风险。1972年5月16日,芝加哥商品交易所开辟了国际贸易市场部分,办理澳元、英镑、加元、瑞士法郎和西德马克等6种主要外币的期货交易,这是全世界第一个能够转移汇率风险的集中交易市场,也是金融衍生商品诞生的标志之一。两次石油危机以后,西方工业化国家通货膨胀或滞涨问题越发严重,为了调控经济发展,各国中央银行纷纷利用利率杠杆控制货币供应量,实行宽松或紧缩的货币政策,利率从相对稳定转向频繁波动,利率风险加大。

货币利率、汇率的变化,对债权、股票等金融资产有着根本的影响,全面加剧了金融商品的内在风险,同时为金融衍生商品的发展提供了契机。1975年,芝加哥期货交易所率先开办了抵押协会债券利率期货。1982年2月24日,美国堪萨斯市推出了第一份股票指数期货合约。

股票选择权是金融期权最早出现的品种,20世纪20年代美国就有了股票选择权交易,不过由于长期以来只是场外交易,规模不大,影响力极小。1973年4月26日,全世界第一家选择权集中交易所——芝加哥期权交易所成立,该所初期交易16种以股票为标的物的买权契约。1977年6月,芝加哥期权交易所、美国证券交易所、费城交易所、太平洋证券交易所及中西部证券交易所共5个交易所同时开始交易卖权。1982年10月1日,芝加哥期权交易所推出了第一份利率选择权合约。同年12月,费城交易所推出了英镑选择权合约。1983年,芝加哥期权交易所推出了股票指数选择权即标准普尔100指数选择权、标准普尔500指数选择权。1984年1月,芝加哥商业交易所开办期货合同选择权交易,期货与期权两种金融衍生商品出现。1981年8月,世界银行发行了2.9亿美元欧洲债券,并决定将其本金与利息同IBM公司进行法国法郎和德国马克的货币交换,开创了互换市场的先河。1992年,第一笔利率互换在美国完成,随后,又出现了期货互换、期权互换等。

衍生工具极强的派生能力和高度的杠杆性使其发展速度惊人。国际清算银行的衍生品统计报告资料显示,截至2008年6月,全球商业银行持有的各类现货资产总数为39.08万亿美元,而同期交易所交易的未平仓期货合约达20.1万亿美元,发行在外的期权合约达39.69万亿美元,场外OTC交易的衍生品名义金额达683.725万亿美元。后三类之和达到了全球商业银行现货资产数额的19倍。考虑到商业银行在整个金融行业内的显著地位,可以毫不夸张地说,目前基础金融产品与衍生工具之间已经形成了"倒金字塔"结构,单位基础产品所支撑的衍生工具数量越来越大。

面对如此规模庞大、变幻莫测的衍生品市场,有人曾经为之欢欣鼓舞,认为衍生工具的发展充分分散了金融风险,增强了金融体系的健全性。但也有不少人认为衍生工具不但未从根本上化解金融风险,还带来了额外的风险,最终将导致金融危机爆发和金融体系的崩溃。

三、金融衍生工具的功能

(一)基本功能

1. 避险功能

金融衍生工具诞生的原动力就是风险管理。金融衍生工具可以将市场经济中的市场风险、信用风险等分散在社会经济每个角落的风险集中在几个期货期权市场或互换、远期等场外交易市场上,将风险先集中、再分割,然后重新分配,使套期保值者通过一定方法规避常规经营中的大部分风险,而不承担或只承担极少一部分风险(如通过期货套期保值要承担基差风险,通过期权保值要付出少量权利金等),从而能专心于生产经营。由于衍生市场中套期保值者的头寸并不恰好是互相匹配对冲的,所以市场中需要一部分投机者来承担保值者转嫁出去的风险,从而博取较高额的投机利润。而且,由于衍生交易的杠杆比率非常高,可以使套期保值者以极小的代价占用较少的资金,实现有效的风险管理,因而比证券组合投资更能满足市场需求。金融衍生工具的出现使汇率、利率、价格等因素的变化被限定在较小范围内,即使出现不利情况发生风险,损失也将大为减少。

2. 价格发现功能

金融衍生工具交易特别是场内交易,拥有众多交易者,他们通过类似于拍卖的方式确定价格。这种情形接近完全竞争市场,能够在相当程度上反映出交易者对金融工具价格走势的预期,使真正的价格得以被发现。另一方面,衍生商品的价格通过行情揭示和各种媒体广泛传播,为各界了解汇率、利率及金融趋势提供了重要的参考信息,使这一价格成为指导生产、合理配置社会生产要素的重要依据。同时,所有参与者集中到交易所,使寻找价格和交易对象的信息成本大大降低。根据被揭示出来的市场价格预期,各交易主体可以相应制订生产与经营计划,使经济社会每一个成员都能更好地从远期价格预测中获益。实际上,期货市场从信息上主导了现货市场以及远期现货商品市场的行情。

3. 盈利功能

衍生工具的盈利,既包括交易本身所带来的收入,也包含提供经纪人服务的收入。金融衍生工具的价格变化会产生盈利。由于存在着明显的杠杆效应,投资者操作正确就可以得到很高的利润。

(二) 延伸功能

在广泛的使用中,金融衍生工具的功能不断地被挖掘、拓展,应用的范围也越来越广。下面仅介绍几项最常见的衍生功能。

1. 资产负债管理

利率、汇率的波动,既影响金融机构的资产,又影响其负债。保持适宜的资产负债结构,对于金融机构特别是商业银行而言可谓生存发展之本。品种繁多的金融衍生工具,为资产负债管理提供了多种有效的方法和工具。商业银行就经常运用金融期货、金融期权对资产负债进行缺口管理,用利率互换来回避资产与负债到期时间不匹配而产生的利率风险。

2. 筹资投资

因为存在许多不确定因素,不少投资项目都令投资者望而却步,恰当地运用衍生交易,往往能降低投资风险,使筹资由难变易。

3. 产权重组

通过产权重组提高企业的经营效益,这在现代市场经济中十分普遍。其中,民营化和职工持股又是最常见的方式。然而,有时受个人购买力的限制,或者因个人对企业前景缺乏信心,投资欲望不强,产权重组障碍重重,用银行的融资功能向投资者提供资金,再用衍生交易手段避险,可以帮助个人投资者参与产权交易。

4. 激励功能

一些企业所有者用期权作为激励经营管理人员的工具,给予经营管理人员较长期限内的该企业股票的买入期权,合约规定的买入价一般与当时的股价接近。这样,经营管理人员只要努力工作使企业经济效益不断提高,股价也会随之上扬,股票买入期权的价格同样会上升,经营管理人员便可从中获益。

四、金融衍生工具市场的参与者

金融衍生工具市场的参与者可划分为:套期保值者、投机者和套利者。

套期保值者(hedger)参与市场交易的目的不在于投资获利,而是希望通过买卖相关工具对冲现在或是将来可能面临的风险。以此来锁定将来的收益。如股票和外汇的远期合约,都是采用现时的约定去规避将来市场价格逆向运动时可能会带来的损失。

投机者(speculator)行为类似于赌徒，他们相信自己对未来市场价格走势的预期，打赌价格会上升时现在买入，而在将来价格真的上升时卖出，获取可观的价差收益；打赌价格会下降时，则作相反操作，仍可获取价差收益。由此可见，投机者参与衍生市场的目的刚好与套期保值者的目的相反，未来不确定性越大，投机者在市场上就越活跃。

套利者(arbitrageur)通过瞬间进入一个或两个市场进行同一种相关工具的交易从而获得一个无风险的收益。当然也可以使基于不同时点利用时间差导致的价格差进行套利，即所谓的跨时套利。若交易者在伦敦市场上以低价买入与此同时在纽约市场上高价卖出，利用两个地点汇率的不同而进行的套利即是一种跨市套利。跨市套利与跨时套利的最终结果都会使不同地点或不同时点的市场价格趋于一致，这便是"一价定理"在金融市场的推广。

第二节 金融远期市场

一、金融远期市场概述

(一)金融远期合约的定义

金融远期合约(forward contracts)是一种最为简单的金融衍生工具。它是指双方约定在未来某一个确定的时间，按照某一确定的价格买卖一定数量的某种金融资产的协议。在合约中，双方约定买卖的资产称为"标的资产"，约定的成交价格称为"协议价格"或"交割价格"，同意以约定的价格在未来卖出标的资产的一方称作"空头"或"空方"，同意以约定的价格在未来买入标的资产的一方称作"多头"或"多方"。

远期市场是商品经济发展的产物，是生产者和经营者在商品经济实践中创造出来的一种规避或减少交易风险、保护自身利益的商品交换形式。也正是由于远期交易具有的避险功能，在金融资产价格出现大幅度波动以后，人们很自然地将远期合约也应用于规避金融资产的交易风险，形成当今国际金融市场上重要的金融远期市场。金融远期最主要的优点在于它是由交易双方通过谈判后签署的非标准化合约，因此合约中的交割时间、交割价格、合约的规模等细节都可由双方协商决定，具有很大的灵活性，可以尽可能地满足双方的需要。但金融远期合约也有明显的缺点：首先，远期合约不在交易所内交易，没有固定集中的交易场所，不利于信息的交流和传递，从而不利于形成统一的市场价格，市场效率较低。其次，由于合约的具体条款都由交易双方协商决定，因此每份远期合约千差万别，给远期合约的流通造成了较大的不便，流动性较差。再次，远期合约到期时必须履行实物交割的义务，而无法在到期前通过反向对冲等手段来解除合约义务。最后，远期合约的违约风险较高，当价格变动对一方有利时，对方可能无力或无诚意履行合约。

(二)金融远期合约的损益

金融远期合约双方的损益取决于合约到期时该标的资产的现货市场价格与协议价格之差。假设用 S_T 表示合约到期时标的资产的现货价格,用 P_T 表示双方损益,用 K 表示该合约的协议价格,那么对于多头而言,一单位资产远期合约的损益应该等于 $S_T - K$,当 $S_T > K$ 时,多头盈利;当 $S_T < K$ 时,多头亏损。相应的,空头损益应该等于 $K - S_T$,当 $S_T > K$ 时,空头亏损;当 $S_T < K$

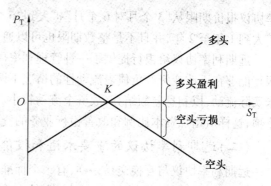

图 10.1 远期合约双方在到期日时的损益图

时,空头盈利。由此可见,多头与空头之间实质上是一种零和博弈。利用损益图(图 10.1)可以清晰地将多头和空头在合约到期时的损益状况表示出来。

(三)金融远期的种类

金融远期合约可分为远期利率协议、远期外汇合约和远期股票合约等。远期外汇交易已经在前面外汇市场中进行了介绍,而远期股票合约实际运用较少,故这里只介绍远期利率协议。

二、远期利率协议

(一)远期利率协议的含义

远期利率协议(forward rate agreements)是合同双方在名义本金的基础上进行协议利率与参照利率差额支付的远期合约。协议利率为双方在合同中同意的固定利率,参照利率为合同结算日的市场利率(国际金融市场上通常为 LIBOR)。

从本质上看,远期利率协议是以固定利率授予的一笔远期贷款,但没有实际贷款义务、在远期利率协议条件下,撇开了本金流动问题,所以远期利率协议就成了资产负债表外的金融工具。协议的交易双方中,一方是为了避免利率上升的风险,另一方是希望防范利率下跌的风险,双方约定在未来某一个期限一笔资金使用时采用一个商定利率。支付该协议利率者为买方,反之,收到该协议利率者为卖方。双方在结算日根据当天的市场利率(通常是在结算日前两个营业日内使用 LIBOR 来决定结算日的市场利率)与协议利率结算利差,由利息金额大的交易一方支付一个利息差额现值给利息差额较小的交易一方。

远期利率协议交易的币种主要有:美元、英镑、欧元和日元。美元的利率协议交易占整个市场交易量的 90% 以上,而英镑等利率协议交易就较少。主要原因是美元利率波动较大,而且美元一直是国际结算的主要计价货币。

远期利率协议的报价最初以"3 个月对 6 个月"期限的报价最为普遍。到 1985 年,远期利率协议报价期限从"3个月对6个月"扩大到"6个月对9个月"和"6个月对12个月",近来更扩大到1年至2年,并且不是整数期限也可以通过交易双方的协商而达成交易。

远期利率协议给银行提供了一种管理利率风险而无需改变银行资产负债表的有效工具。银行能够在不改变资产负债表流动性的情况下调整其利率风险。由于远期利率协议的本金并未实际流动,以利息差额结算,故资金流动较小。远期利率协议还可以用来削减银行同业往来账项,这样对增加资本比例和改善银行业务的资产收益率十分有益。

(二)远期利率协议的重要术语和报价

远期利率协议与互换交易一样,有一个标准化文件,即英国银行家协会远期利率协议(简称FRABBA)。该协议制定与1985年,文件中除了确定远期利率协议交易的合法范畴之外,还规定了一系列重要的术语:

合同金额(contract amount):名义上借款的本金总额;

合同货币(contract currency):表示合同数额的货币币种;

交易日(dealing date):远期利率协议成交的日期;

结算日(settlement date):名义贷款或存款开始的日期;

确定日(fixing date):参考利率确定的日期;

到期日(maturity date):名义贷款或存款到期的日期;

合同期(contract period):结算日至到期日之间的天数;

合同利率(contract rate):在远期利率协议条件下商定的固定利率;

参考利率(reference rate):在确定日用以确定结算金的以市场为基础的利率;

结算金(settlement sum):在结算日,根据合同利率和参考利率之间的差额,由交易一方付给另一方的金额。

以上这些重要概念我们可以用图示来加深读者对它们的理解。远期利率协议的时间流程如图10.2所示。

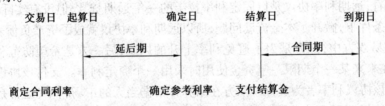

图10.2 远期利率协议时间流程图

如图所示,在交易日,远期利率协议的双方商定交易的所有条件。我们假定交易日1995年4月10日星期一,双方同意成交一份1×4金额为100万美元,利率为6.25%的远期利率协议。那么合同货币是美元,合同金额是100万美元,合同利率为6.25%。

"1×4"是指起算日和结算日之间为1个月,起算日至名义贷款到期日之间的时间为4个月,交易日和起算日时隔一般为两天。在此例中,起算日是1995年4月12日星期三,就是说名义贷款在1995年5月12日星期五开始,恰好是起算日之后的一个月。到期日1995年8月14日星期一(8月12日、13日为非营业日),即3个月之后。因此,结算日是1995年5月12日,到期日为8月14日,合同期92天。

远期利率协议报价以远期利率为基础,这种利率包含了现货市场收益率曲线和利率期货价格因素。远期利率协议市场定价可以通过路透社终端机的"FRAT"画面得到。该市场价格仅作为参考之用,实际交易价格由各报价银行决定。

例如,1990年7月13日的美元远期利率协议市场定价见表10.1。

表10.1　美元远期利率协议市场定价

3×6	8.08—8.14	2×8	8.16—8.22
6×9	8.03—8.09	3×9	8.15—8.21
9×12	8.14—8.20	4×10	8.15—8.21
12×18	8.52—8.58	5×11	8.15—8.21
18×24	8.83—8.89	6×12	8.17—8.23

表中前面一列表示期限,如果一笔远期利率协议的期限为3×6,那么该协议从交易日后的第3个月开始计息,到交易日后的第6个月结束,整个期限为3个月。后一列表示利率价格,如3×6的远期利率协议价格即合同利率为8.08%—8.14%,前者是银行买价,后者是银行卖价。远期利率协议价格的报价——要价差额,1985年初是25个基本点(一万分之一位1个基本点),而到1985年底已降为12.8个基本点,以后更由于市场竞争加剧,该差额降至5个基本点。这说明市场的交易成本越来越低,市场效率越来越高。

(三)远期利率协议的结算

假设A银行计划在3个月后筹集3个月短期资金1 000万美元,为避免市场利率上升带来筹集成本增加的损失,该行作为买方参与远期利率协议。设协议利率为8%,协议金额为1 000万美元,协议天数为91天,参照利率为3个月LIBOR。如果到了结算日LIBOR为8.10%,那么该行从事远期利率协议的结果如何呢?

首先,我们可以计算出这笔价值为1000万美元、为期91天的A银行短期资金借款的额外利息支出:

利率变动所增加的利息支出/美元 $= (8.10\% - 8.00\%) \times 10\,000\,000 \times \dfrac{91}{365} \approx 2\,493.15$

在借款最后到期日的这一天,要对借款利息进行结算,由利率变动引起的这样一笔额外的利息支出对A银行来说是一种损失。不过,在远期利率协议下,如果市场利率即参考利率超过了原先双方确定的协议利率(合同利率),那么作为远期利率协议的卖方要补偿远期利率协议的买方(A银行),这笔补偿就是结算金。如果结算金的支付与额外利息支出在同一天进行,那么借方的利息损失可以从获得的结算金中得到完全补偿。因此,上例中的结算金数额为 2 493.15 美元。

但在实际交易中,交易方一般在结算日支付结算金,也即在贷款开始之日进行支付。由于这笔起补偿作用的结算金交付日期早于利率差支付日期,因此这笔结算金还可被用于投资以获取利息,这笔利息的计算期限应是结算日至到期日。为了对这种时差进行调整,结算金总额应再减去结算金在支付时间上所得的利息额,即将额外利息支出额从到期日贴现到结算日。计算结算金的标准公式为

$$SS = \frac{(i_r - i_c) \cdot A \cdot \frac{D}{B}}{1 + i_r \cdot \frac{D}{B}} \tag{10.1}$$

式中,SS 为结算金;i_r 为参考利率;i_c 为协议利率;A 为合同金额;D 合同天数;B 为天数计算惯例(如360、365)。

结算金计算公式中,分子表示交易双方一开始商定的合同利率与最终到期日参考利率的差异所造成的额外利息支出,分母是对分子的贴现,反映结算金的支付是在合同期开始之日而不是在合同期结束之时。如果把上例中的数值代入上式,我们可以得出贴现后的结算金为 2 443.79 美元,这笔资金应在结算日支付给远期利率协议的买方。

上式计算出来的结算金若是正数,表示远期利率协议的卖方支付给买方结算金;反之,则由远期利率协议的买方向卖方支付结算金。

【知识库】

远期与期货价格相等吗?

当无风险利率对所有期限均为常数时,具有某一期限的合约的远期价格与具有同一期限合约的期货价格相等。这个结论可以推广到利率为时间的已知函数的情形。

当利率变化无法预测(正如现实世界中那样),远期价格与期货价格从理论上讲会有所不同。通过考虑标的资产价格 S 与利率高度相关的情形,我们会对两者之间的关系有一个感性的认识。当 S 上升时,一个期货长头寸的持有者因为期货的每日结算会马上获利。期货价格与利率的正相关性造成利率也可能马上上升,这时获得的利润将会高于以平均利率作为回报的投资所带来的利润。同样,当 S 下跌时,投资者马上会遭受损失。这时亏损的融资费用会低于平均利率。持有远期长头寸而不是期货长头寸的投资者将不会因为利率的这种上下变动而受到影响。因此,在其他条件相同的情况下,期货的长头寸比远期的长头寸更具吸引力。因此,当 S 与利率有正的相关性时,期货价格会稍稍高于远期价格;当 S 与利率有负的相关性时,通过采用类似的讨论我们可以得出远期价格稍稍高于期货价格。

在期限小于几个月时,期货及远期价格的理论差异在大多数情形下可以忽略。在实践中,理论模型中几个没有纳入的因素会造成远期及期货价格不同。这些因素包括税务、交易费用及对于保证金的处理等。因为交易所清算中心的作用,期货合约中的对手违约风险很小。还有,有时期货合约的市场流动性要比远期合约好。虽然有这么多不确定因素,对于大多数情形,我们仍然可以比较合理地假定远期价格等于期货价格。

资料来源:约翰·赫尔.期货、期权及其他衍生产品

第三节 金融期货市场

一、金融期货市场概述

(一)金融期货合约的概念和主要内容

金融期货合约(financial futures contracts)是指协议双方同意在约定的未来某个日期按约定的条件(包括价格、交割地点、交割方式)买入或卖出一定标准数量的某种金融工具的标准化协议。金融期货合约的一大特点就是标准化的合约条款。期货合约的合约规模、交割日期、交割地点等都是标准化的,即在合约上有明确的规定,无须双方再商定,交易双方所要做的唯一工作是选择适合自己的期货合约,并通过交易所竞价确定成交价格。

一般来说,金融期货合约包括一下几方面主要内容:

1. 交易的标的物

每份合约都必须指明以何种金融工具作为标的物。如外汇期货的标的物是外汇,具体又有美元、英镑、欧元、日元、澳大利亚元、加拿大元等不同币种之分。

2. 交易单位

期货交易每份合约的交割数量都是确定的,但对于不同的交易所又有不同的规定。如一张英镑期货合约,在芝加哥国际货币市场为 25 000 英镑,在中美洲商品交易所为 12 500 英镑,在阿姆斯特丹欧洲期货交易所则为 10 000 英镑。

交易单位的大小视期货市场交易规模、参与者资金实力、合约商品价格波动性等因素而定。交易单位的标准化极大地简化了期货交易的过程,提高了市场效率,使期货交易成为一种只记录期货合约买卖数量的交易。

3. 最小变动价位

也称最小波幅,是期货交易所公开竞价过程中商品和金融期货价格报价的最小变动金额。最小变动价位乘以合约交易单位,就可以得到期货合约的最小变动金额。期货品种不同,最小变动价位也不一样。如英镑期货合约为 0.000 5 美元,即 5 个基本点;而加拿大元期货为 0.000 1 美元,即 1 个基本点。最小变动价位大小的确定一般取决于该金融工具的种类、性质、市场价格波动状况及商业习惯等因素。有了最小变动价位,期货交易就以最小变动价位的整数倍上下波动,便于交易者核算盈亏。

4. 每日最高波动幅度

每日最高波动幅度即期货交易所规定的单个交易日内期货价格的最高允许涨跌幅度。在我国又称涨跌停板制度。当单日期货价格波动幅度超过这一限制时,期货交易所将会停止当天交易,进一步的交易将在第二天进行。设置涨跌停板的目的主要是为了限制风险,但阻碍了价格迅速移向新的均衡水平。

5. 标准交割时间

标准交割时间包括标准交割月份和标准交割日期。

（1）标准交割时间指各个交易所规定的期货合约交割的未来月份，又称合约月份。不同的交易所对交割月份的规定也不尽相同，例如伦敦国际金融期货交易所（LIFFE）规定货币期货合约的交割月份为3月、6月、9月和12月；芝加哥国际货币市场（IMM）规定除上述月份外，还有少量货币期货合约的交割月份是在1月、4月、10月。

（2）标准交割日期指交割月份的具体交割日，又称最后交易日。伦敦国际金融期货交易所规定为交割月的第二个星期三；芝加哥国际货币市场则规定为交割月的第三个星期三，合约的交易在交割日前两个营业日（星期一）停止。在芝加哥商品交易所，股票期货合约的最后交易日为交割月的第三个星期五，抵押证券期货合约则为交割月第三个星期三之前的星期五。

6. 初始保证金

初始保证金又称原始保证金，指期货交易双方为保证合约得以履行而向清算会员存储的保证金，以保证价格变化时亏损一方能即时支付。设置初始保证金是为了有效控制期货市场风险，为在交易所内进行的期货交易提供履约担保，保证交易所的财务安全性、完整性和健全性。因此，初始保证金是期货保障机制的最重要环节。

除了初始保证金外，交易所一般还规定了维持保证金制度，即交易者为维持自己的交易部分所必须持有的保证金最低限额，低于此限，交易所就会向交易者发出通知，要求交易者于次日开盘前补交至初始保证金水平。维持保证金金额一般为初始保证金金额的75%~80%。

（二）金融期货市场

20世纪70年代开始，汇率、利率、证券价格急剧波动，金融期货应国际经济形势而生。为规避汇率风险，1972年5月在美国芝加哥商业交易所（CME）的国际期货市场（IMM）部分诞生了世界上第一份金融期货合约；为规避利率风险，1975年芝加哥期货交易所（CBOT）推出了第一张抵押贷款凭证的期货合约，以后又开始交易美国政府国库券期货合约。此后，多伦多、伦敦等地也展开了利率期货交易。在借鉴了欧洲美元利率期货的现金结算方式的成果后，第一份股票指数期货于1982年在堪萨斯期货交易所（KCBT）展开。至此，所有主要的金融期货创新继续问世，有力地推动了世界市场的深入发展，而期货市场具有的杠杆效应，又吸引了大量的投机者，投机者的加入大大推动了金融期货市场的发展，如今金融期货市场已成为国际金融市场不可缺少的重要组成部分。

二、金融期货市场结构

金融期货合约交易是市场主体在集中性的场内交易所内完成的。一个完整的金融期货市场至少由四个部分构成，即交易所、结算机构、期货经纪公司以及交易者，这样才能完成交易。

（一）交易所

所谓交易所，是指专门为金融期货交易提供交易场所和所需各种软硬件设备、组织、管理金融期货的机构。它们大体分为两种类型,一种是专门为了金融期货交易而设立的,如伦敦国际金融期货交易所(LIFFE)和新加坡国际货币交易所(SIMEX)等;另外一种是传统的期货交易所或者证券交易所因开设金融期货而形成的金融期货部分,如芝加哥期货交易所(CBOT)和东京证券交易所(TSE)等。见表10.2。

表10.2 世界主要期货交易所一览

交易所及其建立时间	主要合约类型			
	商品期货	外汇期货	利率期货	股指期货
芝加哥期货交易所(CBOT),1848年	√		√	√
芝加哥商业交易所(CEM),1919年	√	√	√	√
堪萨斯期货交易所(KCBT),1856年	√			√
纽约商业交易所(NYMEX),1872年	√			√
伦敦国际金融期货交易所(LIFFE),1982年	√		√	√
伦敦金融交易所(LIM),1877年	√			
法国国际期货交易所(MATIF),1986年	√		√	√
多伦多期货交易所,1983年			√	√
悉尼期货交易所,1972年	√		√	√
东京谷物交易所,1952年	√			
东京证券交易所,1949年			√	√
新加坡国际货币期货交易所,1984年	√	√	√	√
中国香港期货交易所,1977年	√	√	√	√

(二)结算机构

结算机构通常被称为结算所或者清算所。在期货交易中,结算机构除了办理日常的清算和交割外,还充当买卖双方的中间人,即是所有买者的卖者、所有卖者的买者。因此,期货交易的双方在不知实际交易对方到底为谁的情况下就实现了交易。

(三)期货经纪公司

期货经纪公司是依法设立的、接受客户委托、按照客户的指令、以自己的名义代理客户进行交易并收取交易手续费的中介组织。期货经纪公司通常都是交易所会员。交易所会员是指拥有期货交易所的会员资格、可以在期货交易所内直接进行期货交易的机构或自然人。一般可分为两类:一类是为自己进行套期保值或投机交易的期货自营会员;另一类则是专门从事金融期货经纪代理业务的期货经纪公司。非会员的交易者只能通过委托属于交易所会员的经济公司或经济人参与交易。

（四）交易者

按参加期货交易的动机不同，可将交易者分为三类：套期保值者、投机者、套利者。他们（除本身就是期货交易所的自营会员外）通过期货经纪公司在期货交易所进行期货交易。金融期货本来就是为了满足套期保值者的避险需求而产生的，但是自从金融期货产生以后形形色色的套利者和投资者不请自来，而且从此与经济期货市场相伴长随。如同打开后的潘多拉魔盒一般，以后的每次金融危机再也离不开金融期货投机客们的身影了。

金融期货市场除了上述四类主体外还有各国的行政监管当局，它们的主要职责是起草与期货有关的法律法规、制定管理规则、监管各类市场主体、查处违法违规行为。

三、金融期货市场基本交易规则

金融期货交易是在高度组织化、有严格规则的金融期货交易所进行的。金融期货交易所的主要规则可概括如下：

（一）保证金制度和逐日结算制

保证金制度和逐日结算制是金融期货市场交易安全的重要保证。与远期交易不同，期货交易是每天进行结算的，而不是到期一次性进行的。这就是所谓的逐日结算制度，目的是为了减少信用风险。

保证金的支付可分为客户向会员支付的保证金和会员向结算公司支付的保证金。买卖双方在交易之前都必须在经纪公司开始专门的保证金账户（margin account），并存入一定数量的保证金，这个保证金也称为初始保证金（initial margin）。初始保证金可以用现金、银行信用证或短期国库券等交纳。保证金的比例因合约而不同，也可能因经纪人而不同。对大多数的期货合约而言，初始保证金通常仅为基础金融工具价值的5%到10%。

在每天交易结束时，结算公司根据当日的结算价格（结算价格由交易所规定，它有可能是当天的加权平均价，也可能是收盘价，还有可能是最后几秒钟的平均价）对投资者未结清的合约进行重新评估保证金账户将根据期货结算价格的升跌而进行调整，以反映交易者的浮动盈亏，这就是所谓的逐日盯市（marking to market）。

当保证金账户的余额超过初始保证水平时，交易者可随时提取现金或用于开新仓，而当保证金账户的余额低于交易所规定的维持保证金（maintenance margin）时（维持保证金通常是初始保证金的75%），经纪公司就会通知交易者先期将保证金账户余额补足到初始保证经水平，这就是保证金追加。如果客户不能及时存入追加保证金，就会被强制平仓。

以经纪人要求投资者开设保证金账户一样，清算所也要求其会员在清算所开设保证金账户，我们称其为清算保证金（clearing margin）。与投资者保证金账户的操作方式类似，清算所会员的保证金账户也实行每日结算制度，但对清算所会员来说，只有初始保证金，没有维持保证金,即每天保证金账户的余额必须大于或等于初始保证金余额。

(二)涨跌停板制度

涨跌停板制度是将每日价格波动限定在一定的幅度之内的规定。这种人为的制度安排是为了防止期货价格的剧烈震动,保证市场的稳定。

(三)限仓制度和大户报告制

限仓制度是期货交易所为防止市场风险过度集中于少数交易者和防范操纵市场行为而规定会员或投资者可以持有的、按单边计算的某一合约投机头寸的最大数额。大户报告制度则是与限仓制度紧密相关的另一个控制交易风险、防止大户操纵市场行为的制度。期货交易所建立限仓制度后,当会员或客户的投机头寸达到了交易所规定的数量时须向交易所申报,申报的内容包括客户的开户情况、交易情况、资金来源、交易动机等,便于交易所审查大户是否有过度投机和操纵市场行为以及大户的交易风险情况。

四、金融期货市场的职能

金融期货市场有多方面功能,其中最基本的功能是套期保值和价格发现功能。

(一)套期保值功能

期货交易之所以能够套期保值,其基本原理在于某一特定商品或金融资产的期货价格和现货价格受相同经济因素的制约和影响,从而它们的变动趋势是一致的,而且,现货价格与期货价格市场走势具有收敛性,即期货合约临近到期日时,现货价格与期货价格将逐渐趋合,它们之间的价差即基差将接近于零。

套期保值的基本做法是:在现货市场买进或卖出某种金融资产的同时,做一笔与现货交易品种、数量、期限相当但方向相反的期货交易,以期在未来某一时间通过期货合约的对冲,以一个市场的盈利来弥补另一个市场的亏损,从而规避现货价格变动带来的风险,实现保值的目的。

套期保值的基本类型有两种:一是多头套期保值,是指交易者先在期货市场买进期货,以便将来在现货市场买进时不至于因价格上涨而给自己造成经济损失的期货交易方式;二是空头套期保值,是指交易者先在期货市场卖出期货,当现货价格下跌时以期货市场的盈利来弥补现货市场的损失,从而达到保值的一种期货交易方式。

(二)价格发现功能

价格发现功能是指在一个公开、公平、高效、竞争的期货市场中,通过期货交易形成的期货价格具有真实性、预期性、联系性和权威性等特点,能够比较真实的反映金融产品价格的变动趋势。期货市场将众多的、影响供求关系的因素集中于交易场所内,通过买卖双方集中转化为一个统一的交易价格。这一交易价格即为市场对未来某一特定时间标的金融产品现货价格的平均看法。人们通过参考金融期货市场上的交易价格,可以形成对金融产品价格的合理预期,从而合理安排投资决策和生产经营决策,提高自己适应市场的能力。

五、几种主要的金融期货合约

（一）外汇期货

外汇期货又称货币期货，是以外汇为标的物的合约。外汇期货是金融期货中最先产生的品种，主要是为了规避外汇风险。1972年5月，芝加哥商业交易所建立了国际货币市场（IMM），并推出了7种外币对美元的期货合约。

外汇期货交易虽然自20世纪70年代初在国际货币市场上率先推出，得到了迅速发展，但是外汇期货在交易量上却不如外汇远期，这可能是由于外汇远期可以更好地满足不少企业特定的对外汇套期保值的目的。

（二）利率期货

利率期货是继外汇期货之后产生的又一个金融期货类别，其标的物是一定数量的某种与利率相关的金融产品，即各种规定利率的有价证券，如国库券、长期国债。利率期货主要是为了规避利率风险而产生的。目前，利率期货的交易量在所有金融期货中占据首位。近年来，由于各国的中长期利率波动频繁和有价证券市场涨跌剧烈，因此，套期保值者和投机者对各类利率期货都有着强烈的交易动机。

利率期货产生于1975年10月，虽然比外汇期货晚了3年但其发展速度与应用范围都远较外汇期货来得迅速和广泛。利率期货包括许多具体的交易品种，如美国政府的短期国库券期货、美国政府的中期和长期国债期货、30天的联邦基金期货、3月期欧元银行同业拆借利率期货、3月期欧洲美元定期存款期货、3月期欧洲日元定期存款期货、3月期欧洲瑞士法郎定期存款期货、短期英镑存款期货、英国政府的长期金边债券期货和5年期金边债券期货以及德国、意大利、法国等政府发行的债券期货等。

（三）股票价格指数期货

股票价格指数期货是以股票价格指数为标的物的期货交易。股票价格指数期货是金融期货中产生最晚的一个品种，是20世纪80年代金融创新中出现的最重要、最成功的金融工具之一。股票价格指数是反映整个股票市场上各种股票的市场价格总体水平及其变动情况的一种指标，而股票价格指数期货即是以股票价格指数为标的物的期货交易，主要是避免股票交易中的系统性风险。

自1982年美国堪萨斯期货交易所正式开办世界上第一个股票价格指数期货交易以来，美国的股票价格指数期货交易品种已发展至数种，它们是芝加哥商业交易所的标准普尔500种股票价格综合指数期货、纽约期货交易所的纽约证券交易所综合指数期货和堪萨斯期货交易所的价值线综合指数期货。此外，1983年，澳大利亚悉尼期货交易所制定了自己的股票价格指数期货；1984年，伦敦国际金融期货交易所推出了金融时报100股票价格指数期货；中国香港期货交易所开办了恒生价格指数期货等等。

总的来说，股票指数期货与其他品种的期货合约没有太大的区别。只是由于股票指数期货的标的物不同于其他金融期货，在合约规模或价值方面的规定有独特性。期货合约的价值通常是以股票价格指数值乘以一个固定的金额来计算的。这一固定的金额称为乘数，则合约价值=股票指数水平×乘数。

不同股票指数合约的乘数不相同，乘数主要视股票指数高低而定。如标准普尔500指数期货的乘数是250美元，NASDAQ100指数期货的乘数是100美元。由于股票价格指数期货的标的物股票指数包含很多股票，进行实物交割非常麻烦，因此主要采用现金结算的方式。芝加哥商业交易所的标准普尔500指数期货合约的具体条款如表10.3所示。

表10.3 芝加哥商业交易所的标准普尔500指数期货合约的具体条款

项 目	具体规定
合约规模	250美元×标准普尔500指数期货价格
交割月份	3月、6月、9月、12月
最小价格变动	0.1指数点
交易时间	公开叫价：上午8:30～下午3:15 电子交易平台：下午3:30～次日上午8:15
交割日期	合约月份第三个星期五之前的星期四
头寸限制	所有合约月份共20 000手净多头或空头头寸
交割方式	现金结算

【知识库】

股 票 期 货

股票期货是指以单只股票作为标的的期货，属于股票衍生品的一种。在股票衍生品中，股票指数期货与期权诞生于80年代初；而股票期货则是80年代后期才开始出现，至今成交量不大，市场影响力较小。但进入21世纪后，股票期货作为一个相对较新的产品越来越受到人们的关注。

股票期货合约是一个买卖协定，注明于将来既定日期以既定价格（立约成价）买入或卖出相等于某一既定股票数量（合约成数）的金融价值。所有股票期货合约都以现金结算，合约到期时不会有股票交收。合约到期时，相等于立约成价和最后结算价两者之差乘以合约乘数的盈亏金额，会在合约持有人的按金户口中扣存。最后结算价是按照最后交易日该合约所代表的股票在现货市场每五分钟最高买入及最低卖出价的中间价格的平均值计算。如果股票期货的投资者希望在合约到期前平仓的话，原先沽空的投资者只需买回一张期货合约，而买入合约的投资者则卖出一张期货合约。

在进行期货交易时，买卖双方均需要先缴付一笔基本按金，作为履行合约的保证。结算所在每日收市后会将所有未平仓的合约按市价计算盈亏，作为在投资者按金户口中扣存的依据。如果市况不利使投资者蒙受亏损，令按金下降到低于规定的水平，交易所会要求投资者在指定时限内补款，使按金维持在原来的基本按金水平。

资料来源：百度知道

第四节　金融期权市场

一、金融期权市场概述

(一)金融期权的内涵

金融期权是期权(也叫选择权)的一种。期权是一种能在未来某特定时间内或特定时点以特定价格买进或卖出一定数量的某种特定商品的权利。金融期权则是以金融工具或是金融期货合约为标的物的期权交易形式。

1. 期权双方责任和义务

对于金融期权的买方而言,期权是一项权利而非义务,因此在到期日或之前,他可以选择不执行这份期权,即不进行交割;对于期权的卖方而言,期权是一项义务而非权利,这就意味着,如果期权的买方选择执行期权,卖方就必须执行,如果买方不执行期权,卖方就无需执行。期权的买方也被称为期权的多头,卖方被称为期权空头。

2. 期权费

期权费是指期权的买方为了获得期权所代表的权利向期权的卖方支付的费用。期权费是买方享有不对称权利而对卖方的一种弥补,一经支付则无论买方是否行使权利,付出的期权费均不能退还。在期权交易中,期权费的具体数值根据期权种类期限基础金融工具价格的波动程度不同而有所不同,是期权交易中最重要和最复杂的定价问题。

3. 执行价格

执行价格又称协议价格,是指期权合约所规定的期权买方在行使其权利时实际的买卖价格。在金融期权交易中,执行价格一经确定则一般不再改变,即在期权的有效期内无论基础金融工具的市场价格如何波动,只要期权买方要求执行该金融期权,期权的卖方都必须以此协定价格来履行该期权合约。

4. 到期时间

期权买方只能在合约所规定的时间内行使其权利,一旦超过该期限仍未执行即意味着自愿放弃这一权利。

(二)金融期权市场的产生与发展

虽然早在古希腊和罗马时期就已经出现了期权交易的雏形,但是直到20世纪70年代,期权交易都是在非正式的场外市场进行的,金融期权还处在可有可无的地位。1973年,世界上第一个集中性的期权市场——芝加哥期权交易所(CBOE)诞生,以及场内股票看涨期权的交易大获成功,标志着金融期权发展的重大突破。同年,经济学家布莱克和斯科尔斯在期权定价方面取得突破性研究,建立了为期权定价的 Black—Scholes 定价模型。德州仪器公司甚至还推出了装有计算期权价值的计算器。从此以后,新的期权品种也不断推出,从标准化的看涨期权到看跌期权,从股票期权到以其他金融资产为基础金融工具的期权,期权市场获得了前所未有的发展,期权市场的交易量也大幅度增加。

交易所期权的巨大成功及其对期权交易的重要推动已经成为不可否认的事实。这其中的主要原因有:第一,交易所交易的集中性、合约的标准化和二级市场的建立极大的便利了期权的交易管理和价格信息、产品信息的发布,为投资者提供了期权工具的流动性,使得交易者能够更灵活的管理他们的资产头寸,因而极大地促进了期权市场的发展;第二,清算所的建立解决了场外市场长期以来的信用风险问题;第三,无纸化交易的发展带来了更为通常的交易系统和更低的交易成本。当然,需要指出的是,虽然交易所交易期权有着巨大的优越性,但并不意味着场外期权交易的消亡。场外期权最大的好处在于金融机构可以根据客户的需要进行一对一的谈判,为客户提供许多非标准的个性化期权合约,从而创造了其特有的存在空间。

二、金融期权的种类

金融期权的种类可以从投资者的买卖行为、合约履行时间、期权标的物的性质来划分。

1. 按投资者的买卖行为分

按投资者的买卖行为划分,金融期权可以分为买入期权(看涨期权)和卖出期权(看跌期权)。

投资者之所以买入看涨期权,是因为他预期这种金融资产的价格在近期内将会上涨。如果判断正确,按协议价买入该项资产并以市价卖出,可赚取市价与协议价之间的差额;如果判断失误,则损失期权费。

投资者买入看跌期权,是因为他预期这种金融资产的价格在近期内将会下跌。如果判断正确,可从市场上以较低的价格买入该项金融资产,再按协议价卖出,将赚取协议价与市价之间的差额;如果判断失误,将损失期权。

2. 按合约所规定的履行时间分

按合约所规定的履行时间不同,金融期权可以分为欧式期权和美式期权。

欧式期权只能在期权到期日执行,既不能提前,也不能推迟。

美式期权则可在期权到期日或到期日之前的任何一个营业日执行,当然,若超过到期日,美式期权也同样会被作废。

3. 按金融期权标的物的性质分

按金融期权标的物的性质不同,金融期权可以分股票期权,股票指数期权、利率期权、货币期权、金融期货合约期权。

股票期权是指买方在交付了期权费后,即取得在合约规定的到期日或到期日以前按协议价买入或卖出一定数量相关股票的权利。

股票指数期权以股票指数为标的物,买方在支付了期权费后,即取得在合约有效期内或到期时以协定指数与市场实际指数进行盈亏结算的权利。股票指数期权没有可做实物交割的具体股票，采取现金轧差的方式结算。

利率期权是指买方在支付了期权费后，即取得在合约有效期内或到期时以一定的利率（价格）买入或卖出一定面额的利率工具的权利。利率期权合约通常以政府短期、中期、长期债券，欧洲美元债券，大额可转让定期存单等利率工具为标的物。

货币期权又叫外币期权、外汇期权，是指买方在支付了期权费后即取得在合约有效期内或到期时以约定的汇率购买或出售一定数额某种外汇资产的权利。货币期权合约主要以美元、欧元、日元、英镑、瑞士法郎、加拿大元及澳大利亚元等为标的物。

金融期货合约期权是一种以金融期货合约为交易对象的选择权，它赋予其持有者在规定时间内以协定价格买卖特定金融期货合约的权利。

三、金融期权的价格

从理论上说期权价格由两部分组成，一是内在价值，二是时间价值。

（一）内在价值

内在价值也称履约价值，是期权合约本身所具有的价值，是指在履行合约时可获得的总利润。当总利润小于零时，内在价值为零。一种期权有无内在价值以及内在价值的大小取决于该期权的协定价格与其标的物市场价格之间的关系。根据协定价格与标的物市场价格的关系，可将期权分为实值期权、虚值期权和平价期权三种类型。

对看涨期权而言，若市场价格高于协定价格，期权的买方执行期权将有利可图，此时为实值期权；市场价格低于协定价格，期权的买方将放弃执行期权，为虚值期权。对看跌期权而言，市场价格低于协定价格为实值期权；市场价格高于协定价格为虚值期权。若市场价格等于协定价格，则看涨期权和看跌期权均为平价期权。

从理论上说，实值期权的内在价值为正，虚值期权的内在价值为负，平价期权的内在价值为零。但实际上，无论是看涨期权还是看跌期权，也无论期权标的物的市场价格处于什么水平，期权的内在价值都必然大于零或等于零，而不可能为负值。这是因为期权合约赋予买方执行期权与否的选择权，而没有规定相应的义务。当期权的内在价值为负时，买方可以选择放弃期权。

（二）时间价值

内在价值是决定期权价格的主要因素，但并非唯一的因素。在现实市场中，各种期权通常是以高于内在价值的价格交易的，平价期权和虚值期权在这一点上尤其明显。虽然这两类期权的内在价值为零，但在到期以前，它们总是以高于零的价格买卖的。这是因为在期权价格中，还包含着一个重要的部分：期权的时间价值。

与我们平时所理解的时间价值（即无风险利率，货币持有者暂时放弃货币所获得的回报）不同，期权的时间价值实质上是期权在到期之前获利潜力的价值。我们知道，期权的买方通过支付期权费,获得了相应的权利,即(近于)无限的收益可能和有限的损失。这意味着标的资产价格发生同样的上升和下降,所带来的期权价值的变化是不对称的,这一不称性,使得期权总价值超过了其内在价值,这就是期权时间价值的根本来源。

(三)影响期权价格的主要因素

期权价格由内在价值和时间价值构成,因而凡是影响内在价值和时间价值的因素,就是影响期权价格的因素。

1. 协定价格与市场价格

协定价格与市场价格是影响期权价格最主要的因素。这两种价格的关系不仅决定了期权有无内在价值及内在价值的大小,而且还决定了有无时间价值和时间价值的大小。一般而言,协定价格与市场价格间的差距越大,时间价值越小;反之,则时间价值越大。这是因为时间价值是市场参与者因预期标的物市场价格变动而引起内在价值变动所愿意付出的代价,当一种期权处于极度实值或极度虚值时,市场价格变动的空间已很小。只有当协定价格与市场价格非常接近或为平价期权时,市场价格的变动才有可能增加期权的内在价值,从而使时间价值随之增大。

2. 权利期间

权利期间是指期权剩余的有效时间,即期权成交日至期权到期日的时间。在其他条件不变的情况下,权利期间越长,期权价格越高;反之,期权价值越低。由于期权时间价值代表到期之前期权带来收益的可能性,因此,距离到期的时间越长,期权时间价值一般来说越大。对于美式期权来说,这一点显然是肯定的;欧式期权由于只能在到期日执行,有效期长的期权不一定包含有效期短的期权的所有执行机会,这就使得欧式期权的有效期与期权价格之间的关系显得较为复杂。但在一般情况下(即剔除标的资产支付大量收益这一特殊情况),由于有效期越长,标的资产的风险就越大,期权卖方亏损的风险就越大,因此即使是欧式期权,有效期长的期权价格也越高,即期权的边际时间价值为正值。

但是,通常权利期间对于时间价值存在同方向但非线性的影响。我们应注意到,随着时间的延长,期权时间价值增幅是递减的,这就是期权的边际时间价值递减规律。换句话说,于到期日确定的期权来说,在其他条件不变时,随着时间的流逝,其时间价值的较少是递增的。这就意味着,当时间流逝同样长度,期限长的期权的时间价值减小幅度将小于期限短的期权时间价值的减小幅度。

3. 利率

利率尤其是短期利率的变动会影响期权的价格。但利率变动对期权价格的影响是复杂的。一方面,利率变化会引起期权标的物的市场价格变化,从而引起期权内在价值的变化。另一方面,利率变化会使期权价格的机会成本变化,同时利率变化还会引起期权交易的供求关系变化,因而从不同角度对期权价格产生影响。例如,利率提高,期权标的物如股票、债券的市场价格将下降,从而使看涨期权的内在价值下降,看跌期权的价值提高;利率提高,又会使期权价格的机会成本提高,有可能使资金从期权市场流向价格已下降的股票、债券等现货市场,减少对期权交易的需求,进而又会使期权价格下降。总之,利率对期权价格的影响是复杂的,应根据具体情况作具体分析。

4. 标的物价格的波动性

通常,标的物价格的波动性越大,期权价格越高;波动性越小,期权价格越低。这是因为,标的物价格波动性越大,则在期权到期时,标的物市场价格涨至协定价格之上或跌至协定价格之下的可能性越大。因此,期权的时间价值,乃至期权价格都将随标的物价格波动的增加而提高,随标的物价格变动的缩小而降低。

5. 标的资产的收益

标的资产的收益将影响标的资产的价格。在协定价格一定时,标的资产的价格又必然影响期权的内在价值,从而影响期权的价格。通常标的资产收益率越高,看涨期权的价格越低,而看跌期权的价格越高。

自从期权交易产生以来,人们一直致力于对期权定价问题的探讨。1973 年,美国芝加哥大学教授布莱克和斯科尔斯提出了第一个期权定价模型,在衍生期权的定价上取的重大突破,在学术界和实务界引起强烈反响。1979 年,考克斯(J. Cox)、罗斯和鲁宾斯坦(M. Rubinsern)又提出二项式模型,以一种更为浅显易懂的方式导出期权定价模型,并使之更具有可操作性。

四、金融期权交易策略

金融期权是一种复杂的交易技术,在实际交易中各类交易者使用无数种可供他们选择的交易策略。但是,无论多么复杂的交易策略,一般离不开金融期权的四种基本交易策略:买入看涨期权、卖出看涨期权、买入看跌期权、卖出看跌期权。见表10.4。

表 10.4 期权市场四种基本交易策略

交易策略	买入看涨期权	卖出看涨期权	买入看跌期权	卖出看跌期权
对市场的判断	看涨	看跌	看跌	看涨
盈亏图				
潜在收益	∞	C	$X-P$	P
潜在损失	C	∞	P	$X-P$
盈亏平衡点	$X+C$	$X+C$	$X+P$	$X+P$

注:X 为协议价格,C 为看涨期权的期权费,P 为看跌期权的期权费

在上述基本交易策略的基础上,交易者还可以根据期权种类、期限以及执行价格的不同作出不同的策略。一般来说,主要有以下三种组合套利策略:

1. 水平套利

水平套利是指交易者按照相同的协定价格,同时买卖不同到期月份的同类型的期权合约,以套取水平差价的期权交易策略。在执行这一交易策略时,投资者一般是在买进一个远期期权合约的同时卖出一个近期期权合约。这样,由于近期期权合约的时间价值衰减速度快于远期期权合约的时间价值衰减速度,那么两种期权间的期权费差额就会扩大,交易者就会获得盈利。值得注意的是,虽然看涨期权和看跌期权都能够被投资者用来进行水平套利,但是对看涨期权的水平套利应当运用在交易者预测长期价格稳中趋涨时,而对看跌期权的水平套利应当运用在交易者预测的长期价格稳中趋跌时。

2. 垂直套利

垂直套利是指交易者按照不同的协定价格同时买卖相同期限的期权合约,以套取垂直差价的期权交易策略。垂直套利理论上其利润最多为期权费,而亏损则限于出售期权时得到的期权费与买入时支付的期权费的差额。垂直套利是否能够盈利的关键在于对期权费未来走势的判断上。

3. 对角套利

对角套利是指交易者按不同的协定价格同时买卖不同到期月份的同类型期权合约,以套取对角差价为目的的期权交易策略。

在以上组合套利策略基础上,交易者可以根据实际情况和自身对市场的判断设计出千变万化的期权交易策略,从而满足交易需求。

【知识库】

股票期权的作用

根据统计,我国超过 70% 的公布股权激励计划草案的公司均采用股票期权的激励方式。股票期权作为一种有效解决现代企业中的委托-代理问题的薪酬性激励制度曾取得巨大的成功。但自 2002 年以来因连续爆发的财务丑闻直至 2008 年的金融危机,股票期权遭到了空前的质疑。因为股票期权制度是一把双刃剑,其激励的背面是内在缺陷,这些缺陷在一定的条件下可能会异化成经营者损害所有者利益的"激励机制",从而成为财务丑闻的潜在诱因,成为公司造假的内在动力。股票期权作为一种激励制度,有着深刻的现实基础。从现实基础来看,现代企业中的两权分离导致了委托—代理问题产生的可能性;经济生活中的信息不对称的存在使委托—代理问题成为现实;而人力资本的特性即内在的可控性和外在的难检测性使得委托——代理问题进一步加重。因此,逻辑上一种可行的办法就是将经营者利益尽可能的整合到所有者利益中去,并在两者之间建立敏感的正相关关系,或者说要构建一个所有者和经营者基本一致的目标利益函数,股票期权制度正是为解决这一问题而设计的。这一激励原理在一定程度上可以概括为一个良性循环的激励逻辑:授予股票期权→受益人努力工作→公司业绩提高→公司股票价格上涨→受益人行使期权获利→受益人更加努力工作。

资料来源:岳婷,《股票期权理论及应用》,2011 年 3 月

第五节 金融互换市场

一、金融互换市场概述

(一)金融互换市场的产生与发展

互换合约最早出现在 1979 年的伦敦,但一开始并没有引起市场的充分重视。1981 年,所罗门兄弟公司促成了世界银行和 IBM 公司的一项货币互换,成为互换市场发展的里程碑。同年在伦敦推出了利率互换,第二年利率互换被引进美国。从此互换市场迅速成长起来。时至今日,互换在场外交易的衍生工具中仍然占据着一个重要的地位。

互换是两个公司之间关于交换未来现金流的协议。这一协议规定了现金流支付的时间和计算现金流的方式。因此,互换可以用来控制利率、汇率和商品价格变化所带来的风险,从而得到了广泛的应用。互换开始时是一种非标准化的合约,以满足不同客户的不同需求。但由于合约内容复杂,交易成本很高,妨碍了互换的进一步发展。1984 年,一些从事互换交易的有代表性的银行(包括商业银行和投资银行)开始着手促进互换合约文件标准化的进程。1985 年,这些银行组织了国际互换交易商协会(International Swaps Dealiers Association,ISDA),并在 1987 年推出了互换标准格式合约,极大地减少了发起一项互换所需要的时间和费用。从此以后互换市场进入了一个快速发展时期,利率互换和货币互换的名义本金金额从 1987 年底的 8 656 亿美元猛增到 2006 年中的 823 828.4 亿美元,不到 20 年间增长了近一百倍。可以说,金融互换是发展最为迅速的金融衍生品。

(二)金融互换理论基础

比较优势(comparative advantage)理论是英国著名经济学家大卫·李嘉图(Dacid Ricardo)提出的。他认为,假设两国都能生产两种产品,且一个国家在这两种产品的生产上均处于有利地位,而另一个国家均处于不利地位的条件下,如果前者专门生产优势较大的产品,后者专门生产劣势较小(即具有比较优势)的产品,那么通过专业化分工和国际贸易,双方仍能从中获益。李嘉图的比较优势理论不仅适用于国际贸易,而且适用于所有的经济活动。

互换是比较优势理论在金融领域最生动的运用。根据比较优势理论,只要满足以下两种条件,就可以互换:首先,双方对对方的资产或负债均有需求;其次,双方在两种资产或负债上存在比较优势。概括起来,金融互换实质上是一个市场参与者利用其在某个金融市场上的比较优势得到在另一个市场上的所需的资产或负债。

值得注意的是,虽然从理论上讲互换交易双方在互换交易过程中均可获益,但是在实际操作过程中,金融互换往往具有较大的信用风险。由于互换是两个公司之间的私下协议,且当互换对于一家公司而言价值为正,互换实际上是该公司的一项资产,同时也是另一家公司的负债,此时该公司就必然面临合约另一方不执行合同的信用风险。

(三)金融互换的作用

1. 降低筹资成本

这是互换业务最重要的作用。作为筹资者的政府机构、私人企业、跨国公司及国际金融机构等需要特定的货币资金。但由于种种原因,直接借入该类货币资金可能面临较高的筹资成本,而通过互换业务将可以按较低利率借入的他国货币调剂成自己所需要的货币,则可以有效降低筹资成本。例如,日本某一企业准备筹集一笔美元资金,原计划到美国市场或欧洲美元市场发行美元债券,但由于这两国市场的评级机构对该企业的信用评级较低,而日本的评级机构则给予该企业较高的信用等级,这样,该企业在美国的筹资成本则远高于日本。因此,这家日本企业可以先在日本发行日元债券,随后做一笔互换交易,把日元债券换成美元债券,其成本要比直接发行美元债券低。

2. 可使某些筹资人进入到原本很难进入的市场

互换业务属表外业务,不计入资产负债表,因此可以使某些筹资人逃避外汇管制、利率管制及税收管制,而进入到原本很难进入的市场。例如,某跨国企业所在的东道国对跨国公司实行了资本管制,限制其在东道国的融资量,那么该公司可以在某国发行债券并与东道国其他企业做一笔互换交易,把某国债券换成东道国债券,而绕过资本管制。

3. 有利于企业和金融机构的资产负债管理,并防范汇率和利率风险

企业和金融机构可以根据需要,将一种货币的资产或负债通过货币互换换成另一种货币的资产或负债,从而优化资产负债结构,转移和防范利率风险和外汇风险。同时,企业也可以根据市场行情的变化灵活的调整其资产负债的市场结构和期限结构,以实现资产负债的最佳搭配而减少中长期利率和汇率变化风险。

(四)金融互换市场的类型

根据基础金融工具的不同,金融互换市场一共有四种主要类型:利率互换市场、货币互换市场、商品互换市场和股票互换市场。利率互换和货币互换是最重要的两种互换。商品互换是一种特殊的互换,其中至少一种支付是按商品价格或商品价格指数支付的。商品互换被许多商品的消费者和生产者用于对冲长时间内价格上涨。如饼干生产商使用粮食互换来对冲粮食价格的上涨,航空公司使用汽油互换来对冲飞机燃料价格的上涨。股票互换是指以股票指数产生的红利和资本利得与固定利率或浮动利率或其他的股票指数产生的收益进行互换。它为基金经理和机构投资者提供了一种转化资产的方法。基金经理和机构投资者可以用股票互换把债券投资转换为股票投资,或者把本国的股票投资转换为外国的股票投资,以避免外汇管制、税收等问题。

二、利率互换

利率互换是指双方在未来一定时期内将同种货币的同样名义本金的某种现金流互相交

换,是以不同的利率指标(包含浮动利率或固定利率)作为交换的基础金融工具。一般来说,在利率互换中,其中一方的现金流以浮动利率计算,而另一方的现金流以固定利率计算。利率互换不需要交换本金,只需要在每期进行利差交割,而且期限通常在两年以上。

最基本的利率互换是固定利率与浮动利率的互换。这种交换一般是债务交换,交易的双方在各自的市场(固定利率市场和浮动利率市场)上有比较优势。下面用一个例子来说明这种利率互换的交易过程。

假设 A、B 公司都想借入五年期的 100 万美元的款项,对于未来的利率趋势变动有各自的判断,A 想借入 6 个月的浮动利率贷款,B 想借入 6 个月的固定利率贷款,但是两家公司信用等级不同,因此市场向它们提供的利率不同,见表 10.5。

表 10.5 利率互换示例

	A 公司	B 公司	优势差异
固定利率	12.0%	13.0%	1.0%
浮动利率	6 个月 LIBOR+0.4%	6 个月 LIBOR+1%	0.6%
可以实现总节约			0.4%

我们看到 A 公司在两个市场上都具有绝对优势,在固定利率市场的绝对优势是 1.0%,在浮动利率市场的绝对优势是 0.6%,但是两家公司只能在其中一个市场上借款。A 在固定利率市场上有比较优势,B 在浮动利率市场上有比较优势。这样双方就可以利用各自的比较优势对借款活动进行安排,就是各自在比较优势市场上借款,然后二者互换,从而达到共同降低筹资成本的目的。

安排如下:由于借款本金相同,不必交换本金,因此只对未来的利息进行交换,A 向 B 支付浮动利息,B 向 A 支付固定利息。

通过发挥各自的比较优势,双方总的投资成本降低 0.4%,这就是互换利益。这是合作的结果,由二者分享,具体分享由谈判决定,我们假定各自分享一半,同时没有中间费用,这样双方按照自己的意愿实现借款,同时各自降低融资成本 0.2%,A、B 的实际支付为浮动利率 6 个月 LIBOR+0.2%、固定利率 12.8%,如图 10.3 和表 10.6 所示。

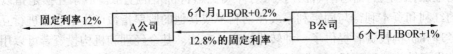

图 10.3 利率互换安排方案

表 10.6　通过互换达成的效果

项目	A 公司	B 公司
实际筹资成本	6 个月 LIBOR+0.2%	12.8%
市场筹资成本	6 个月 LIBOR+0.4%	13.0%
成本节约	0.2%	0.2%

三、货币互换

货币互换是交易双方之间达成的交换一定的现金流量的一种协议。在这个协议中,现金流量以不同货币计价,但以相似或不同方式的汇率(固定汇率和浮动汇率)和利率(固定利率和浮动利率)计算。货币互换和利率互换相似,但有两个不同点:首先,货币互换通常在合同开始与期满时都有本金的交换(这些交换大多按即期汇率进行),而利率互换是没有本金交换的;其次,货币互换的利息是以不同货币进行交换的,而利率互换是使用同一种货币。

货币互换的主要原因是双方在各自国家中的金融市场上具有比较优势,既可以用固定利率也可以用浮动利率来进行互换交易。

(一)货币互换的基本原理

货币互换交易一般有三个基本步骤:

(1)确定和交换本金。这是在互换交易初期进行的,双方按协定的汇率交换两种不同货币的本金,以便按不同的货币金额定期支付利息。

(2)利率的互换。交易双方按协议的利率以偿还本金为基础支付利息。

(3)本金的再次互换。在到期日,互换双方换回初期交换的本金。

通过货币互换的三个基本步骤,就能够把一种货币的债务有效的转变为另一种货币的债务从而得到充分保值。

(二)运用货币互换降低筹资成本的分析

假如美国一家跨国公司需要借入五年期 1 000 万英镑的资金用于在英国的投资,它希望通过发行五年期的英镑债券的方式来获得英镑资金,但是由于多次使用这种方式筹资很难再获得新的资金,且发行新债的利率达到了 5.75%。然而,该公司发行五年期的美元债券比较方便,且利率是 8.85%。同时,英国的一家跨国公司需要借入一笔大约 1 800 万美元的五年期美元资金用于美国投资,它也可以通过发行美元债券或英镑债券两种方式进行筹资,但如果发行五年期美元债券方式筹资其发行利率为 9.25%,而通过发行五年期英镑债券方式筹资其发行利率为 5%,见表 10.7。

表 10.7 货币互换示例

	美国公司	英国公司	优势差异
英镑市场	5.75%	5%	-0.75%
美元市场	8.85%	9.25%	0.4%
实现的总节约			1.15%

显然,比较而言,美国公司发行美元债券更有利,而英国公司发行英镑债券更有利。假如英镑和美元的汇率为1英镑等于1.8美元,那么英国公司发行1 000万英镑债券,美国公司发行1 800万美元债券,然后两者进行互换,这样对两者都是有利的。于是,美国公司和英国公司达成货币互换协议,五年中由美国公司每年向英国公司以5%的年利率支付1 000万英镑债券利率,英国公司每年向美国公司以8.675%(9.25%-0.575%)的年利率支付1 800万美元债券利率。互换以银行为中介进行,银行按年度本金额的0.25%收取手续费。整个互换程序如下:

(1)起初交换债券。由美国公司发行1 800万美元债券,英国公司发行1 000万英镑债券,然后通过投资银行互换债券,如图10.4所示。

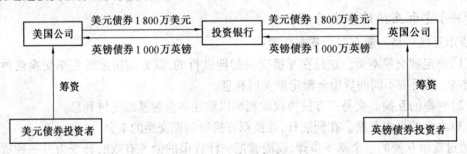

图 10.4 期初交换债券流程

(2)期内交换利率五年中每年由美国公司向英国公司支付1 000万英镑债券利息,年利率为5%;每年由英国公司向美国公司支付1 800万美元债券利息,年利率为8.675%。如图10.5所示。

(3)期末归还债券。期末由英国公司向美国公司归还1 800万美元的债券资金,美国公司再向美元投资者偿还1 800万美元的债券投资;由美国公司向英国公司归还1 000万英镑的债券资金,英国公司再向英镑投资者偿还1 000万英镑的债券投资。如图10.6所示。

如表10.8所示,通过互换双方的总融资成本降低了[(8.85%+5%)+(0.25%+0.25%)]-(9.25%+5.75%),即为0.65%。对于美国公司,实际融资成本为(8.85%+5.25%)-8.675%,即为5.425%,比直接按5.75%利率发行英镑债券的利率低。对于英国公司,实际融资成本为(5%+8.925%)-5%,即为8.925%,比直接按9.25%利率发行英镑债券的利率低。

图 10.5 期内交利率流程

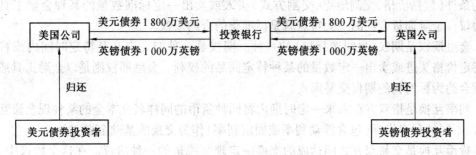

图 10.6 期末归还债券流程

表 10.8 通过互换达成的效果

项　　目	美国公司	英国公司
实际筹资成本	5.425%	8.925%
市场筹资成本	5.75%	9.25%
成本节约	0.325%	0.325%

四、其他互换

除了最常见的利率互换和货币互换外,其他主要的金融互换品种有:

(1)交叉货币利率互换。交叉货币利率互换是利率互换和货币互换的结合,它是以一种货币的固定利率交换另一种货币的浮动利率。

(2)远期交换。远期交换互换生效日是在未来某一确定互换的时间。

(3)股票互换。股票互换是以股票指数产生的红利和资本利得与固定利率或浮动利率的交换。

(4)互换期权。互换期权从本质上属于期权而不是互换,该标的物为互换权利。例如,利率互换期权本质上是把固定利率交换为浮动利率,把浮动利率交换为固定利率的权利。但许多机构在统计时都把互换期权列入互换的范围。

本章小结

1. 金融衍生工具,是在原生金融工具基础上衍生出来的,根据当前约定的条件规定在未来某一时间就规定的原生金融工具或变形金融工具进行交易的合约,其价值建立在基础金融工具(如股票、债券、货币等)或基础金融变量之上,价格的变动取决于基础金融工具价格变动。

2. 金融远期合约(forward contracts)是一种最为简单的金融衍生工具。它是指双方约定在未来某一个确定的时间,按照某一确定的价格买卖一定数量的某种金融资产的协议。

3. 金融期货合约(financial futures contracts)是指协议双方同意在约定的未来某个日期按约定的条件(包括价格、交割地点、交割方式)买入或卖出一定标准数量的某种金融工具的标准化协议。金融期货合约的一大特点就是标准化的合约条款。

4. 金融期权是期权(也叫选择权)的一种。期权是一种能在未来某特定时间内或特定时点以特定价格买进或卖出一定数量的某种特定商品的权利。金融期权则是以金融工具或是金融期货合约为标的物的期权交易形式。

5. 利率互换是指双方在未来一定时期内将同种货币的同样名义本金的某种现金流互相交换,是以不同的利率指标(包含浮动利率或固定利率)作为交换的基础金融工具。

6. 货币互换是交易双方之间达成的交换一定现金流量的一种协议。在这个协议中,现金流量以不同货币计价,但以相似或不同方式的汇率(固定汇率和浮动汇率)和利率(固定利率和浮动利率)计算。

思 考 题

1. 简述金融衍生工具的特征。
2. 金融衍生工具包括哪些种类?具有哪些功能?
3. 什么是远期利率协议?它有什么优点?
4. 与金融期货相比,金融期权有什么优势?目前,国内外许多公司都采用期权的方式决定其高级管理人员的奖金收入。请解释其运作机理。
5. 什么是看涨期权和看跌期权?请简述买进和卖出这两种期权时的投资策略。
6. 举例说明货币互换和利率互换的交易过程。
7. A、B 两家公司面临如下利率:

	A	B
美元(浮动利率)	LIBOR+0.5%	LIBOR+1.0%
加元(固定利率)	5.0%	6.5%

假设 A 要美元浮动利率借款,B 要加元固定利率借款,一银行计划安排 A、B 公司之间的互换,并要得到 0.5% 的收益。请设计一个对 A、B 同样有吸引力的互换方案。

【阅读资料】

利率互换在银行利率风险管理中的应用

在日常利率风险管理中,开发出一些可行的技术并应用于银行的利率风险管理中,如缺口分析、久期分析、VaR 技术等,这些技术的使用可以大大增强银行抗风险能力,这里针对缺口分析进行利率风险管理研究。

当银行资产负债安排处于利率敏感资金正缺口时,如果市场利率下降,较多的负债固定在相对高的利率水平,较多的资产则随市场利率下浮,此时将导致银行净利差缩小而受损;当银行资产负债安排处于利率敏感资金负缺口时,如果市场利率上升,较多的资产固定在相对低的利率水平,较多的负债则需要随市场利率上浮,此时也将导致银行净利差缩小而受损。反之,则会使银行扩大净利差而获益。(如表1)因此,利率敏感性资金安排给银行的资产负债管理带来较大的经营风险。

表 1 利率敏感资金缺口与银行收益关系

资金缺口	市场利率	利息收入与支出关系	净利差
正	上升	收入增加>支出增加	扩大
正	下降	收入减少<支出减少	缩小
负	上升	收入增加<支出增加	缩小
负	下降	收入减少>支出减少	扩大
零	上升	收入减少=支出减少	不变
零	下降	收入减少=支出减少	不变

一般情况下,融资缺口也用敏感性比率(SR)来表示,即用利率敏感性资产比利率敏感性负债,当 SR=1 为零缺口,当 SR>1 为正缺口,当 SR<1 为负缺口。如果银行能正确把握市场利率的变化,适时采用正确的融资缺口,可以扩大银行净利差。

当预计市场利率上升时,即图 1 所示 A、B 区域,银行应营造资金配置的正缺口,使利率敏感资产大于利率敏感负债,即 SR>1,这样可以使更多的资产有机会按照不断上涨的利率进行定价,获得更多的利息收入;当预计利率下降时,即图 1 所示 D 区域,银行应营造资金配置的负缺口,使利率敏感资产小于利率敏感负债,即 SR<1,这样可以使更多的负债有机会按照不断下降的利率进行定价,减少利息支出。

但是,银行采用融资缺口模型进行资产负债管理存在对市场利率把握不准的风险。如当资金配置处于正缺口时,利率下降,将使更多的资产按照不断下调的利率定价,减少利息收入;当资金配置处于负缺口时,利率上升,将使更多的负债按照不断上涨的利率进行付息,使成本增加。另外,由于客户与银行对市场的预期往往一致,所以当预期市场利率上调时,银行希望增加利率敏感性资产比重(如浮动利率贷款),而客户则希望将负债成本锁定在当前水平(如

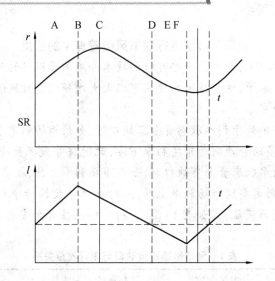

图1 融资缺口模型的运用

固定利率贷款),这样一来,银行在现有客户中调整融资缺口的空间就缩小了,也造成了一定的操作风险。因此,银行在运用该模型时,应考虑配合利率衍生工具完善该模型,以达到有效控制风险的目的。

作为重要的利率衍生工具,利率互换可以灵活地实现固定利率资金和浮动利率资金性质的转化,因此,可以有效地起到控制因市场利率变动而带来利率风险的作用。本文将融资缺口模型按不同阶段分为A-F六个区域,针对每个区域的不同特点进行利率风险分析,提出相应的利率互换交易策略,以完善融资缺口模型。

在图1中的A区域,银行预计市场利率上升,不断调增敏感性比率,使SR>1,随着市场利率的不断上升,银行净利差扩大,但此时存在由于市场预测不准或市场情况突然变化而带来的利率下行的风险。由于银行持有较多的浮动利率资产,因此可以考虑针对部分浮动利率资产规模通过利率互换交易换出浮动利率,换入固定利率,将部分浮动利率资产收益率锁定当前利率(具体操作如图2)。

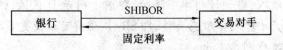

图2 A区域银行操作过程

在图1中的B区域,银行预计市场利率将升至波峰,为避免市场利率突然下行使银行没有时间调整政策而带来风险,银行逐渐调低敏感性比率向负缺口转变,此时虽然SR仍大于1,但浮动利率资产的比重逐渐减少,在利率上升的情况下,会使得银行的净利差缩小。因此可以针对固定利率资产安排一笔利率互换交易,支付一定的固定利率,收回一定期限SHIBOR的浮动利率,使得固定利率资产的收益率随着市场利率上升而增加(具体操作如图3)。

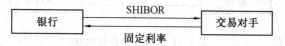

图3　B区域银行操作过程

在图1中C区域,银行预计市场利率将处于下行通道,为此银行逐渐向负缺口转变,但仍处于正缺口。此时,仍有较多的浮动利率资产收益率不断降低,而较多的固定利率负债成本保持在较高价位,市场利率下降将使得银行净利差缩小。因此,针对浮动利率资产规模安排两次利率互换增加浮动利率资产的投资回报。银行在进行第一个利率互换交易中支付一定期限SHIBOR浮动利率,收入一个固定利率;由于利率下降,在第二个利率互换交易中收入一定期限SHIBOR浮动利率,支付一个较前一交易低的固定利率,带来净利差扩大(具体操作如图4)。

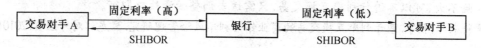

图4　C区域银行操作过程

在图1中D区域,银行预计市场利率仍处于下行通道,银行配置了负融资缺口,随市场利率的不断下降,银行净利差扩大,但此时存在由于市场预测不准或市场情况突然变化而带来的利率上行的风险。由于银行持有较多的浮动利率负债,因此可以考虑针对部分浮动利率负债规模通过利率互换交易换出浮动利率,换入固定利率,将部分浮动利率负债成本锁定当前利率(具体操作如图5)。

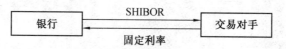

图5　D区域银行操作过程

在图1中E区域,银行预计市场利率将跌至波谷,为避免市场利率突然上行使银行没有时间调整政策而带来风险,银行逐渐调高敏感性比率向正缺口转变,此时虽然SR仍小于1,但浮动利率资产的比重逐渐增加,在利率下降的情况下,会带来不断增加的浮动利率资产的收益率损失。因此可以针对浮动利率资产安排一笔利率互换交易,支付一定期限SHIBOR的浮动利率,收回一定固定利率,使得浮动利率资产的收益率固定在当前利率水平上(具体操作如图6)。

在图1中F区域,银行预计市场利率将处于上升通道,为此银行逐渐向正缺口转变,但仍处于负缺口。此时,仍有较多的浮动利率负债成本不断上升,而较多的固定利率资产收益率固定在较低的价位,市场利率上升将使得银行净利差缩小。因此,针对浮动利率负债规模安排两

图6 E区域银行操作过程

次利率互换降低浮动利率负债的成本。银行在进行第一个利率互换交易中支付固定利率,收入一定期限SHIBOR浮动利率;由于利率上升,在第二个利率互换交易中支付一定期限SHI-BOR浮动利率,收入一个较前一交易高的固定利率,带来净利差扩大(具体操作如图7)。

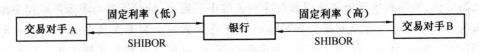

图7 F区域银行操作过程

值得注意的是,图1中B、F两个区域是短暂的过渡期,如果持续时间较短,给银行带来的利率风险不大,可以不进行利率互换交易,只需适当调整融资缺口即可。

资料来源:程宇.基于利率互换交易的商业银行利率风险管理研究.黑龙江对外经贸.2010(3)

第十一章 Chapter 11

国际金融市场

【学习目的与要求】

通过学习本章内容,使学生了解国际金融市场的产生,掌握国际金融市场的分类,了解世界三大金融市场——纽约金融市场、伦敦金融市场和东京金融市场的形成与发展,以及三大金融市场的划分。

【案例导入】

人民币"入篮"为国际金融市场奠定全新局面

中新社上海2015年12月1日电(记者 姜煜) 12月1日凌晨,国际货币基金组织(IMF)正式宣布,批准自2016年10月1日起将人民币纳入其特别提款权(SDR)货币篮子。SDR货币篮子由此扩大至美元、欧元、人民币、日元、英镑五种货币。据悉,人民币在SDR货币篮子中的权重为10.92%,美元、欧元、日元和英镑的权重则分别为41.73%、30.93%、8.33%和8.09%。

在仅逾十年的时间里,中国以大幅度的改革把人民币由国际舞台中一个不太重要的位置,提升为IMF特别提款权(SDR)的认可货币之一。在华外资银行分析称,人民币被正式确认为国际储备货币,不单是中国货币发展的一个重要里程碑,长远看更为国际金融市场奠定全新局面。渣打集团行政总裁温拓思表示:"人民币被纳入SDR充分反映出中国自2004年开展人民币改革以来取得的成果,人民币国际化速度惊人,现在更是其发展历程的新一页。"

恒生银行署理首席经济师薛俊昇认为,IMF宣布将人民币纳入SDR篮子,标志着人民币被正式认可于国际间广泛使用,有助加强人民币作为融资货币及储备货币的功能。随着"一带一路"沿线基建项目的发展,预期日后相关国家或企业会考虑采用人民币作项目融资,同时亦具备诱因令各国央行及国际金融组织增持人民币资产作长线投资及储备之用。

> "人民币作为第五种货币纳入 SDR 货币篮子将对中国具有正面信用影响",著名评级机构穆迪的报告说。据该机构分析,人民币"入篮"将支持中国逐步放开资本账户等市场化改革,同时也会鼓励在跨境交易、资产组合投资和债券发行中更广泛地使用人民币,以及鼓励各国央行投资人民币资产。穆迪副董事总经理兼大中华区信用研究分析主管钟汶权称:"人民币目前纳入 SDR 货币篮子是对中国金融改革及放开资本账户所做努力的认可。"
>
> 资料来源:中国新闻网

第一节　国际金融市场概述

一、国际金融市场的含义

在国际领域,从商品与劳务的国际性转移、资本的国际性转移,黄金输出入以及外汇的买卖,到国际货币体系运转等各方面的国际经济交往,都离不开国际金融市场,国际金融市场显得十分重要。国际金融市场上新的融资手段、投资机会和投资方式也层出不穷,金融活动凌驾于传统实质经济活动之上,成为推动世界经济发展的主导因素。

从狭义上讲,国际金融市场指国际长短期资金借贷的场所;从广义上讲,国际金融市场指从事各种国际金融业务活动的场所,此种"活动"包括居民与非居民之间或非居民与非居民之间。在经济生活中,国际金融市场一般指其广义概念。

国际金融市场有其自身的特点,一般是无形市场,无固定场所,也有有形市场;其机构众多,构成复杂,例如由银行、各种金融机构所构成,涉及世界范围;其业务主要通过现代化电讯网络开展。

国际金融市场的形成,是需要具备一定条件的,主要表现在以下几个方面。

(1) 政局稳定。这是最基本的条件。
(2) 有较强的国际经济活力。对外开放,贸易具有一定规模,对外经济交往活跃。
(3) 外汇管制少,基本上实行自由外汇制度,管理很松,征低税或免征税,货币政策、财政政策较松,较优惠。
(4) 国内发达的金融市场、机构、信用、体制、设施、通讯。
(5) 地理位置好,交通便利,通讯设施完善。
(6) 国际金融人才具有高素质,能提供高效率服务。

国际金融市场在经济生活中发挥着重要的作用。国际金融市场可以进行大规模的国际资金的运用、调拨,合理高效地进行配置调节,并使生产和资本国际化。国际金融市场可以通过汇率自动调节、国际储备动用、金融市场上借贷筹措资金,来维护一国国际收支,从而调节各国国际收支。国际金融市场是畅通国际融资的渠道,能使一些国家的生产顺利地获得经济发展所需资金。原联邦德国和日本的兴起就依赖欧洲货币市场;亚洲货币市场也对亚太地区经济发展起到积极作用,促进了银行业务国际化。各国的国内银行和跨国银行,通过市场有机地联系在一起,在国际上建立了良好的信用关系。资金余缺的调配,极大地推动了第三世界经济发展,从而使整个世界焕然一新。国际金融市场的存在,当然也会产生一些消极影响,例如游资的冲击、危机传播和投机存在,这都给经济生活带来了诸多不安。

二、国际金融市场的产生和发展

1. 国际金融市场的产生

随着国际交往的增加,以货币为媒介的国际贸易得到了发展,在信用不发达的中世纪产生了铸币兑换业。随着信用的产生与发展,产生了国际借贷。这种国际信贷迅速扩大集中,于是产生了像伦敦、纽约等大的国际金融中心。

在第二次世界大战前,各国的国际金融市场、金融中心实质上是国内市场,即国内市场的延伸,主要表现为国内资本的输出,即使像伦敦国际金融中心,外国人也可以在市场上发债券筹集资金,从这一点上看是国际性的。当然,由于此市场受到国内金融法规、法律、法令管辖,所以不能称之为真正意义上的国际金融市场,我们称之为传统的国际金融市场,也称在岸国际金融市场(onshore financial market)。传统市场实质为国内资本输出,外国人筹集资金并受到国内金融法律法令管辖的市场。

2. 国际金融市场的发展

在第一次世界大战前,英国的工业革命进行得最早(19世纪初,19世纪30年代完成工业革命),经济较早较快地得到了发展,对外扩张从海外殖民地掠夺了大量巨额利润,资金实力雄厚,GBP逐渐成为世界主要结算货币,成为货币霸主,伦敦率先发展为国际金融中心。

在第二次世界大战中,由于英国参与了战争,经济力量大为削弱,加之许多殖民地国家独立和世界的殖民者的争夺瓜分,而美国未参与战争,发了战争财,实力猛增,使得美元逐步取代英镑;瑞士作为中立国,经济、货币都较稳定;这样,逐渐形成了纽约、苏黎世、伦敦三大国际金融中心。

战后,各国经济得到恢复和快速发展,这样就形成了法兰克福、卢森堡、日本、亚太地区等国际金融中心,特别是日本的迅速崛起,东京一举成为继伦敦、纽约之后的三大国际金融中心之一。

三、国际金融市场类型

国际金融市场可以按照性质、功能、融资渠道等不同的分类方法来进行划分。

1. 按性质不同划分

按性质不同将国际金融市场分为传统国际金融市场和新兴离岸金融市场。所谓传统国际金融市场,是指从事市场所在国货币的国际信贷和国际债券业务,交易主要发生在市场所在国的居民与非居民之间,并受市场所在国政府的金融法律法规管辖。新兴离岸金融市场,指其交易涉及所有可自由兑换的货币,大部分交易是在市场所在国的非居民之间进行的,业务活动也不受任何国家金融体系规章制度的管辖。

2. 按功能不同划分

按功能不同将国际金融市场分为国际外汇市场和国际货币市场、国际资本市场和国际黄金市场。国际外汇市场,指由各类外汇提供者和需求者组成的,进行外汇买卖、外汇资金调拨、外汇资金清算等活动的场所。国际货币市场,指资金借贷期在1年以内(含1年)的交易市场,或称短期资金市场。国际资本市场,指资金借贷期在1年以上的中长期信贷或证券发行,或称长期资金市场。国际黄金市场指专门从事黄金交易买卖的市场。

3. 按融资渠道不同划分

按融资渠道不同将国际金融市场分为国际信贷市场和证券市场。国际信贷市场,指主要从事资金借贷业务,按照借贷期限长短可划分为短期信贷市场和长期信贷市场。证券市场,是指股票、公司债券和政府债券等有价证券发行和交易的市场,长期资本投资人和需求者之间的有效中介,是金融市场的重要组成部分。包括如下内容:

(1)国际货币市场。当黄金退出国际货币体系之后,美元取而代之,行使国际货币的各项职能,在世界各国之间流通,成为坚挺的国际货币。随后,在其他国家经济实力不断提高,美国经济地位相对下降的情况下,特别是在布雷顿森林货币体系崩溃以后,其他国家的货币,如英国的英镑、德国的马克、日本的日元、瑞士法郎等也纷纷成为国际货币,发挥着计价、结算和储备等各项职能。

国际货币市场主要是指各国银行对多种货币所开展的业务活动。货币市场是经营期限在一年以内的借贷资本市场。常用的借贷方式如银行信贷、同业拆放等短期周转的业务。在货币市场上发行和流通的票据、证券也是短期的,如国库券、商业票据、银行承兑汇票和转让大额定期存单等。这些票证的共性是期限短、风险小和流动性强,都具有活跃的次级市场,随时可以出售变成现金。由于这些票证的功能近似于货币,所以把短期信贷和短期票证流通的市场叫做货币市场。

(2)国际资本市场。在过去的一百年间,世界经济从严格的国别壁垒和分割走向全面的区域联合和一体化,资本作为经济发展的要素之一,率先实现了大范围的跨国界流动,而国际资本市场则经历了由分割到融合进而走向全球化的发展历程。从总体上看,国际资本市场始终保持规模持续扩张的态势,资本跨国流动的影响范围不断扩大,可以说,全球化始终是国际资本市场的发展指向和最终目标,并将成为21世纪初期国际资本运动的主要特征之一。国际资本市场是对期限在一年或者一年以上的金融工具进行跨境交易的市场。

(3)国际外汇市场。外汇市场是指经营外币和以外币计价的票据等有价证券买卖的市场,是金融市场的主要组成部分。国际外汇市场是现行国际市场中最年轻的市场。创建于1971年废止金汇兑本位的时期。国际外汇市场的日流通额达到4万亿~5万亿美金,是世界交易数量最大的市场。国际外汇市场是世界经济的中枢系统,它总是反映当前时事事件,市场不能承受崩盘和突发事件。在传统印象中,认为外汇交易仅适合银行、财团及财务经理人所使用,但是经过这些年,外汇市场持续成长,并已联结了全球的外汇交易人,包括银行、中央银行、经纪商及公司组织如进出口业者及个别投资人,许多机构组织包括美国联邦银行都通过外汇赚取丰厚的利润。现今,外汇市场不仅为银行及财团提供了获利的机会,也为个别投资者带来了获利的契机。

(4) 国际黄金市场。黄金自古以来就是货币。形成世界经济体系以后,黄金是国际货币。1976年,国际货币基金组织在牙买加首都金斯敦召开的会议上决定,废除黄金官价,用特别提款权逐步代替黄金作为国际货币制度的主要储备资产,宣布黄金非货币化。但是从那以后,黄金仍然被世界上绝大多数国家作为国际储备资产、价值的最终储藏手段。在通货膨胀严重、政治经济危机时期,黄金的价值更会增加。

(5) 国际租赁市场。所谓租赁,是指出租人提供不具法律所有权的资产使用权的一种安排。许多制造企业不仅出售设备,还从事日常租赁。银行也大量从事租赁,租赁实际上是一种资金融通技术。当租赁跨越国界时,便成了国际资金融通的一种方式。它使承租人不必购买短期或季节性需要使用的设备,从而变相为企业提供了资金融通。从另一个意义上讲,租赁费用一般是分阶段(比如每月一次或每半年一次)支付的,这等于出租人向承租人提供了信贷。

国际租赁的形式是多种多样的,主要有操作租赁(operating leases)、金融租赁(financial leases)、货币加成租赁(money-over-money leases)、减税租赁(tax credit leases)、杠杆租赁(leveraged leases)和双重租赁(double leases)。自20世纪70年代以来,国际租赁业务发展十分迅速。租赁物小到办公用品,大到商用飞机,包罗万象。美国、英国和德国是世界上主要的租赁市场所在地,租赁公司大部分由银行经营或控制。据估计,20世纪70年代末和80年代初,美国公司使用的耐用设备中有30%采用租赁设备,英国所有资本开支的15%~20%是通过租赁来实现资金融通的。

【知识库】

欧元是怎样形成的?

1998年5月2至3日欧盟首脑会议在比利时布鲁塞尔举行。会议确认比利时、德国、法国、西班牙、爱尔兰、意大利、卢森堡、荷兰、奥地利、葡萄牙和芬兰11国为欧元成员国。批准荷兰人德伊森贝赫为欧洲中央银行第一任行长。这标志着欧洲货币联盟进入第三阶段:1999年1月1日欧元正式诞生,欧洲中央银行确定统一的货币政策。在银行之间和金融市场均以欧元结算。这是欧洲经济一体化发展的必然趋势。

欧元载负的是世界上最大的地区经济和贸易集团之一。有资料表明,1996年,欧盟的国内生产总值达8.4万亿美元,占世界总产值的31.5%,同年,美国占27%;欧盟的外贸总额(不包括欧盟内部贸易)为1.9万亿美元,占世界贸易总额的20%,超过美国所占的18%。在欧元正式启动后,欧元将以其催化剂的作用,使欧盟国家作为整体在世界经济舞台上发挥作用。欧元也将作为第二世界货币,在国际储备和金融市场中占据应有比重。估计美元将占40%~50%,欧元将占30%~40%,其余为日元和其他货币。因此,无论从欧盟的经济规模还是其在世界贸易中所占的份额看,欧元都将是一种强币。它的启动对欧洲和世界其他国家都将产生巨大的影响。

资料来源：http://zhidao.baidu.com/question/18161421.html

第二节 主要的国际金融中心简介

一、纽约金融市场（New York finance market）

纽约既是美国主要的国内金融中心，也是世界三大金融中心之一。世界金融中心主要为全世界的客户提供全面的金融服务，特别是金融批发市场。纽约金融市场以纽约联邦储备银行为核心，以商业银行为主体，由投资银行和其他金融机构等共同来参与。纽约作为国际金融中心的主要优势表现在，美国经济实力强大，美元是最重要的国际货币，金融市场发达，金融制度健全，以及地理位置使其成为世界贸易和船运中心。

（一）纽约金融市场的形成与发展

在今天的纽约证券交易所附近，1792年有一些股票交易者聚集在一棵梧桐树下，签订了第一份股票交易协议，被称为"梧桐树协定"。协定的主要内容为经纪人只是彼此之间进行交易，佣金是0.25%。梧桐树协定集中了交易市场，它标志着纽约历史上第一个有组织的股票交易市场的产生，也是纽约证券交易所的前身。在1863年，正式定名为纽约证券交易所，并在交易大厅从事黄金交易。借助电讯业的发展和特殊的贸易、航运中心的优势，纽约得以逐渐发展为全国性的证券交易市场。在美国国内战争期间，纽约证券交易缺乏一个有效的经营管理组织机构，受到很大冲击，直到战后纽约证券交易所才进入一个迅速扩展时期。第一次世界大战后，随着美国经济实力的不断增强，联邦储备体系执行宽松的货币政策，公众参与购买政府债券等因素，促进了纽约金融市场在交易品种和市场参与者等方面出现强劲增长。1929～1932年经济危机促成了金融监管的法律出台，1938年纽约证券交易所开始变革管理制度，以体现平等、公正的交易原则。1972年纽约证券交易所进行了重组，形成了一套有竞价系统的中央市场体系。1977年纽约证券交易所联合国内其他交易所组建市场交易系统，这极大地促进了全国市场体系的形成。纽约证券交易所废除了最少佣金制，广泛利用电子系统和先进设备，金融创新和经济全球化、一体化发展趋势，引起纽约证券交易所彻底的变革，交易品种和规模、市场主体的种类都得到极大的增加。场外交易市场——NASDAQ是世界上自动化程度最高的，它的出现与发展使场外交易的重要性超过了交易所集中交易，造就了纽约金融市场的繁荣，并深刻地影响着美国经济和其他国家的金融市场。纽约金融市场和其他国家的市场进入了互相依赖又激烈竞争的时代。第二次世界大战以后，纽约金融市场在国际金融领域中的地位得到进一步的加强。美国在战争时期的经济和金融实力得到膨胀，变得强大起来，建立了以美元为中心的资本主义货币体系，使美元成为世界最主要的储备货币和国际清算货币。

（二）纽约金融市场的划分

纽约联邦储备银行作为贯彻执行美国货币政策及外汇政策的主要机构，在金融市场的活动直接影响到市场利率和汇率的变化，对国际市场利率和汇率的变化有着重要影响。世界各地的美元买卖必须在纽约的商业银行账户上办理收付、清算和划拨，纽约因此成为世界美元交易的清算中心。纽约金融市场按交易对象划分，主要包括纽约外汇市场、纽约货币市场和纽约资本市场。

纽约外汇市场是世界上最主要的外汇市场之一，分为即期市场和远期市场。纽约外汇市场并无固定的交易场所，所有的外汇交易都是通过通讯设备，在纽约的商业银行与外汇市场经纪人之间进行。各大商业银行都有自己的通讯系统，与该行在世界各地的分行外汇部门保持联系，又构成了世界性的外汇市场，主要由公司及财团、个人、商业银行、外汇经纪人及中央银行参与外汇市场活动。纽约市场在70年代以后，外汇交易量急剧增加，纽约外汇交易中心发展成为欧洲与远东的重要纽带，世界性外汇交易中心，并与伦敦外汇市场相抗衡。

纽约货币市场，即纽约短期资金的借贷市场，是资本主义世界主要货币市场中交易量最大的一个，除了纽约市的金融机构、工商企业和私人在这里进行交易外，每天还有大量短期资金，从美国和世界各地不断涌入流出。纽约货币市场没有一个固定的场所，交易都是供求双方直接或通过经纪人进行的。

在纽约货币市场的交易，按交易对象可分为：联邦基金市场、政府库券市场、银行可转让定期存单市场、银行承兑汇票市场和商业票据市场等。联邦基金市场，是指纽约市联邦储备体系成员银行之间进行相互拆借准备金的市场。纽约市的多数大银行充当联邦基金经纪人，也为其他大城市的代理行拆借资金。政府库券市场，指库券可在金融市场上自由买卖。美国政府发行的各种债券按期限可划分为短期库券即国库券、中期财政库券和长期公债。商业银行一般都持有大量国库券，作为二线准备。外国中央银行的美元资产很大一部分是美国的国库券。银行可转让定期存单市场，在金融市场中可转让定期存单可随时在市场出售。银行可转让定期存单是美国大银行发行的一种定期存款凭证，也称为银行大额定期存单。定期存单利率取决于市场上的资金供求及其他短期利率。同时也受发行银行的经营状况、存单面额大小、到期日等影响。银行承兑汇票市场，银行承兑汇票在金融市场中可以转让，自由进行买卖。银行承兑汇票是由银行为付款人承兑的汇票，是承兑银行的一种短期负债。商业票据市场，商业票据是美国银行持股公司和大工商业公司发行的短期借款期票。商业票据的利率取决于市场供求情况、面值大小、期限长短、发行人信誉、银行信贷成本和交易的费用。

纽约资本市场，是世界最大的经营中、长期借贷资金的资本市场。可分为纽约债券市场和纽约股票市场。

纽约债券市场中，纽约国内债券市场交易的主要对象是政府债券、公司债券、外国债券。政府债券主要是中期库券和长期公债，在纽约资本市场上，中、长期债券交易量最大。纽约市各大银行是政府债券的主要交易人。公司债券是美国企业为筹集中长期资金而发行的债券。

在纽约资本市场上,交易量仅次于政府债券。公司债券一般都由投资银行代为发行和包销。根据发行人资信等情况,公司债券分成若干等级,债券的等级越高,越表明发行这种债券的公司资力雄厚,信誉良好,因而债券的市价越高于其面值。外国债券是外国政府和企业在纽约市场发行的债券,用以筹集长期资金。在美国资本市场发行的外国债券一般称为扬基债券,发行人一般是外国政府、机构和公司。这些债券以美元发行,要在美国证券和交易所委员会注册并受其检查。

纽约股票市场中,美国有10多家证券交易所按证券交易法注册被列为全国性的交易所。其中纽约证券交易所和美国证券交易所最大,都设在纽约。一家公司的股票要取得在某一证券交易所进行交易的资格,必须向该交易所注册。取得了注册资格的股票才能正式上市。因此,正式上市的股票只是一小部分,大约有4万多种股票没有在交易所正式上市,而在"场外交易市场"进行交易。公司股票的日常交易,由股票经纪人在股票交易所中每天代客买卖。为了监督股票交易,美国政府根据1934年证券交易法设立了证券交易委员会。所有证券交易所、股票经纪人和上市的股票均需在委员会注册并接受其监督。

二、伦敦金融市场

伦敦金融市场是世界三大金融中心之一。第一次世界大战之前,伦敦金融市场是世界上最主要的国际金融市场,随着英国经济实力衰退,英镑作为国际结算货币的地位下降,削弱了伦敦作为国际金融中心的地位。伦敦金融市场经过多次改革,除了为本国提供金融服务外,更多的是服务世界各国经济,以从中获取较高收益,并得到进一步发展。所以,伦敦仍是世界银行业最集中的地点,在英国和世界经济发展中扮演重要角色。

(一)伦敦金融市场的形成与发展

伦敦金融市场是传统的国际金融市场,其形成经历了由一个地方性金融市场发展为全国性乃至世界性金融中心的过程。英国政府在17世纪末开始发行公债,受战争等因素的影响,公债的发行规模日益扩大。公债安全性与流动性强,受到投资者的普遍欢迎,英国政府从中获益。英国政府进一步完善了公债发行制度来促进政府公债的流通。政府债券是市场上最早交易的证券品种,目前也是交易量最大的金融工具。1698年,伦敦出现了挂牌证交所和证券经纪人。1773年,新乔纳森咖啡馆正式改名为证券交易所,这就是伦敦证券交易所的前身。1802年,为了将分散的交易集中到交易所内进行,伦敦证券交易所正式成立。与此同时,其他地区性证券交易所也开始在英国出现。19世纪中期,随着工业化革命的开展、大量铁路股票的出现以及英国经济实力的增强,外国证券大量涌入伦敦证券市场。这些因素促进了伦敦证券交易所的发展,成为国际证券市场的中心。19世纪,英国在国际贸易和海洋运输方面已居世界各国之首,英镑也成为国际结算和各国外汇储备的主要货币,英国的银行体制日趋完善,"伦敦城"成为世界最主要的金融中心。

经过先后两次世界大战,伦敦金融中心的重要性曾一度受到削弱。20世纪50年代,美国国际收支不断出现逆差,导致美元大量外流。在经济恢复以及对外投资增长后,伦敦金融中心的地位得以改善。从 1957 年起,欧洲美元市场应运而生,伦敦凭借其原有的优越条件,逐渐成为这个市场的中心。1965 年,在英国政府干预下,地区性证券交易所合并为证券交易所联盟,在 1973 年,正式改组为伦敦国际证券交易所。1986 年 10 月伦敦证券交易所进行了一场被称为"大爆炸"的金融改革。这次改革的主要内容包括取消最低佣金制度,由交易双方协商确定;废除单一资格制度,实行兼营证券批发与经纪双重资格制度;修改会员制度,允许本国和外国银行,保险公司和证券公司申请成为交易所会员,允许交易所以外的银行或保险公司,甚至外国公司 100% 地购买交易所会员的股份;实现证券交易系统的电子化。1987 年,伦敦证券交易所开办国际证券交易后,成为世界上最为国际化的交易所之一。1996 年 8 月,伦敦证券交易所采用新的电子证券交割系统。

1982 年 9 月,伦敦国际金融期货与期权交易所成立,是唯一从事金融衍生品交易的市场。1985 年开始引入期权交易,在成交量和新产品开发方面始终处于世界领先地位。这是一个完全新型的市场,交易的品种大部分是 20 世纪 80 年代出现的衍生品工具,如短期利率产品、长期债券产品、股本产品等。1998 年 7 月,伦敦和法兰克福股票交易所就合并事宜达成谅解备忘录。两家证券交易所共同成立一家联营企业,各占 50% 股份,通过联合欧洲其他交易所,最终建成欧洲单一股票交易所。

19 世纪初,由于英国当时在国际金融和国际贸易当中处于中心地位,英镑作为国际结算中的主要支付货币,再加上伦敦票据兑换业务的迅速发展,促成伦敦外汇市场形成。由于战争、经济力量衰退和激烈的竞争,伦敦外汇市场一度陷入困难,促使伦敦外汇市场交易量大幅度下降。近年来,随着世界经济全球化和一体化的发展趋势促使伦敦外汇市场外汇交易数量强劲增长。与此同时,高科技手段在外汇市场的运用和愈演愈烈的金融创新,增加了伦敦外汇市场的活力、吸引力和国际化发展趋势,传统的国际金融中心焕发出勃勃生机。

(二)伦敦金融市场的划分

伦敦金融市场根据经营的业务性质,主要可分为伦敦短期资金市场、伦敦长期资本市场、伦敦外汇市场、伦敦黄金市场、欧洲货币市场和伦敦保险市场等。

伦敦短期资金市场,主要包括贴现市场、银行同业拆放市场、地方政府借贷市场和银行英镑定期存单市场等。贴现市场由 11 家贴现行组成,根据政府各个时期对资金的需求程度,每星期五由英格兰银行代表财政部发行一定数额的国库券,发行时采用招标方式,有些贴现行承做地方政府借贷债券等非传统性业务。它们也参与银行存单市场的交易,有的还经营外汇期票和美元存单业务。银行同业拆放市场开始发展于 20 世纪 60 年代,拆放业务部分是通过货币经纪人进行,部分由银行直接交易,每笔交易额最低为 25 万英镑,高的可达数百万英镑。地方政府借贷市场。英国的地方政府大小有 1 500 多个单位。政府的财政收入主要是房地产税,一般每年分两次征收,但政府开支是经常性的,因此地方政府当局需要不时到资金市场上借款。贷款人以银行为主,此外还有投资信托公司、养老金机构、房地产抵押公司等一些金融机构。海外资金有时也进入这一市场，但一般都由银行经手办理。银行可转让英镑定期存单市场，存单面额最低为5万英镑，期限一般为1~12个月，也有的长达2~5年。存单利率一般较即期同业拆放利率高，同时还可在市场贴现。因此深受市场欢迎，业务发展较快。

伦敦长期资本市场，包括伦敦证券交易所、伦敦新发行市场和伦敦国际债券市场等。伦敦证券交易所由169家证券经纪商和21家证券交易商的3 600个会员组成，目的在于汇集国内外存储的资金并安排其投资去向。业务主要是买卖英国中央及地方政府和其他公共部门的债券、外国政府债券、工商企业和公司的股票、债券等，是世界上最大的证券交易中心之一，参与交易活动的主要是证券经纪人和证券交易商。伦敦新发行市场包括政府发行新债券市场和公司发行新证券市场。政府债券市场是伦敦资本市场中最主要的一环。英国公司发行的股票和债券一般是通过商业银行和股票经纪人办理。伦敦国际债券市场。伦敦是重要的国际债券市场，到1983年初，伦敦这类债券发行总额已超过300亿美元。

伦敦外汇市场由近300家经英格兰银行批准的"外汇指定银行"和14家经纪公司组成，是世界上最大的外汇市场。外汇市场并无具体的交易场所，从事外汇交易的银行和经纪公司通过该市场巨大的通讯网络，迅速、灵活地处理各种即期和远期外汇交易及外汇兑换业务。英格兰银行作为中央银行，时刻注视着整个市场动向，并利用外汇平准基金随时进行干预，以稳定汇率，维持市场秩序。

伦敦黄金市场是世界上最重要的黄金现货市场，由5家大黄金交易公司组成，即：罗特希尔德父子公司、塞缪尔·蒙塔古公司、夏普·皮克斯利公司、约翰逊·马瑟公司和莫卡泰·戈德史密斯公司。这5家公司每天根据各公司供应及需求的数量进行协商分别定出当天市价，这是整个市场大宗交易的市价基础，也是其他黄金市场上国际金市的晴雨表。1982年4月19日，伦敦远期黄金交易所开始营业，成为欧洲第一个远期黄金交易市场。

欧洲货币市场是20世纪60年代后期形成的以美元为主的欧洲货币市场。美国进入70年代以来，连年出现巨额国际收支逆差，石油输出国组织成员国以美元为主的大量石油收入，使欧洲货币市场规模急剧扩大，整个欧洲货币市场业务1/3以上集中到伦敦城。该市场经营的货币包括所有主要资本主义国家货币，业务范围遍及全世界。

伦敦保险市场是世界上最大的保险业中心。通过劳埃德保险社和伦敦保险协会所属的许多保险公司和保险经纪人，经营着来自世界各地的几乎任何类型的保险业务。劳埃德保险社是世界上历史最悠久的一个保险组织，由许多个体的承包会员组成。每个会员根据其拥有的资产和经营的业务量缴纳数额不同的保证金，由劳合社的管理委员会保管。1982年伦敦共有保险公司442家，其中363家为英国公司，其余为英联邦和其他国家的公司。伦敦保险业务的2/3来自海外，1/3来自英国。根据1967年的英国公司法，英国保险业分为长期和短期业务。伦敦保险市场是伦敦中、长期资本市场的重要支柱，保险公司把大量资金投放到政府债券、公司股票等方面，从而向国内外市场提供大量资金，并为英国政府财政收入带来很大好处。

三、东京金融市场

东京金融市场是世界上重要的三大金融市场之一,是亚洲唯一能够和欧美发达国家相比的国际金融中心。东京外汇市场目前是亚洲最大的外汇市场,排名紧随伦敦和纽约之后,是日元和美元互换交易的中心。东京证券交易所是全球最活跃的金融衍生交易市场之一,其成交量仅次于美国芝加哥期货交易所和芝加哥商品交易所,名列世界第三,日经指数也是重要的金融市场晴雨表。由于采取了一系列国际化措施,吸引了大量的海外投资者,东京金融市场发展成为亚洲最大的国际债券市场。

(一) 东京金融市场的形成与发展

日本在19世纪中叶明治维新后,金融业向现代资本主义金融制度发展。1872年明治政府参照美国银行制度制定了《国立银行条例》,1882年又颁布了《日本银行法》,成立了中央银行——日本银行,商业银行和储蓄银行也相继建立。19世纪末明治政府先后创立了一批专门经营长期金融业务和外汇业务的特殊金融机构。日本政府在1878年颁布了《证券交易所管理条例》,并在东京和大阪成立了证券交易所。早期的证券交易所是私有的、盈利性的股份公司。19世纪90年代开始,证券公司开始买卖国家债券和股票。现代金融制度在法律上趋于完善,东京金融市场的基础逐步形成。进入20世纪,日本经济向垄断资本主义发展,金融业走上了集中的道路。1945年,作为战败国的日本的证券交易所停止营业,证券交易只能在非正式市场进行。1964年,日本联合证券公司成立,日本银行提供大量资金支持。1966年,随着新的长期国债发行,债券市场也逐渐恢复。由于公用事业债券的急剧增加和附回购协议的债券交易迅速上升,债券市场的交易量大幅度增加。1975年,日元面额的外国债券也开始发行交易。

东京金融市场的规模随着海外市场和对外贸易的迅速扩大而扩大。第二次世界大战期间,日本的金融资本高度集中,完全置于军国主义政府的统治之下,资金首先满足侵略军军需产业的需要,使东京金融市场的发展受到很大影响,外汇市场的活动几乎完全停顿。二战后,日本的金融机构经过整顿,到50年代初期,东京金融市场恢复正常活动。50年代后期到70年代初期日本经济高速发展,东京金融市场也成为世界重要的金融市场之一。1981年,日本政府颁布新的银行法,修订了原证券交易法,允许银行机构和国内外公众买卖政府债券,日本证券市场开始进入自由化和国际化时期。1985年,东京证券交易所开始政府债券的期货交易,并首次吸收外国公司为会员。1986年,日本长期国债期货的交易规模超过雄踞世界首位的芝加哥商品交易所,国债流通市场的交易量成为世界第一。1987年,日本证券市场股票交易额超过了美国证券市场,成为当时世界上最大的证券交易市场。1989年,东京证券交易所增加会员,包括外国证券公司。1988年和1989年分别开办了股价指数期货和指数期权交易,期货和期权市场也得到发展。

1949年,在国际货币基金组织帮助下,日本仿效英国建立了"外汇经营行",只有政府批准的银行才可以经营外汇业务。此后,随着日本推行出口导向型的经济发展策略和经济实力的迅速提高,日本外汇市场的规模也顺利扩大了。1980年后,由于实行了促进国内外资金交流活跃化的政策,日本对外汇市场严格管制的政策也朝着鼓励自由化与国际化的方向变动。1984年6月,取消日元兑换限制,银行间市场可以直接进行交易。1986年12月,旨在促进日元进一步国际化的东京离岸金融市场宣告成立。此后,日本海外投资急剧增加而成为最大的债权国,东京外汇市场的交易额也不断攀升。东京外汇市场和纽约、伦敦外汇市场一起,形成了外汇交易的世界性网络。

(二)东京金融市场的划分

东京金融市场的金融机构大体可分为中央银行、民间金融机构、政府金融机构和外国金融机构。中央银行即日本银行,是日本金融机构的核心(见日本银行)。民间金融机构有13家城市银行(包括1家外汇专业银行)、64家地方银行、3家长期信贷银行、7家信托银行、69家相互银行以及信用金库、信用组合、商工组合中央金库、农(林、渔)业协同组合、农林中央金库等等。此外还有21家人寿保险公司、22家财产保险公司和短期资金公司、住宅金融公司、消费信贷公司等。民间金融机构是整个金融机构的主体。政府金融机构有进行贷款业务的日本开发银行、日本输出入银行和国民金融公库、中小企业金融公库、住宅金融公库等10家公库。此外,还有吸收民间资金的邮局、资金运用部简易保健年金等。政府金融机构的作用是从政策方面补充民间金融机构活动之不足。外国银行在东京设立营业机构的有70多家。

根据经营的业务性质,东京金融市场主要分为东京短期资本市场、东京长期资本市场、东京外汇市场、东京美元短期拆放市场等。这些市场构成了东京金融市场的主体。

东京短期资本市场包括短期拆放市场和票据买卖市场,这两个市场是金融机构之间对每天营业活动中发生的临时性资金不足和资金过剩进行调节的市场。还有可转让的定期存单市场和附带条件的债券买卖市场。政府的短期证券国库券在市场上虽有买卖,但尚未形成单独的市场。短期拆放市场创始于1945年,是日本历史最长的短期资金市场。在市场上,城市银行是经常的拆进者,其他金融机构是经常的放出者,交易时由短期资金公司充当经纪人。票据买卖市场于1971年创设,具体做法是由资金不足的金融机构开出票据,通过短期资金公司在金融机构之间买卖。日本银行也参加短期拆放和票据买卖市场,通过本身参加交易调节市场资金的过剩或不足。可转让的定期存单市场创设于1979年,是企业和各种非金融机构都可以参加的市场。创设目的在于适应企业和各种团体运用大额剩余资金的特点,促进利率自由化,扩大短期金融市场调节金融的机能。

东京长期资本市场包括股票市场和债券市场。日本发行和流通的证券有股票和公债(包括国债、公社公团债、地方政府债)、公司债(包括事业债、金融债)。股票市场和债券市场又都是由发行市场和流通市场构成的。东京的股票市场和债券市场(统称证券市场)是规模仅次于纽约的世界第二大市场。

东京外汇市场从广义上包括外汇指定银行与一般顾客间进行的外汇交易。通常情况仅指银行同业间的交易市场。东京外汇银行间交易市场的成员为外汇指定银行、外汇经纪人和日本银行。日本银行作为大藏大臣(财政部长)的代理人参加市场,以政府外汇资金特别会计为后盾,视需要来干预市场交易,发挥调节作用,以防止汇价发生异常的大幅度波动,维持市场秩序。

东京美元短期拆放市场,是在1972年4月成立的。此前,日本的外汇指定银行间调节短期美元资金的过剩和不足,均在欧洲美元市场上办理。东京美元短期拆放市场成立以后,基本上可以在国内市场上进行。美元短期拆放市场的成员和外汇市场相同。资金的流向为城市银行将从欧洲市场上筹集的美元资金和对外贸易中获得的多余美元资金在市场上放出,由为筹集外贸交易需要美元资金的中小银行拆进。随着日本经济国际化的急速发展,金融市场的规模有进一步扩大的趋势。

【知识库】

俄媒:新加坡首超香港成亚洲最大金融中心

2016年4月13日报道 俄媒称,每半年进行一次全球金融中心指数评测的Z/Yen Group金融商业顾问公司综述中指出,新加坡在这一评测中首次超过香港。

据俄罗斯卫星网4月12日报道,以上两城市分别占据世界第三和第四的位置。居世界首位的仍是伦敦。迪拜仍为近东地区最大金融中心,并在全世界排名第13位。卡萨布兰卡为非洲最大金融中心,占据世界第33位。占据拉丁美洲首位的是圣保罗(43位)与里约热内卢(第44位)。首次出现在榜单中的有里加(第71位)与青岛(第79位)。

报道称,全球金融中心指数(GFCI)首次在2007年发布,并每半年更新评测一次(目前进行的一次是自该指数评测以来的第18次),参与评测的共有3 000余名专家。这一指数包括了5组数据:商业情况,金融状况,基础设施,人类资源及声誉。Z/Yen Group金融商业顾问公司共对100余个城市进行了评测,但只有86个达到了评测所要求的足够数量的评论。

资料来源:参考消息网
http://www.cankaoxiaoxi.com/finance/20160413/1126011.shtml

本 章 小 结

1.纽约、伦敦和东京金融市场是世界三大金融中心,各自在外汇交易、证券市场业务、银行业、保险和黄金市场业务等方面居于世界前列。

2.纽约金融市场主要由货币市场、资本市场和外汇市场组成,具有交易规模大、自动化和国际化程度高、管理严格和流动性强等特点。中央银行也是纽约金融市场重要的交易主体,利用市场化工具调控经济运行。

思 考 题

一、选择题

1.国际金融市场的形成,是需要具备一定条件的,这些条件是( )。

A. 政局稳定 B. 有较强的国际经济活力
C. 在其国内是发达的金融市场 D. 地理位置好,交通便利,通讯设施完善

2. 国际金融市场在经济生活中发挥着重要的作用,其有利作用是(　　)。
   A. 使生产和资本国际化 B. 调节各国国际收支
   C. 畅通国际融资的渠道 C. 游资的冲击

3. 下列关于国际金融市场的描述,正确的是(　　)。
   A. 国际金融市场指从事各种国际金融业务活动的场所
   B. 国际金融市场也指国际长短期资金借贷的场所
   C. 国际金融市场一般是无形市场
   D. 国际金融市场一定是有形市场

4. 下列哪些项目促进了国际金融市场的产生(　　)。
   A. 国际交往增加
   B. 信用的产生与发展
   C. 以货币为媒介的国际贸易
   D. 国际借贷的产生

5. 关于传统的国际金融市场,描述正确的是(　　)。
   A. 国内金融市场的延伸
   B. 国内资本的输出
   C. 也称在岸国际金融市场(onshore financial market)
   D. 外国人筹集资金并受到国内金融法律法令管辖

6. 下列关于国际金融市场的分类,描述正确的是(　　)。
   A. 按性质不同分为传统国际金融市场和新兴离岸金融市场
   B. 按功能不同分为国际外汇市场和国际货币市场、国际资本市场和国际黄金市场
   C. 按融资渠道不同分为传统国际金融市场和新兴离岸金融市场
   D. 按性质不同分为国际信贷市场和证券市场

7. 三大国际金融中心,主要包括(　　)。
   A. 纽约金融中心 B. 东京金融中心
   C. 伦敦金融中心 D. 卢森堡金融中心

8. 纽约作为国际金融中心的主要优势表现在(　　)。
   A. 美国经济实力强大 B. 美元是最重要的国际货币
   C. 金融市场发达 D. 金融制度健全

9. 伦敦短期资金市场,主要包括(　　)。
   A. 贴现市场 B. 银行同业拆放市场
   C. 地方政府借贷市场 D. 银行英镑定期存单市场等

10. 关于东京金融市场说法正确的是（   ）。
    A. 东京外汇市场目前是亚洲最大的外汇市场
    B. 东京证券交易所是全球交易最活跃的金融衍生交易市场之一
    C. 东京金融市场是亚洲能够和欧美发达国家相比的国际金融中心
    D. 东京金融市场是世界最大的金融中心

二、简述题
1. 简述纽约金融市场的形成与发展。
2. 简述伦敦金融市场的形成与发展。
3. 简述纽约金融市场和东京金融市场的划分。
4. 简述传统金融市场的形成。

【阅读资料】

谭雅玲：2015～2016年国际金融市场分析与预测（节选预期部分）

第一是美元贬值风险加大。2015年之前,美元扩张的战略从美元金融到美元石油直至到美元商品,全面性扩张达到鼎盛时期,但这不仅仅体现的是美元价格上升,这是过去与至今市场偏激乃误判美元高端与高级的偏颇之处。因为美元的与众不同在于全球唯一的定价与报价货币,美元权力货币的特性是目前所有货币无法比拟的个性。尤其是美国经济的特色更是超越全世界,海外为主的发展周期,企业布局体系的海外为主是重要基础,美元全球霸权地位是核心主导。加之美联储的个性独到,货币供给量的合规以及调动全球,利率正常化引导是战略远见。更在于全球产业结构与周期因素处于整合或升级换代敏感时期,美国经济的强大在于技术领先、产业优质、行业引领,进而美元霸权的全面性更是全球产业美国化的基础与保障,美元霸权的货币载体已经扩张到全球金融乃至商品全领域的覆盖与垄断。美元升值基于美国经济与美元战略的成功支持,但并不适合美国利益的最大化。因为美国经济与企业的外溢性,海外市场为主的利益收取决定美元升值的压力与挑战,进而美元贬值时期基本方向,也是未来加紧实施的对策与技术取向。但随之带来的将是全球的巨大风险,2015年所料不及的美元升值错乱投资与投机收益,2016年所料不及的美元贬值将会严重冲击与美元挂钩国家经济与政策的错乱,货币引起的产业迷茫以及经济缺陷将更加严重。

第二是流动性泡沫风险加大。流动性过剩是当今经济金融格局中的独特新现象,既无理论指引,也无规律发现,但却带来很大的危机冲击与风险隐患。当今的市场是对流动性过剩的忽略,进而预期与控制超出现实凸显。可以见证的在于全球央行印钱规模前所未有,但世界通胀不高变通缩,这已经验证新理论时代、新周期时代与新组合时代的特性。2008年到2014年期间,美联储一共实施了3次QE和1次OT（扭转操作）,直到2014年11月,美联储才宣布退出QE。2015年3月欧洲央行全面开启量化宽松,并于12月扩大了资产的购买。年内4大央行——美联储、欧洲央行、日本央行以及英格兰银行的资产加起来将近11万亿美元。预计未来两年美联储和英格兰银行不会实施QE,而在汇率不变的情况下,日本央行的资产负债表每年将增加80万亿日元资产，欧洲央行将每年增加600亿欧元。按照常理全球央行的QE助力资产价格膨胀，比如股市、债市、房地产，甚至老爷车和艺术品等等，它们的价格在过去几年疯狂上涨，然而各国CPI却无动于衷。对此，美国财经网站Business Insider解释称，QE"印"出来的钱并没有以工资的形式流到消费者手中。如果人们手中有更多的钱，他们的消费就会增加，CPI也将随之上涨。但这一切没有发生。相比资本，QE和零利率政策对劳动力产生的影响非常小。对于80%的家庭，经通胀调整后的工资已从2000年的高位下降，这些家庭的消费能力也下滑，从而抑制了消费者需求和通胀压力。

第三是货币危机隐患风险加大。自所谓金融危机以来全球投机的波澜汹涌凸显，进而石油价格下跌并未刺激经济复苏与发展就足以证明目前市场的投机性有多大。尤其是美元货币的转向导致所有货币的贬值加剧，并直接牵制经济进程，经济受损加大，反过来加大投机恐慌心理，大宗商品从经济元素到投机主板演变。2015年的特性是美元升值、商品价格暴跌、导致经济收益损失加大。预计2016年或将是美元贬值、商品价格反转突发袭来、经济准备不足导致货币失去支撑。这一点更集中在新兴市场国家的经济实业发展不足，汇率缺少实力的支撑将会引起货币隐患严重。比较重点关注的地区在亚洲、中亚、东欧地区。拉美或也有问题表露，但美元后院的特性将会有所规避危机的隐忧。

预计2016年国际金融市场将会凸显美元贬值的超出预料，美元指数连续两年的升值实属不得已而为，并且囤积了较大的经济冲击力。因此，美元2016年将会寻求贬值，并且加大贬值的速度与幅度，尤其是美元兑欧元汇率的变化将会十分纠结，甚至加大欧元解体的风险要素。而美元对一篮子货币的走势将会分组搭配而行，其中英镑、瑞郎为欧系货币的助力和避险功能，牵制与带动欧元的意义十分显著。商品货币则突出加元、澳元和新西兰元，这几个货币上升的可能性大于下跌的区间，一方面是经济基础因素的有利局面，另一方面是资源价格的带动作用。避险货币则突出日元，瑞郎，但面对欧元的前景，瑞郎或也将涉足避险货币。我国人民币汇率的风险加大更突出。一方面是我国经济尤其是外贸对汇率的不支持加大风险，货币贬值在所难免，另一方面是投资与投机人民币风潮激烈，套利性风险刺激较大，货币贬值无法避免。发展中国家以及新兴市场货币困局严重，经济基础因素对货币的风险加重，货币竞争焦点凸起。

预计2016年全球股市将面临分化局面，美股与发达国家股市下跌性休整将会明显，价格分化比较明显，股市震荡是焦点关注。发展中国家以及新兴市场股市的上下错落比较复杂，涨幅不大与经济基础有关。尤其是货币牵制与刺激价格的负效应加剧，金融危机的风险值得警惕。然而，全球债市的发展较为瞩目。伴随美联储加息节奏与进程的债市收益率将会吸引资金规模与效应追进。但是债市的分化较为醒目。

预计2016年国际黄金价格前景扑朔迷离，美元走势的不确定因素加大黄金走向的制约，但也具有较大机会反弹。黄金自身周期、技术与地缘关系的刺激作用较强，黄金价格高涨可能有很大的空间。预计价格区间在1 200~1 500美元之间，同时也存在年初跌破1 000美元的可能,持续时间短暂。黄金储备增持的战略将会扩大,黄金定位的金融属性将会有利于黄金价格的低迷反弹之势扩张。

预计 2016 年国际石油价格趋势超乎预料,生产与创新基础因素的作用将会扶持石油价格反弹上涨,通胀局面的快速来临会进一步刺激石油价格超乎寻常的反弹至 100 美元。石油价格的基本面以及国际关系的复杂性将会使得石油价格的预期艰难而难以预料。

预计 2016 年主要国家的货币政策将面临考验与转变,美联储引导的局面将会改变一些央行的对应与立场。预计美联储全年加息不会太大,利率趋势将会达到 1%~1.5% 的水平,其引导全球利率正常化才是王道乐土,本质是追求美元利率霸权的全球领先格局。相反欧洲央行则面临纠结难定局面,经济不景气的压力将会制约利率的效果,最终货币结局将会十分悲惨。但是日本央行将会继续保持现有基调的政策原则,结果并不确定,而经济起色将会受益汇率下行效应。

预计 2016 年全球金融问题凸显风险,甚至危机概念严重。尤其是危机周期的自然规律势必导致危机概率的增加,重点地区将集中在亚洲、中亚国家和地区。欧元货币的危机不会爆发,但欧元解体的可能性极大,全球货币格局将会发生重大调整,这势必带来全球金融资产与商品投资的更多变动,局部金融动荡以及危机苗头将难以避免。2015 年所谓去美元化是一种舆论调侃,甚至是一种战略战术的调动,不仅不利于国家金融安全,反之会加大实体经济的代价与损失,这是一种不切实际的理想主义的煽动,甚至或是一种有筹谋的战略应对方式,对应的风险性极大,并不宜轻易采纳与实施。过去年代伊拉克与伊朗的教训值得警醒,更值得关注现实货币体制与制度的状况,力求增加货币基础要素的累加与实力是最重要的当务之急。

资源来源:中国经济网

http://intl.ce.cn/specials/zxgjzh/201601/04/t20160104_8035709.shtml

第十二章
Chapter 12

金融风险与金融市场监管

【学习目的与要求】

本章主要介绍了金融风险和金融市场监管方面的知识。通过本章的学习,使学生明确金融风险的含义、特征和种类,了解金融风险形成的原因以及影响,从而充分认识金融风险的危害性,增强风险防范意识;掌握金融监管的含义,熟悉金融监管理论、原则和手段,了解我国金融监管的体系及国际协调与合作。

【案例导入】

华尔街金融危机继续蔓延,全球金融市场出现震荡

随着华尔街金融危机向欧洲以及全球蔓延,2008年10月6日全球金融市场遭遇"黑色星期一",亚太、欧洲和美国等地主要股市均大幅下跌。其中,美国纽约股市道琼斯30种工业股票平均价格指数4年来首度跌破万点关口,德国法兰克福、法国巴黎和英国伦敦股市也出现暴跌行情。

尽管美国国会最近通过了7 000亿美元的金融救援方案,但是从方案出台到实施还需要大约一个月的时间,而且美国金融机构的损失远比人们预期的严重。美国摩根大通公司在其最新一份分析报告中说,信贷危机给全球金融业带来的损失将达到1.7万亿美元。分析人士认为,这些因素造成全球投资者的信心明显不足。

美国奥本海默基金公司董事兼总经理李山泉说:"根据金融市场所说的金融病毒理论,信贷危机从美国扩展到欧洲,之后还会影响亚太等在金融市场与美国紧密相关的国家或者地区。"他强调,目前的金融危机已经不是某个政府推出救市方案就能解决的问题,它需要全球金融市场的主要参与者共同协商应对。

第十二章 金融风险与金融市场监管

在过去一周多时间里,美国金融危机明显蔓延到欧洲,一些欧盟大型金融机构陷入困难,许多欧盟成员国正在采取措施加以应对。

联合国全球经济监测部主任洪平凡对记者说:"在世界经济一体化的大背景下,国际金融市场相互作用影响的关系越来越紧密,华尔街的金融危机使全球金融体系出现系统性风险,很难有国家能在这种情况下独善其身。"

他还说,在美国和欧洲相继爆发金融危机之后,大量资金会从新兴市场经济体撤离。印度、拉美国家等由于自身经济结构脆弱、对外资依赖程度比较高,因此它们受到的影响有可能最为严重。

他说:"欧洲国家在南美国家金融企业和市场中投入大量资金,在金融危机从美国蔓延到欧洲之后,欧洲资本撤离造成了南美金融市场的动荡。美国一家银行资深分析师詹森告诉记者,全球股市市值在2008年10月6日一天里损失了2.5万亿美元。这是疯狂的一天。"

第一节 金融风险

一、金融风险的定义

风险存在于经济活动的各个领域,在我国的市场经济条件下,金融风险同其他风险一样,伴随着金融活动的全过程。

金融风险是指金融市场主体(个人、企业、金融机构、政府等)在从事金融活动的过程中,由于经济金融条件的变化和决策的失误等原因,给金融参与者造成的收益或损失的不确定性。换言之,就是实际收益偏离预期收益的可能性。狭义上,金融风险一般是指金融机构从事金融活动所产生的风险。广义上,它既包括金融企业从事金融活动所产生的风险,还包括居民和非金融企业从事金融活动所产生的风险。通常所讲的金融风险是指存在和发生于资金融通和经营过程中的风险,只要一进行资金的融通与经营活动,金融风险就随之形成并有可能成为实际的风险。金融市场主体在从事金融活动的过程中,实际收益会偏离预期收益,具有双重结果,既可能导致经济损失,也可能带来额外收益。金融风险的衡量以收益衡量为基础,它们之间存在一定的关系,金融风险正是通过影响金融市场参与者的利益约束其行为的,这个过程也被称为风险机制。

二、金融风险的特征

金融风险不仅包括可以计量的风险,也包括不可计量的风险,并且不可计量的风险在经济运行中起着更为重要的作用。例如,当人们用自己的货币以一定的价格购买金融资产时,这种金融资产提供的收入流量并不是现时的收入流量,而是在未来一定时期内陆续实现的货币收入流量,因此,在这种待实现的货币收入流量转化为实际货币收入流量时必须考虑时间因素。

现实世界是个充满竞争和意外因素的世界,一定量的金融资产在未来的时期内到底能产生多大的货币收入流量,还有相当的不确定性。这种不确定性既可能偏高,也可能偏低;因此,风险并不只包含对金融市场参与者不利的因素,也包含着对市场主体有利的一面。金融市场风险具有如下特征。

(一)不确定性

人们在市场经济中所面对的市场变化是无限的,人们的认识能力却是有限的,由此而产生的不确定性是市场风险的本质体现,金融风险就是由这种不确定性所引起的,这种不确定性还会产生金融损失的可能性。

(二)普遍性

在资金融通中,融入方将要偿还本金并付出利息,融出方将要收回资金并获得报酬,由于将来存在着不确定因素,双方能否按时履行义务存在着不确定性,而这种不确定性在资金融资过程中是普遍存在的。

(三)扩散性

金融以信用为基础,金融机构由一个多边信用共同建立起来的信用网络,信用关系的原始借贷通过这一中介网络后,相互交织,彼此联动,任何一个环节出现的风险损失都有可能对网络的其他环节产生影响,环节中的链条断裂都有可能酿成大的金融风险,进而引发金融危机。

(四)隐蔽性和突发性

由于金融机构具有一定创造信用的能力,因而可以在较长的时间里通过不断创造新的信用来掩盖已经出现的损失和问题。这些风险因素被不断地累积,最终就会以突发的形式表现出来。

金融风险的上述特征,使其成为金融秩序和经济运行的潜在威胁,如果不注意认真加以防范的话,其后果危害之大,波及面之广,是远远超过其他行业风险的,它不仅可能破坏金融秩序和金融系统,还有可能危及国家的经济安全和社会稳定,我们必须高度重视对金融风险的防范。

三、金融风险的类型

金融风险多种多样,从不同的角度可以划分为不同的种类。

(一)按风险来源不同分类

1. 信用风险

信用风险又称违约风险,是指由于金融市场主体不能履约所导致的风险。如借款人不愿意还款或因倒闭不能还款而给银行带来的风险。可见,造成信用风险的原因可能是主观的,也可能是客观的。主观的原因有债务人的品质、能力;客观的原因有经济条件恶化、财务状况不佳等。

2. 市场风险

市场风险是指整个金融市场的变动引起金融资产价格的波动,从而导致的风险。由于金融市场会受到政治因素、经济因素、社会因素和心理因素等多种因素的影响,处于不断的变化之中,因而,作为金融市场一部分的任何单一的金融资产也必会受到影响。如整个证券市场不景气,多数证券的价格会下跌,给投资者带来损失。

3. 流动性风险

流动性风险是指金融资产不能及时或不能足值变现,从而给持有者带来的风险。如果一种金融资产有发达的流通市场,投资者可以随时将持有的该金融资产在市场上变现并且资产价值没有损失,在这种情况下,我们就可以说该金融资产有很好的流动性,其流动性风险小。

4. 利率风险

利率风险是指利率变动导致投资人受到损失的风险。利率是调节资金供求的杠杆,可以被视为资金的价格。由于受到货币政策、经济活动水平以及投资者预期等多种因素的影响,利率会经常发生变化。对于证券而言,证券的价格变动方向通常与利率变动方向相反。

5. 汇率风险

汇率风险又称为货币风险,是指汇率变动使资产价值遭受损失的风险。当投资人持有的金融资产的未来收益是用某种外币支付时,该种外币与本币的比价(即汇率)的变化将会影响投资人的收益。当该外币相对于本币贬值时,投资人将受到损失;反之,则获得额外的收益。

6. 经营风险

经营风险又称营运风险,是指日常操作和工作流程失误而导致的风险。

7. 环境风险

环境风险是指金融市场主体所处税收、法律环境等变化所导致金融资产收益变化的风险。税收政策和法律的变化会通过宏观调控的手段对金融资产的实际收益产生实质的影响,从而使金融资产的投资活动存在着一定的风险。

8. 财务风险

财务风险又称筹资风险,是指金融市场主体由于举债所带来的财务成果的不确定性。

(二) 按风险能否分散分类

1. 系统性风险

系统性风险是指影响整个金融市场的因素所导致的风险。这些因素包括宏观经济状况(如经济周期)的变动、宏观经济政策的变化以及自然灾害、战争等。这一部分风险是全体经济主体都要面对的风险,因而无法通过分散投资消除,所以也称为不可分散风险。

2. 非系统性风险

非系统性风险是指只影响部分经济主体(如特定的公司或行业)的因素导致的风险。比如,某公司投资新的业务领域失败会给该公司带来风险,而对其他公司没有影响或影响很小;

电信产业政策的变化会给该行业的经济主体带来风险,而对其他行业没有影响或影响很小。可见,非系统性风险并不会影响所有的金融变量,因而可以通过适当的投资组合将其消除,所以也称为可分散风险。正因为非系统风险可以通过分散投资得以消除,在证券投资的风险中,无法分散的系统性风险就显得很重要。

(三) 按风险的地域范围划分

1. 国内金融市场投资风险

国内金融市场投资风险是指投资者由于投资于本国公司或政府等发行的证券而形成的风险。

2. 国际金融市场投资风险

国际金融市场投资风险是指投资者由于投资于国外公司或政府发行的证券而形成的风险。

四、金融市场风险形成的原因

可以引发金融市场投资风险的因素有很多,包括经济方面和政治方面的因素,也包括道德与法律方面的因素。

(一) 经济因素

经济因素是金融市场投资风险的主要来源,它主要包括证券发行人风险、市场风险、经济政策风险、利率风险、通货膨胀风险和外汇风险等。

1. 证券发行人风险

证券发行人风险,是指由于各种原因使证券发行人的收益能力和偿债能力发生变化,引起证券投资本金和收益的未来状况产生不确定性。对于证券发行人而言,影响其收益能力和偿债能力的因素可分为内在因素和外在因素两种,其中内在因素有财务因素、资产因素和经营因素,外在因素主要有市场因素、产品寿命因素和政府的相关政策等。如果证券发行人经营管理不善,资产大幅度贬值,财务状况恶化,那么其股息、红利的支付能力就会下降甚至丧失,证券投资者的收益就会受到影响。市场因素包括原材料价格变化、产品销售价格变化和协作条件的变化等;产品寿命周期因素是指其产品处在寿命周期(成长期还是成熟期或衰退期)的阶段。政府相关政策主要是指政府对某些证券发行人所采取的针对性政策。这些因素都可能会影响到证券发行人的投资风险,从而影响到证券投资的安全性。

2. 市场风险

市场风险,是指由于影响证券市场的内外部因素的改变和市场形势的变化,引起证券投资本金和收益的未来状况的不稳定性。它主要包括局部证券价格风险、证券市场技术风险、经济波动风险、战争的突然爆发、自然灾害等,它可能会使证券市场发生剧烈波动,从而使证券投资者蒙受损失。

3. 经济政策风险

经济政策风险，是指由于国家经济政策变化引起证券资本金和收益未来状况的不稳定性。国家的经济政策包括许多内容，其中主要有产权政策、产业政策、对外经济政策、价格政策和财政政策。当国家现有的经济政策发生变化时，就可能会影响到企业的生产经营活动、收益能力以及经济运行的状况，并最终可能会影响到证券收益的变动。

4. 证券投资的利率风险

证券投资的利率风险，是指由于利率的波动导致证券投资报酬的潜在变动。利率风险通常对固定收益投资的证券影响较大，当然也影响利率浮动收益投资的证券。一般来讲，当市场利率降低时，会使原来以存款方式保留在金融机构的货币转移到证券市场，改变证券的供求变化，使证券价格上升；证券投资者的融资成本降低，也会促使信用交易量增加，进一步提高证券需求量，引起证券价格上升。利率下降还会使证券发行公司的生产成本降低，收益能力和偿债能力提高，股票收益增加，债券的还本付息保障程度提高，从而促使证券价格上升。对于债券来说，利率风险是财务风险之外的主要风险形式，股票也受其影响。

5. 通货膨胀风险

通货膨胀风险，是指由于价格总水平变动而引起的资产的总购买力变动，从而产生投资本金和收益未来状况的不确定性。当货币升值时，对证券资本金和收益的作用相对提高，债券收益相对增加，股票的实际价值相对下降，股票投资收益相对减少。反之，当货币贬值时，就会使债券的实际价值相对下降，从而使债券的价格相对降低，债券投资收益相对减少，股票的实际价值可能相对增加，从而使股票价格相对提高，使股票投资收益相对增加。

6. 外汇风险

外汇风险又称汇率风险，是指由于本国货币和外国货币之间的汇率变动，从而引起证券投资本金和收益未来状况的不确定性。汇率风险主要分四种，即买卖风险、交易结算风险、评价风险、存货风险。买卖风险，即买卖外汇后所持头寸汇率升降时发生的损失的可能性；交易结算风险，即从外汇约定交易到外汇实际交割时因汇率变动发生损失的可能性；评价风险，即会计处理中某些项目需要在本币和外币之间换算时所使用的汇率不同而承受的风险；存货风险，即以外币计价的库存资产因汇率变化而升值或贬值。

（二）政治因素

政治因素，是指由于政府、政党、社会团体和个人在内政和国际关系方面的活动发生变化，引起投资本金和收益未来状况产生的不确定性。当一个国家的政治生活发生变化时，一般都会影响到本国的经济政策，进而影响货币购买力、市场利率、经济运行和经济增长状况，以及社会的稳定和投资者的心理变化，最终引起证券投资收益的变动。

有利于经济发展的政治变动，会提高证券发行公司的财务效益和偿债能力，从而增加股票投资者的股息和红利，提高债券的本息清偿保障水平；不利于经济发展的政治变动，会降低证券发行公司的财务收益和偿债能力，致使证券投资收益和本金失去保障。政治变动的不确定性使证券投资者面临着政治风险。

证券投资者在国际金融市场上进行投资时面临的政治风险有剥夺非居民的资本;不让外国投资者撤回其资本的外汇控制;不利的关税和捐税;由非居民投资者给予当地居民部分所有权的要求;被所在国有敌意的居民破坏了外国投资者所拥有的财产而得不到赔偿等。

(三)道德与法律因素

道德风险是指有些发行证券的公司在公布的报表或资料中弄虚作假,欺骗投资者,从而造成证券投资者的损失。法律风险是指政府机构或地方政府所发行证券不符合法律规定而被宣告无效或地方政府因财政困难,到期债券无法还本付息,从而给投资者造成损失。

五、金融风险的影响

在金融市场上,收益与风险往往是并存的,两者呈正相关关系。在风险存在的条件下,获取额外收益的机会是客观存在的,而且这种风险收益正是人们追求的目标。金融风险的双重性特征势必给经济主体一种激励和约束作用,从而能够有效地配置资源。与金融风险所带来的获取收益相比,更主要的是负面影响,金融风险的负面影响不仅不利于宏观经济和微观经济的顺利发展,也不利于社会的政治安定。历史已多次证明金融风险如果处理不好,就会演变为金融危机,进而引发经济危机、政治危机,后果不堪设想。现就金融风险的负影响进行分析如下。

(一)从微观经济上看金融风险的负面影响

金融风险给经济主体带来直接和间接的经济损失。金融风险的直接后果是给经济主体带来直接的经济损失。比如当经济主体买进股票后股价却连连下跌;当买入外汇套利时,结果汇率向相反方向变;当进行期货炒作时,而期货价格变动却与预期相反,这些情况无疑都会给经济主体带来直接的经济损失。

金融风险还可能给经济主体造成潜在的损失。企业可能因为经营风险而影响正常的生产活动;购买力风险不仅导致投资者的实际收益率下降,甚至还降低了投资者所持有的货币余额的实际购买力;汇率风险使经济主体的资产贬值、收益下降。

金融风险降低了资金的使用效率。金融风险的存在具有普遍性,其产生的后果具有严重性,因此,经济主体不得不持有一定的风险准备金,以备不时之需,这样则往往会导致资金的大量闲置,机会成本会增加,资金的使用效率也由此降低。

金融风险使交易成本增加。金融风险的存在使经济主体收集信息、整理信息的工作量增加,难度也加大了,预测工作和计划工作都比以往困难,经济主体的决策风险增加。

(二)从宏观经济上看金融风险的负面影响

金融风险会破坏经济运行基础,造成产业结构发展不平衡。由于金融风险的存在,使大量资源流向安全性较高的部门,造成了资源配置的不均衡,同时一些具有重要作用但风险较高的部门却得不到应有的发展,成为经济结构中的"瓶颈"。当金融风险易导致投机过度时,会引发金融市场秩序混乱,破坏社会正常的生产和生活秩序,甚至使社会陷入恐慌,极大地破坏国家经济。因为国际游资的大量流入与流出,可造成外汇储备一时的大增大减,还会推动股市的大升大降,在股票、债券、房地产等市场迅速制造金融泡沫,导致经济过热。

金融风险弱化了有关国家宏观经济政策实施的效果。金融风险使得市场供求经常发生变动,而政府往往难以及时、准确地制定出相应的宏观经济政策。各经济主体为了规避金融风险,会充分利用所有有用的信息,来预期政府未来的政策及其可能产生的后果,进而采取相应的措施,这就使得政府的宏观经济政策难以达到预期的效果。

金融风险还影响到国际收支。金融风险关系着一个国家的贸易收支,影响着资本的流入和流出。流入和流出主要表现为资本项目中短期资本的变动,其中贸易资金流动、银行资金调拨、保值性流动相对比较稳定,而投机性流动、安全性流动不仅数额巨大而且变动频繁,从而造成国际短期资本流动变化迅速且缺乏规律性,难以进行有效的分析。

【知识库】

关于金融市场规避风险与系统性风险关系的思考

金融市场的规避风险是针对微观企业(人)而说的,是企业(人)风险管理的重要工具,其规避的基本原理是通过对冲转移风险(不管是时间上——人民币币值的现时和将来的差距——的对冲,还是空间上——中美币值现时的差距之类——的对冲,或两者的相结合的对冲),即把企业面临的风险出售(转移)给愿意或有能力承担风险的企业(人),在这里,有能力是个关键的问题,它是经济循环顺畅进行的关键!如果购买风险的企业能够在承担风险的同时,不损伤整体市场的流动性,准确地说是"均衡流动性"(过度流动性,在实体经济层面,会体现为通货膨胀,在虚拟、符号的金融经济层面,表现为过度投机),则可导致宏观层面的金融市场的系统风险的同时避免,从而达到微观和宏观风险性问题的解决的统一!若违反了这个原则,则规避风险的风险转移,会成为风险转嫁,给了愿意的(在信息不对称的条件下)风险购买者、接受者,而不一定是有能力承担风险的人,而风险一旦发生,这些风险承担者便会因为能力问题而导致市场流动性缩减(自己的支出障碍和整体交易的减少)的问题,从而会逐渐导致系统性风险问题,而系统性风险必然对微观风险进行放大,从而也缩减了承担风险企业的能力,这将导致流动性的枯竭,从而导致金融危机!市场流动性是个整体循环的问题!

规避风险中其实天然地包括保值、增值,对冲盈利问题。次贷危机发生于基础资产层面,其宏观环境是房地产价格的跌落(这是一个泡沫,在美元贬值的情况下被捅破,肯定有投机资本从中流向了别处:大宗产品期货市场,中国股市等),其导火索是美元的贬值,其根本原因是美国实体经济和虚拟经济的失衡,这种失衡的强化的运行机制是依赖美元的国际货币地位,进行负债消费拉动经济增长。美国为什么要贬值美元呢?其中有货币战争和稀释债务的目的,而这将导致世界经济失衡的加剧。

基础资产具有实体经济融资功能,建立在基础资产上的金融衍生品离实体经济要远一些,其主要通过货币的再分配后产生的主体的向实体经济的投资和消费(这里存在着不同群体、阶层的投资、储蓄、消费倾向问题,主要是消费倾向问题,因为投资方面很多人总想投向虚拟金融经济,储蓄方面则有银行的借贷政策支配)而和实体经济发生关系。

衍生金融产品与基础资产的关系如何呢?主要应从其对实体经济的影响方面来考察,其次,要从规避风险方面基础资产对衍生产品的支撑,以及衍生产品本身的风险方面来考察,而其过度投机性质将通过宏观层面对基础资产的风险性进行引爆和放大,其一般性投机将会为整体经济提供流动性支撑,再次,衍生品针对于基础资产的层级问题,每一层级的衍生产品都存在风险问题、收益问题,过度的层级形成塔状,吸引更多的货币投入,容易导致过度的投机,导致对实体经济的失衡!

资料来源:www.cenet.org.cn/article.asp

第二节 金融市场监管

一、金融市场监管的定义及构成要素

（一）金融市场监管的定义

金融市场监管是金融市场的监管主体为了实现监管的目标而利用各种监管手段对监管的对象所采取的一种有意识的和主动的干预和控制活动。金融市场监管包括金融市场管理和金融市场监督两方面内容,金融市场管理一般指国家根据有关金融市场的政策法规,规范金融市场交易行为,以达到引导金融市场健康有序进行,稳定发展的目的;金融市场监督则是指为了实现上述目的,面对金融市场进行全面监测、分析,发现问题并及时纠正,使市场运行恪守国家法规。

（二）金融市场监管的构成要素

金融市场监管的构成要素主要有四个,即监管的主体、监管的对象、监管的手段和监管的目的。

金融市场监管的主体即"由谁监管"的问题。一般来说,主要由两类主体来完成金融监管任务:一是金融监管当局,其监管权力是政府以立法的形式赋予的,其负责制定和实施金融监管方面的各种规章制度;二是非官方的民间机构,其权力不是来自于政府,而是来自于其成员（主要是金融机构）对机构决策的普遍信任。

金融市场监管对象即"谁来接受监管"的问题。各国在实际金融监管操作中,监管对象多是指从事金融活动的金融机构及其从事的一切金融活动,主要包括银行业、证券业和保险业等。

金融市场监管手段即"如何实施监管"的问题,主要有法律手段、经济手段和行政手段。

金融市场监管目标主要体现在四个方面,一是防止金融机构之间的过度竞争,促进整个金融业的竞争公平合理;二是预防、缓解和消除超出个别金融机构承受能力的系统性风险;三是消除因各种原因造成的金融参与者的信息不对称现象,进而降低金融交易的不公平性;四是促进全社会的资源配置与政府的政策目标相一致。

二、金融监管理论

自金融监管走上历史舞台以来,金融监管的理论依据大致有以下三种,通过对它们的分析

说明,可以初步了解金融监管的理论根源。

（一）公共效益论

在关于监管的经济理论中,公共效益论是最早出现也是发展得最为完善的理论。这一理论源于 20 世纪 30 年代美国经济危机,并且一直到 60 年代都是被经济学家所接受的有关监管的正统理论。首先,这一理论有两点假设:一是市场本身是有缺陷的,由于市场中存在着垄断、外部性(包括外部经济和外部不经济)和信息不对称等因素,因此它的单独运行是缺乏效率的;二是政府通过法律、行政、经济等手段的干预,可以避免市场的缺陷,使之运行得更有效率。基于以上假设,监管的产生就是政府对公众要求纠正某些社会个体和社会组织的不公平、不公正和无效率或低效率做法的一种回应。通过监管,可以消除市场失灵带来的价格扭曲,从而弥补市场机制在资源配置过程中的效率损失。政府对金融市场的监管是出于市场失灵的原因,其最终结果是维护了市场的合理配置及公平性,维护了公众的利益。

政府的干预能否达到纠正市场机制无效率或低效率的目的,政府用什么手段、实施到什么程度才是合适的,最优的呢？解决这些疑问的方法,就是设立一个衡量标准或是指标工具。经济效率就是这样一个工具,它能够确定某个监管措施能给社会带来多少成本和效益。例如,在经济学中,可以用帕累托最优原则来解释经济效率,即如果每一个人因为某种监管措施而使自己的情况变化或是至少有一个人因此而情况变好且没有人因此而情况变坏,那么,这样的监管措施就是好的措施。但是,由于现实生活中很难实现没有人的利益受到损害,因此,帕累托最优原则有时也难以全面衡量。传统经济学中的补偿原则,成为一种新的衡量指标。如果某种监管措施给获利一方带来的好处足以弥补遭受伤害一方的损失还有剩余,从而使得每一个人的情况都好转,那么这个措施就被认为是一种好的监管措施。

除了以上观点,公共效益论还阐述了可能的监管范围和监管的总体目标。虽然该理论是目前关于监管的一个最为成熟和规范的理论,但是该理论本身也存在着一定的缺陷,它不能说明这种监管的需求是如何转化为监管实际的,也不能说明为什么监管者会背离初衷,与被监管者形成相互依赖的关系。根据该理论,更难以解释的是,监管应该集中在垄断程度较高、外部性较大或者是信息高度不对称的行业,但今天的许多实际研究却告诉我们,许多被监管的行业并不具备上述的任一特征。

（二）"俘虏论"

随着 20 世纪 70 年代以后监管实践的不断深入,再加上公共效益论的一些自身缺陷,人们开始怀疑监管者是否履行了职责。经济学家于是将研究的重心就从如何监管市场失灵而转向监管者的决策过程中来。形成了一种新的监管理论——"俘虏论"。"俘虏论"是继公共效益论之后形成的又一个重要的监管理论,它从监管机构本身的行为出发,比较完整地阐述了其产生和发展的整个过程,特别是公共政策的制定过程。"俘虏论"认为,监管机构随着时间的推移,会越来越为监管对象所支配,监管者会越来越迁就被监管者的利益,而不是保护所谓的

"公共利益"。有些经济学家甚至认为某些监管机构的产生,就是出于维护某些集团利益的初衷。某些利益集团为了逃避市场竞争,维护自己的利益,要求政府进行监管。但监管机构又往往被这些利益集团或是行业巨头所俘虏,成为他们实现自身利益的有力支持者。在这样的恶性循环中,资源的合理配置被严重破坏,资源在行业和部门之间的流动缺乏合理性与科学性。

"俘虏论"的积极意义在于它解释了公共效益论没能解释的一些问题,它引导人们重视对监管者行为和动机进行考察,并说明了导致监管需求的原因。然而,它也有许多不足之处,例如,它不能说明监管的供给是如何产生的、监管机构行为变异的原因,以及监管机构与被监管者如何形成相互依赖的关系;这一理论的论证也欠规范和完整。

(三) 监管经济学

监管经济学是在公共效益论和"俘虏论"的基础上发展起来的一种新的监管理论,它保留了公共效益论关于市场失灵的假设,同时,也利用了俘虏论关于监管需求原因的观点。监管经济学的核心观点是把监管看成是一种商品。既然是商品,那么就一定存在着供求关系,监管的需求来自于国家和企业。国家通过监管可以改善某些利益集团的经济地位;企业通过监管可以获得直接的货币补贴、控制竞争者进入、获得影响替代品和互补能力以及定价能力。同时,监管的供应来自于政治家,他们需要选票来达到其当选的目的。在这种供求关系的相互作用下监管产生了。

监管经济学进而解释了哪些人可以通过监管获得好处,哪些人需要承担监管的成本,监管以何种形式实施,以及监管对资源配置的影响。这其中,我们重点讨论一下监管的生产成本。由于所监管的商品具有特殊性,它的成本除了必要的行政费用支出外,还包括四个方面的隐成本,即道德风险、合规成本、社会经济福利的损失以及动态成本。道德风险,是指由于制度方面或者其他方面的变化而引发的私人部门行为的变化,进而产生有害的而且往往是消极的作用或是进一步加大了逆向选择。合规成本,是被监管者为了遵守或者符合有关监管规定而额外承担的成本。社会经济福利的损失,是指在存在监管的情况下,各经济主体的产量可能会低于不存在监管时的产量的现象。这三种成本都属于监管的静态成本。动态成本,则指监管有时起着保护低效率生产结构的作用,因而会成为管理和技术关心的障碍,造成动态经济效率的下降。监管是通过市场机制来发挥作用的,那么既然市场机制会产生失灵,那么监管也必然产生失灵的现象,最典型的就是监管所带来的高额成本和对竞争条件的破坏。因此,监管并不是一种包治百病的灵丹妙药,监管经济学也存在着自身的缺陷。

传统理论针对的都是国别金融监管,即从一个国家的角度,由本国金融监管部门掌握监管的决策权,对本国金融活动进行管理。20 世纪 30~70 年代,世界各国金融监管侧重于稳健与安全,但是越来越强的金融全球化趋势使得这一模式受到挑战。70 年代以来,金融监管更强调安全与效率并重,同时对跨国金融活动的防范和国际监管协调更加重视,一国的金融管理部门的监管行为不再是单边的而是多边基础上的合作。应对这些变化,监管理论需要改变,有的学者提出变金融监管为金融监控。金融监控是指一种全方位、整体上的对金融业的管理和控制,包括内部监管和外部监管,既有管理部门监督,也有市场施加的约束。

金融体系内在的脆弱性、金融行业的特殊性、金融市场主体行为的有限理性和金融资产价格的内在波动性,使金融市场产生内在不稳定性,并可能导致资源配置不合理、收入分配不公平和经济大幅波动等负面影响。金融监管主体必须采取有效的监管措施,来提高金融市场的效率,增强金融系统稳定性,保护市场参与者的合法利益,为经济发展创造良好的金融环境。对金融市场监管也是实现货币政策的需要,中央银行往往运用公开市场业务或通过金融市场渠道来实施其货币政策。同时货币政策又是与外汇紧密联系在一起的,货币政策的实施离不开金融市场的监管。对金融市场的监管也是整个金融业监管的需要,各类金融机构是金融市场上最活跃的主体,对金融市场的监管往往同对各类金融机构及其业务活动的监管联系在一起,以此保证金融市场稳健、高效运行。

三、金融监管的原则

金融市场监管应当坚持以下几项原则:依法管理原则,"三公"(公开、公平、公正)原则,自愿原则,政府监督与自律相结合原则及系统风险控制原则。

依法管理原则对于监管机构来说,是指监管机构要依法监管,严格执法;金融市场监管必须有充分的法律依据和法律保障,金融市场监管部门必须依靠强有力的法制建设,合理划分有关各方面的权利与义务,严禁欺诈、蒙蔽,禁止一切非法的金融市场交易活动,保护市场参与者的合法权益。对于监管对象来说,是要求一切金融活动和金融行为都必须依法进行,接受管理。

"三公"(公开、公平、公正)原则中,公开是指有关制度、信息、程序和行为不加隐瞒地向社会公众公布,核心是要求市场信息公开化。市场具有充分的透明性,信息公开要求信息披露应及时、完整、真实、准确。公平是指金融监管的实施要考虑到金融市场全部参与者的利益,保证交易各方在交易过程中的平等地位,不得有任何偏袒。它要求参与市场的各方面都具有平等的法律地位,金融市场的参与者具有均等的交易机会,具有接触获取信息的平等机会,遵循相同的交易规则,各自合法权益都能得到公平的保障。公正是指金融监管部门在实施金融监管的过程中,必须站在公正的立场上,秉公办事,以保证金融活动的正常程序,保护各方面的合法权益。它要求监管部门在公开、公平的基础上,对一切被监管对象给予公正待遇,金融立法机构应当制定体现公平精神的法律、法规和政策,金融市场监督部门应当根据法律授予的权限履行监管职责。公开、公平、公正原则是市场经济的基本原则,也是金融市场运行的基本原则,同时还是金融监管当局的重要原则。

自愿原则是指金融市场上一切金融活动必须遵循市场规则以及交易各方的需求进行,不允许以行政干预人为强行交易,保护交易各方根据自己的意愿和偏爱自由成交。

政府监督与自律相结合的原则指在加强政府主管机构对金融市场监管的同时,也要加强从业者的自我约束、自我教育和自我管理。政府监管与自我管理相结合的原则是世界各国共同奉行的原则。

系统风险控制原则,要求金融监管者必须采取适当的措施和方法,防范和减少金融体系风险的产生和积累,保证整个金融体系的稳定。系统风险控制需要将所有金融市场都纳入到监管范围,由于金融体系和金融机构存在着内在的脆弱性、金融主体行为有限理性和金融资产价格的波动,造成了金融系统具有内在的不稳定性,并可能在一定的条件下引致金融和经济危机,因此金融市场监管遵循系统风险控制原则十分必要。在金融全球化、一体化趋势下,各金融市场之间的界限越来越模糊,它们相互之间的联系也更加紧密。系统中任何一个金融市场的波动,都可能会给整个金融体系带来影响,1997年的金融危机已经印证了这一点。因此,金融监管必须贯彻全面性原则,以保证金融机制有序运行。

四、金融监管的手段

金融市场监管手段是监管主体得以行使其职责,实现其金融市场监管目标的工具。在选择使用金融市场监管手段时,要考虑金融监管对象的性质和特点、监管主体的层次等级、监管目标实现的难易程度以及金融监管目标所付出代价的高低等因素。

金融市场监管的手段主要包括法律手段、经济手段、行政手段和自律管理四种。

法律手段是指通过经济立法和司法来管理金融市场,即通过法律规范来约束金融市场的行为,以法律形式维护金融市场良好的运行秩序。法律手段约束力强,是金融市场监管的基础手段。依法监管的一个重要前提条件就是相关法律、法规体系的建设。我国的经济金融法律、法规体系建设已取得很大的进步。目前,一些主要的金融法律如《中国人民银行法》《商业银行法》《保险法》《证券法》《信托法》《票据法》等都已实施。另外,还颁布了与这些法律法规相配套的百余件金融规章制度,这为金融监管的有效实施提供了有力的制度保证。

经济手段是指政府以管理和调控金融市场为主要目的,利用利率政策、公开市场业务、税收政策等经济手段间接调控金融市场运行和参与主体的行为。如中央银行通过调节准备金率、再贴现率、公开市场业务等手段调节和稳定金融市场价格,政府通过财政政策和外贸政策影响汇率等。目前在经济手段中最重要的有金融货币手段和税收手段两种。经济手段监管的优点是相对比较灵活,但调节的过程比较慢,相对滞后。

行政手段是指依靠国家行政机关系统,通过命令、指令、规定、条例等对金融市场所进行的直接干预和管理。行政手段对金融市场的监管具有强制性和直接性的特点。行政手段在某些特殊时期、特定环境下使用,效果比较明显。一些市场机制、法律、法规体系还不健全的发展中国家和处在体制转轨的国家等会经常采用这种手段。但是,市场经济是法制经济,无论监管者还是被监管者,都要依法行事。为了维护金融监管的权威性和公正性,必须依法监管。因此,从发展趋势上看,行政性监管手段将逐步减弱,最终过渡到依据法律、法规来实施金融监管。

自律管理即自我约束、自我管理,通过资源方式以行业协会的形式组成管理机构,制定共同遵守的行为规则和管理规章,以约束会员的经营行为。金融市场交易高度的专业化,从业人员之间的利益相关性以及金融市场运作本身的庞杂性,决定了对自律监管的客观需要。但政府监管与自律监管之间存在着主从关系,自律监管是政府监管的有效补充,自律管理机构本身也是政府监管框架中的一个监管对象。

五、金融监管体系

1. 我国金融监管体系的模式及其形成

金融监管模式通常情况下分为两种,即集中监管和分业监管。集中监管是指金融业作为一个整体来统一由一个机构进行监管,即由一个金融监管主体实施对整个金融业的监管。绝大多数国家都是由中央银行来承担这个统一的监管责任的。分业监管是指根据金融业内部不同的机构主体及其业务范围的不同而分别进行监管的体制。目前,我国的金融监管模式属于分业监管,由中国银监会、证监会、保监会三个监管机构各司其职、分工合作,共同承担金融业的监管责任。

我国分业监管格局的形成大体上可分为四个阶段。初始阶段(1984~1992年),我国真正意义上的金融监管是从1984年中国人民银行专门行使中央银行职能开始的,人民银行作为监管主体以金融调控为主要目标,以存款准备金、再贷款、再贴现为最主要工具,围绕稳定货币与经济增长的关系开展工作,支持和促进国民经济稳定发展。第二阶段是从1992年开始的,国家为了加强对证券市场尤其是期货市场的监管,专门成立了中国证券监督管理委员会(简称证监会),将证券业的监督责任从中国人民银行中分离出来。1995年《中华人民共和国中国人民银行法》颁布实施,从法律上确立了中国人民银行作为中央银行的地位,明确其基本职责是:在国务院领导下,制定与实施货币政策,并对金融业进行监督管理。第三阶段是从1998年开始的,国家又专门设了中国保险业监督管理委员会,专门负责对保险业进行监管。第四阶段是从2003年开始的,根据第十届全国人民代表大会第一次会议通过的《关于国务院机构改革方案的决定》,国务院设立中国银行业监督管理委员会。至此,我国建立了银监会、证监会和保监会分工明确、互相协调的金融分工监管体制。见表12.1。

表12.1 我国金融监管体制分业监管模式

行业	年份	监管机构	职能
证券	1992年	国务院证券委员会中国证券监督管理委员会	对全国证券、期货业进行集中统一监管
	1998年	中国证券监督管理委员会	
银行	1995年	中国人民银行	对银行业进行监管
	2003年	中国银行业监督管理委员会	
保险	1998年	中国保险监督管理委员会	对保险业进行监管

资料来源:http://www.zgjrj.com/jrjg/20040628-3.htm

2. 中国证券监督管理委员会

中国证券监督管理委员会(简称中国证监会)是国务院证券委员会的监管执行机构,是全国证券、期货市场的主管部门,按照国务院授权履行行政管理职能,依照法律、法规对全国证券业、期货业进行集中统一监管。其主要职责如下:

(1)研究和拟定证券期货市场的方针政策、发展规划;起草证券期货市场的有关法律、法规;制定证券期货市场的有关规章。

(2)统一管理证券期货市场,按规定对证券期货监督机构实行垂直领导。

(3)监督股票、可转换债券、证券投资基金的发行、交易、托管和清算;批准企业债券的上市;监管上市国债和企业债券的交易活动。

(4)监管境内期货合约上市、交易和清算;按规定监督境内机构从事境外期货业务。

(5)监管上市公司及其有信息披露义务股东的证券市场行为。

(6)管理证券期货交易所;按规定管理证券期货交易所的高级管理人员;归口管理证券业协会。

(7)监管证券期货经营机构、证券投资基金管理公司、证券登记清算公司、期货清算机构、证券期货投资咨询机构;与中国人民银行共同审批基金托管机构的资格并监管其基金托管业务;制定上述机构高级管理人员任职资格的管理办法并组织实施;负责证券期货从业人员的资格管理。

(8)监管境内企业直接或间接到境外发行股票、上市;监管境内机构到境外设立证券机构;监督境外机构到境内设立证券机构、从事证券业务。

(9)监管证券期货信息传播活动,负责证券期货市场的统计与信息资源管理。

(10)会同有关部门审批律师事务所、会计师事务所、资产评估机构及其成员从事证券期货中介业务的资格并监管其相关的业务活动。

(11)依法对证券期货违法违规行为进行调查、处罚。

(12)归口管理证券期货行业的对外交往和国际合作事务。

(13)国务院交办的其他事项。

3. 中国保险监督管理委员会

中国保险监督管理委员会(简称中国保监会)是全国商业保险的主管部门,为国务院直属正部级事业单位,根据国务院授权履行行政管理职能,依照法律、法规统一监督和管理保险市场。其主要职责如下:

(1)拟定保险业发展的方针政策,制定行业发展战略和规划;起草保险业监管的法律、法规;制定业内规章。

(2)审批保险公司及其分支机构、保险集团公司、保险控股公司的设立;会同有关部门审批保险资产管理公司的设立;审批境外保险机构代表处的设立;审批保险代理公司、保险经纪公司、保险公估公司等保险中介机构及其分支机构的设立;审批境内保险机构和非保险机构在境外设立保险机构;审批保险机构的合并、分立、变更、解散,决定接管和指定接受;参与、组织保险公司的破产、清算。

(3)审查、认定各类保险机构高级管理人员的任职资格;制定保险从业人员的基本资格标准。

(4)审批关系社会公众利益的保险险种、依法实行强制保险的险种和新开发的人寿保险险种等的保险条款和保险费率,对其他保险险种的保险条款和保险费率实施备案管理。

(5)依法监管保险公司的偿付能力和市场行为;负责保险保障基金的管理,监管保险保证金;根据法律和国家对保险资金的运用政策,制定有关规章制度,依法对保险公司的资金运用进行监管。

(6)对政策性保险和强制保险进行业务监管;对专属自保、相互保险等组织形式和业务活动进行监管。归口管理保险行业协会、保险学会等行业社团组织。

(7)依法对保险机构和保险从业人员的不正当竞争等违法、违规行为以及对非保险机构经营或变相经营保险业务进行调查、处罚。

(8)依法对境内保险及非保险机构在境外设立的保险机构进行监管。

(9)制定保险行业信息化标准;建立保险风险评价、预警和监控体系,跟踪分析、监测、预测保险市场运行状况,负责统一编制全国保险业的数据、报表,并按照国家有关规定予以发布。

(10)承办国务院交办的其他事项。

4. 中国银行业监督管理委员会

中国银行业监督管理委员会(简称中国银监会),为国务院直属正部级事业单位,根据国务院授权统一监督管理银行、金融资产管理公司、信托投资公司以及其他存款类金融机构,维护银行业的合法、稳健运行。其主要职责如下:

(1)依照法律、行政法规制定并发布对银行业金融机构及其业务活动监督管理的规章、规则。

(2)依照法律、行政法规规定的条件和程序,审查批准银行业金融机构的设立、变更、终止以及业务范围。

(3)对银行业金融机构的董事和高级管理人员实行任职资格管理。

(4)依照法律、行政法规制定银行业金融机构的审慎经营规则。

(5)对银行业金融机构的业务活动及其风险状况进行非现场监管,建立银行业金融机构监督管理信息系统,分析、评价银行业金融机构的风险状况。

(6)对银行业金融机构的业务活动及其风险状况进行现场检查,制定现场检查程序,规范现场检查行为。

(7)对银行业金融机构实行并表监督管理。

(8)会同有关部门建立银行业突发事件处置制度,制定银行业突发事件处置预案,明确处置机构和人员及其职责、处置措施和处置程序,及时、有效地处置银行业突发事件。

(9)负责统一编制全国银行业金融机构的统计数据、报表,并按照国家有关规定予以公布;对银行业自律组织的活动进行指导和监督。

（10）开展与银行业监督管理有关的国际交流、合作活动。

（11）对已经或者可能发生信用危机，严重影响存款人和其他客户合法权益的银行业金融机构实行接管或者促成机构重组。

（12）对有违法经营、经营管理不善等情形银行业金融机构予以撤销。

（13）对涉嫌金融违法的银行业金融机构及其工作人员以及关联行为人的账户予以查询；对涉嫌转移或者隐匿违法资金的申请司法机关予以冻结。

（14）对擅自设立银行业金融机构或非法从事银行业金融机构业务活动予以取缔。

（15）负责国有重点银行业金融机构监事会的日常管理工作。

（16）承办国务院交办的其他事项。

六、金融监管的国际协调与合作

我国的金融监管工作在积极稳健地调控金融市场开放程度时，还要不断加强监管工作在国际金融方面的协调与合作。目前，我国在国际金融监管协调与合作方面取得了一定的成绩，发挥着越来越重要的作用，而当前形势更有利于中国迅速增强在国际金融监管中的知情权、话语权和规则制定权。首先，这是回应国际社会舆论要求和树立负责任大国形象的需要；其次，新型国际金融监管体系和架构正处于酝酿和起步阶段，中国及早加入，深层次涉及更有助于在以后的改革中争取主动，确立规则，最大限度地维护自身利益；最后，随着经济发展和金融体系的进一步开放，特别是上海国际金融中心建设的推进，中国金融机构和企业在国际金融市场中会有更多的身影和足迹，中国也将面临更大程度的传染性系统风险，要做到及时防范，处置到位，就必须依赖于国际金融监管协调与合作。

金融全球化成为不可抗拒的时代潮流。二战后，世界金融市场的发展表明，金融市场的开放将有力地促进发展中国家经济的腾飞，但由于发展中国家金融体系具有脆弱性，若不能处理好开放的节奏，则也可能引发金融安全危机。根据中国证券市场的现实情况，中国证券市场的国际化进程既要促进国内资本市场的发展和完善，又要保证国内金融市场的稳定。中国金融市场对外开放的速度取决于诸多因素，包括中国经济的发展、金融体制改革的进程、国内金融机构的竞争力、金融法规的完善、政府的监管水平以及世界经济和国际金融市场的变化等，所以必须坚持循序渐进的原则，分阶段实施。

中国已成为WTO的正式成员国，金融监管工作的开展必须充分考虑WTO规则，履行在双边和多边谈判协议中所作的承诺。加入WTO后，我国已有的证券中介机构一统天下的垄断局面将被打破，国外实力雄厚、经营管理水平高的中介机构将进入证券市场，证券业的竞争将加剧。在过渡期，证券业和证券市场的开放并不是无限制的、全面的，并且不直接涉及资本项目，不涉及资本跨境流动。因为资本项目开放不在WTO协议之列，另根据《服务贸易总协定》的规定，金融市场开放的目标是逐步自由化的过程，允许发展中国家开放较少的市场，并对国外金融服务提供者进入本国市场制定限制条件，这一期限可长达5至10年。该协定强调,在服务贸易自由化过程中应尊重东道国国内的法律和规定。在关于金融保险服务的附件中规定,允许各成员方根据谨慎原则采取相应措施,保护投资者和储蓄者的利益,保证金融体制的完整与安全。各国金融服务业开放的现状也表明,维持一定的限制条件、逐步地开放金融市场是当前通行的做法,即使像美国、日本这样的发达国家,其金融服务业也远没有彻底实现自由化。

20世纪90年代以来,墨西哥金融危机、巴西金融危机、亚洲金融危机爆发的一个重要原因就是未能实现金融市场国际化与本国经济的协调发展。中国金融市场的开放一定要在中国经济与金融市场健康发展的前提下,与监管手段的完善相配合,与金融市场的发展相同步,与国民经济的改革相配套,采取分阶段、渐进式开放的策略,充分利用好加入WTO后的过渡期,先解决我国证券市场自身的问题,如国有股及法人股减持、发展B股市场,以及人民币在资本项目下逐步可兑换等。同时,加紧建立良好的宏观经济和政策、法制环境,提高金融监管水平和抵御金融风险的能力,最大限度地减少金融市场开放带来的负面影响,为我国金融市场的全面开放做准备。

近年来的数次金融危机表明,金融风险的来源是多方面的,它既可能源于国际游资的冲击,也可能源于经济运行泡沫的问题或金融体制的缺陷,还可能是不恰当地使用金融工具所致,或是诸多因素共同作用的结果,因此,有效地防范金融风险需多种政策相互协调。

从20世纪80年代开始,在将近30年的时间内,全世界发生了五六次大的金融危机,其中有3次是发生在发展中国家。1982年,以墨西哥政府宣布不能偿还外债为先导,开始了拉美国家的债务危机;1994年,墨西哥政府宣布比索贬值,引起以拉美国家为先导的新兴市场国家的货币危机和资本市场危机;1997年,从泰国开始,又形成一轮与1994年金融危机类似的,但主要波及区域为东南亚、东北亚国家的金融危机。

综观3次金融危机,可以发现6点共同之处:①危机爆发的国家经济均增长太快;②资本市场对外开放程度较高;③存在不同程度的经常项目赤字,如墨西哥1994年经常项下的赤字达到294亿美元,相当于1990年的4倍,泰国1995年经常项下赤字达到135亿美元,相当于1990年的2倍;④有大量外资流入,外资流入方式以银行贷款及其他债权投资为主,直接投资数量不大,如1990~1994年,墨西哥的外资流入共950亿美元,其中外国直接投资只占25%;⑤实行盯住美元的固定汇率制度,完全放开经常项目、部分或全部放开资本项目的货币兑换;⑥银行资产质量差,银行体系承受风险能力脆弱。事实上,这些共同的特征都对金融危机的爆发产生了作用,而这些因素中,大部分涉及金融自由化改革的内容。

2007~2009年全球金融危机,又称金融海啸、信用危机及华尔街海啸等,是一场在2007年8月9日开始浮现的金融危机。自次级房屋信贷危机爆发后,投资者开始对按揭证券的价值失去信心,引发流动性危机。即使多国中央银行多次向金融市场注入巨额资金,也无法阻止这场金融危机的爆发。直到2008年,这场金融危机开始失控,并导致多间相当大型的金融机构倒闭或被政府接管。

这次金融危机，给全球的金融业提出了严重的警示，有人强烈警告有关银行处理风险的方法，以及现今不负责任的金融体系环环紧扣的本质。《黑天鹅效应》里指出："全球一体化创造出脆弱和紧扣的经济，表面上出现不反复的情况及呈现十分稳定的景象。换言之，它使灾难性的黑天鹅理论（意指不可能的事情）出现，而我们却从未在全球崩溃的威胁下生活过。金融机构不断地进行整合兼并而成为少数几间的超大型银行，几乎所有的银行都是互相联结的。因此整个金融体系膨胀成一个由这些巨大、相互依存的银行所组成的生态，一旦其中一个倒下，全部都会垮掉。银行间的整合兼并似乎有降低金融危机的可能性，然而一旦发生了，这个危机会变成全球规模性，并且伤害我们至深。过去的多样化生态是由众多小型银行组成，分别拥有各自的借贷政策，而现在所有的金融机构互相模仿彼此的政策使得整个环境同质性越来越高。"

中国的金融改革是与经济体制改革同时起步的，至今已近30年并继续向纵深方向推进。为更好地实现国际协调与合作，应该在加强金融监管工作前提下，进行以下几方面改革：推动金融机构多元化发展。其中包括对产权制度的改革；二级银行体制的建立与完善；分设政策性金融机构以及允许外资金融机构进入等；加强金融业务的多样化、国际化及金融工具的多样化；极大地丰富投资手段，打破银行单一的融资格局；加快培育和发展金融市场，培育债券市场、股票市场、保险市场以及真正意义上的同业拆借市场等货币市场从无到有、从小到大、从极为幼稚向比较成熟阶段发展；积极推动利率市场化，目前在同业拆借市场、国债市场已初步构建按资金供求关系决定利率的机制，即便是在仍然实施法定利率的领域，适时适度地调节利率也已不鲜见；着重建立以市场供求为基础、单一的有管理的浮动汇率制及全国统一的外汇交易市场；构建市场机制要求的信贷资金管理体制，特别是取消对国有控股商业银行的信贷规模控制，全面推行资产负债比例管理及风险管理；构建金融宏观调控机制。更多地运用间接的货币政策工具调节金融变量，构建现代规范的金融监管体系，使监管职能逐步完善。

中国金融改革是全方位的，取得了丰硕的改革成果，当然这其中有过程、有波折，甚至有反复，有些成果仍要接受未来实践的检验。完善金融体制问题，实际上是一个金融治理结构问题。正如曾康霖教授所言："一种体制好不好，要靠多数人的利益得到维护去检验，但体制是少数人去推动的……怎样评价我。"联系到亚洲金融危机和美国次贷危机对中国的启示，在今后的金融市场发展中，如何处理好事关全局的利率改革、汇率改革、资本市场开放以及外资金融机构的市场准入等课题，特别是在加强金融监管方面，均应系统全面地深入研究下去。

【知识库】

雷曼案例给金融监管指明了方向

安东.沃卢克斯（Anton Valukas）曾受美国司法部下属机构"美国托管项目"委托，彻底调查雷曼在2008年9月倒闭的原因。沃卢克斯耗时一年时间、花费了3 800万美元研究经费，先后采访包括美国财长、美联储主席和前证交会主席等百余人，审查了逾1 000万份书面文件及2 000多万页雷曼的电子邮件记录，最终形成了长达 2 200 页的调查报告。报告近日公布后受到了金融市场的极大关注。

报告指出,雷曼兄弟为掩盖债务危机在倒闭前进行了一种名为"回购 105"的交易。通过这种交易雷曼从资产负债表中转移出约 500 亿美元,参与交易的银行有巴克莱、瑞银、瑞穗、三菱、苏格兰皇家银行和比利时联合银行等。

销售和回购协议是企业常用的短期融资手段。通常的做法是,企业把旗下资产转移给其他机构,从对方获取资金,约定晚些时候购回相应资产。在资产负债表内,这相当于贷款,体现为资产增加、负债增加。不过,如果所售资产估值不低于所获资金的 105%,会计准则允许把这种情形记为"销售"。这意味着企业不再拥有这些资产,同时可用所获资金偿还部分债务。在资产负债表内体现为资产减少、负债减少。业内人士称这种做法为"回购 105"。这其中,超额抵押的 5 美元,即相当于支付给交易对手的利息,即利率为 5%。

调查发现,自从 2001 年开始,雷曼多次采用"回购 105"手段来粉饰公司的账面隐藏债务,进而达到降低账面财务杠杆比率,维持较高信用评级的目的。

雷曼这一拆"东墙补西墙"的做法无论在公司内部还是在市场竞争中都并非毫无察觉,但都没有在危机发生前有效揭发。华盛顿邮报报道称雷曼兄弟前副总裁 LEE 曾向管理层和安永会计师事务所提出关于公司进行不正当操作的质疑,却被公司以裁员为由解雇了。他是唯一一个对"回购 105"提出异议的人,而最后安永却没有向董事会提起此事。据英国《金融时报》报道,前美林高管表示,美国证监会和纽约联储应该早在 2008 年 3 月雷曼当年首季发布流动性状况估算之后就得到有关雷曼在以不当方式计算一项财务健康的关键指标警告。当时雷曼向自己的交易对手方和投资者吹嘘计算结果,以此证明自己比某些竞争对手(包括美林)更加稳健。可见,联邦监管机构对雷曼的会计操作并非毫不知情,至少在危机前应该掌握一定的情况,但遗憾的是都没有采取措施。

美联储只对商业银行保持监管,对于金融创新引起危机的非银行金融机构的监管分化在美国证券交易委员会(SEC)等机构之下,兼管重叠、盲点和标准不一为对雷曼事件监管不力埋下了隐患。

在美国金融市场,大规模使用回购的多是独立投资银行,现在完全独立的投资银行已较少见,其他银行表示未参与这种交易,前雷曼员工和其他接受调查者也相信,雷曼是唯一使用"回购 105"交易的公司。雷曼采取的"回购 105"操作与通常的回购并不相同,根本区别在于,这种回购并非资产的"真实卖出"而只是短期遮掩。尤其是支出方面,与常规回购操作大约 2% 的成本相比,"回购 105"操作显得"非常昂贵"。

报告还指出,雷曼能在美国和欧洲找到交易对手,协助其捏造财务部位,虽然这些交易对手可能不知情,但从来不曾质问雷曼或怀疑和雷曼进行附买回交易时,为何能得到比传统更优惠的条件。原本看似有些蹊跷的交易并未被其他机构质疑,这也客观放纵了雷曼可以不停使用过往惯用手法进行粉饰太平。

这一调查报告同时也引发了人们对现有美国银行业审计和信用评价机制的反思。互联网泡沫时期当时"五大"之首安达信的倒闭悲剧仍令人记忆犹新,而本次调查报告又直指"四大"之一的安永。安永对于报告的回应是,安永对雷曼兄弟的最后一期审计是截止到 2007 年 11 月,而雷曼兄弟的倒闭是在 2008 年 9 月,是因为金融危机中的种种事件导致的,不是因为"回购 105",安永对其审计的结果也是符合美国会计准则(US-GAAP)的。如果从另一个侧面来看,审计机构当时本应预见到依靠"回购 105"的后果,但考虑尚未超出准则范围,不公开披露便成了合情合理之事。由于审计机构的收入来自他们审查的对象,在有利益关联的前提下,审计的独立性难免遭到质疑。在未来的金融改革中,如何将利益与审计结论分开,进而达到完善独立公正的审计和信用评级体系将是改革成败的重点。

雷曼能够数年来多次通过回购方式降低自身财务杠杆,绝非朝夕之事。沃卢克斯的调查报告暴露出了雷曼倒闭的原因包含公司管理内控、外部审计、监管等多方面的因素,为美国乃至全球各国金融市场监管体系构建提供了典型素材和依据。花费大量人力、财力形成详尽调查报告并予以披露,也初显美国金融改革的决心。在金融市场发展日新月异的今天,产品创新引发的风险防范问题将是永恒的话题。从雷曼倒闭的案例可以看出,单纯通过业务监管难以彻底解决大型金融机构的风险,审计机构与金融机构的利益有效剥离,提高信息透明度、预警非常规市场行为,将是健全金融市场监管体系亟待改善的重要环节。

资料来源:http://www.guosen.com.cn/webd/public/infoDetail.jsp? infoid=9034959

本 章 小 结

1. 金融风险是指金融市场主体(个人、企业、金融机构、政府等)在从事金融活动的过程中,由于经济、金融条件的变化和决策的失误等原因,给金融参与者造成的收益或损失的不确定性。换言之,就是实际收益偏离预期收益的可能性。

2. 金融风险的特征主要有不确定性、普遍性、扩散性、隐蔽性和突发性。

3. 金融风险的分类方法很多,按金融风险产生的原因的不同可分为信用风险、流动性风险、利率风险、汇率风险、经营风险、国家风险、购买力风险、道德风险、法律风险。

4. 按风险来源不同分类,金融风险可分为信用风险、市场风险、流动性风险、利率风险、汇率风险、经营风险、环境风险;按风险能否分散分类,金融风险可分为系统性风险和非系统性风险;按风险的地域范围划分为国内金融市场投资风险和国际金融市场投资风险。

5. 可以引发金融市场投资风险的因素有很多,包括经济方面和政治方面的因素,也包括道德与法律方面的因素。

6. 与金融风险所带来的获取收益相比,更主要的是负面影响,金融风险的负面影响不仅不利于宏观经济和微观经济的顺利发展,也不利于社会的政治安定。

7. 金融市场监管是金融市场的监管主体为了实现监管的目标而利用各种监管手段对监管的对象所采取的一种有意识的和主动的干预和控制活动。金融市场监管的构成要素主要有四个,即监管的主体、监管的对象、监管的手段和监管的目的。

8. 自金融监管走上历史舞台以来,金融监管的理论依据大致有以下三种:公共效益论、"俘虏论"、监管经济学,通过对它们的分析说明,可以初步了解金融监管的理论根源。

9. 金融市场监管应当坚持以下几项原则:依法管理原则,"三公"(公开、公平、公正)原则,自愿原则,政府监督与自律相结合原则及系统风险控制原则。金融市场监管的手段主要包括法律手段、经济手段、行政手段和自律管理四种。

10. 目前,我国的金融监管模式属于分业监管,由中国银监会、证监会、保监会三个监管机构各司其职、分工合作,共同承担金融业的监管责任。我国的金融监管工作在积极稳健地调控金融市场开放程度时,还要不断加强监管工作在国际金融方面的协调与合作。

思 考 题

一、选择题
1. 金融风险的特征不包括( )。
   A. 普遍性　　　　B. 确定性　　　　C. 扩散性　　　　D. 突发性
2. 下列属于金融市场投资风险的经济因素来源的有( )。
   A. 市场风险　　　B. 经济政策风险　C. 利率风险　　　D. 通货膨胀风险
3. 金融市场监管的手段主要包括( )。
   A. 法律手段　　　B. 经济手段　　　C. 行政手段　　　D. 自律管理
4. 金融市场上一切金融活动必须遵循市场规则以及交易各方的需求进行,不允许以行政干预人为强行交易,保护交易各方根据自己的意愿和偏爱自由成交,这是金融监管原则中的哪一项原则所要求的( )。
   A. 自愿原则　　　B. 依法管理原则　C. 政府监督原则　D. 自律原则
5. 金融市场监管的构成要素主要有( )。
   A. 监管的主体　　B. 监管的对象　　C. 监管的手段　　D. 监管的目的

二、简答题
1. 如何理解金融风险?
2. 金融风险的类型有哪些?
3. 简述金融风险的成因。
4. 试述金融监管的理论和原则。
5. 简述我国金融市场监管体系。

【阅读资料】

从金融海啸看系统性风险

金融海啸登陆中国,各项指标显著恶化,但股市似乎预见了2009年的经济下滑,对政府的宏观决策充满信心。情绪性底部已在沪综指1 600~1 800区间形成,预计2009全年的核心波动区间沪综指为1 600~2 400点。人们判断股市的未来走势将呈V型、U型,或是L型,分别代表乐观、中性和悲观的预期,我们判断是中性的U型,持审慎乐观的态度,因为股市的情绪性底部通常是在等待宏观经济的基本面改善,等待上市公司业绩企稳向上的拐点。

从2007年的最高点6 124起算,中国内地股市在一年内跌幅高达72%,这在世界证券史上也是很少见的,但在金融海啸发生的2008年却不足为奇,一向走势稳健的道琼斯指数也曾下跌了44%,年内股指跌幅在70%以上的还有俄罗斯和冰岛等几个国家,正所谓:"天象异,妖孽生"。从2008年3月在北京和成都的报告会上讲这句话时起,我就一直在思考这"妖孽"究竟是什么?有人说是华尔街的贪婪,有人说是格林斯潘的错误,有人说是美国人的阴谋,当然还有流行的公文术语——"系统性风险"。这就提出了一个很重要的问题:酿成金融海啸的系统性风险是什么呢?如果对这个问题没有答案,预测全球金融市场的复苏就有极大的盲目性,而在美国金融市场开始复苏之前,中国经济几乎不可能独立走出经济下滑的困境。所以,应该认真探讨金融市场的系统性风险及其传导机制。

现代金融业构建了一个证券化的市场体系,在预期和流动性的基础上,构建了一个多层次的资本市场。如果酿成金融海啸的机制来自于这个市场体系,则系统性风险的源头应该就是金融杠杆率和资产的流动性,因为多层次资本市场体系的核心是流动性和杠杆率:在杠杆率上升的时候,会产生流动性泛滥;在杠杆率下降的时候,会产生流动性枯竭。

牛顿力学的基本定理之一是杠杆原理,工业革命使杠杆原理在制造业中得到了广泛的实践,大大提高了工业的劳动生产率。金融业的本源是中介服务业,汇通天下的结果是货通天下,金融因此成为实体经济的润滑油。在银行金融引进了存贷差的业务模式之后,用杠杆原理来解读银行的贷款业务,其实是提高了贷款人的杠杆率,使贷款人利用银行资金撬动更多的资产。金融杠杆使实体经济的风险和收益双向放大,但收益主要归企业,风险最终归银行,银行逐渐成为全社会各行各业的风险经营中心。此时,金融作为中介服务业的性质依然存在,同时产生了风险经营业的性质。为了经营风险,金融业开始接受华尔街的证券化商业模式,通过分割和交易风险创造了现代社会的新财富。新财富"新"在哪里呢?新在改变了产权制度的性质,把财产权对财产的保护升级为保护财产的交易权,于是产权交易升级为多层次交易权的交易,证券化的本质是多层次交易权的流动性。

在交易权的流动性背后,财产被区分为两类,一类是可流动并可以交易的,一类是不流动又不能交易的,拥有前者的变成了富人或富国,拥有后者的变成了穷人或穷国。人们对财富的追求因此变成了对流动性和交易权的追求,逐渐脱离了本源性的实体财富。在多层次的资本市场中,多层次的交易权在证券化的基础上可以几倍几十倍放大杠杆率,杠杆率越高,流动性越强,风险度也就越高,因此在这个市场上出现了一个杠杆率和流动性的交互作用,实体财富变成了杠杆撬动资本的支点。每一个行业泡沫都是在该行业资产溢价的基础上吹大的,一旦作为支点的行业资产由升值和成长转变为贬值和停滞,泡沫就会破灭,系统性风险因此产生。因为,实体财富和虚拟财富之间的关系是支点和杠杆的关系,实体财富是支点,虚拟财富是杠杆,一旦支点动摇,杠杆传动的机制就会迅速逆转,表现为资产的流动性突然下降,金融的杠杆率随之下降,系统性风险急剧放大。

用杠杆原理解读现代金融业的系统性风险,杠杆率和流动性之间有一个支点,这个支点必须来自于具有高成长性的实体经济,一旦失去了实体经济的支点,杠杆就会使流动性演变为漩涡,从创造虚拟财富变为吞噬财富,吞噬相关的虚拟和实体两种财富。所以,走出金融危机的关键在于何时发现一个新的支点,由此再度提升杠杆率,创造流动性。那时,去杠杆化又会变成杠杆率的提升,推动下一个金融业的周期性繁荣。从这个理论推演的结论是:只有在美国经济企稳反弹之后,中国经济才能从滞后走上复苏之路。

资料来源:《上海证券报》2008-12-22

参考文献

[1] 霍文文.金融市场学[M].北京:复旦大学出版社,2005.
[2] 张亦春.金融市场学[M].3版.北京:高等教育出版社,2008.
[3] 许文新.金融市场学[M].北京:复旦大学出版社,2007.
[4] 张亦春.现代金融市场学[M].2版.北京:中国金融出版社,2007.
[5] 杜金富.金融市场学[M].3版.大连:东北财经大学出版社,2009.
[6] 李一智.期货与期权[M].4版.北京:清华大学出版社,2010.
[7] 朱新蓉.货币金融学[M].北京:中国金融出版社,2010.
[8] 杨庆明,马曲琦.炒股不如买基金[M].北京:中国经济出版社,2007.
[9] 奚道同,徐丽.货币银行学[M].哈尔滨:哈尔滨工业大学出版社,2011.
[10] 朱俊生.中国保险市场回顾[J].中国保险.2011(01).
[11] 魏华林,林宝清.保险学[M].北京:高等教育出版.1999.
[12] 姚久荣.保险市场营销学[M].北京:中国经济出版社.2000.
[13] 房红.金融可持续发展理论与传统金融发展理论的比较与创新[J].经济体制改革,2011(3).
[14] 程宇.基于利率互换交易的商业银行利率风险管理研究[J].黑龙江对外经贸,2010(3).
[15] 夏德仁.金融市场学[M].大连:东北财经大学出版社,2002.
[16] 张米良,郭强.国际金融[M].哈尔滨:哈尔滨工业大学出版社,2010.
[17] 中国人民银行.全国银行间债券市场债券买断式回购主协议.2004-05-18.
[18] 袁敏.国际商业票据市场的发展与借鉴[N].证券市场导报,2005(12).
[19] 郝凤杰.新兴市场的金融衍生品交易[N].上海证券报,2011-06-09.
[20] 李茵琳.慷慨派现VS无偿受让 新股发红包喂肥高管[N].投资快报,2011-03-02.
[21] 张维.金融市场学[M].北京:首都经济贸易大学出版社,2004.
[22] 胡智.国际金融市场[M].北京:科学出版社,2004.
[23] 刘舒年.国际金融[M].北京:对外经济贸易大学出版社,2001.
[24] 黄解宇.金融市场学[M].北京:中国农业大学出版社;北京大学出版社,2009.
[25] 邢天才.金融市场基础[M].北京:中国财政经济出版社,2005.
[26] CHENG YU. Research on Real Quality Evaluation Model of Small and Medium Enterprises under Relationship Lending[C]. ZhengZhou:The international conference on E-product, E-

service and E-entertainment,2010:1751-1755.

[27] CHENGYU. Customer relationship loan-pricing model based on RAROC[C]. ShangHai:The International Conference on E-Business and E-Government,2011:5916-5918.

[28] 中国债券信息网 www.chinabond.com.cn

[29] 金投网 www.cngold.org

[30] 中证网 www.cs.com.cn

[31] 银率网 www.bankrate.com.cn

[32] 中国基金网 www.chinafund.cn

[33] 中国人民银行 www.pbc.gov.cn

[34] 中国外汇管理局 www.safe.gov.cn

[35] 中国经济学教学科研网 http://www.cenet.org.cn